国家社会科学基金项目

国际国内洗钱刑事定罪立法与监管比较研究

Legislation of Money Laundering Criminal Convictions and Anti-money Laundering Supervision

侯合心 著

中国金融出版社

责任编辑：肖　炜
责任校对：刘　明
责任印制：陈晓川

图书在版编目（CIP）数据

国际国内洗钱刑事定罪立法与监管比较研究（Guoji Guonei Xiqian Xingshi Dingzui Lifa yu Jianguan Bijiao Yanjiu）/侯合心著.—北京：中国金融出版社，2015.12

ISBN 978-7-5049-8181-3

Ⅰ.①国…　Ⅱ.①侯…　Ⅲ.①洗钱罪—罪名—立法—对比研究—世界　Ⅳ.①D914.04

中国版本图书馆CIP数据核字（2015）第274274号

出版发行　中国金融出版社

社址　北京市丰台区益泽路2号
市场开发部　（010）63266347，63805472，63439533（传真）
网上书店　http://www.chinafph.com
　　　　　（010）63286832，63365686（传真）
读者服务部　（010）66070833，62568380
邮编　100071
经销　新华书店
印刷　保利达印务有限公司
尺寸　169毫米×239毫米
印张　33.5
字数　420千
版次　2015年12月第1版
印次　2015年12月第1次印刷
定价　50.00元
ISBN 978-7-5049-8181-3/F.7741

序

侯合心，1994年考入中国人民银行总行金融研究所研究生部，在我指导下攻读经济学博士学位，在校专业学习三年后于1997年完成学业并顺利通过学位论文答辩。侯合心有长期从事金融实际工作的经历，先后在中国工商银行贵州省铜仁市支行、中国人民银行重庆市分行、中国投资银行总行、国家开发银行总行和中国银行总行工作。2005年转入教育行业，现供职于云南财经大学。

《国际国内洗钱刑事定罪立法与监管比较研究》系作者于2012年9月申报成功的国家级规划课题的核心成果。根据项目研究安排，项目研究期间已分别以阶段性成果在《北京社会科学》、《财经科学》、《上海金融》等期刊发表了多篇学术论文。研究成果于2015年5月通过国家社会科学规划办公室组织的专家评审，8月，中国金融出版社同意正式以专著出版该研究项目核心成果。

洗钱犯罪，是伴随着我国商品经济发展和对外开放而出现的新型犯罪，并且，由于这一刑事犯罪具有滥用金融系统和金融技术的特性，客观引致了一个刑事惩治与监管预防有机关联的全新社会治理领域。如何就这一社会治理领域的过去、现状及未来，做出符合于我国社会发展现实的客观判断，这是一个关系到我国洗钱犯罪治理理论发展、反洗钱战略决策及实践模式选择的大问题。《国际国内洗钱刑事定罪立法与监管比较研究》是建立在上述关于洗钱犯罪的宏观认识基础上的一本学术专著，该书在国际国内洗钱犯罪治理与反洗钱监管比较方面，突出了问题研究的综合性、整体性和全面性，而这在国内相同研究领域还鲜有所见。具体而言，其研究的综合性、整体性和全面性大致体现在以下几个方面。

第一，对国际国内洗钱刑事定罪立法及其进展作了全面深入分析。该书分析和回顾了自2003年我国启动反洗钱工作以来，国家为了适应国内洗钱犯罪惩治和参与国际反洗钱需要的整个立法过程，并系统讨论了以下三个主要关系：一是国内洗钱刑事定罪立法与国际反洗钱立法进展之间的法理依据关系，二是国内洗钱刑事定罪立法与国内洗钱犯罪形势变化关系，三是国内立法进展的理论认识与立法实践进展的关系。该书还结合为满足国际反洗钱权威性制度《40条建议》对于成员国准入的立法环境要求，讨论了国内洗钱刑事定罪立法与监管制度深化相关问题，尤其是在与国际进展全面比较的基础上，分析了国内立法进展存在的差距及问题。

第二，对国际国内反洗钱组织体系及其进展作了全面深入分析。该书对国际反洗钱组织体系（“金融行动特别工作组”—FATF）进展与国内反洗组织体系（反洗钱工作部际联系会议—Ministerial Joint Anti－Money Laundering）及其进展作了较为全面地比较分析。该书在讨论国际反洗钱组织FATF自1989年成立以来的重大进展基础上，对比分析了我国自2003年开展反洗钱工作以及启动国家申请成为FATF成员工作以来国内反洗钱组织体系的进展，同时还从理论上分析了国内反洗钱组织体系取得进展的重要意义，以及国内进展与国际进展之间的差异及问题。

第三，对国际国内反洗钱制度机制及其进展作了全面深入分析。该书围绕国际反洗钱监管核心制度《40条建议》及其进展进行了较为全面和深入地讨论，作者通过大量的文献翻译和阅读，分析了《40条建议》所经历的4次重大修订，以及4次重大修订对于国际反洗钱监管制度机制深化的重要理论意义和实践意义，并在比较的基础上，深入分析了国内反洗钱监管制度机制进展、差距及其问题。

此外，该书还从反洗钱实践角度，在国内洗钱犯罪典型案例分析的基础上，从 FATF 和 Egmont 文献中翻译和列举国际洗钱典型案例，并对国内和国际典型案例进行比较分析。

第四，对国际国内金融情报机构的组织体系和制度体系及其进展作了全面深入分析。该书对以“埃格蒙特集团（Egmont）”为核心的国际反洗钱金融情报机构组织体系和制度体系、国内反洗钱金融情报机构组织体系（中国反洗钱监测分析中心—CAMLMAC）、制度体系作了全面深入分析。该书以埃格蒙特集团 1995 年创建为起点，就 Egmont 成员国家在全球五大洲迅速扩展、进入 21 世纪后重大制度修订，以及自 2012 年以来埃格蒙特集团加强与 FATF 的制度体系协同对我国金融情报工作形成的挑战等作了全面分析。此外，该书还对我国反洗钱金融情报工作已取得的进展和存在的问题，以及加入 Egmont 集团的必要性和法理障碍等进行了全面深入地讨论。

从国内这一领域学术研究现状看，除了上述说到的几个方面外，该书同时还讨论了国内这一领域权威文献现状与国内研究需要不匹配的问题。作者在课题研究过程中，花了相当的时间对 FATF、APG（亚太反洗钱组织）、EAG（欧亚反洗钱及反恐融资组织）和 Egmont 的制度性文献进行较大文字量的阅读和翻译，基于文献翻译与引用遇到的诸多问题，提出国际比较之下，国内反洗钱文献研究长期面临的两大缺陷：一是国际反洗钱组织制度性文献的翻译引进严重不足，二是国内能支撑这一领域学术研究的规范性和权威性统计文献严重不足。

在国际反洗钱领域，FATF 早在 2010 年就提出：所有 FATF 成员国家（独立司法管辖主体）和反洗钱国际区域组织，都应将洗钱犯罪对一个国家、一个地区乃至整个国际社会的危害认识，上升到意识形态、国民教育、人文进步、环境保护、社会结构稳定的高度。而就国内来看，中国人民银行也于 2014 年 10 月 17 日正式宣布：

“反洗钱工作已上升至国家战略层面”。基于国际和国内对反洗钱认识所提倡的高度，结合我国反洗钱形势发展和工作需要，这样一本在反洗钱问题研究方面具有全面性、综合性的著作，其学术和实践价值在于：它既可为从事反洗钱理论和政策研究的学者提供学术深化和文献阅读借鉴，同时，对于反洗钱工作第一线干部的教育与培训而言，又不失为一本全面反映反洗钱相关知识的教材。

刘鸿儒

2015 年 9 月 20 日

目录

图表目录

导 论

“洗钱”一词，是由英文“Money Laundering”一词直译过来的外来语。从词源上看，可以追溯到20世纪20年代的美国，如美国著名电影《教父》所反映出来的20世纪初美国的某种特殊社会现实。此外，词源的产生也多少包含着某种历史事件的机缘与巧合，因为在作为工业中心的芝加哥等城市，出现了以那阿里·卡彭、约·多里奥和勒西·鲁西诺为首具有黑手党性质的犯罪集团，他们利用其创建的合法洗衣店，表面上通过所购置的自动洗衣机为顾客清洗衣服，获取正当经营收入，而实质上是将其大量犯罪收入，即所谓包含罪恶的“脏钱”混入其正当的洗衣经营收入，以此向税务机关进行申报，以这样的方式使“犯罪所得”变身为“合法收入”。

从事件的本质出发，并用规范刑事理论来概括上述这一由某种历史巧合与必然综合而成的“洗钱”概念，那么基本可以用以下一段话来重新为洗钱确定一种规范的定义：“利用一切隐蔽性行为，有目的地使其非法收入获得合法外衣的行为，均可定义为洗钱犯罪。”

但是，从国际范围看，这一刑事概念经历了近一百年的发展和演变，到20世纪末，也就是洗钱作为一种刑事犯罪被正式确定后，其罪行定义已经有了很大的扩展。而这样的扩展主要表现在两个方面：一是以“来源非法”为前提的罪行定义，其外延已经涵盖了上游犯罪所产生的一切非法收入；二是“洗钱”一词的行为内涵确定，已经包括了一切非法所得的存在形式，不再是原始定义所表明的那样：需要通过“清洗”并使“脏钱”获得合法收入外衣。

自有洗钱行为以来，国际社会在如何正式地基于刑事定罪来甄别和定义洗钱犯罪行为，经历了一个相当长的历史，尤其是如何对洗钱行为实施正规的法律惩治，国别之间在司法理解上和司法实践上有着很大的差异性。追溯国际反洗钱发展过程，某种意义上我们甚至可以说：在国际范围内，对洗钱犯罪进行正规和标准相对统一的刑事定罪，即所谓洗钱犯罪刑事惩治，实际是由反洗钱监管来推动的。

国际社会洗钱刑治领域对反洗钱问题进行系统理论研究，并将研究成果规范成为洗钱治理的“共律性政策和条律”，或将这种“准”统一标准提供给各国参考使用的历史也并不长。这实际也就回到上述我们说到的：国际洗钱刑治是由国际洗钱监管来推动的现实。如果这样一种确定性的归纳在理论上可以得到认可，那么，国际洗钱刑治的历史应该是不早于洗钱监管研究历史的。当然，这里需要提到的是，所谓洗钱监管历史起于何时的问题。有关这一问题，国际上基本可以形成共识的是：专门性国际反洗钱监管组织，即“反洗钱金融行动特别工作组（FATF）”的成立是这一历史起点最具有标志性的事件。这个标志性和权威性的国际反洗钱组织成立于20世纪80年代末期，而这个时间距离洗钱行为发生的历史，整整晚了大半个世纪。如果我们做进一步分析，以FATF真正在刑治与监管两个领域确立参考性标准为界，那么，我们需要剔除FATF成立之初，国际洗钱治理标准《40条建议》仅仅限于在十国集团内部实施的历史，这样，我们有理由将国际洗钱正规化治理时间推迟到1996年，因为是在这一年，FATF所制定的洗钱治理建议标准，在经历第一次修订后，才正式脱颖于十国集团，真正面向“全球”范围。

当然，如果将同样的问题推回到国内，无论是刑治还是监管，我们在系统化的理论研究和政策制定方面所经历的历史是相对更短的。如果将我国的洗钱治理历史包含在国际所经历的历史以内，以国际洗钱治理整体化后的国内研究为前提，那么，我国的洗钱犯罪治理进展究竟如何？显然这不是一个可以盲目作答的学术和实践评价问题。

一、国际社会进展

从国际社会反洗钱理论研究的内容来看，我们通过分析“反洗钱金融行动特别工作组（FATF）”和“埃格蒙特集团（Egmont Group）”，以及“FATF 区域组织（FSRBs）”相关文献后，基本可以对国际反洗钱研究的进展简要归纳如下：

（一）建议标准研发和完善

创立会议召开后不到半年时间，即 1990 年的 4 月，FATF 便开发完成了今天作为国际反洗钱权威文献的《40 条建议》，并在十国集团内正式公布实施。

伴随着 FATF 的组织体系和制度机制逐渐得到更大范围的国际认同，在紧密跟踪国际洗钱犯罪发展趋势的基础上，FATF 于 1996 年第一次对《40 条建议》进行完善和修订，并将这一建议标准的执行从十国集团扩展至全球。

1999 年，针对国际恐怖主义对金融体系的滥用，FATF 及时研究开发了针对打击恐怖主义融资的《9 条特别建议》，并与《40 条建议》共同形成国际领域具有权威性的监管规范和标准——《40 + 9 条建议》。

随着建议标准的国际认同水平的大幅度提高，一些最初反映突出和强调得较多的环境问题、认识问题，已不再是建议体系需要专门针对的问题，而另一些问题，如战略、框架、机制等却又急切需要加强和扩充。在这样的客观形势下，反洗钱建议标准超出于十国集团，在国际范围内扩展后的第 7 个年头，即 2003 年，FATF 再次对反洗钱建议标准体系进行大规模修订和扩充。

2012 年 6 月，根据国际政治形势的发展和变化，尤其是国际领域里出现的对人类文明底线挑战的大规模杀伤性武器扩散问题，FATF 根据联合国的授权，在国际反洗钱监管领域增加了“打击大规模杀伤性武器扩散融资”（以下简称“武器扩散融资”）内容，同时，根据国际反洗钱监管制度机制和组织机制进展和深化需要，FATF 在融入新内容的前提下，将原《40 +9 条建议》修订为：《打击洗钱、恐怖主义和武器扩散融资国际标准：FATF 建议》（以下简称《反洗钱国际标准》）。

（二）洗钱犯罪类型研究

进入 21 世纪以来，FATF 为了提高建议标准的适应水平，在监管体系和司法建议内容深化方面，开展了大规模“类型学”意义上的、以地域、犯罪特性、技术滥用为前提的“类型研究”工作。FATF 还将这些具有相当技术含量、方法论意义和警示意义的类型研究报告（Typologies Reports）向成员国乃至全球发布，以供参考。

洗钱犯罪类型研究组织形式基本可分为三个层级，即除 FATF 自身团队组织进行大规模类型研究外，还有另外两个层次的组织形式，我们分别称之为“第二层级”和“第三层级”，前者是 FATF 所倡导下的 FATF 范式地区机构（FSRBs），针对性开展洗钱犯罪类型研究，后者是 FATF 提出要求基础上，由 FATF 正式成员国针对国内洗钱形势发展，创造条件开展类型研究。

归纳起来，到目前为止，FATF 的类型研究大致可分为三个大类：一是以特殊地理区域（Geography）为对象的“地理类型研究”，如“金三角”、“泛东欧”、“银三角”、“金新月”等；二是以犯罪种类（Category）来划分的“犯罪种类类型研究”，如毒品、跨境犯罪、走私、木马欺诈等；三是以技术创新跟踪为前提的“技术滥用（Technique）类型研究”，如信托、非营利组织、电汇等。从类型研究的发展趋势分析，前两类属于传统类型研究，主要为FATF早期类型研究的主体，而最后一个类别，即以金融技术滥用为目标的类型研究，已成为21世纪以来类型研究的主要方面。

（三）洗钱犯罪威胁危害评估体系研究

在这一研究领域，基本可以确定为两个层次。

第一层次是全员互评体系（MER－Full）。这个体系既是FATF作为监管成员国执行“FATF建议”和履行成员国义务情况的评估体系，同时也是各成员国进行洗钱威胁危害自我评价的一个通用框架。这一层次的评估是全方位的，也可称之为：评价各成员国执行FATF建议标准水平的“逐条模式”。也就是说，40条建议标准需无一遗漏地一一对照进行“达标评估”。到2013年底，FATF已完成三轮全面互评，并在2013年全会上形成决议，在2014年，启动了第四轮全员互评。

第二层次为不针对具体成员国的全球洗钱犯罪威胁危害评估体系。这是一个社会化反洗钱技术和操作通用框架，即《GTA框架》。这一层次主要是针对洗钱犯罪威胁与危害进行识别和评估的技术体系，它对FATF成员不具有任何实质性约束。但是，由于这一框架包含现代国际社会的法律、人文、环境等多层次科学内涵，因此，对于一些已经在社会治理层面将洗钱治理问题综合为社会问题，反洗钱已上升至国家战略层面，并对洗钱犯罪治理提出较高治理目标要求的国家，这个层次的评估体系即2010年7月发布的GTA框架，无疑有着非常重要的参考意义。

二、国内进展

在国内，洗钱作为一种刑事犯罪定义，是在21世纪初，尤其是我国对外开放不断扩大和履行国际义务等国际形势急迫之下逐渐形成的。而这一领域的理论、政策和律法研究，不仅在时间上要晚于刑事定义形成的时间，而且在内容上，也基本反映的是一种显著滞后于国际社会的现实。但如果摒弃国际横比，而更多地做历史纵比，国内在洗钱治理方面的进展，可以简要归纳如下。

（一）立法进展

有关我国针对洗钱犯罪立法的问题，可以分成两个方面：一是洗钱刑事定罪立法，有关这方面的理论研究和司法实践，集中反映为我国《刑法》相关内容的形成、扩充、加强和解释过程，当然，也包括在司法实践基础上相关《刑法修正案》的研究、提交和通过；二是针对于洗钱犯罪具有对金融系统滥用依赖的犯罪特性，立法机构所进行的反洗钱监管立法研究。

对于前者，从目前情况看，法学理论界讨论国外立法体系及其借鉴意义较多，研究文献较为丰富，但是，对于国内的讨论，尤其是针对司法适应的讨论相对较少。这里要提出的是，由于刑事定罪立法在司法层面上存在着显著的监管协调适应问题，反而是监管理论界对洗钱刑事定罪立法却有着较多的讨论和争议。但是，我们可以肯定地说，无论研究和讨论所针对的问题是否就是这个领域的主导性问题，以1997年《刑法》独立和正式形成洗钱定罪律法条款为标志，以后续三个与洗钱刑事定罪有关的刑法修正案为过程，我国在洗钱犯罪立法方面所取得的进展应该是显著的。

而对于后者，立法理论研究和立法实践前后历时三年，最终于2007年正式通过和公布《中华人民共和国反洗钱法》（以下简称《反洗钱法》）。无论这种监管立法授权是否充分和有效，但以此为标志，中国反洗钱监管因此而正式进入了一个依法而为的时代。

（二）监管进展

一致的观点认为，我国反洗钱监管体系相关要素的形成始于2004年，但是如果从理论和实践两个体系分别来讨论，2004年，只能算是实践体系形成的一个开端，而真正针对反洗钱监管相关问题系统进行理论研究，则要比这个时间更晚。此外，考虑到我国反洗钱监管体系形成的特殊历史背景，有必要将我国的监管进展分别放置在国际和国内两个背景上来加以讨论。

1. 以国际为背景

以国际为背景来讨论有关监管进展问题，主要体现在两个方面：一是我国第一部《反洗钱法》的形成，有关反洗钱监管立法宗旨、要素、进程的讨论，始于2004年，完成于2007年，这个时间过程在监管理论界是无可争议的。但我们这里要强调的是，本质上这个时期的立法研究的立足点并不出自于国内，而是与我国的整个国际事务参与直接关联。加入国际反洗钱监管体系作为我国国际事务参与的重要构成之一，首先遭遇的就是与洗钱刑治相关的立法和司法环境问题，而根据FATF的成员政策（Membership Policy）相关规定，任何一个申请获得成员国地位的国家，其立法和司法完善的基本体现是：《刑法》法典中有关洗钱刑事定罪内容，以及立法体系中的反洗钱监管立法问题，没有这样两个方面的立法与司法基础，我国要成为FATF的正式成员国就是有障碍的。二是围绕我国加入国际反洗钱监管体系的相关问题所进行的研究和讨论。在2007年以前，我国不是FATF的正式成员，仅仅是在2005年时被FATF所接纳作为观察员国。2007年，我国获得FATF的正式成员国地位，但是，由于我国在接受第一次互评程序结束时，在执行《40+9条建议》标准问题上仍然存在着明显“达标”缺陷（共计有25条建议标准存在达标缺陷），所以，从我国获得正式成员国地位开始一直到2013年，监管进展针对我国获得完全成员国地位（Full Member）问题，进入到了第二个研究和讨论时期。很显然，这仍然不是一个以国内“发展时钟”为基础的进展过程，而集中反映为我国与国际反洗钱金融行动特别工作组及其制度机制之间的关系进展。

2. 以国内为背景

对于国内而言，反洗钱监管进展也集中反映在两个方面：一是关于监管模式选择讨论和研究。由于在国际领域反洗钱监管模式并非一种，而模式选择又基本奠基于各国特有的社会体制、司法体系及政府行政体制构成，所以，关于我国需要建立一种什么样的监管体系，这既是没有历史先例的问题，同时也是无法从世界上任何一个国家加以完整借鉴的问题。从世界范围来看，发达国家监管体系形成的历史早于我国，监管体系的成熟度和适应性要高于我国，围绕这一现实，国内反洗钱理论界从2005年开始，围绕国际监管模式的可借鉴性，展开了较为宽泛的领域研究，并在此基础上讨论我国监管模式选择的相关问题。但是，从今天的现实看，对于我们究竟应该选择什么样的监管模式问题，由于金融发展在技术层面上与国际发展趋于相近或相同，加之与FATF制度机制的关联水平不断提升，监管模式国际选择趋同和趋近已成为事实。以历史回顾来看，这一时期有关模式选择的理论讨论已被历史发展过程引致成为一个单纯的理论繁荣期。

二是反洗钱监管机制讨论和形成。基于我国特殊国情，包括我国的司法体制和政府相关职能的特殊性，监管机制的研究和讨论不仅在大的制度背景上不具有可塑性，而且理论上可供讨论的余地也是很有限的。因此，有关这一专题的理论讨论，直接针对的是已被主导机构或国家行政最高权力机构认定为适合我国的监管组织体系和制度体系，而对于已被决策者认定为不可变动的领域，这样的讨论和研究显然也是非常有限的。此后，大量从事反洗钱监管理论研究的学者和专家，转向从经济学利益机制的角度，研究反洗钱监管的外部特性，并进而讨论如何将利益机制渗透于监管制度，贯穿于监管运行，通过这样的监管机制调整，或者说以利益激励的方式提高监管效率，但是，就国际发展趋势和国内现实情况来看，这样的监管机制讨论，也同样不具有明显的实践意义，而仅限于理论繁荣效应。

三、问题

以上只是简单地从时序上概述我国洗钱治理领域的基本进展情况。如果回到我国的洗钱犯罪发展，毋庸置疑的现实是：对于经历三十多年改革开放而走到今天的中国来说，我们实际面对的是一个无差异或差异极小的国际国内现实，这是问题的一个方面。而问题的另一个方面是我们必须回到洗钱犯罪治理的制度准备和组织准备，而在这里我们体会到的现实却是：我们所拥有的恰好是一个与国际发展和国内治理现实有着显著差异的立法和监管体制环境。

就洗钱治理来说，反洗钱理论研究和反洗钱实践共同面对的是一个存在着明显反差的“二元结构”：

（一）国内与国际反差

有关国内与国际反差，我们基本可以这样来表述：一方面，我们要面对大量基于洗钱治理现实需要的立法、司法和监管问题；另一方面，基于国际监管和司法配合需要，我们还需要对国内立法、司法及监管进行完整理论阐述。在这样一个理论和政策准备都欠成熟，且属于行政与司法交叉界限难以厘清的领域里，在国内和国际反洗钱社会化功利认识差异显著存在的环境里，我们需要面对大量值得思辨、讨论和商榷的问题。

以上所有这些，不仅需要有一个开放的理论研究氛围和强大的理论研究队伍，同时也需要我们的决策体系，无论是立法领域还是行政体系中枢，能够建立起一种有效的政策理论准备，确保我国这一领域的战略与对策研究，不仅可以与国际研究领域形成互动，提升我国在FATF组织决策中的参与地位。同时在国内可以广泛吸纳优秀研究人才，通过他们的专业和才智集合，帮助决策者解决洗钱犯罪治理战略中的外部协同问题。

（二）现实与理论反差

对于我国来说，所谓现实与理论反差，客观上表明我国洗钱治理理论研究和制度实践方面，分别面临两个严峻现实：一方面，我们还需要继续经历一个精心设计和认真对待的反洗钱立法、司法和监管基础建设时期；另一方面，迫于国内洗钱犯罪发展现实和国际参与的紧迫性，我们又不得不在一些重要领域，把政策制度的迅速进展和提高放在工作的首位。这是两项在内涵上有着显著反差的工作，前者是战略实践的重要组成部分，后者则是理论提高的重要组成部分，客观现实迫使我们将这样两个在发展阶段上并不协调的内容重叠在一起，这实际就是我国洗钱治理领域的一个特殊现实。而以上特殊现实反映在洗钱治理领域则表现为：理论不成体系、人才准备仓促、制度构造非系统性，等等。

四、探索

对于一个开放的中国来说，反洗钱立法、司法和监管深化与发展本质上不应该是一个全新课题，因为对于我们来说，国际实践和国际文献的完全开放是可见和可感的。但是，这样的课题研究在我国洗钱治理的理论界和政策管理领域又的的确确是具有新意的重大问题。对比国际司法和监管领域所针对的典型种类和典型区域，我们完全可以说：近十年以来我国的洗钱犯罪发展趋势与国际社会具有完全的近似性和等同性。以 FATF 的地域类型学研究为例，2008 年以前，我国所面对的两大典型的上游犯罪：毒品和贸易所引起的洗钱活动，其在边境地缘关系上的反映与国际上最典型地区同样具有近似性和典型性。而在 2008 年以后，我国所面对的跨境犯罪、国际恐怖主义等典型洗钱上游犯罪，与国际最典型地区也同样具有近似性和典型性。可是，我们在这个领域的理论发展与决策研究的深化方面，却与国际领域并不具有显著的相似性和等同性。也正是因为客观现实相似性，而理论与决策并没有完全匹配这种相似性和等同性，才有了本书所拟定的主题《国际国内洗钱刑事定罪立法与监管深化比较研究》，这里，为了深入理解这种差距的存在，我们将这种国际国内客观现实具有相似性，而理论与决策不显著相似性所形成的反差，做如下几个方面的具体分析。

（一）文献显著有限性

我们这里所提到的国内反洗钱文献有限性，主要反映在国际文献与国内文献水平之间的不均衡。

1. 国内文献显著有限性

有关国内反洗钱文献，我们这里主要指由国家反洗钱主导机构和体系向全社会公开和披露的权威性，可为学术界所运用的文献体系，不包括大量照搬和仅满足于极少数理论研究者从事研究需要的所谓“案例研究”著作。反洗钱作为一个社会性治理问题，其文献的显著有限或匮乏，不仅仅是一个简单的文献实践问题，本质上，它影射着我国国内，尤其是反洗钱主导部门和理论研究领域的一种不合理“沉默”。长期以来，我国反洗钱文献显著有限性主要反映在公开性、披露性、普及性文献的严重匮乏和渠道单一。作为国家反洗钱主导机构，唯一可披露或正式发布的文献，就是《中国反洗钱报告》，但是，分析文献的结构可知，这样一个唯一的正式文献，本质上只是反洗钱主导机构的一个年度总结性文献，在体裁上与国际反洗钱机构所倡导的研究领域应开展广泛应用和满足国民性警示教育需要还相去甚远。

2. 国际文献引入的显著有限性

反洗钱国际文献引入的有限性，通常是指专业性和技术性文献引进领域的一种不正常状态。目前，能够公开看到的国际反洗钱文献是非常有限的，能够看到且由国家反洗钱主导机构发布的正规性文献主要有两本：一本是群众出版社出版的、由公安部经济侦查局翻译的 2003 年版《反洗钱金融行动特别工作组 40 条建议》，另一本则是由中国金融出版社出版的、由中国反洗钱监测分析中心原主任欧阳卫民整理的《国际反洗钱重要文献选读》，但后面这一文献是一本不具有普通读物性质的文献，因为整个文献不过是国际文献不加翻译的原文下载和汇编。

回到国际文献进展来看，事实上国际反洗钱的三大组成部分，即制度性文献、技术研究性文献和新闻事件性文献的更新速度是非常快的。反洗钱国际文献进展，一方面反映理论、宣传与国际洗钱犯罪发展趋势之间的同步性，而另一方面也反映国际反洗钱组织在国际范围内倡导“普世性”反洗钱国民教育和培训的目标要求。而这恰好是国内洗钱领域的一个由文献显著有限性造成的重大缺憾。

（二）进展差异的客观性

以我国现时的经济发展水平、对外开放程度、未来发展的战略选择，以及国际正义事业参与的客观要求为前提来评价我国的反洗钱组织体系和制度体系现状究竟处于一个什么样的匹配水平，这显然是要进行比较研究才能得出结论的问题，尤其是在我们这样一个政府行政主导型国家。在政府行政主导下，反洗钱治理体制自我评价，必然存在客观性和公正性存疑。所以，应该需要有一个持客观和专业眼光的学术性比较研究体系，来客观公正地为现有体系的国际、国内两个适应能力进行评析和定位。

1. 国内进展比较

国内进展比较分析，关键在于如何客观评价现有的国内反洗钱战略和战略实践与洗钱犯罪发展现实之间的适应性和匹配性。但是，由于国内文献的显著有限性，使得理论界、政策界缺少可以加以应用的可治理效果文献，并以此来评析国内进展的真实有效性。作为刑治，需要使所有的洗钱犯罪能够得到恰当的刑事惩戒，这个惩戒不仅是对犯罪者的有度处罚，还应该包括这样的定罪能否对可能的后来者产生应有的警示；作为监管，是不是在预防层面上最大限度地堵住了洗钱风险漏洞，包括我们的技术设计和金融机构的法律责任履行是否准确到位等，所有这些，在国内并不是完全开放和可以讨论的。目前，这些问题仍然只在专业层面、主导机构层面进行有限讨论。很显然，要解决这样的进展比较问题，将是我国反洗钱理论界的一个长期的过程。

2. 国际进展比较

对于国际进展比较来说，关键的问题在于如何客观、正确看待包括立法在内的反洗钱制度体系和组织体系与国际组织体系和制度机制进展之间的差距，尤其是通过这种比较分析，预见性地看到国内反洗钱制度体系将要面临的问题和挑战。

从中国在国际反洗钱制度机制中的大国地位看，中国既是联合国与洗钱刑事定罪立法有关的全部合约的签署国和批准国，同时也是国际监管权威机构——反洗钱金融行动特别工作组的正式成员国，开展如本书所关注的重大问题研究，对于国际洗钱刑事定罪立法和国际反洗钱监管标准的改进与深化，应该是有一定贡献作用的。

截至目前，我国上述领域的研究是非常有限的，不仅在理论界表现得很是冷僻，而且也没有正式进入主管当局和洗钱刑事犯罪研究领域的常规性工作日程。解除国内文献限制和开展国际进展比较研究，本质上应该是相辅相成的两个问题，而在国内，这两个问题却呈现为一种相互牵制而非相互促进的关系，很显然，要突破理论发展所面临的这样一种自我掣肘困境，是需要反洗钱主导机构和理论界拿出决心和勇气的。

由于必须面对国内文献的显著有限和大量国际文献需要翻译而力所不逮这样两大严峻现实，本书研究所面对的困境是显而易见的。由于这些困境的存在，本书所能得出的结论也可能会有相当局限性，甚至可能在所揭示的现实结论方面会出现代表性缺陷。但是，不管怎样，从国内与国际立法与监管深化比较分析看，这样一次有关我国反洗钱立法、监管理论和实践深化比较研究的尝试，对于启迪我国治理洗钱犯罪理论研究和司法、监管实践深化，并使之逐步与国际水平相接近，其现实意义应该是不容否认的。

第一篇　反洗钱刑事定罪立法进展与深化

引　言

如果理论上认同所谓"洗钱"原始概念形成所依据的史实①就是这一罪行产生的起点，那么，洗钱作为一种社会行为概念，其产生具有某种历史偶然性。甚至在20世纪20年代那样一个历史时期，作为与意大利黑手党这样一种具有历史渊源的犯罪组织有着某种特殊关系的特殊行为，并不具有显著的社会性和独立的犯罪特质，而只是特定的和有组织犯罪的一种附属行为。所以我们说：从十国集团1989年召开会议，决定建立专门国际组织对这样的行为进行监管防范，到一些国家逐步在立法范围内将其明确定义为罪行，并最终将其确定为具有确定性和社会普遍意义的刑事犯罪，其形成并不是一个很长的历史过程。

在世界范围内，洗钱作为一种明确的犯罪行为被社会政治、经济乃至文化所认识，并成为一种社会现象的历史最早始于金融系统稳定受到威胁。从国际领域看，针对洗钱犯罪的立法，实际也是始于金融体系稳定受到威胁这样一个国际现实。有关这一点，我们可

---

① 20世纪20年代，美国芝加哥一黑手党金融专家买了一台投币式洗衣机，开了一家洗衣店。他在每晚计算当天的洗衣收入时，就把其他非法所得的赃款加入其中，再向税务部门申报纳税。这样，扣去应缴的税款后，剩下的其他非法得来的钱财就成了他的合法收入。

以从联合国相关公约产生的历史，以及国际反洗钱金融行动特别工作组（FATF）产生的背景及相关文献的分析中清晰地了解到。联合国第一个涉及洗钱犯罪的国际公约，奠基于世界范围内毒品犯罪猖獗的国际环境。毒品犯罪作为洗钱犯罪的典型上游犯罪，涉及巨大的经济利益，而这些利益需要有一种方式和途径来实现其最终获得合法收入“身份”的目的。毒品犯罪的这一附加犯罪现实，不仅与猖獗的毒品犯罪有着共生共荣、相辅相成的特殊关系，而且还因其所涉资金的规模化运动，引发了国际金融系统稳定性问题。国际社会最早认识到这种危害的是发达国家群体，即作为20世纪世界经济核心构成的十国集团。为了解决日益泛滥的洗钱行为对国际金融体系稳定所形成的冲击，十国集团迅速在以下问题上达成了普遍共识：必须对毒品犯罪所形成的非法所得的后续处置进行犯罪定义，并在定义明确的基础上制定相应的办法，包括运用监管和法律两个手段来加以预防和制裁。

国际领域的洗钱刑事定罪立法，始于20世纪80年代晚期。追溯国际上有关这一问题的史实，应该可以肯定地说，联合国是明确对洗钱进行罪行定义的首倡者。尽管联合国将与洗钱刑事定罪相关的公约公布并开放给成员国签署，这一行为并不代表具有明确国民定义或公民定义的刑罚惩治内涵，而仅仅是作为提供给签约和批准国遵守或参考的一种符合联合国宪章要求的非强制性国际行为，但是，随着这种犯罪的危害程度不断扩大，不仅仅直接危害于国际金融体系的稳定，而且也会影响到一国国内金融系统的稳定，更重要的是，毒品犯罪以及后来出现的具有国际跨境特征的上游犯罪，其非法所得的后续处置均对上游犯罪有明显的反哺作用，所以，各国立法与司法界很自然地认识到：即使是单一出于对上游犯罪的抑制需要，对于洗钱行为进行罪行定义，并通过立法加以惩治也是非常现实和必要的一种社会管理要求。

上述这一国际现状告诉了我们两个基本事实：一是有关洗钱刑事定罪立法和反洗钱监管立法是奠基于国际相关公约的，而且，原始的国际立法宗旨主要来自于国际金融体系稳定的威胁抑制，次要目标才是毒品犯罪抑制。二是洗钱犯罪的刑事定罪立法的历史并不长，且国别差异较大。研究表明，即使是立法最早的美国，其专门的反洗钱立法也仅仅是形成于20世纪80年代后期，与联合国相关公约的表决时间基本相近。至于像我们这样一些因改革开放时间较晚，受到典型上游犯罪冲击时间较晚和现代化金融体系形成时间不长的国家，有关这方面的立法进展更是与发达国家有显著差距。

为了弄清楚我国洗钱刑事定罪立法的前期进展关系、现状和与国际之间深化发展的差距，以下我们分三个层次就洗钱刑事定罪和反洗钱监管立法进行分析。

一、国际洗钱刑事定罪立法进展

以国际反洗钱权威组织——FATF的形成为例，这个在当今国际反洗钱领域有着明确权威地位的国际组织源于西方七国集团会议，但其发展却与世界范围内经济政治关系变化紧密相关，这主要表现在：其组织体系发展以及在后来发展历史中形成的对各国立法和监管产生决定性影响的“建议标准”文献，均与联合国三大公约保持着非常直接的依据关系。

到目前为止，联合国通过联大会议表决方式通过的、从公约起草和签署的初衷上就与洗钱刑事定罪问题直接关联的国际公约主要有三个，即1988年12月的《禁止非法贩运麻醉药品和精神药物公约》（以下简称《维也纳公约》）；2000年11月的《联合国打击跨国有组织犯罪公约》（以下简称《巴勒莫公约》）和2005年10月的

《联合国反腐败公约》（国内法学界以学者将 1999 年联合国公布《制止向恐怖主义提供资助公约》也列为反洗钱国际公约，但是，认真追溯公约历史及其初衷，这一公约真正成为国际普遍认同作为洗钱刑事定罪法理依据的历史，实际上是始于美国“9·11”事件之后，而这一公约的初衷在于针对扼制恐怖主义而要求采取的措施）。认真研究联合国这三大公约中与洗钱刑事定罪相关的内容，我们可以知道，产生于不同历史时期并得到各成员国签署的联合国三大公约，其包含的洗钱刑事定罪立法依据形成过程，反映一个不断递进、深化的历史进程。而且，这个不断递进和深化的历史进程，不仅影响着各缔约国的洗钱定罪立法，同时也影响着在国际上承担反洗钱监管指导的国际组织——FATF 的相关进展。从洗钱刑事定罪的定义及内涵发展来看，联合国三大公约的通过和签署，实际反映的是国际社会有关洗钱刑事定罪立法的发展过程，这个过程主要可分为两个时期。

（一）《维也纳公约》：起点时期

1988 年 12 月 19 日，联合国就表决通过《禁止非法贩运麻醉药品和精神药物公约》的相关问题在奥地利维也纳召开第六次全体会议，在这次会议上，全体会议成员一致表决通过了该公约，后称《维也纳公约》。该公约由参加会议的各国代表现场签署，并规定于 1990 年 11 月 1 日生效，但没有明确各国立法机构批准交存时间。

1. 条款解析

《维也纳公约》是国际领域首次将洗钱犯罪明确为一种独立罪行的国际性法理文件。在这个文件中，第一次将与上游犯罪相关联的犯罪所得的隐藏、掩饰等行为，从主刑事犯罪中独立出来，形成独立的刑事定罪立法的法律要件和内容。《维也纳公约》共有三十四个主要条目，将洗钱行为独立出来作为刑事司法定罪的条款主要载于第三条，即“犯罪和制裁”条款。在第三条的第“1”款：“各缔约国应采取可能必要的措施将下列故意行为确定为其国内法中的刑事犯罪”的“（b）”目之下，公约中有关洗钱刑事定罪的定义是以两个“明知”来表述的：

“（1）明知财产得自按本款（a）项确定的任何犯罪或参与此种犯罪的行为，为了隐瞒或掩饰该财产的非法来源，或为了协助任何涉及此种犯罪的人逃避其行为的法律后果而转换或转让该财产；（2）明知财产得自按本款（a）项确定的犯罪或参与此种犯罪的行为，隐瞒或掩饰该财产的真实性质、来源、所在地、处置、转移、相关的权利或所有权”①。

2. 现实意义

从刑事定罪立法意义看，正是因《维也纳公约》的公布，首次将“隐瞒和掩饰毒品犯罪所得”的行为，确定为可单独进行罪行定义并专门立法对其定罪的犯罪行为。尽管条款中所明确的：“隐瞒”和“掩饰”的相关收益和财产，均指定为与毒品生产和贩运相关联的收益和财产，但是，从刑事行为的界定上，实际已明确指向“隐瞒”和“掩饰”行为，也就是说，只要“隐瞒”和“掩饰”行为的对象或载体本身含罪，那么，“隐瞒”和“掩饰”行为本身就是一种可以独立进行刑事定罪的犯罪行为。相对于洗钱刑事定罪立法的整个进程来说，这个起点是具有历史里程碑意义的，在主罪形成的同一事件中，《维也纳公约》第一次针对其中涉及犯罪的财产与资金的行为做独立的定罪表述。

---

① 郭建安，王立宪，严兴军．国外反洗钱法律汇编［M］．北京：法律出版社，2004：第6~7页．

（二）《巴勒莫公约》和《联合国反腐败公约》：扩展时期

2000 年 11 月的《联合国打击跨国有组织犯罪公约》（以下简称《巴勒莫公约》）和 2005 年 10 月的《联合国反腐败公约》，可归结为联合国在关于洗钱刑事定罪方面的重大进展与深化。

1. 背景回顾

为了便于对联合国这两个重要公约的理解，我们这里先对公约的产生做一个简要的背景回顾。

（1）关于《巴勒莫公约》

《巴勒莫公约》是在第 55 届联合国大会上通过的。第 55 届联合国大会时值世纪之交和新千年的开始，所以又被称为“千年大会”，2000 年 9 月 5 日下午在联合国秘书长科菲·阿塔·安南（Kofi Atta Annan）主持下于纽约联合国总部开幕。会议召开期间，联合国大会讨论了多项议题，而表决通过《巴勒莫公约》是其中第 105 项拟通过议题。

“公约”的正式文本，在开篇中对联合国大会“第 53/111 号决议”、“第 54/126 号决议”和“第 54/129 号决议”进行了回顾，而且在“第 54/129 号决议”回顾中做了这样的表述：“大会在该决议中请拟订一项打击跨国有组织犯罪公约特设委员会继续依照 1998 年 12 月 9 日第 53/111 号和第 53/114 号决议进行工作，加紧努力，争取 2000 年完成此项工作”[①]。上述这段文字引用中所说到的这个“特设委员会”，是由意大利政府提出，并由在意大利西西里首府巴勒莫主办高级别政治会议组织来具体形成，最终由这个特设委员会，也叫“高级别政治会议组织”，按照联合国“第 54/129 号决议”要求

① 郭建安，王立宪，严兴军．国外反洗钱法律汇编［M］．北京：法律出版社，2004：第 45 页．

的时间起草完成，这也是为什么公约在纽约通过，而公约却以《巴勒莫公约》为简称的原因。

而表现《巴勒莫公约》与《维也纳公约》之间在洗钱犯罪问题上的进展与深化关系的一个重要方面是，该公约在前述三大回顾基础上还进行了共 10 项具体内容回顾，而其中第一项就是对《维也纳公约》内容的回顾。

“1. 注意到在维也纳联合国药物管制和预防犯罪厅总部开展工作，并拟订一项打击跨国有组织犯罪公约特设委员会的报告，支持特设委员会的工作。”①

这个回顾表明，专设在巴勒莫的特设委员会所研究拟定的《巴勒莫公约》，其中是包含了《维也纳公约》部分前期与该公约相关的内容。而设在维也纳的联合国管制和预防犯罪厅总部，就是专门的毒品犯罪管理机构。在其提供给《巴勒莫公约》起草委员会的支持文件中，显然是包含了前期《维也纳公约》涉及跨国贩毒相关内容的。

（2）关于《联合国反腐败公约》

《联合国反腐败公约》是在第 58 届联合国大会上表决通过的。第 58 届联合国大会于 2003 年 9 月 16 日在联合国总部纽约召开。从会议相关内容记载看，第 58 届联合国大会的主要议题是：伊拉克局势、中东和平、反恐、艾滋病，当然，联合国改革也是这次会议的主要议题。所以，大会表决通过《联合国反腐败公约》只是大会的一个附带的内容。该公约自 2003 年 12 月 9 日至 11 日在墨西哥梅里达开放供各国签署，随后于 2005 年 12 月 9 日转移至纽约联合国总部开放供各国签署。

比较联合国其他文献，这一公约的起草和通过并不像其他公约

① 郭建安，王立宪，严兴军．国外反洗钱法律汇编［M］．北京：法律出版社，2004：第 46 页．

那么复杂，原因在于：无论是所明确的主罪行，即腐败定义明确性，还是对这一罪行进行法律惩治的不可争辩性，乃至联合国成员国在这一问题上认识的一致性，都在《联合国反腐败公约》的表决之前，具备了充分的政治酝酿和文献准备。所以，我们基本可以将其定义为公约的“前提成熟性”。分析联合国相关文献，这种所谓“公约前提成熟性”主要表现在以下两个方面：

①共识

在刑罚定义范围内，《联合国反腐败公约》产生背景的完整性是非常显著的。其主要反映是：在2003年，也就是公约通过时的历史条件下，世界范围内对于腐败问题的政治认识，和以刑事罪对腐败行为加以明确的立法定义等这样一些涉及立法和司法基础的问题，联合国大多数成员国家已经高度统一。尤其是在发达国家群体中，几乎各国《刑法》体系已经对腐败行为做了准确和正式的律法定义。有关这一点，公约文本的序言部分是这样表述的：

“……承认在刑事诉讼程序和判决财产权的民事或者行政诉讼程序中遵守正当法律程序的基本原则……”[①]

这就是说，所有参与联合国这一公约缔结的国家，均承认对腐败行为所形成的任何财产问题，同时适用刑事诉讼、民事诉讼和行政诉讼，而刑事诉讼是最为主要的。

②可诉

反腐败作为跨区域可诉的刑事问题，在律法文本的体现上已经相当成熟。之所以说有关反腐败的国际性文献及其宗旨表述已相当成熟，其突出表现是：在公约通过之前，已经有了较多的跨区域范围组织正式通过并公布了属于其地域范围内或跨国机构体制内的专门反腐败公约。它们主要有：

① 郭建安，王立宪，严兴军．国外反洗钱法律汇编［M］．北京：法律出版社，2004：第77页．

• 1996年3月29日，美洲国家组织公布实施《美洲反腐败公约》；

• 1997年5月26日，欧洲联盟理事会公布实施《打击涉及欧洲共同体官员或欧洲联盟成员国官员的腐败行为公约》；

• 1997年11月21日，经济合作与发展组织（OECD）正式通过和公布《禁止在国际商业交易中贿赂外国公职人员公约》；

• 1999年1月27日，欧洲委员会部长委员会正式公布《反腐败刑法公约》并同时于1999年11月4日再次公布实施《反腐败民法公约》；

• 最晚一个通过相关条约的地区是相对落后的非洲。2003年7月12日，非洲联盟国家和政府召开首脑会议，在这次会议上一致通过了《非洲联盟预防和打击腐败公约》，尽管如此，这个公约的公布实施也早于《联合国反腐败公约》通过表决的时间。

《联合国反腐败公约》与《维也纳公约》在洗钱犯罪相关问题上的递进和深化关系，仍然是通过该公约对《巴勒莫公约》的前提性回顾来体现的：

“**确信** 腐败已经不再是局部问题，而是一种影响所有社会和经济的跨国现象，因此，开展国际合作预防和控制腐败是至关重要的，

并确信 需要为有效地预防和打击腐败采取综合性的、多学科的办法，

还确信 提供技术援助可以在增强国家有效预防和打击腐败的能力方面发挥重要的作用，其中包括通过加强能力和通过机构建设，

确信 非法获得个人财富特别会对民主体制、国民经济和法治造成损害，

决心 更加有效地预防、查出和制止非法获得的资产的国际转移，并加强资产追回方面的国际合作……

欢迎 《联合国打击跨国有组织犯罪公约》于2003年9月29

日生效……”①

上述《联合国反腐败公约》的文献和前提回顾，基本表达了两个与洗钱犯罪直接关联的刑事问题：一是腐败必然要形成非法所得，以及针对这种非法所得的法律监控与惩治问题；二是腐败问题同样具有跨国犯罪的特性，而只要具有跨国犯罪特性，则洗钱刑事方面的国际合作就是不可避免的。

2. 两大公约与国际洗钱刑事定罪进展关系

以上关于《巴勒莫公约》和《联合国反腐败公约》的背景和前提分析，已经得出较为明确的结论：在洗钱刑事定罪的条文表述方面，《巴勒莫公约》与《维也纳公约》之间有着明显的递进与深化关系，为了进一步证明这种递进和深化关系，下面我们再次从更为具体的条款层面对上述结论进行论证。

（1）直接的刑事定义

研究《维也纳公约》我们可以得到一个非常明显的律法条文信息，即相对于“洗钱”犯罪的罪行律法文字定义而言，《维也纳公约》虽将与毒品犯罪相关的后续资金行为已定为“罪行”，但是律法条文和文字定义上，并未针对毒品非法收入的“隐瞒”和“掩饰”行为，用“洗钱”这样明确的刑事律法文字将罪行正式定义下来。《巴勒莫公约》和《联合国反腐败公约》作为继《维也纳公约》之后的两个重要后续公约，其在《维也纳公约》基础上的最重大递进与深化关系之一，就是直接在律法条文上，正式或明确以“洗钱”律法文字表述指定非法所得的“隐瞒”和“藏匿”行为为犯罪行为，而这一律法条文的正式文字化定义，在《维也纳公约》中是没有的。

从立法递进与深化的意义上分析，文本的这一改变至少产生了

① 郭建安，王立宪，严兴军．国外反洗钱法律汇编［M］．北京：法律出版社，2004：第76、78页．

两个方面的进步效果：一是首次在律法文字定义上正式确立了“洗钱”犯罪，二是使新的洗钱刑事制裁公约，摆脱了《维也纳公约》将洗钱罪的刑事定义紧紧与相对固定的上游犯罪关联在一起的局限性。

在对洗钱刑事犯罪进行明确罪行定义问题上，《维也纳公约》主要体现了以下两个特点：一是正如前述所讨论到的那样，公约没有对“隐瞒”和“掩饰”犯罪所得的行为，直接以“洗钱”律法文字加以定义，而仅仅是放在“犯罪和制裁”条目中，作为一般刑事犯罪来表述。二是第三条第“1”款的“（b）”目之下的第“（1）”、“（2）”两点，均对“隐瞒和掩饰”犯罪所得的上游犯罪范围作了限定性表述，即：

“明知财产得自按本款（a）项确定的任何犯罪或参与此种犯罪的行为对洗钱犯罪进行了刑事定义……”。①

而在同一条款下的“（a）”目中，作为“隐瞒”和“掩饰”犯罪所得的上游犯罪，其刑事定罪范围又是相对明确的：

“（一）违反《1961 年公约》、经修正的《1961 年公约》或《1971 年公约》的各项规定，生产、制造、提炼、配制、提供、兜售、分销、出售、以任何条件交付、经纪、发送、过境发送、运输、进口或出口任何麻醉药品或精神药物；（二）违反《1961 年公约》和经修正的《1961 年公约》的各项规定，为生产麻醉药品而种植罂粟、古柯或大麻植物；（三）为了进行上述（一）目所列的任何活动，占有或购买任何麻醉药品或精神药物；（四）明知其用途或目的是非法种植、生产或制造麻醉药品或精神药物而制造、运输或分销设备、材料或表一和表二所列物质；（五）组织、管理或资助上述

① 郭建安，王立宪，严兴军．国外反洗钱法律汇编［M］．北京：法律出版社，2004：第6页．

(一)、(二)、(三) 或 (四) 目所列的任何犯罪”。[①]

上述核心条款的直接引述表明：在《维也纳公约》中，洗钱罪的原始表述——“隐瞒和掩饰犯罪所得”——的刑事定义是受到确定性上游犯罪，即与毒品生产、走私、贩运等直接相关的犯罪行为所限定的。这一刑事定罪的特点，在2000年11月《巴勒莫公约》和2005年10月《联合国反腐败公约》中，实际已得到根本改进。为了更清晰地解释这一点，下面我们对改进的具体内容列举和说明如下：

①定义替代

《巴勒莫公约》第六条和《联合国反腐败公约》第二十三条，均分别在洗钱刑事定罪的条款中，不再使用“隐瞒和掩饰犯罪所得”这样的原始表述，而是直接以“洗钱”这样的律法文字来定义“隐瞒和掩饰犯罪所得”的刑事犯罪行为。《巴勒莫公约》第六条和《联合国反腐败公约》第二十三条，其标题部分表述分别是：“洗钱行为的刑事定罪”和“对犯罪所得的洗钱行为”。这就是说，两个后续公约均实现了直接以“洗钱”律法文字定义相关罪行。

②解除限定

相比较于《维也纳公约》，两个后续公约均摆脱或取消了洗钱上游犯罪的范围限定。与《维也纳公约》相关内容表述相同，《巴勒莫公约》和《联合国反腐败公约》均在相关条款的第“1”款“(a)”目之下，针对洗钱刑事定罪问题表述了两个“明知……”。但明显有所区别的是：后续两个公约不再将洗钱刑事定罪与上游犯罪进行限定性关联，而是直接表述为：

“明知财产为犯罪所得，为隐瞒或掩饰该财产的非法来源，或为协助任何参与实施上游犯罪者逃避其行为的法律后果而转换或转让

① 郭建安，王立宪，严兴军．国外反洗钱法律汇编［M］．北京：法律出版社，2004：第6～7页．

财产；明知财产为犯罪所得而隐瞒或掩饰该财产的真实性质、来源、所在地、处置、转移、所有权或有关的权利。”①

加着重号的部分是本书所加，目的在于说明上游犯罪的范围限定已经解除。这是一种具有非常重要意义的改进，在立法内涵上表达了一个深刻的立法寓意，即任何财产，只要属于犯罪所得，无论是什么类型犯罪，针对犯罪所得而采取的任何隐瞒和掩饰行为，均在“洗钱”刑事定罪范围之内。

（2）上游犯罪层次划分

洗钱上游犯罪范围限定解除后，国际公约关于洗钱刑事犯罪的定义也随之发生改变，这种改变直接导致各缔约国原根据《维也纳公约》确定的相同内容立法定义，与由联合国新近发布的国际权威律法定义之间出现了差异。联合国考虑到各国立法调整需要一个过程，以及立法环境客观上会存在差异，为使新的两个公约能够体现缓冲和弥合差异，给各缔约国根据自身立法情况和洗钱犯罪治理需要来适用洗钱犯罪刑事定罪定义留下必要的调整空间，《巴勒莫公约》和《联合国反腐败公约》分别在相应的条目下，就洗钱上游犯罪范围进行了两个层次的定义。而且，两个后续公约的两个层次上游犯罪范围定义几乎完全相同，为了能够易于区分，我们将这两个解释上游犯罪不同适用范围的层次划分，分别用“基本层次”和“泛化层次”来概括。

①“基本层次”与“泛化层次”

《巴勒莫公约》第六条第2款将两个范围层次分别表述如下：

“为实施或适用本条第1款：

（a）各缔约国均应寻求将本条第1款适用于范围最为广泛的上游犯罪；

---

① 郭建安，王立宪，严兴军．国外反洗钱法律汇编［M］．北京：法律出版社，2004：第50页、第88页．

（b）各缔约国均应将本公约第 2 条所界定的所有严重犯罪和根据本公约第 5 条、第 8 条和第 23 条确立的犯罪列为上游犯罪。缔约国立法中如果明确列出上游犯罪清单，则至少应在这类清单中列出与有组织犯罪集团有关的范围广泛的各种犯罪”。①

分析上面的条文表述，尤其是加着重号的文字部分，其中“（a）”目为上游犯罪范围的“泛化层次”定义，是联合国公约向各缔约国提出的上游犯罪范围定义的最高要求；“（b）”目为上游犯罪范围的“基本层次”定义，是联合国向各签署公约的缔约国提出的上游犯罪范围定义的基本要求或最低要求。

同样，《联合国反腐败公约》第二十三条第 2 款对于上游犯罪范围的定义，也做了完全近似的表述：

“为实施或者适用本条第一款：

（一）各缔约国均应当寻求将本条第 1 款适用于范围最为广泛的上游犯罪；

（二）各缔约国均应当至少将其根据本公约确立的各类犯罪列为上游犯罪”②。

这里唯一的非本质差别是：前一个公约（《巴勒莫公约》）对上游犯罪范围的“基本层次”定义进行了条款层面上的注明和指定，而后一个公约（《联合国反腐败公约》）没有做这样的注明和指定。因为就“跨国有组织犯罪”这一刑事定义本身而言，它只是对犯罪的地域范围进行了界定，但就罪行内涵而言，显然需要对犯罪的罪行类别进行指定性界定，因此，我们可以理解，之所以《巴勒莫公约》在上游犯罪的“基本层次”上进行较为明确的条款范围指定，

---

① 郭建安，王立宪，严兴军．国外反洗钱法律汇编［M］．北京：法律出版社，2004：第 50～51 页．

② 郭建安，王立宪，严兴军．国外反洗钱法律汇编［M］．北京：法律出版社，2004：第 89 页．

其客观原因正在于此。就《联合国反腐败公约》而言，对上游犯罪范围进行“基本层次”界定，其目的在于规定签署该公约的缔约国应遵循上游犯罪最低刑事定罪范围，以确保缔约国公约的最低信守标准得到执行。而相对于腐败犯罪行为来说，上游犯罪类别指定意义是非常明确的，因而不需要再进行具体犯罪行为的分类，所以，不需要在上游犯罪范围“基本层次”定义之下进行更具体的条款注明和指定。

②信号释放

上述解析表明联合国针对洗钱刑事定罪问题，释放出了一个非常明确的信息：联合国继《维也纳公约》后公布的《巴勒莫公约》和《联合国反腐败公约》实际已经完全解禁了洗钱上游犯罪的范围限制。联合国对上游犯罪范围进行两个层次的划分，其对洗钱犯罪实施刑治的功利目的也是非常清楚的。

首先，上游犯罪范围的“泛化层次”定义，超出于具体公约界定，其目的在于满足国际长期或长远洗钱刑事定罪立法需要。

其次，上游犯罪范围的“基本层次”定义，是出于洗钱刑治的基本标准，要求所有缔结公约的国家，应遵循和满足最低洗钱刑事定罪的立法要求，其目的在于确保各缔约国在签署公约后能够确保公约的严肃性。当然，我们也可以从另一个角度来解析联合国公约确立“基本层次”的现实意义：在联合国公约与缔约国国内法律不存在明显冲突的前提下，各缔约国如果不能在公约所确定的最低上游犯罪范围内对洗钱犯罪进行刑事定罪立法，那么，缔结公约的行为本身就失去了应有的意义。

我们在此还可以从另一个事实来解析联合国在两个后续公约中，对上游犯罪范围进行两个层次定义划分的良苦用心。分析联合国与此相关的文献我们发现，在《维也纳公约》和《巴勒莫公约》之间，实际还有一个《制止向恐怖主义提供资助的国际公约》，该公约于1999年12月9日联合国大会表决通过，2000年1月10日至2001年12月31日在纽约联合国总部开放该公约供签署，2002年4月10日生效的。该条约共25条，是在与国际恐怖主义有关的共9个联合国文件附件基础上，确定一切与恐怖活动有关的资金和财产行为均为犯罪。条约甚至规定了超出于一般洗钱刑事定罪的严格条款，其严格性主要表现在以下三个方面：

第一，凡是符合其第2条所规定的刑事定罪内涵的资金或金融行为，均不得以“银行保密”和“事关财务金融罪”为由拒绝遵守该条约。这就是说，任何资助行为均为国际法管辖范围。

第二，反对以经济、意识形态、政治、民族、宗教等为理由拒绝遵守该条约。这就是说，对于条约定义的国际恐怖主义，任何对其资助的行为都不被其他任何理由所能排除。

第三，就反洗钱技术监管而言，这一条约专门规定了相当周密的司法运作程序，其在细致性和严格性方面，超出于FATF的相关定义①。

如此严格的条款表明一个基本事实，从全范围涵盖恐怖主义威胁的要求而言，上游犯罪和洗钱犯罪本身是必须得到最广泛和最严格的刑法惩治的。这与其后公布的《巴勒莫公约》所明确的范围和惩治严格程度形成明显差别，这表明联合国为保证公约能在较大范围内为成员国所适用，没有像针对性公约（如《制止向恐怖主义提供资助的国际公约》）的表述那样严格。

由于《制止向恐怖主义提供资助的国际公约》有着较高的严格性和对缔约国的苛刻要求，加之条约开放签署时，“东突”问题并没

① 郭建安，王立宪，严兴军．国外反洗钱法律汇编［M］．北京：法律出版社，2004，第39页：《制止向恐怖主义提供资助的国际公约》第十三条；第35页：《制止向恐怖主义提供资助的国际公约》第六条；第40页：《制止向恐怖主义提供资助的国际公约》第十八条第1、2款下各点。

有成为我国面临的重要恐怖主义问题，在那样的国际背景下，中国对国际恐怖主义的定义甚至有着不同的看法和理解，所以，一直到公约开放签署6年之后，也就是2006年6月28日，我国才正式由全国人民代表大会批准交存。本书之所以没有基于洗钱刑事定罪立法针对这一条约进行专门讨论，原因就在于这一条约本身就是针对资金资助定罪的，凡有证据证明是对国际恐怖主义进行资助的行为，就不再以洗钱刑事定罪，而是直接以“资助恐怖主义罪”定罪。并且，这个条约在各缔约国之间形成比其他任何条约都具有更强约束性的要求，更符合国际层面上的公约的适用规范。

二、国内洗钱刑事定罪立法进展与深化

就我们国家而言，由于对外开放时间较晚，商品经济发展的历史不长等国情特殊性，洗钱刑事定罪立法和刑事司法的发展进程与国际立法和司法进程比较，既有大致相近的时间顺序，但同时也存在着很大的差异。

（一）国内反洗钱刑法研究文献综述与解析

自20世纪初开始，国内刑法理论界开始对国内洗钱刑事定罪立法展开大范围讨论，学术研究的繁荣对推动国内洗钱犯罪刑治问题进入正式的刑事立法程序产生了一定的推动作用，同时也在一定程度上丰富了我国刑法学的研究。但是，从发展现实和发展过程分析，学术理论界在这一问题上研究成果以及学术观点的丰富，对于洗钱刑事定罪立法决策的影响却又是不显著的，导致有作用而作用并不显著的原因在于，这一问题涉及国内洗钱刑事定罪立法进展的一些

具有本质特征的原因，包括我国洗钱犯罪实施刑治所依据的基本国情现实和国家政治和经济融入国际进展等现实问题。有关这些问题更深入的讨论，我们会在后来的章节中展开超出于泛泛讨论的理论背景分析。这里，出于学术关联性研究的需要，我们不妨对截至2004年，学术界关于洗钱犯罪刑治学术理论讨论的主要文献及观点，做一个简要的综述与分析。

1. 主要文献及其观点

归纳起来，国内学术界关于我国洗钱刑治问题的研究主要有以下几个方面：

（1）国际反洗钱立法与国内立法关系的讨论

这一理论讨论多以与洗钱犯罪国际治理相关的四大联合国公约为前提（包括联合国《制止向恐怖主义活动提供资助的国际公约》），讨论这四大公约与我国国内洗钱刑事立法之间的关系，在这方面研究较为突出的国内学者有：邵沙平、李曰龙（2007）；王新（2009）；林安民（2011）等。

（2）反洗钱刑事立法国别研究

这一领域的学术讨论，主要反映在对洗钱刑事立法水平较高的国家的立法结构以及立法与监管体制关系的研究，介绍发达国家在洗钱刑治问题上的立法体系性和立法与监管的协同性。有关这方面的研究，观点较为突出的有：王新（2008，2009，2010，2012）；何萍（2010）；谢常红（2013）；许桂敏（2009）；侯合心和张思（2011），其中，以北京大学法学院王新教授在洗钱刑事立法国别研究，相对具有系统性和全面性。

（3）洗钱刑事案例研究

这一研究领域主要以专著为主要的学术研究形式，精心著述的学者主要列举如下，一是李竞雄主编的《反洗钱典型案例评析》（2008），该专著共列举了截至2007年，我国国内发生的涉毒、涉贪、涉税、涉赌洗钱案，同时也在专著中列举了大量以金融系统或金融技术滥用为重点的洗钱案例。二是中国人民银行反洗钱局原局长唐旭主编的《中国洗钱犯罪案例剖析》（2009），该专著从金融监管者角度，对2004年至2008年，经人民银行反洗钱部门开展行政调查的大额可疑交易，移交公安部门并最终立案，且以洗钱罪独立量刑的案件。

（4）反洗钱立法与司法研究

这一专题研究的学者，主要以洗钱刑事罪定义为基础，对反洗钱立法内涵进展和演变展开研究，同时也讨论我国在洗钱犯罪司法方面的进展与深化。这一领域的研究，不仅有不少的学术论文发表，也有不少学术专著，主要有阮方民（2002）；龚凌霏和李挺（2005）；王新（2008）；姚兵（2012）；徐立和刘慧（2012）。其中，较早时期研究以阮方民教授于2002年发表的论文《浅论我国反洗钱刑法立法发展及其特点》最为典型和全面，而稍后在这方面研究较为权威，尤其是在案例司法实践细化分析方面具有代表性的论文，当以王新教授于2008年发表的《司法实践的追问：审视刑罚在遏制洗钱罪中的作用》最为典型。

2. 主要观点解析

上述关于我国洗钱刑法定罪立法的学术观点归纳，也许并不就是自1997年新的《刑法》颁布以来，在这一领域的全部研究学术观点归纳，但它基本代表了国内关于洗钱刑事定罪立法的主要方面，而针对这些主要方面研究及其学术观点，我们基本可以进行如下几个方面的评析：

（1）国际国内关系研究观点相对一致但存在偏颇

研究已有的主要学术文献不难发现，国内立法与国际反洗钱立法之间的关系研究基本达到了意见一致的水平，尤其突出的看法是：国内立法进程与FATF组织体系下的国际反洗钱标准制定之间关系基本一致。这里我们提出来进行学术文献解析，当然也是值得在上述学术讨论基础上进一步澄清的学术问题主要有两个方面：一是所谓国际立法关系，并不反映为一个国家的国内立法的直接依据或基础，这一点需要在立法讨论时加以强调和区别。很大程度上，国际立法相关文献是基于国内的国际参与需要而对国内立法进行适应性修订，就如对于FATF进行反洗钱监管标准制定来说，联合国相关公约仅仅是为其标准制定提供必要法理依据一样。但是，FATF作为国际组织由于其与联合国是同性质的国际组织机构，需要各国以合约参与形式来执行相关标准或合约，所以，虽然FATF的标准制定以联合国的合约为依据的强度可以提升至很高，但是作为独立司法管辖主体的国家或地区，在立法方面以联合国文献为法理依据，其强度并不像国内有些学者所提到的那样。所以，国内学术文献针对这一问题的学术讨论，在观点强调方面应该恰如其分，应该说明：国际立法文献仅仅是国内立法的法理依据之一，而并不是强度显著的立法依据关系。但从目前来看，这显然是被忽略的学术视角之一。二是对于国际立法所提供的法理依据与国内立法进程之间的关系讨论存在着一个重要的认识问题，即如何客观认识国内洗钱刑事立法与国际立法之间的法理依据关系，只有客观认识这种关系，才能客观看待国内洗钱犯罪立法所存在的客观局限性。学术界，尤其是反洗钱监管界的讨论，或多或少地存在着忽视这种客观局限存在的观点。国内学术界高估国内洗钱刑事定罪的立法历史过程的完整性和立法的系统性，在很大程度上就是未能客观看待国际立法所提供的法理依据，是在什么样一种国际背景下对国内洗钱立法形成影响的。

（2）国别研究相对权威但存在突破受限和文献受限

这一领域研究的学者较多，但是多停留在知识性介绍的水平上，从国别研究的情况看，由于世界各国洗钱刑治的紧迫水平差别较大，造成国家与国家之间的立法水平差距很大。当然，这也与一国的法律制度本身有关系，即使在洗钱犯罪刑治的基础相近的发达国家，比如洗钱刑治水平要求较高的美国，其立法系统性和洗钱监管与司法之间的主次关系和协同机制，也都是其他各发达国家无法比拟的。此外，像洗钱刑治历史过程相对较长的澳大利亚，其立法水平与美国相比，也是相形见绌的。所以，这一领域的研究的最大学术缺陷就是如何将研究引向可为我国借鉴的讨论相对较弱，而这并不完全是学术界的学术敏感性问题，而主要存在两个未能逾越的学术基础：首先，客观上学术研究始终不能脱离我国在社会管理或治理方面，行政强度大于法制强度的客观现实。洗钱刑治与一般社会管理意义上的刑治比较是有着某种特殊性的，作为社会治理的一个特殊领域，它具有两个特点：一是从国家宏观利益考虑，洗钱犯罪的事前预防要重于事后惩治，或者说从社会治理效率看，事后惩治与事前预防是一种相对直观和复杂的有机关系构成；二是事前预防和事后惩治均具有显著金融技术特性。所以，洗钱刑治实际是一个刑治与监管交织、金融技术与刑侦技术交织的治理问题，而在我们这样一个行政治理显著优先于法制治理的国家，刑事立法将直接涉及行政权力协调与协同的问题，而这是学术研究领域难以突破的问题。其次，国别研究客观上需要有强大的文献前提，但从目前的情况来看，国内对于世界各个立法水平层次国家的洗钱犯罪刑事定罪立法的相关文献的翻译引入，无论是量还是国别覆盖，都相对有限，这样的“有限”客观上当然会引致研究受限。

（3）洗钱案例讨论相对丰富但存在角度差异和深度局限

洗钱犯罪案例分析和介绍主要以专著为主。这一个领域的学术要点主要有以下两个方面的特点：一是监管角度和刑法角度，各自讨论的重点或多或少地反映了这两个领域的分离状态以及学术繁荣水平差距，二是案例的分析更多的是介绍性质，而对于这些案例所客观揭示的立法体系以及司法上的局限性讨论较少。作为学术困境来看，这种情况的客观必然性是容易被理解的，因为截至目前，真正独立以洗钱犯罪为主体的刑事案件审理，以及在上游犯罪刑事审理之外，对洗钱犯罪进行独立量刑或审理的案件，与我国目前的经济领域、刑事领域的犯罪刑事审理的总量是完全不成比例的，这一点我们还会在后面分析到。如果按照 FATF 关于上游犯罪范围定义“泛化”发展要求，以及我们将 1979 年《刑法》产生于计划经济时期的“公有财产非法占有”条款认定为洗钱刑治专门条款（1997 年《刑法》第一百九十一条除外被列入适用于洗钱刑事定罪的条款）实际上，所有的职务犯罪，毒品犯罪，恐怖活动经费支持，所有针对财产的经济犯罪，均可以在主罪的后续审理中，针对财产和主罪非法所得独立以洗钱犯罪进行定罪。但是，很显然的情况是，国内的刑事司法并没有这样，或者说并没有就这样的治理而形成一种常规刑治。案例的有限性，或多或少对这个领域的学术讨论深化产生了客观制约作用，有关这个制约，也并非本书可以轻易突破的。

（4）反洗钱立法与司法研究相对全面但深度有限

这一领域应该是相对于其他方面的研究更完善的领域，尤其是在研究 1997 年《刑法》方面，学术界的研究已达到相当的水平。但是这里有两个问题可能是学术界未能进一步深化的：一是现行洗钱刑事定罪立法水平与国家市场经济发展和国际参与水平之间的适应水平研究还非常有限。不过这里可以做一个学者意义上的乐观预计：这一问题在 2015 年后，也就是反洗钱提升到国家战略的高度后，学术界可能会基于行政官方的重视而逐步涉及匹配性和适应研究。二是国内是否需要按照 FATF 对发达国家的要求，将上游犯罪的定罪范围泛化到所有犯罪的讨论仍然有限。这一领域讨论的主要观点是与 FATF 要求一致的，但这只限于国内学者群体，这反映了国内学者对国内商品经济发展达到相当水平后洗钱刑治相适应问题的敏感。但是，这样的敏感应该多来自学术界、监管界，而很少来自对立法可能产生影响的权威界、立法界和司法界。这样的学术敏感差异，显然也是与我国的社会结构中的行政与法制特殊关系构成，以及政府对洗钱犯罪治理的重视程度相关。

上述学术文献的归纳与解析是否符合国内学术和决策界的现实，这是一个可以争论的问题，我们在这里不做学术性的进一步厘清，而是针对刑事定罪立法的宏观问题来展开后面的讨论。

（二）关于自主性立法与时间起点

有关我国洗钱刑事定罪立法的进展与深化的时间起点问题，国内理论界观点虽然不多，但却是一个值得讨论的问题，因为这关系到司法与监管、理论与实践两个领域如何客观地看待洗钱刑治的历史和今天，当然更加关系到理论界和决策层面如何准确或客观地看待国内洗钱犯罪现实和洗钱犯罪刑治水平。这里我们主要以反洗钱监管主导机构中国人民银行的相关文献为例，他们认为，我国成为《维也纳公约》缔约国，是我国反洗钱刑事立法的时间起点①。

为了厘清这一问题，求证一个符合我国实情的历史判断，我们着重从以下两个方面进行分析。

1. 1989 年国情回顾

我国正式实施经济体制改革的时间，理论上始于 1978 年十一届三中全会召开，但是，分析当时的历史，真正的商品经济发展，或者说市场经济真正初步形成规模则应该是 20 世纪 80 年代中期以后，基于这样一个历史判断，以洗钱刑事定罪为前提来讨论 1989 年我国客观社会基础或背景，以下两个方面的现实表明在当时历史条件下，我国还没有大规模洗钱犯罪的社会基础。

① 中国人民银行反洗钱局 . 2004 年中国反洗钱报告［M］. 北京：中国金融出版社，2005.

（1）国民经济基础

1989 年，虽然是 1978 年十一届三中全会的第十一个年头，但 1978 年之后的最初五年主要是解决历史遗留下来的一些政治问题，真正实施经济改革开放的时间始于 1984 年。如果这一历史估计符合我国当时的经济发展现实，那么，1989 年仅仅是我国商品经济发展起步的第五个年头，国民经济的商品化比重及其规模十分有限。

表 1－1　　　全国职工工资为代表的国民收入情况

<table>
<tr><th colspan="3">国民收入情况</th><th>1985 年</th><th>1988 年</th><th>1989 年</th></tr>
<tr><td colspan="2" rowspan="3">全国</td><td>职工总数（万人）</td><td>12745</td><td>13608</td><td>13742</td></tr>
<tr><td>工资总额（亿元）</td><td>1383</td><td>2316.2</td><td>2618.5</td></tr>
<tr><td>人均工资（元）</td><td>1148</td><td>1747</td><td>1935</td></tr>
<tr><td rowspan="9">其中</td><td rowspan="3">全民所有制单位</td><td>职工总数（万人）</td><td>9333</td><td>9984</td><td>10108</td></tr>
<tr><td>工资总额（亿元）</td><td>1064.8</td><td>1807.1</td><td>2050.2</td></tr>
<tr><td>人均工资（元）</td><td>1213</td><td>1853</td><td>2055</td></tr>
<tr><td rowspan="3">城镇集体所有制单位</td><td>职工总数（万人）</td><td>3324</td><td>3527</td><td>3502</td></tr>
<tr><td>工资总额（亿元）</td><td>312.3</td><td>487.6</td><td>534.4</td></tr>
<tr><td>人均工资（元）</td><td>967</td><td>1426</td><td>1557</td></tr>
<tr><td rowspan="3">其他所有制单位</td><td>职工总数（万人）</td><td>44</td><td>97</td><td>132</td></tr>
<tr><td>工资总额（亿元）</td><td>5.9</td><td>21.5</td><td>33.9</td></tr>
<tr><td>人均工资（元）</td><td>1436</td><td>2382</td><td>2707</td></tr>
</table>

资料来源：1990 年《中国统计年鉴》，第 132 页。

表 1－1 是根据 1990 年的《中国统计年鉴》摘录形成的以全国职工工资为代表的国民收入情况。很显然，1990 年国家权威统计中，国民收入仍然是按照计划经济时期的所有制分类为基础来划分的，因为在当时的背景下，大多数人仍然是依附在以公有制为主体的企业机体上的纯粹劳动者，劳动收入（工资）仍然是城镇居民收入的主体。因此，作为国家统计权威的《中国统计年鉴》并没有以城镇居民或人口为单位进行收入水平统计。但是，可以肯定的历史现实是：当时的所谓职工工资收入统计，基本能反映当时全国城镇居民

收入的基本水平。以 1989 年数据做具体分析，当时的城镇居民收入，除上述三类外还有一类是政府工作人员及其收入，而除此之外其他的收入种类，在当时的政治条件下是严格受限的，所以，即使有少数不在权威统计部门的统计口径之内的收入存在，但也不具有代表性，基本可以忽略不论。因此，当时历史条件下，全国城镇居民的人均收入水平基本可以按照下述方法做近似统计分析。

相关统计表明，1989 年政府工作人员总数大约为 543 万人。而根据 1990 年《中国统计年鉴》数据反映，当年全国城镇人员总数为 57494 万。这就是说，以上三个层次分类的总收入之合计 2618.5 亿元人民币，从 5.7494 亿城镇人口剔除 543 万政府工作人员外，全国城镇居民总人口大致为 5.6951 亿人，我们以当年城镇人口总收入与近似城镇人口相除，1989 年城镇居民年人均收入为 459.78 元人民币。从这个统计数据看，当时的全国人均收入水平还很低。有关这一点我们也可以从当年的人均储蓄存款水平得以佐证，1989 年全国城镇储蓄余额为 3734.8 亿元，如果以 5.7494 亿城镇人口计算，人均储蓄存款只有 649.53 元，全国城镇人口人均储蓄存款余额仅仅是当年城镇人口人均收入的 1.41 倍，试想在当时历史条件下，中国的居民收入和以此类推的全国人均收入处于非常低的水平。

当然这只是一组近似的数据计算，不足以精确表达统计范围内的精确事件，但是，作为一种社会现状描述，这些数据的分析已经完全能够说明：在 20 世纪 80 年代末期，中国国内几乎不存在针对洗钱犯罪进行专门立法的现实经济基础。

（2）所有制现实

1989 年，我国的整个经济基本仍然是公有制特色的，考虑到我国重要综合经济指标：国内生产总值（GDP），或早期的“国民生产总值”、“国民收入”未按不同所有制进行分类统计，我们这里以当时历史条件下权威或最具有说明意义的统计指标“工业总产值”作为代表性指标，分析当时历史条件下，国民财产的分布，以间接反映作为居民或公民的财产的拥有状况。

剔除1949年至“文化大革命”前，我国国民经济曾经有过一段多种所有制并存的历史不算，我国真正出现除“全民所有”和“集体所有”这两种所有体制以外的非公所有制经济的时间是1980年。

表1－2是摘录1990年《中国统计年鉴》数据形成的，分析表中数据可知：虽然从1980年开始，有了除全民和集体两种公有制以外的第三种、第四种所有制统计，但是其占整体经济的比重仅仅只有5.2%，即使到1989年，这个比重也只上升了2.7个百分点，达到有限的7.9%。这就是说，在1989年乃至1978年“文革”结束至1989年的整个历史时期，国民经济中“财富”概念或“财产”概念，其主要表现形式仍为公有体制下的生产资料及其产出物，而非公有属于居民个人所有的资产占比极其微小。

也正是基于这样一个基本国情，在当时的历史条件下，除基本生活用品以外的公民私有财产近似于零。所以，可以推断的是，在1989年，所谓财产行为犯罪多指对公有财产的“侵占”。对于这样财产行为定罪，集中体现在1979年《刑法》第二篇、第五章“侵犯财产罪”，在从“第一百五十条”至“第一百五十六条”共七条中，犯罪行为基本可以划定在两个范围内：一是与政府工作人员职务行为相关的“贪污罪”，二是非职务行为的“盗窃抢劫公私财产罪”。1979年《刑法》之所以对财产犯罪还要进行“公”与“私”的区别定义，这是因为在当时历史条件下，针对公有财产的犯罪行为不仅仅只是一个刑事定义，而是具有社会政治定性意义的，所以，在罪行表述上需要与不具有代表性的少数私有财产犯罪（偷盗、抢劫）区别开来。对1989年或更早的我国国情回顾，直接或间接告诉我们这样一个现实，即我国尽管在这一年签署了《维也纳公约》，但国内洗钱犯罪活动规模形成的经济基础并不存在。

表 1-2　　各种经济类型工业总产值与占全国的比重

<table>
<tr><th colspan="3"></th><th>1980 年</th><th>1985 年</th><th>1988 年</th><th>1989 年</th></tr>
<tr><td colspan="2">全国</td><td>总额（亿元）</td><td>5154.3</td><td>9716.5</td><td>18224.6</td><td>22071.1</td></tr>
<tr><td rowspan="8">其中</td><td rowspan="2">全民所有制工业</td><td>总额（亿元）</td><td>3915.6</td><td>6302.1</td><td>10351.3</td><td>12342.9</td></tr>
<tr><td>占全国比重（%）</td><td>75.9</td><td>64.9</td><td>56.8</td><td>55.9</td></tr>
<tr><td rowspan="2">集体所有制工业</td><td>总额（亿元）</td><td>1213.4</td><td>3117.1</td><td>6587.5</td><td>7858.1</td></tr>
<tr><td>占全国比重（%）</td><td>23.5</td><td>32.1</td><td>36.1</td><td>35.6</td></tr>
<tr><td rowspan="2">城乡个体工业</td><td>总额（亿元）</td><td>0.8</td><td>179.8</td><td>790.5</td><td>1057.7</td></tr>
<tr><td>占全国比重（%）</td><td>0.016</td><td>1.9</td><td>4.3</td><td>4.5</td></tr>
<tr><td rowspan="2">其他经济类型工业</td><td>总额（亿元）</td><td>24.5</td><td>117.4</td><td>495.3</td><td>758.4</td></tr>
<tr><td>占全国比重（%）</td><td>0.5</td><td>1.2</td><td>2.7</td><td>3.4</td></tr>
</table>

资料来源：1990 年《中国统计年鉴》。

2. 1979 年《刑法》

很显然，对于我国洗钱刑治的所有判断，均离不开对国家《刑法》法典中与洗钱犯罪相关内容进展过程的讨论。对于我们国家来说，由于政治和社会发展历史方面的特殊性，有关我国洗钱刑事定罪立法的时间起点，必然包含以下两个基本判断：一个是我国正式的、基于社会管理需要的和平民生活化的《刑法》法典的制定时间始于何时；而另一个则是在这样一个具有社会管理属性的平民生活化的《刑法》法典中，正式确立“洗钱”犯罪定义的时间始于何时。没有前者，洗钱犯罪刑治没有起码的社会基础，而没有后者，则表明洗钱犯罪作为一种刑事罪，并未被国家法制整体进程所识别。

我们以洗钱犯罪是一种与商品经济发展和对外开放高度关联的刑事犯罪为前提，对我国正式公布的两次《刑法》法典做一个法律关联程度的宏观判断，首先，1979 年《刑法》是我国在特殊历史条件下产生的，因为 1979 年是我国的一个具有特殊性的历史时间（十年“文革”历史刚刚结束），所以，这一次《刑法》制定背景和刑法内容本身，大量包含着特殊历史时期非平民化和非社会管理内涵的所谓“政治专政”内涵，所以，与商品经济发展和国家开放的关联性极弱；其次，1997 年《刑法》是在经历了改革开放近二十年后产生的，国内商品经济发展及开放程度已达到相当水平。1997 年《刑法》也是目前正在执行的《刑法》，其立法程序和平民生活化特征，基本体现了《刑法》法典所应该具有的社会管理内涵。

这里我们将我国签署《维也纳公约》的时间和立法背景，与内涵完全不同的两部《刑法》法典形成的时间做一个简单的比较，很显然，1989 年国内适用的《刑法》正是 1979 年颁布的《中华人民共和国刑法》，而并非 1997 年《刑法》。

除以洗钱犯罪为前提对 1979 年《刑法》的立法背景进行宏观判断外，我们还可以通过对 1979 年《刑法》的律法特点做进一步的分析，以此来判断其是否足以作为我国洗钱刑事定罪立法的时间起点。1979 年《刑法》于 1979 年 7 月 1 日第五届全国人民代表大会通过。《刑法》全文分为“总则”和“分则”两篇，共一百九十二条。比较于 1997 年《刑法》法典，1979 年《刑法》具有以下几个重要特征：

（1）“政治化”的刑事犯罪

1979 年《刑法》作为一部法典，无论从其内容上，还是从法律文本的表述方式上，都明显反映了中国所具有的特殊历史和特殊政治背景。很多针对犯罪行为的文本表述近似于“战斗檄文”式的政治文件形式，而并不属于和平时期满足于社会治理需要的平民化的律法文本规范。这主要表现在两个方面：一是在刑法“指导思想、任务和适用范围”的表述中，保留了大量“文化大革命”非正常历史时期的非生活化或者说政治运动式的表达。这里我们不妨直接引用原文表述来证明其刑法文本规范的非生活化和非平民化：

“中华人民共和国刑法，以马克思列宁主义毛泽东思想为指针，……结合我国各族人民实行无产阶级领导的工农联盟为基础的人民民主专政即无产阶级专政和进行社会主义革命……”①。

在1979年《刑法》总共一百九十二条条款中，完全使用政治口号作为重大罪行定义前缀的条款达十三条之多。

（2）“公有化”的财产定义

1979年《刑法》最具有代表性或典型性的财产犯罪是“对公有财产的破坏和侵占”，也就是说，在当时所有制结构和国民财产占有水平极其低下的国情基础上，真正可以定性为犯罪的财产行为，主要是针对公有财产的犯罪，典型的因刑事犯罪而衍生财产犯罪的情况并不是社会财产犯罪的典型状况，也缺乏社会经济基础和财产制度基础。

此外，上述分析结论我们还可以从另外一个方面加以认证。为了区别于“对公有财产破坏和侵占”这一罪行定义，1979年《刑法》第八十二条还对私人合法财产进行了如下定义：

“本法所说的公民私人所有的合法财产是指下列财产：（一）公民的合法收入、储蓄和其他生活资料；（二）依法归个人、家庭所有者使用的自留地、自留畜、自留树等生产资料。”

上述这一私有财产的范围定义是非常狭小的。我们知道，洗钱犯罪是具有典型社会特性的犯罪，从其传统形式，即基于毒品犯罪的衍生犯罪看，其与商品经济发展、私有财产的丰富是高度关联的，如吸毒者初期均为有一定经济实力者，跨国有组织犯罪，本身就是针对指定性财产的犯罪行为，腐败犯罪作为典型上游犯罪，更是大规模产生于商品经济发展时期。所以，私人财产的极其狭窄定义，从另一个本质的方面表明，1979年《刑法》在与财产有关的犯罪行为定义，并非奠基于衍生洗钱犯罪的大规模私有财产。1979年《刑法》的这个关于私有财产的范围定义，实际上基本吻合了我们在前

① 全国人民代表大会．中华人民共和国刑法、中华人民共和国刑事诉讼法［M］．北京：人民出版社，1979，第5页．

面对于国民财产分布所做的实质分析。立法的基本社会背景与立法宗旨的一致，这是任何一个社会立法的基本原则，在一个国民财富基本是以生产资料和公有制形式表现出来，而私有财产极其贫乏的社会历史现实下，刑法有关财产的犯罪行为定义，是不可能超出于这样一个社会财产分布现实的。作为典型“洗钱”犯罪的各种要件，主要有：开放的国内环境、市场经济发展水平、能够附带大量个人资产行为的规模经济主体，等等，只有在这样的前提下，一切刑事犯罪才可能附带大量的财产处置行为，从而也才会有洗钱犯罪的经济基础。

3. 1997 年《刑法》

1997 年《刑法》于 1997 年 10 月 1 日起公布实施，虽在律法文本的开始指明：“1979 年 7 月 1 日第五届全国人民代表大会第二次会议通过，1997 年 3 月 14 日第八届全国人民代表大会第五次会议通过”，以此表明 1997 年《刑法》与 1979 年《刑法》之间有着某种传承关系。但事实上，如果以《刑法》所奠基的社会管理思想宗旨，以及法典与常规、平民化社会生活之间的关系来判断，1997 年《刑法》与 1979 年《刑法》实际上是有本质差别的。我们甚至可以说，1997 年《刑法》才是新中国成立以来较为完整且与社会生活密切相关联的、真正意义上的《刑法》法典。

因此，针对洗钱犯罪的社会立法基础而言，我们可以从更宏观和微观两个角度来看待 1997 年《刑法》对于洗钱刑事定罪的里程碑意义。

（1）宏观意义

基于通行的国家治理和社会管理意义来看，1997 年《刑法》是我国《刑法》法典臻于完善的起点，是自 1949 年以来，国家法制实现的一个里程碑，而这个里程碑的核心标志就是：中国在立法领域首次大规模“去政治运动化”，第一次将立法基点放在了“人民”、

“国家”和“社会”这样一些通行的和平民化的政治理念之上。1997年《刑法》“去政治运动化”后，刑法法典的立法本质产生了如下两个重要改变：一是作为常规化的社会管理工具，《刑法》法典的社会管理内涵得到了质的提升；二是法典的平民化和生活化特性得以彰显，使包括公民权、公民财产权等私权应获得尊重的宗旨，在法典中开始得到体现。

洗钱，是一种具有特殊属性的社会犯罪，它与商品经济发展和对外开放有着显著关联性，所以，针对这种特殊属性犯罪而进行社会治理的立法轨迹应该是：只有社会生活在宏观意义上跨入商品繁荣、对外开放的时代，基于商品繁荣的生活化、平民化法典才能形成，而只有立足于商品经济发展和对外开放的法制环境成立，才会有针对这一犯罪实施刑治的宏观社会基础和法律基础。

（2）微观意义

从法律文本的具体表述看，1997年《刑法》才是针对洗钱犯罪实施刑治的起点。洗钱犯罪，是改革开放后商品经济发展和对外开放的一种附属物，从这样一个角度看，国家立法体系及时地适应国内商品经济发展和国际参与水平提升需要，适时将洗钱刑治的相关内容写进国家《刑法》法典，这其实也是从一个重要的方面反映国家法制体系是否具有与时俱进、自我完善的意识问题。在1997年《刑法》法典中，体现国家和社会在洗钱犯罪这一领域治理需要的条款可以分为两个层次：第一个层次为典型条款或专门性条款，即专门针对洗钱犯罪的典型条款，即《刑法》第一百九十一条，第二个层次是具有对洗钱犯罪实施惩治功效的非专门性条款，即《刑法》第三百一十二条、第三百四十九条。我们暂将其定义为：“除第一百九十一条以外的非专门性洗钱定罪刑法条款”。

正如我们前面所分析的那样，虽然这一立法更多地体现为缔结国际公约和国家参与国际事务的紧迫性，但是，基于国家发展商品经济和对外开发的宏观战略长远需要，对洗钱犯罪依法实施刑治，同时也是国家和社会治理的必然，所以我们说，1997 年《刑法》是我国洗钱刑治历史的起点，这是毫无疑义的。

（三）1997 年《刑法》与洗钱犯罪刑治进展[①]

前述之所以对联合国三大公约的相关条款进行深入分析、研究，主要出于以下两点考虑：一是在进行反洗钱监管相关问题研究时，离不开对 FATF 的组织体系和核心制度体系的进展和深化进行研究，而涵盖 FATF 的成立、存在、运行的组织体系和制度体系，包括成员政策、建议标准、互评程序等制度机制的基础本身就是建立在联合国这三大公约基础之上的。二是我国洗钱刑事定罪立法的基本现状是：出于履行国际义务需要而签署国际公约先于国内自主性立法，鉴于这一客观背景，要正确客观地分析和评价我国洗钱刑事定罪立法进展、现状及深化，也同样离不开对联合国三大公约为国际洗钱定罪立法提供法理依据的进展与深化，以及对这些进展与深化在国内立法进展与深化上的反映进行分析。

涉及对我国洗钱刑事定罪立法的进展和深化分析，最为关键的问题是：通过与国际进展与深化的对比，客观看待我国自觉立法意识和基于国内洗钱犯罪治理需要的立法水平。为了实现这一研究目的，我们从以下几个方面对我国的立法进展与深化展开分析。

迄今为止，我国与洗钱刑事定罪直接相关的立法内容，主要包括在“一法、三案、一释”中，即 1997 年 10 月《中华人民共和国刑法》、2001 年 12 月《中华人民共和国刑法修正案（三）》、2006 年 6 月《中华人民共和国刑法修正案（六）》、2009 年 2 月《中华人

① 本部分如果不加特别说明的话，《刑法》均指 1997 年《刑法》。

民共和国刑法修正案（七）》、2009 年 11 月《最高人民法院关于审理洗钱等刑事案件具体应用法律若干问题的解释》。这里我们放弃对不具备完整立法程序的“一释”进行分析，而集中对涉及我国洗钱刑事定罪立法的“一法三案”时代特性和内容特性，以及这种时代特性和内容特性所表达的有关进展与深化做进一步具体分析。

1. 洗钱刑治相关条款

根据我国反洗钱理论界和反洗钱司法、监管权威部门的一般看法，属于洗钱刑事定罪内容的《刑法》条款主要有以下三条。

（1）《刑法》第一百九十一条

《刑法》第一百九十一条的律法条文具体表述是：

“明知是毒品犯罪、黑社会性质的组织犯罪、走私犯罪的违法所得及其产生的收益，为掩饰、隐瞒其来源和性质，有下列行为之一的，没收实施以上犯罪的违法所得及其产生的收益，处五年以下有期徒刑或者拘役，并处或者单处洗钱数额百分之五以上百分之二十以下罚金；情节严重的，处五年以上十年以下有期徒刑，并处洗钱数额百分之五以上百分之二十以下罚金：……”。

从律法条文的表述看，其针对性集中反映在犯罪所得，尤其是在这一条文中，专门罗列上游犯罪种类和以“洗钱”明确定义与指定上游犯罪相关的财产犯罪，所以，可以肯定地说，第一百九十一条是 1997 年《刑法》中专门针对洗钱犯罪的刑事惩治律条。

（2）《刑法》第三百一十二条和第三百四十九条

以下我们分别将《刑法》第三百一十二条律法条文和第三百四十九条的具体表述罗列如下：

第三百一十二条：“明知是犯罪所得的赃物而予以窝藏、转移、收购或者代为销售的，处三年以下有期徒刑、拘役或者管制，并处或者单处罚金。”

第三百四十九条：“包庇走私、贩卖、运输、制造毒品的犯罪分子的，为犯罪分子窝藏、转移、隐瞒毒品或者犯罪所得的财物的，处三年以下有期徒刑、拘役或者管制；情节严重的，处三年以上十年以下有期徒刑。”

分析这两条律法条文可知，由于其针对财产犯罪行为，无疑对洗钱犯罪惩治具有一定的惩治效率，但是，由于其不是专门针对“洗钱”，而是针对所有财产犯罪行为，所以，这两个条款虽具有对洗钱犯罪实施法律惩治的效力，但并不是专门性洗钱定罪条款。

2. 第一百九十一条之外条款的认定与商榷

除根据相关分析，将归属在第三章“破坏社会主义市场经济秩序罪”的第四节“破坏金融管理秩序罪”之下的《刑法》第一百九十一条，确定为我国 1997 年《刑法》唯一专门针对洗钱刑事定罪的典型条款外，这里要提出来讨论的问题是，国内反洗钱相关部门始终笼统地强调，在 1997 年《刑法》中，针对洗钱刑事定罪的立法条款除第一百九十一条外，还有第三百一十二条和第三百四十九条，并且在理论上和相关文献上，始终平行地看待这三个条款在“洗钱刑事定罪立法进展”中的重要意义。有关这样一种看法是否符合我国洗钱刑事定罪立法的进展与深化实际，我们不妨做如下商榷性分析。

（1）《刑法》第三百一十二条

我们只要认真阅读 1997 年《刑法》的文本结构就知道，被反洗钱主导机构和一些学者认定为洗钱刑事定罪条款之一的第三百一十二条，是置于《刑法》第六章“妨害社会管理秩序罪”，第三节“妨碍司法罪”之下的，这样的章节归属说明了一个基本的条文宗旨，即法律条文罪行定义的真正指向，并非专指“洗钱犯罪”，而是指：由于罪犯隐瞒和掩饰其非法所得的行为，对司法取证形成妨碍而构成的罪行。

从律法条文的内涵及其表述看，“明知是犯罪所得的赃物而予以窝藏、转移、收购或者代为销售的……”作为犯罪定义，其关键表述在于“犯罪所得”四个字。我们知道，我国至今仍然没有针对洗钱犯罪的上游犯罪执行“泛化层次”范围定义，在此前提下，如果要认定这个“犯罪所得”的“犯罪”是属于洗钱犯罪，那么作为财产犯罪行为的前端或“上游”犯罪，就应该是泛指一切刑事犯罪，而决非我国基本层次范围所指定的上游犯罪。而这显然与我国在洗钱犯罪的上游犯罪范围上执行基本层次范围定义的现实是不相吻合的。

正如前述分析的那样，这一条款针对的所有刑事犯罪后续的财产处置行为的真正定罪指向，并不是财产本身，而是类似的犯罪财产后续处置，即“窝藏”、“转移”、“收购或者代为销售”所产生的另一种后果，即“妨碍司法”的后果。

（2）《刑法》第三百四十九条

第三百四十九条与第三百一十二条共同归属于第六章之下，但从罪行归类上看，该律条归属在第七节“走私、贩卖、运输、制造毒品罪”之下，律法条文的具体内容是：

“包庇走私、贩卖、运输、制造毒品的犯罪分子的，为犯罪分子窝藏、转移、隐瞒毒品或者犯罪所得的财物的……”。

上述这段表述的定罪指向有两个非常明确的特征：一是罪行的“定义指向”主要是毒品犯罪的从犯，也就是说，是针对从事毒品犯罪的罪犯行为提供支持的犯罪行为，其中包括了对毒品犯罪所得的财产进行处置。二是从“窝藏、转移、隐瞒毒品或者犯罪所得的财物”的表述看，其对罪行的“行为指向”主要是非法财产的物质实体藏匿行为，与真正意义上的洗钱犯罪，即将非法所得财产和收益清洗成为合法财产和收益，是有罪行定义上的区别的。

为了比较说明上述分析结论，这里我们可以将 1979 年《刑法》第一百七十二条内容列举如下：

“明知是犯罪所得的赃物而予以窝藏或者代为销售的，处三年以下有期徒刑、拘役或者管制，可以并处或者单处罚金”。

这就表明，这种物质实体上的藏匿行为，以及针对这一行为所造成的司法妨碍，在我国还没有显著洗钱犯罪社会基础的历史时期，同样属于刑事司法定罪的常规性条款和内容。

有关这一问题，我们还可以从后来我国申请成为金融行动特别工作组（FATF）的正式成员过程中可以得到旁证。2005 年 11 月，FATF 接受我国发出的政治承诺函，对我国申请成为 FATF 的正式成员国的相关报告文献进行了初评，查阅 FATF 官方文献可清楚看到，FATF 评估组在这次初评中所给出结论是：中国反洗钱和反恐融资工作取得了相当大的成绩，但相关法律的系统性和层次性较差，法律制度存在一定缺陷。

2007 年年中，FATF 再次对我国申请成为 FATF 正式成员的申请进行全面评估。有关这一次全面评估的相关情况，集中反映在 FATF 于 2007 年 6 月 29 日正式发布的文献，即《中华人民共和国反洗钱和打击恐怖融资第一次互评报告》（*First Mutual Evaluation Report on Anti – money Laundering and Combating the Financing of Terrorism – Summary*）之中（以下简称《中国反洗钱第一互评报告》）。我国在向 FATF 提交的一般性自我评估文献中，全面介绍了我国法律体系，并对法律体系进行了详细解释，而这些介绍和解释也主要是围绕《刑法》第一百九十一条、第三百一十二条和第三百四十九条来进行。

FATF 在发布《中国反洗钱第一互评报告》时，也基本原样不动地引用了我国关于立法体系和框架的介绍和解释（第三条），但很显然的情况是，FATF 并没有完全认同我们对已有立法体系与反洗钱之间适用关系的自我评价。因为，这次评估后，尽管在我国政府的努力争取之下，我国最终被接纳为 FATF 正式成员，但是，FATF 的全面评估报告的结论却是并不理想的，这其中最主要表现就是，在针对成员政策的六条核心建议评估的结论形成时，我国仅有一条基本达标（LC），以2003年版《40条建议》以及与之匹配的成员政策要求来看，六条核心建议基本是以政府行政、立法和金融机构环境为主要内容的，有关这一点，在本书第三篇将会做详细分析。从六条核心建议只有一条“基本达标”，而六条核心建议多针对成员国家的法律环境的评估现实情况，也可以从一个侧面证明，所谓1997年《刑法》由三个条款共同构成我国洗钱刑事定罪立法体系的自我评价的确是值得商榷的。

3. 第一百九十一条的“时代痕迹”

《刑法》第一百九十一条是我国1997年《刑法》中洗钱刑事定罪的主要或专门条款，这一点已毫无疑义。但是，认真分析这一律法条文与其归属的《刑法》的整个法律架构安排的关系，我们很容易看到，这一专门的洗钱刑事定罪立法条款，本质上反映了以下两个方面与“国际参照”紧密相关的时代特殊性。

（1）参照FATF“组织宗旨”

前述分析已提及，第一百九十一条是放在第二章“破坏社会主义经济秩序罪”的第四节“破坏金融管理秩序罪”之下的。我们姑且不讨论“章”的冠名具有中国国情特殊性，就“节”的冠名以及第一百九十一条为什么会置于这一个节名之下进行分析，便很容易看到第一百九十一条所具有的明显国际参照痕迹，而这个国际参照痕迹集中反映在FATF的组织宗旨表述之上。

国际相关文献告诉我们，1988年反洗钱金融行动特别工作组建立之初，作为发起人七国集团和欧洲联盟所倡导和强调的宗旨就是：打击洗钱，以维护国际金融系统稳定，甚至FATF建立时的最初宗旨，就是针对“维护国际金融系统稳定”而形成的。为证明这一点，我们不妨直接引述和翻译FATF文献：“20 years of the FATF Recommendations：1990～2010”的一段话：

“1989 年，七国集团的部长们决定（对洗钱犯罪）采取措施。这些措施除在根除毒品供应及抑制毒品需求方面加强国际合作外，还包括创建‘金融行动特别工作组（FATF）’。FATF 最初任务的重点就是防止银行系统和其他金融机构被以洗钱为目标的犯罪行为所滥用。更具体地说，它在有助于采取措施识别、跟踪和控制毒品犯罪和其他犯罪收入方面建立起了国际共识。”①

上述加着重号部分表述，实际就表明了七国集团成立反洗钱国际组织的最初宗旨，而我国 1997 年《刑法》将洗钱刑事定罪专门条款放置在“破坏金融管理秩序罪”之下，很大程度上是参照国际反洗钱一般要求。有关这一判断，还可以从国内当时历史条件下的洗钱犯罪现实和金融运行现实得到有力证明：1997 年，我国整个金融体系并未实现对外开放，资本市场也不发达，金融机构体系仍然是：四大国有银行独大、传统信贷业务为主，具有强制特性的信贷计划体制和外汇管制体制不仅不易受外界冲击，而且具有政策性内部稳定特征。加之在当时历史条件下洗钱犯罪行为在整个刑事犯罪领域微乎其微，所以，洗钱犯罪无论其是否存在，就金融体系来看，其稳定性是没有受洗钱犯罪威胁的现实基础存在的。这也就是我们分析所要指出的：第一百九十一条律法条文安排，基本参照了反洗钱金融行动特别工作组（FATF）的建立宗旨，并与国际反洗钱组织的相关文献具有完全近似性。

（2）参照《维也纳公约》

《刑法》第一百九十一条作为洗钱刑事定罪的专门条款，其最为重要的特征之一是对洗钱上游犯罪进行了范围界定，即“明知是毒品犯罪、黑社会性质的组织犯罪、走私犯罪……”。这就是说，1997 年《刑法》对洗钱上游犯罪做了明确的范围界定，即：毒品、黑社

① FATF. 20 Years of the FATF Recommendations: 1990 ~ 2010 [R]. Financial Action Task Force on Money Laundering, 2011, Page 4. 作者译.

会、走私这三种刑事犯罪。

依据1997年中国的社会现实，上述三种犯罪行为均不是中国社会具有普遍性和典型性的刑事犯罪，而在第一百九十一条中，能够作出如此明确的洗钱上游犯罪范围定义，唯一可以说得过去的理由就是参照或照搬了联合国《维也纳公约》的上游犯罪范围定义。事实上我们对照《维也纳公约》第3条“b”目下的两个“明知”表述，甚至可以看到，1997年《刑法》第一百九十一条在文字表述上的参照特性。

以上两个方面的立法国际参照特性，突出反映了洗钱刑事定罪立法的时代痕迹，同时，我们也可以通过上述关于洗钱刑事定罪立法的法律架构安排和上游犯罪范围界定方法和内容与国际惯例的近似性或一致性，看到我国在洗钱刑事定罪立法方面所具有的显著国际“跟随”痕迹，并且，这个所谓“跟随”痕迹作为我国洗钱刑事定罪立法进展与深化的突出特性之一，至今并没有通过立法宗旨和立法体系的自主性安排或调整，使问题得以从根本上解决。

（四）三个《刑法修正案》

我国洗钱刑事定罪立法，并非在1997年《刑法》中一次形成，根据反洗钱理论界和主导机构的一致看法，与洗钱刑事定罪进展与深化紧密相关的还有三个主要《刑法修正案》。也就是说，基于过程分析的完整性，我国洗钱刑事定罪立法的进展与深化，基本可以用这样一句话来概括：以1997年《刑法》为起点和主体，辅以《刑法修正案》来加以逐步完善。

但是，将这个进展和深化的历史过程与国际关系进展进行对比分析，我们很容易看到，我国洗钱刑事定罪立法的进展与深化，隐含着非常明显的“被带动”特性。这里，我们集中讨论三个《刑法修正案》的相关内容变化，并以此来论证我国洗钱刑事定罪立法的进展过程，及其与国际立法之间的“被带动”关系。

1.《刑法修正案（三）》

2001年12月29日，第九届全国人民代表大会常务委员会第25次会议通过了《刑法修正案（三）》。

（1）主要修正内容

在《刑法修正案（三）》中，涉及洗钱刑事定罪内容的修订主要有以下三个方面：

①扩大上游犯罪范围界定

《刑法修正案（三）》针对《刑法》第一百九十一条引自于《维也纳公约》的上游范围，增加恐怖主义犯罪为洗钱上游犯罪。增加后，我国刑法有关洗钱上游范围界定，从过去的三种（毒品犯罪、黑社会性质的组织犯罪、走私犯罪）扩展到了四种，即毒品、黑社会性质组织、走私和恐怖主义犯罪。

②加重了对单位洗钱主体的惩治强度

有关对单位为主体的洗钱犯罪量刑，1997年《刑法》原第一百九十一条的表述是：

“……单位犯前款罪的，对单位判处罚金，并对其直接负责的主管人员和其他直接责任人员，处五年以下有期徒刑或者拘役。”

针对这一条款，为加重对单位洗钱主体犯罪的定罪惩治强度，《刑法修正案（三）》将此款修订后表述为：

“……单位犯前款罪的，对单位判处罚金，并对其直接负责的主管人员和其他直接责任人员，处五年以下有期徒刑或者拘役；情节严重的，处五年以上十年以下有期徒刑。”

着重号部分即为修正案所增加的量刑表述，规定了对情节严重的单位洗钱犯罪，量刑从过去的所有洗钱犯罪量刑最高五年，提升到针对情节严重者，洗钱犯罪量刑可高至十年。

③增加量刑说明

《刑法修正案（三）》的另一处修改是，在1997年《刑法》第一百二十条之后，增加一条作为第一百二十条之一款，其表述是：

“资助恐怖活动组织或者实施恐怖活动的个人的，处五年以下有期徒刑、拘役、管制或者剥夺政治权利，并处罚金；情节严重的，处五年以上有期徒刑，并处罚金或者没收财产。”

这一律条修改的真正意义在于：由于《刑法修正案（三）》在第一百九十一条中，增加了恐怖主义为洗钱犯罪的上游犯罪，虽然财产处置行为，也就是洗钱行为作为恐怖犯罪的后果，可以比照第一百九十一条所规定的五类洗钱手段给洗钱犯罪以量刑，但是对于发生在恐怖主义犯罪行为前端的、具有主动作为性质的资金行为，则没有在刑法中明确加以说明，而《刑法修正案（三）》的这一修改，使这一定罪缺陷得到弥补。

（2）《刑法修正案（三）》“被带动”

《刑法修正案（三）》是2001年12月29日通过的，该修正案针对于1997年《刑法》一共有八条修改。结合国际、尤其是联合国公约相关情况，分析这八条修改内容，其“被带动”特性非常明显。

①《刑法修正案（三）》的层次划分

《刑法修正案（三）》针对1997年《刑法》共计通过了八条修改意见，涉及原《刑法》第一百一十四条、第一百一十五条、第一百二十条、第一百二十五条、第一百二十七条、第一百九十一条、第二百九十一条。从《刑法修正案（三）》的针对性看，恐怖主义刑事定罪是这一修正案的主旨。围绕反恐这个主旨，八条修正意见的具体内容可大致划分为两个层次。

（a）主体层次

我们这里将其定义为主体层次主要基于以下分析，即在八条修改意见中，直接表述恐怖主义刑事定罪的修改意见达到四条之多，即“组织、领导、参加恐怖活动组织罪”、“资助恐怖活动罪”、“故意传播虚假恐怖信息罪”和将“恐怖主义活动”明确为洗钱上游犯罪，这四条基本构成了这一修正案内容的主要部分。1997 年《刑法》原第一百二十条本就属于对恐怖活动进行刑事定罪条款，《刑法修正案（三）》对第一百二十条的重大修改主要体现在两个方面：一是根据形势发展需要，加重了对恐怖犯罪的量刑。二是原条款之下，增加了一个专门段落，新增了对资助恐怖活动犯罪的刑事定罪内容。

（b）辅助层次

之所以定义为“辅助层次”，原因在于另外四条修改意见是满足定罪需要而对与恐怖主义活动相关犯罪行为进行具体定义。其中，最主要的表现是在原有指定罪行定义即：“放火、决水、爆炸、投毒”的基础上，增加了如下指定罪行定义：“投放毒害性、放射性、传染病病原体”，同时在第一百二十七条中，将上述增加内容作为第一百二十条犯罪行为的标的，增加到量刑中去。

总体来看，修改的内容集中在以下四点：一是对恐怖主义活动犯罪加重了刑事惩处的力度，具体体现就是大幅度提高了量刑标准；二是在恐怖主义罪之下增加了一款，专门针对为恐怖主义活动提供资助的犯罪；三是明确将恐怖主义确定为洗钱犯罪的上游犯罪；四是使国内恐怖活动的行为定义更加接近于国际通行表述。

分析具体恐怖主义犯罪行为表述改变，其突出特点是，在原第一百二十条所指定的恐怖主义犯罪基础上而新增加的具体恐怖主义犯罪行为指定，比之于原指定的恐怖主义犯罪，更具有广泛的社会破坏性，这使得我国有关恐怖主义犯罪的定义与国际上对恐怖主义对社会破坏性理解更加趋于一致。

②《刑法修正案（三）》与国际反恐

从总体看，《刑法修正案（三）》主要是针对恐怖主义活动所进行的修改，这一点已毋庸置疑。但是，从《刑法修正案（三）》通过时的国内刑事犯罪形势看，以恐怖主义为内容的立法修改，很显然其依据并不在国内，而主要表现为适应国际反恐和反恐立法，以及履行国际反恐公约规定义务的需要。有关这一点，我们可以列举发布和起草于2001年前后，涉及恐怖主义活动或反映国际社会打击恐怖主义活动迫切性的国际公约和相关文献来证明上述判断。

在《刑法修正案（三）》正式通过前，有关打击恐怖主义活动问题，联合国发布了以下三个重要文献：一是1997年12月15日，联合国正式公布了《制止恐怖主义爆炸的国际公约》；二是1999年12月9日，第54届联合国大会再次发布《制止向恐怖主义提供资助的国际公约》；三是2001年9月29日，也就是美国“9·11”事件发生后不到十天的时间，联合国安理会通过了关于制止资助恐怖主义行为的“1373号决议”。

关于第一个公约，即《制止恐怖主义爆炸的国际公约》，尽管我国声明不受其中第二十条第一款约束，但是，在2001年10月27日，受美国“9·11”事件严重后果的启迪，最终第九届全国人民代表大会常务委员会第二十四次会议还是通过了决议，决定加入《制止恐怖主义爆炸的国际公约》。

关于第二个公约，即《制止向恐怖主义提供资助的国际公约》，虽然由于我国早期国情方面的特殊原因，对恐怖主义犯罪的认识与国际社会差异较大，致使我国一直到2006年4月19日，也就是联合国公布给各国签署7年后，也是宣布生效4年后，全国人大才批准我国成为《制止向恐怖主义提供资助的国际公约》缔约国。但是，有两点还是反映了这一公约对我国《刑法修正案（三）》所产生的明显影响。一是随着我国的经济、政治、军事不断开放和加快融入国际社会，作为世界大国，在一些重要国际事务领域履行国际配合义务，实际是我国更好地融入国际社会的必要前提，所以，尽管我国人大批准加入该公约的时间较晚，但是，实际承担相应的国际反恐配合义务的时间，却要早于缔结联合国公约的时间；二是从《刑法修正案（三）》中的内容与该公约关于以恐怖活动为上游犯罪的洗钱犯罪定义可以看到国内立法进展对该公约的参考痕迹。联合国《制止向恐怖主义提供资助的国际公约》在定义“恐怖主义资助罪”时，涉及洗钱犯罪的主要是“第八条，第1款”，其具体表述是：

“每一缔约国应根据其本国法律原则采取适当措施，以便识别、侦查、冻结或扣押用于实施或调拨以实施第2条所述罪行的任何资金以及犯罪所得收益，以期加以没收。”

该条的第一句话是：“每一缔约国应根据其本国法律原则采取适当措施……”，这表明，该《公约》本身就要求各缔约国的国内立法，必须要针对资助恐怖相关活动罪行进行刑事定罪的立法。也就是说，国内立法必须要有对以恐怖主义作为上游犯罪的洗钱犯罪进行刑事定罪的内容。为了实现这一点，各缔约国国内立法必须要进行相关内容准备，而其中最重要的就是必须在立法上，将恐怖主义明确为洗钱上游犯罪。否则，国内在配合国际反恐执法过程中（如按照联合国通知冻结恐怖主义组织账户）便会处于法律依据缺失。而《刑法修正案（三）》第七条修改意见中的重大修改，就是明确将恐怖主义犯罪确定为洗钱上游犯罪，这样就为国内在配合执行联合国公约相关内容时，有了明确的法律依据和基础。

上述分析表明，《刑法修正案（三）》的内容主体针对性，其实就是国家出于配合国际反恐事务和履行签署国际反恐公约相关立法和司法义务的需要。不仅如此，除上述关于第七条修改意见对联合国公约的参照特性分析外，从《刑法修正案（三）》涉及洗钱犯罪修改的具体内容分析，也能反映反恐是《刑法修正案（三）》形成的基本背景。《刑法修正案（三）》专门针对洗钱刑事犯罪内容进行修改的第七条，其修改内容主要有两处：一是将恐怖主义明确确定为洗钱上游犯罪，二是对单位洗钱犯罪加重量刑处罚，即增加了对单位洗钱情节严重犯罪的量刑表述。我们做更深入分析后发现，第一处修改为“主体改动”，或者叫实质性改动，第二处修改则或多或少地表明是针对第一处改动而形成的，因为所谓恐怖主义在国际上的主体定义，基本都不是单一自然人犯罪，而是有组织甚至是利用企业组织、贸易组织或武装组织的群体组织犯罪，因此，反映在恐怖主义下游的洗钱犯罪上，经修正后用“单位犯罪”来区别于单一的自然人个体犯罪，并且表明：这样的犯罪显然比单个自然人的洗钱犯罪，其情节会更加严重，必须有单独且与罪行的破坏性相等的量刑定义。

在21世纪初以前，对于我国而言，恐怖主义仅仅是作为从国外而来的一种犯罪概念，并不代表和反映国内的刑事犯罪现实，至少在刑事领域，恐怖主义犯罪是不具有代表性的。所以，在那样的国内刑事犯罪形势下，我国将其引入刑法，很大程度上是基于我国在国际社会领域承担国际配合义务需要。而在《刑法》框架内，对与恐怖主义上游犯罪相关的洗钱犯罪条款的完善与修订，正是在这样一个背景下“被带动”而实现的。

2.《刑法修正案（六)》

2006年6月29日，全国人大常委会第二十二次会议通过了《刑法修正案（六)》。

（1）非洗钱内容修正概览

2006年6月29日全国人大通过了《刑法修正案（六)》，该修正案是针对1997年《刑法》的一次内容相对广泛和多面的修订。所通过的二十条修改意见大致可分为三个方面的主要内容改进：一是安全责任事故方面的定罪修改；二是非法金融行为定罪；三是腐败定罪。

对于以上三个方面的修订，主要是基于国内社会经济的如下时代特性而产生的：

首先，对安全责任事故方面刑事定罪做适应性修改。这一修订是基于市场经济发展条件下，原定罪主体界定和量刑范围限定，已经不能适应新的经济环境下发生案例责任事故的主体结构和责任危害程度现实；尤其是经济高速发展后，安全责任事故的主体出现复杂的局面，比如有些责任事故是间接强迫力量形成等，一次事故的破坏水平，也是经济发展水平较低时期所无法比拟的，而这些变化都超出了原有条款的刑事解释能力和定罪强度。

其次，强化对非法金融行为刑事定罪。这一修订是一种全新的修订，其时代背景主要是基于2006年的中国如下发展现实：一是以1991年上海股票交易所成立为标志的资本市场已经运行达15年之久，上市公司作为具有社会效应的公众公司，已成为企业经济群体中的一个重要的组成部分，他们的相关行为与政府监管机构的监管政策和广大民众利益关联在一起，诸如《证券法》、《商业银行法》、《保险法》等这样一些监管法规出台后的监管行为后果，均涉及刑事犯罪和刑事定罪问题。二是按照我国加入世贸组织关于逐步全面放开金融市场的承诺，2006年是我国全面开放国内金融市场的截止时间。而上述这两个金融方面的发展变革都意味着对于过去一些定性为违规的金融行为，需要提升约束强度，以法律作为市场合理管束的最后底线，过去传统金融条件下，金融监管与约束集中利用监管实现的基础是传统银行业，而新的时期传统金融与现代金融并存的条件下，单一依靠所谓专业领域监管实现的管理已经不适应环境要求，需要有通行的市场经济行为约束来解决金融市场出现后的各种可能出现的违法行为。

最后，强化了关于腐败刑法惩治。1997年《刑法》以及更早的刑法，涉及腐败，主要针对国家公职人员及政府官员的贪污受贿行为，基本以行政权力为腐败行为诱因。但是，市场经济的发展，在我们国家事实上还存在着一个介于官员与商人之间的“准官员”和“准商人”的复合群体，即国有控股企业的经营者，他们是有着隐形官衔，但同时又是操作全民所有资产进行商业化和市场化运作的职业经理人群体，他们的行为具有一半商业、一半官僚的性质，不正当资产或收入行为具有腐败特性，但又完全可能隐藏在正当商业行为之中。并且在商业行为基础上的腐败，对国家经济造成的破坏性，也是过去所谓单一职务犯罪所无法比拟的。这是一种时代变化在经济生活中的典型反映，而这个变化对于国家的刑治来说，相对地复杂化了对腐败行为的定性，需要刑法进行适应性调整。

（2）洗钱刑事定罪内容与联合国公约关系

《刑法修正案（六）》在涉及洗钱刑事定罪方面也反映了较大的进展与深化，归纳起来主要有两个方面：

①再次扩大指定上游犯罪的范围

《刑法修正案（六）》中涉及洗钱犯罪内容的修改主要反映在第十六条。这个修改的具体体现是：在 1997 年《刑法》第一百九十一条原文和《刑法修正案（三）》第七项内容修改基础上，将第一百九十一条的部分内容重新表述如下：

“明知是毒品犯罪、黑社会性质的组织犯罪、恐怖活动犯罪、走私犯罪、贪污贿赂犯罪、破坏金融管理秩序犯罪、金融诈骗犯罪的所得及其产生的收益……”。

着重号部分是《刑法修正案（六）》的重要进展，与《刑法修正案（三）》所体现的进展一样，《刑法修正案（六）》的重要进展仍然在于扩大了指定上游犯罪的范围。也就是说，我国针对洗钱犯罪的上游犯罪，从《刑法修正案（三）》修订后的四种，经《刑法修正案（六）》扩大到了七种，即“毒品犯罪、黑社会性质的组织犯罪、恐怖活动犯罪、走私犯罪、贪污贿赂犯罪、破坏金融管理秩序犯罪、金融诈骗犯罪”。增加了：“贪污贿赂犯罪、破坏金融管理秩序犯罪、金融诈骗犯罪”三种罪行作为洗钱上游犯罪的指定罪行。

②增加了洗钱犯罪的金融指定

《刑法修正案（六）》第十六项内容修改，在 1997 年《刑法》第一百九十一条原文和《刑法修正案（三）》第七项内容修改基础上的第二个内容修订是：对“……为掩饰、隐瞒其来源和性质，有下列行为之一的”的第“（二）”增加了金融内涵指定。1997 年《刑法》第三百一十二条的原表述是：

“（二）协助将财产转换为现金或金融票据的；”

经修订后的表述是：

“（二）协助将财产转换为现金、金融票据、有价证券的；”

这个修订的进展与深化意义在于，加强了刑事惩治条款对洗钱犯罪滥用金融系统和技术不断提高的针对性。过去，洗钱方式仅仅针对于现金和变现能力较高的金融票据，而将洗钱犯罪的技术指定限于上述两种显然已经不适应洗钱犯罪在金融领域的变化，这是因为现代金融业发展的显著标志之一就是融资工具化和金融工具多样化，在这种情况下，洗钱犯罪的技术指定和工具指定应该随之扩张至所有金融工具，而不仅仅包括现金或变现能力较高的金融票据。

③提高了关联程度

我们前述已做过分析，1997 年《刑法》第三百一十二条，属于第一百九十一条主体洗钱刑事定罪条款的“之外条款”。“之外条款”之所以与洗钱刑事定罪“主要条款”有所区别，其区别点就在于条款的罪行针对性，并不专指洗钱犯罪，而是泛化到包括洗钱犯罪行为在内的所有“非法财产处置”犯罪行为。而之所以理论界和反洗钱主导部门将其划定在洗钱刑事定罪立法进展与深化的范围内，原因则在于这样的条款与洗钱刑事定罪内容紧密关联。以下我们不妨再次引述 1997 年《刑法》第三百一十二条表述如下：

“明知是犯罪所得的赃物而予以窝藏、转移、收购或者代为销售的，处三年以下有期徒刑、拘役或者管制，并处或者单处罚金。”

对上述表述的修改主要反映在《刑法修正案（六）》第十九条，修改后的表述是：

“明知是犯罪所得及其产生的收益而予以窝藏、转移、收购、代为销售或者以其他方法掩饰、隐瞒的，处三年以下有期徒刑、拘役或者管制，并处或者单处罚金；情节严重的，处三年以上七年以下有期徒刑，并处罚金”。

这个修改在内容上做了较大的扩充。从着重号部分我们可以看到两个区别，一是在原表述中，非法财产只包含犯罪所得，而不包含非法财产所“产生的收益”，而在修正后的表述中，非法财产所产生的收益包含在定罪范围内；二是在原表述中，对于非法财产的处置行为更多强调的是物质实体的处置，而不包括诸如滥用金融工具清洗“脏钱”等一些与现代金融发展相关联的清洗方式，至少，是在该条款原表述中没有指明，或对一些无法以法律语言表述但在金融技术领域的确存在的洗钱犯罪方式预留法律可定罪的解释空间。但是经修正后，新条款中的表述 ：“以其他方法……”，对一些暂时无法明确定义的洗钱方式，预留了可定罪的空间。

从第一个区别来看，显然在《刑法修正案（六）》之前，《刑法》第三百一十二条与洗钱定罪主要条款《刑法》第一百九十一条之间并不匹配。因为 1997 年《刑法》第一百九十一条的完整表述（包括《刑法修正案（三）》的修改内容）就是：“明知是毒品犯罪、黑社会性质的组织犯罪、恐怖活动犯罪、走私犯罪、贪污贿赂犯罪、破坏金融管理秩序犯罪、金融诈骗犯罪的所得及其产生的收益……”，对非法财产的界定包括了非法财产所产生的收益。经《刑法修正案（六）》修订后的刑法第三百一十二条，增加上了对非法所得所产生收益。

这个表述的进展与深化，不仅使得《刑法》第三百一十二条具有接近洗钱刑事定罪主条款的本质，而且也使得有关针对第一百九十一条所确定的指定犯罪所形成的非法财产、资金处置行为更接近于洗钱犯罪内涵，因为最原始洗钱犯罪的罪行内涵就是："将非法所得清洗干净并使之成为合法所得"，而清洗行为中，较为典型的就是通过将"脏钱"投入经营产生收益来洗干净非法所得的"脏钱"本质。也正是因为这个修改，使得原第三百一十二条作为洗钱刑事定罪主条款"之外条款"的特性逐渐淡化，而针对洗钱犯罪的刑事定罪特性得到显著提升。

从第二个区别来看，《刑法修正案（六）》针对非法所得处置方式，在原表述基础上，增加了"……或者以其他方法掩饰、隐瞒的"。这一修订的作用很清晰，就是为除通过实物资产或财产藏匿、包庇、代销等非法处置方式之外的一切处置非法所得及其收益的行为，尤其是一些与金融系统创新高度关联、始终处于动态发展的金融技术滥用洗钱犯罪预留法律定性的空间。有关这一点，国际洗钱监管领域的类型研究发展实际早就指出：对于洗钱犯罪来说，最具有隐蔽性和技术含量的，就是滥用金融系统和金融技术转移和清洗非法所得。所以我们说，《刑法》第三百一十二条的这一进展与深化，从更广泛的意义上拉近了作为洗钱刑事定罪"次要条款"与洗钱刑事定罪主要条款之间的距离，形成关联度较高的洗钱定罪条款分布。

④加重了量刑程度

加重了对包括洗钱犯罪在内的非法财产处置行为的量刑程度。《刑法》第三百一十二条的原表述在对非法财产处置行为量刑方面的表述是：

"……处三年以下有期徒刑、拘役或者管制，并处或者单处罚金。"

而经《刑法修正案（六）》修订后的表述是在原量刑基础上增

加了如下表述：

"……情节严重的，处三年以上七年以下有期徒刑，并处罚金"。

分开来看，《刑法修正案（六）》上述表述的调整，使刑罚内容发生了以下两个方面改变：一是对洗钱或近似洗钱的与上游犯罪相关的资产处置，加重了量刑打击力度，也就是将原最高三年的量刑标准提高到了七年。二是针对洗钱犯罪或近似洗钱犯罪的资产处置行为，除承担刑事处罚责任外，另外附加经济处罚，而这在原条款中是没有的。

（3）《刑法修正案（六）》"被带动"

《刑法修正案（六）》中涉及洗钱定罪的另一个具有被带动特性方面是腐败惩治内容的修订，为深入理解这一"被带动"存在，我们做如下具体分析。

有关《刑法修正案（六）》对腐败条款修改的真正原因，我们可以从修正案的第七条、第八条和第十六条的修改内容来做具体分析。修正案第七条和第八条，主要涉及1997年《刑法》第一百六十三条和第一百六十四条，内容修订的核心是在腐败犯罪的定罪范围上，增加了非国家工作人员受贿或行贿罪，这里主要是针对可能引致不正当竞争的商业贿赂行为，与国内市场经济发展有关。但分析《刑法修正案（六）》对经过《刑法修正案（三）》调整后的《刑法》第一百九十一条所做修改，我们基本可把这个修改归纳为以下两个方面：一是把腐败犯罪确定为洗钱上游犯罪，二是把涉及金融的两项罪行明确为洗钱上游犯罪。而这个修改在国内刑事治理中，表现出了完全地被国际带动的特征。关于腐败罪，在1997年《刑法》第二篇第八章，有比较完善和全面的定罪定义，而有关"破坏金融秩序"和"金融诈骗"犯罪，在1997年《刑法》第二篇、第三章的第四节、第五节，也有非常完整和全面的定罪表述。

那么，为什么在《刑法修正案（六）》中要专门将上述两个方面、三种罪行明确指定为上游犯罪呢，本质原因主要来自国际上有关洗钱刑事定罪立法的两个方面进展。

《联合国反腐败公约》于2003年10月31日第58届联大表决通过，并于2003年12月9日至11日在墨西哥梅里达开放供各国签署，随后，直至2005年12月9日在纽约联合国总部开放供各国签署。而我国，是在联合国总部开放供各国签署时间快要结束的2005年10月27日，经全国人大批准后签署成为缔约国的。分析《联合国反腐败公约》，涉及洗钱犯罪重要内容主要表现在以下两个方面。

第一，《联合国反腐败公约》专门以第十四条“预防洗钱的措施”明确了在预防腐败洗钱领域共五个方面的内容需要得到签约国的遵守，这五个内容主要包括：金融机构、非金融机构、监管及防止洗钱以金融资金通道为内容的国际合作。比较于前两个与洗钱刑事定罪相关的国际公约，《联合国反腐败公约》在这一条中所表现出来的最大进展和深化是：更加强调了金融、金融反洗钱监管及以资金跟踪为内容的国际金融合作，而这也是我国《刑法修正案（六）》增加两个以金融为内涵的犯罪为洗钱上游犯罪的重要外部带动原因。

第二，《联合国反腐败公约》以第二十三条：“对犯罪所得的洗钱行为”明确了针对洗钱犯罪进行刑事定罪的相关内容。与前两个国际公约比较，有关洗钱刑事定罪相关内容的重大进展和深化主要在于以下三点：一是依据《维也纳公约》对于洗钱罪的原始定义，再次重申洗钱犯罪的基本罪行内涵。二是重申罪行内涵在本质上已超出于腐败作为上游犯罪，因为两个“明知”指定的是“脏钱”定义，而并没有界定“脏钱”的原因。这完全是《维也纳公约》关于洗钱定罪定义的一种继承。三是在这一条的第二款“为实施或者适用本条第一款”，以“第（一）”和“第（二）”两点，分别提出了洗钱犯罪的上游犯罪范围定义的“泛化层次”和“基本层次”：

“（一）各缔约国均应当寻求将本条第一款适用于范围最为广泛

的上游犯罪；

（二）各缔约国均应当至少将其根据本公约确立的各类犯罪列为上游犯罪。”①

这就表明，《联合国反腐败公约》颁布并签署后，各签约国需要根据自身法律环境，在上游犯罪范围定义方面“努力达到”联合国所要求的“泛化层次”，以及必须做到联合国公约所要求的“基本层次”。

很显然，为了使国内洗钱刑事定罪范围能够既满足缔结国际公约的基本要求，同时又保证国内对洗钱上游犯罪的刑事定罪需要，《刑法》体系除必须按照签约要求，将腐败直接列入上游犯罪外，还需要配合执行第十四条的相关内容，把与金融体系滥用的相关内容列入上游犯罪，保证在无法达到执行“泛化层次”范围定义标准的前提下，国内洗钱犯罪刑治在司法实践上的可操作性和有效性。

3.《刑法修正案（七）》

2009年2月28日，第十一届全国人民代表大会常务委员会第七次会议通过了《刑法修正案（七）》。

（1）修正内容

《刑法修正案（七）》一共针对1997年《刑法》做了14处修改。以下我们针对与洗钱刑事定罪相关和非相关两个部分进行具体分析。

① 第十条修改内容

《刑法修正案（七）》被认为是与洗钱刑事定罪有关的修改内容主要体现在第十条，针对的是《刑法》第三百一十二条，即在原条款之下，增加一款作为该条之下的第二款，增加的第二款表述如下：

“单位犯前款罪的，对单位判处罚金，并对其直接负责的主管人

① 郭建安，王立宪，严兴军．国外反洗钱法律汇编［M］．北京：法律出版社，2004，第89页．

员和其他直接责任人员，依照前款的规定处罚”。

对照第三百二十一条原条款来分析，《刑法修正案（七）》的修改目标很明确，就是要增加对涉及洗钱或近似洗钱的财产处置犯罪行为的单位进行处罚，洗钱刑事定罪主体从自然人扩大到了单位。

②其他修改内容

《刑法修正案（七）》所涉及的内容之广泛，是前六个修正案所没有的。几乎每一处修改都涉及1997年《刑法》的一个相对独立的章节，所以，我们说《刑法修正案（七）》的背景，反映时代的成分比主题的成分更为突出。如果以内容来划分，涉及：走私（贸易）、内幕交易（证券）、逃税（财政）、传销（社会）、绑架（暴力）、信息（公民隐私）、组织未成年人犯罪（刑侦）、电脑（隐私）、动植物检疫（社会）、证件（伪造）、受贿（腐败）等。

（2）《刑法修正案（七）》“被带动”

《刑法修正案（七）》同样存在着“被带动”的情况，被带动的外部原因主要表现在以下几个方面。

①联合国公约相关内容进展

《刑法修正案（七）》第十条为专门性的洗钱刑事定罪内容修改，主要是针对1997年《刑法》的第三百一十二条，从修改内容来具体分析，修正案第十条修改意见主要宗旨就是将原条款中只针对自然人的洗钱定罪范围，扩大到了单位（法人）洗钱。而这一修订，实际上在前两个与洗钱相关的修正案均已有所体现。这里我们要做具体分析的问题在于：如果财产的隐瞒、掩饰、转移、代销作为一种洗钱犯罪定罪，其必然要涉及的上游犯罪范围，却绝不仅仅是适用于第一百九十一条所针对的七种上游犯罪，而是适用于一切产生“妨碍司法”后果的财产隐瞒、窝藏、转移的犯罪行为。这也就是说，这样的条款，在我国还没有引入洗钱刑事定罪概念、国家还处于未开放时期的1979年《刑法》就已经存在，如1979年《刑法》

第一百五十三条。那么，在国内立法有关同一刑事犯罪行为在非洗钱刑事定罪条款中早有明确定义的情况下，《刑法修正案（七）》仍然针对洗钱刑事定罪专门条款提出修改，其客观的立法依据是什么呢？

有关这一修正案疑问，我们可以从下面对国际形势和相关国际公约、FATF 文献的具体分析得到结论，从而也间接证明这一条款的修订包含着国际社会的带动原因。

从联合国相关公约看，《维也纳公约》第三条的（b）、（c）两项有关洗钱刑事定罪律法条文表述，虽然均指明洗钱犯罪行为可单独定罪，但其法律文字表述却仅仅是初步的，同时也是不显著的。但是，到《巴勒莫公约》，有关洗钱刑事定罪的律法条文表述却有很大的进展和深化，而这些进展与深化的重大内容之一，就是将洗钱犯罪的主体明确划分成为自然人和法人。

《巴勒莫公约》有关洗钱刑事定罪的条文主要是第六和第七条。而这两个专门条款是从《维也纳公约》的第三条的（b）、（c）两项的两个“明知”中改进和演化而来的。在《巴勒莫公约》的第七条：“打击洗钱活动措施”的第二项的最后一句话中，有关认定单位（法人）为洗钱犯罪行为主体的表述是：

“……这类措施可包括要求个人和企业报告大额现金和有关流通票据的跨境划拨。”①

而在 2003 年《联合国反腐败公约》中，上述内容得到了进一步强化，这个强化的主要表现是，除了在其上述第十四条：“预防洗钱的措施”的第二项下继续保持了《巴勒莫公约》关于“……这类措施可包括要求个人和企业报告大额现金和有关流通票据的跨境划拨”的表述外，还在同一条的第 1 项第（1）款之下，对同一问题做了如

① 郭建安，王立宪，严兴军．国外反洗钱法律汇编［M］．北京：法律出版社，2004，第51页．

下强化表述：

"……包括对办理资金或者价值转移正规或非正规业务的自然人或者法人，并在适当情况下对特别易于涉及洗钱的其他机构，建立全面的国内管理和监督制度……"①

很显然，联合国相关公约在针对单位洗钱犯罪定罪内容上的进展与深化，不仅要求缔约国国内法律做相应调整，更重要的是这三个联合国公约是FATF制度机制的基本法理依据，法理依据有调整，必然会带动FATF制度机制的相应调整，而中国不仅是公约缔约国，而且还是FATF正式成员国，两种依据所具有的国际履约压力，都要求我们在国内法律上作出适应性调整。

②2003年《40条建议》修订

此外，我们对FATF的权威性文献2003年版《40条建议》与1996年版《40条建议》进行了比对，同样发现了在关于将机构（法人）纳入洗钱犯罪刑事定罪主体方面的问题与联合国公约相同的进展。1996年版《40条建议》是在1990年第一版《40条建议》基础上改进形成的，但即使是做了改进，认真阅读相关条文后仍然可以清楚看到：洗钱犯罪主体仍然没有形成明确划分。

2003年，是FATF对其权威文献进行较大规模内容提升的一次修订，修订后的2003年版《40条建议》，在其第三部分："反洗钱和反恐融资体系中的制度性措施和其他必要措施"的第二节："法人和法律协议的透明度"中，文献以第33条专门针对法人（机构）洗钱相关问题明确做了如下表述：

"各国应采取措施防止洗钱分子对法人的非法利用，并确保主管部门能够实时获取关于法人的受益权和控制权的充分、准确和最新

① 郭建安，王立宪，严兴军．国外反洗钱法律汇编［M］．北京：法律出版社，2004，第51页．

的情报。”①

事实上在西方国家，尤其是美国，在关于恐怖主义活动组织形式的定义问题上，不仅其犯罪主体定义始终包含着组织机构形式，甚至还在小范围内直接定义为国家形式。从1999年联合国《制止向恐怖主义提供资助的国际公约》的相关内容，尤其是其中与洗钱犯罪直接关联的第十八条相关表述看，可以确定的是：以恐怖主义作为上游犯罪的洗钱犯罪，其犯罪主体基本都属于机构组织（法人）主体，而事实上在《制止向恐怖主义提供资助的国际公约》于2002年正式生效后，国际恐怖主义融资已基本成为洗钱上游犯罪的主要类型之一，当然，也是西方国家和国际社会主要关注的洗钱犯罪类型之一。有关这一点，我们也可以从2001年10月FATF专门制定了针对恐怖主义融资的《9条特别建议》中清晰地了解到。

对于我国来说，撇开参与国际反恐必须承担国际配合义务不论，恐怖主义活动成为明确的国内刑事问题的时间并不长，主要表现为“东突”问题。而“东突”问题作为与国内民族问题相关的恐怖主义活动，其被确定的时间仅仅始于20世纪90年代，但在当时也并未明确定义为恐怖主义，直至2004年4月，随着国际反恐大国美国国务院于29日公布十个国际恐怖主义组织名中包括了“东突伊斯兰运动”组织，对我国国内社会环境造成严重影响的“东突”问题，才正式被定义为恐怖主义。这就是说，无论是国内还是国际，与主要洗钱犯罪类型发展相关的犯罪主体定义，其依据实际是来自于国际立法与上游犯罪形势的发展与变化。

4. 以三个修正案为代表的立法进展简要小结

根据上述分析，有关我国洗钱刑事定罪立法的进展与深化问题，我们可以得出以下两个结论：

---

① 公安部经济犯罪侦查局（译）. 反洗钱金融行动特别工作组（40条建议）［M］. 北京：群众出版社，2003，第15页.

（1）进展相对集中

有关这一结论的依据，基本可以用以下一段话来反映，即我国的洗钱刑事定罪立法进展的集中体现就是1997年《刑法》第一百九十一条。之所以这样说，这是因为只有《刑法》第一百九十一条，才是专门的洗钱刑事律法条款。这个条款的专门性在于首次对“洗钱犯罪”进行了正式的刑事定义。并且，这一律法条文也成为《刑法修正案（三）》、《刑法修正案（六）》和《刑法修正案（七）》对洗钱犯罪立法相关内容进行提升的基础。《刑法》第一百九十一条，体现了我国对洗钱犯罪实施刑治的一个重大进步，但同时，由于其在《刑法》法典中的过于集中单一，而使有关洗钱犯罪的刑事定罪律法条文难以形成一个相对独立和完整的体系。

（2）进展明显被带动

上述洗钱刑事定罪立法及其改进过程，一方面反映了我国洗钱刑事定罪立法与联合国公约、国际反洗钱权威机构相关内容完善进程的同步性，而另一方面也反映了这样一个立法进展与深化的基本现实：由于我国洗钱刑事定罪立法奠基于国家缔结国际公约和履行国际配合义务的不断强化过程，国内这一领域立法的进展过程显示出了明显“被带动”特性。

（五）立法缺陷与问题

就一国的刑治水平而言，集中反映为《刑法》自身的完善程度和与社会管理宗旨之间的适应能力，所以，洗钱犯罪治理作为中国社会刑治的一个部分，尽管其在中国社会形成的历史并不长，但是反映刑治理论和实践领域的进展与客观需要相匹配或相适应的问题却是相对突出的。之所以会出现这样一种情况，原因主要有两个方面，一是相对于中国社会发展进程而言，由于洗钱犯罪与国内商品经济繁荣和对外开放具有高度关联性，所以，随着我国商品经济发展加快，类似于洗钱这样的一些“伴生性”或者说商品经济发展“关联性”犯罪必然成为国内刑治体系中的突出问题；二是从犯罪种类对社会的破坏性，包括物质和社会精神层面的破坏来看，洗钱犯罪具有比之于刑治领域的其他传统类犯罪，如偷盗、抢劫等具有更大的影响力和破坏性，所以，作为国家《刑法》法典必须要有能力通过适时调整来反映刑事领域重大变化。在这样一个背景下基本可以明确的发展趋势是：中国社会进入 21 世纪后，国家发展战略决定着社会经济尤其是商品经济必然走向繁荣、国家政治经济必须走向更加对外开放，而商品经济繁荣和不断扩大的对外开放，又决定着诸如洗钱这样的新型犯罪形势发展必然会随之而起。这样的社会宏观形势变化，反映在国家《刑法》体系上必然是《刑法》进展与深化对变化的适应能力。换一个角度，我们也可以这样表述上述现实：在所有与现代经济发展和社会开放程度具有共生关系的刑事犯罪中，洗钱，是具有典型性的，这种典型性对一国的刑治水平所提出的要求表现在：一旦刑治领域的某种强烈匹配性要求不能得到《刑法》体系本身的进展与深化匹配的时候，必然显著暴露成为显性的社会治理问题和《刑法》系统性缺陷问题。

前述的分析基本揭示了我国这样一种洗钱刑治现实：在经历了 1997 年《刑法》独立应用第一百九十一条对洗钱刑事定罪问题加以律法确定，以及因 2007 年《反洗钱法》公布而使监管立法具备一定基础之后，总的来说，我国反洗钱涉及的刑治与监管所取得的进展是显著的。但是，纵观现实情况，对相关进展与深化做更深入的分析和研究，我们可以确定：有关我国的洗钱犯罪法制理论存在着显著缺陷的现实也是值得我们思考的。

这里，我们可以根据上述初步分析，对存在的问题做如下两个方面的简单归结：一是立法单一，尽管我国 1997 年以专门条款定义了洗钱犯罪，而且经过三个刑法修正案的修订和完善，提升了另外两个“之外条款”与洗钱犯罪惩治的关联程度，但是相对于国家宏观形势发展，这样的立法仍然显得单一。有关这一点，我们将在介绍美国的反洗钱立法体系中得到印证，如果我国的国家发展战略不变，仍然是大力发展商品经济，以及继续扩大对外开放，可以预料的是我国的国内经济环境将逐渐与市场经济国家趋同或趋近，那么，我国刑法体系所面临的洗钱治理形势也会同样出现趋同与趋近，如果这是事实，单一的洗钱立法现状，必然会无法适应日益复杂和发展的洗钱犯罪治理需要。二是从洗钱犯罪刑治本身看，比较于国际领域洗钱刑事定罪立法进展与深化，我国长期所存在的“被带动”立法现实，这使得我国现有的洗钱刑事定罪立法存在着明显的体系缺陷或整体水平缺陷，尤其是比较于国际上各主要国家，以及 FATF 制度机制所揭示的国家立法水准基本要求来说，这是一个极为显著的问题。FATF 所提出的：“依据既定的立法框架和战略，有规划地推动洗钱刑事定罪立法进展与深化”，实际就是衡量一国洗钱刑事定罪立法水平的重要试金石。为了在国际比较和国内适应性比较的基础上，深入理解我国洗钱刑事定罪立法水平、进展与深化，我们这里专门针对这一领域存在的主要问题和缺陷做一个深入的、揭示性的研究与分析。

1. 刑事定罪立法系统性缺失

《刑法》是对洗钱犯罪构成实质性打击最重要的治理环节，对于全社会来说，其警示与教育意义比之于监管立法以及专业预防和监管更为重要、更为有效。如前面所分析的那样，我国的《刑法》本身在洗钱刑事定罪这一领域，一直处于被动适应我国政治、经济融入国际社会进程加快的现实，“被带动”立法历史现实的另一个方面，即表明我国自觉意识基础上的洗钱刑事定罪立法，受到了我国特殊的社会和经济发展过程的制约和影响。在开放程度不高的 20 世纪，这一现实情况与我国国情及我国的国际地位是匹配的，也是具有一定适应性的。

但是，进入到21世纪后，我国实际已经迅速进入到要面对日益复杂的国际政治、经济、文化和社会关系的历史时期，尤其是2001年"9·11"事件，预示着洗钱刑事犯罪再次进入了一个新的认定时期，原因是它与恐怖主义直接关联而成为国际政治经济关系中的一个重要内容。国内也不例外，由于开放程度提高，市场经济发展使得社会财富迅速丰富的同时，也复杂化了人们的财富意识和财富的国际关系。在这样一个背景下，我国现有的洗钱刑事定罪立法，宗旨上突出体现为被动适应承担反洗钱国际义务需要，而立法程序设计上仍然体现为对单一条款的改进和调整，甚至通过修正案方式，依据外部形势需要被动跟随和改进。显然，这样的立法现状、进展与深化，已经与我国经济、金融乃至国民和社会安全的要求不相适应了。如果再考虑国内在这一领域立法与国际立法进展与深化存在着紧密关联和相互影响，则表明，针对不同经济社会领域、不同技术滥用、不同国土毗邻关系，以及在这些差异化背景下可能存在或实际已发生的洗钱犯罪危害，尤其是在对社会、经济、金融稳定已形成威胁的方方面面，启动自主意识基础上的系统性反洗钱立法是相当重要的战略问题。然而，在这一问题上，国家相关领域并没有形成自觉和统一认识，洗钱刑事定罪立法的两大缺陷，即自觉意识缺陷、系统性缺陷，严重制约了我国洗钱刑事定罪立法的进展与深化。

2. 上游犯罪范围定义适应性缺失

我国上游获罪范围定义目前适用的是"基本层次"定义，但是，从我国的经济发展和对外开放，尤其是我国在商品经济发展和对外开放过程中的刑事犯罪发展趋势来看，我国其实早就已达到适用"泛化层次"定义。有关这一点，我们可以从"基本层次"定义的有限性，和"泛化层次"适用基本背景分析清楚地看到。

（1）我国上游犯罪范围"基本层次"定义分析

这里我们仅就上游犯罪范围定义来看，目前我国遵循的上游犯罪范围仍然被限定在“基本层次”定义范围内，即“公约所指定类型犯罪最起码应该是洗钱上游犯罪”。如果我们上述关于“国内洗钱上游犯罪种类已经与国际领域完全接近”的分析结论是符合中国现实的，那么，“基本层次”范围定义就与中国洗钱刑事定罪需要是不相适应的。为了更清晰地了解这一现状，我们依据法律文献对我国的上游犯罪范围进行如下梳理，这里梳理的主要依据有三个方面：

①来自于《刑法》及刑法修正案的范围定义

就我国洗钱刑事定罪立法所涉及的上游犯罪的第一个部分，是1997年《刑法》和经过《刑法修正案（三）》和《刑法修正案（六）》调整后的七种上游犯罪。当然，这七种之中包括了联合国《维也纳公约》所指定的上游犯罪“基本层次”定义。

②来自于《巴勒莫公约》的“基本层次”定义

《巴勒莫公约》所规定的缔约国应该遵守的上游犯罪范围“基本层次”定义，主要是第6条。依据第6条第2款“（b）”目所规定：

“各缔约国均应将本公约第2条所界定的所有严重犯罪和根据本公约第5条、第8条和第23条确立的犯罪列为上游犯罪。”①

根据相应条款规定，上述表述即是指：

“三人或多人所组成的、在一定时期内存在的、为了实施一项或多项严重犯罪或根据本公约确立的犯罪以直接或间接获得金钱或其他物质利益而一致行动的有组织结构的集团”和“受到最高刑罚至少四年的剥夺自由或更严厉处罚的犯罪的行为”（第2条）；“参加有组织犯罪集团行为”（第5条）；“腐败行为”（第8条）；“妨碍司法”（第23条）。

这样计算下来，依据《巴勒莫公约》的“基本层次”定义，作

① 郭建安，王立宪，严兴军．国外反洗钱法律汇编［M］．北京：法律出版社，2004，第50页．

为缔结公约的国家，《刑法》法典应遵守和适用3种上游犯罪。

③来自《联合国反腐败公约》的“基本层次”定义

《联合国反腐败公约》规定缔约国应该遵守的上游犯罪范围“基本层次”定义主要是第2条。公约的第2条第8款表述是：

“‘上游犯罪’系指由其产生的所得可能成为本公约第23条所定义的犯罪的对象的任何犯罪。”①

根据这一定义，则可以确定的是：一切“公职人员”、“外国公职人员”、“国际公共组织官员”通过收受贿赂获取一切非法财产的行为。

如果我们将以上三个部分的重复内容加以合并，在我国，真正通过国内立法定义和通过国际公约缔结而形成的上游犯罪种类，仅仅只有11种，即我国《刑法》及刑法修正案补充完善的7种，其中涵盖了《联合国反腐败公约》所确定的基本层次上游犯罪。《巴勒莫公约》所确定的与前述我国刑法及刑法修正案所确定的不重复部分的“基本层次”范围定义上游犯罪4种，即：“组织集团犯罪”、“受四年以上重刑处罚的犯罪”、“参与组织集团犯罪”和“妨碍司法犯罪”。《联合国反腐败公约》所确定的一种，但这一种与《刑法修正案（六）》所确定的国内上游犯罪范围重叠。

（2）“基本层次”范围定义的司法实践困境

上述有关我国遵守“基本层次”定义之下的11种上游犯罪的分析，仅仅是机械地依据成文法文本确定和由国际缔约关系而形成的，而实际情况应该比这个分析更不容乐观。从我们对刑事司法状况分析来看，即使是有11种洗钱上游刑事犯罪范围定义是我国应该遵守的，但是，有些内容也并没有在司法实践中单独以与上游犯罪关联的洗钱犯罪来定罪，并加以单独量刑。如“受四年以上重刑处罚的

---

① 郭建安，王立宪，严兴军．国外反洗钱法律汇编［M］．北京：法律出版社，2004，第79页。

犯罪”和“妨碍司法犯罪”。前款上游犯罪定义实际意味着凡犯有四年以上重罪的，无论罪行内容是什么，只要涉及非法财产的隐瞒和掩饰行为，均归属于上游犯罪，一旦形成上游犯罪定义，相关资产的处置行为作为衍生的下游犯罪，均应在起诉相关律法文本、尤其是在量刑和定罪方面独立以“洗钱罪”表述，甚至单独定罪形成独立诉讼。但从国情或刑事司法的现实状况分析，上述定罪范围是不可实现的，原因可以归结为以下三个方面：

首先，四年量刑犯罪在发达国家可能是重罪，但在我们国家，这个量刑不在重罪定义范围内，而如果我们完全遵行我们缔结国际公约承诺，那么，国内刑事司法需要做重大内容和程序的调整，显然，在目前国情下，这不仅不易而且在必要性上也会有很大存疑，尤其是这种调整可能会加大刑事司法成本。

其次，如果我国刑事司法要对上述上游刑事定罪范围加以遵守，那么，我国现有《刑法》中的上游犯罪范围的定义也就会因国际缔约而失去意义，而这一情况对于我们这样一个非常强调司法独立自主权的国家来说，是不可能也是不允许出现的。

最后，将“妨碍司法罪”定为上游犯罪，在我国的司法实践中也是不可能实现的。因为这个上游犯罪定义，实际意味着任何一种刑事犯罪，只要其为了逃避司法侦察和司法取证，并包含任何财产或资金行为，即进行所涉财产的隐瞒和掩饰，都应该以洗钱犯罪作为单独的刑事犯罪，单独定罪和量刑，乃至独立诉讼，而这实际也就意味着，上游犯罪是没有罪行类别限制了，这在我国同样是不可实现的，也同样是对《刑法》第一百九十一条关于上游范围的限定性表述的一种推翻。

（3）关于我国适用“泛化层次”范围定义

尽管我们看到了在我国实施与国际进展和深化同步的上游犯罪“泛化层次”范围定义方面，的确会有多重和多方面客观限制，但无论如何，我国有两个显著有利于我国洗钱刑治水平提高的基本现实，值得我国刑法系统深入讨论上游犯罪的范围定义问题：一是应将逐步适应上游犯罪“泛化层次”定义列入我国反洗钱立法战略。因为使我国洗钱犯罪制裁的法律环境和条件，能够达到或接近国际反洗钱事业相对发达国家的水平，这不仅有利于提高我国在FATF的话语权，同时也有利于我国利用国际反洗钱资源。二是应从提高反洗钱司法社会效应的高度来看待洗钱上游犯罪范围适应“泛化层次”定义，并同时在立法条件具备的情况下，逐步适用上游犯罪“泛化层次”范围定义。加大司法过程对洗钱犯罪的起诉、定罪，不应仅仅作为单纯的刑事问题来看待，而应该看到这一刑事司法过程的社会效应存在。也就是说，如果洗钱刑事司法一旦成为我国刑事领域针对一切有非法财产处置行为进行惩治的通例和常态，它对提高反洗钱司法的社会警示、教育和宣传效应，具有重要意义。

国际洗钱刑事定罪立法实际已将洗钱上游犯罪的范围定义扩展到了所有刑事犯罪，尤其是法律环境完善的国家，大多适用联合国公约中关于上游犯罪“泛化层次”定义。有关我国的洗钱犯罪形势，我们可以从我国反洗钱监管主管机构人民银行公布的反洗钱年度报告的内容变化窥见一斑。根据这些年度报告对我国所面临的洗钱犯罪危害分析，除在洗钱规模和洗钱案件数量方面与世界上洗钱问题突出国家比较，我国的情况显得不是那么突出外，就洗钱犯罪类型而言，我国的情况实际上已经与洗钱犯罪问题突出的国家没有本质上的区别。

依据上游犯罪类型来划分洗钱犯罪种类，联合国三大公约所定义的洗钱犯罪种类，均已成为我国洗钱犯罪领域的现实存在。反洗钱金融行动特别工作组（FATF）《40 +9 条建议》所定义的洗钱范围、种类，以及危害定义在我国也都存在。根据FATF依据其2010年发布的《GTA框架》所做的评估分析，就上游犯罪种类来说，全球范围内最主要种类有：毒品、恐怖暴力、腐败、走私、赌博、国际贸易犯罪等。

而就滥用金融系统和金融技术来说，全球范围内主要洗钱犯罪有：现金跨境运送和走私、跨境汇款、第三方支付系统，替代汇款系统，以及慈善机构及其他法人实体滥用等。对于上述这样的分类，我们结合分析国内主导机构一年发布一次的权威文献《中国反洗钱报告》，应该说，所有的洗钱上游犯罪在我国均或多或少地存在。对于上游犯罪种类，过去我们没有的主要是恐怖主义，但自从“东突”定义为恐怖主义后（甚至有迹象表明其得到基地组织支持与资助），我国上游犯罪实际已经进入种类齐全的时期；而对于滥用金融系统和金融技术洗钱问题，根据对中国人民银行历年《中国反洗钱报告》的典型案例分析来看，我国不仅几乎全部出现过，而且有的甚至是国际上所没有的。有资料反映，我国的地下钱庄几乎达到规模化和所谓“规范化”的运作，有些特殊地域的地下钱庄甚至成为国际上一些逃税“脏钱”的集中清洗场所，尤其是利用香港与国内南部边境城市进行近距离的实时汇划，完成洗钱。还有如我国云南边境一带的“地摊银行”和以利用边境村民充当“钱骡”洗钱等。

（六）国内、国际洗钱犯罪典型案例

就理论研究而言，洗钱刑事定罪立法的讨论，更侧重于分析刑事定罪立法的宏观关系，包括与国内社会宏观治理的适应关系和与国家承担国际义务进展需要的外部适应水平。但是，从司法实践角度看，刑事定罪立法本身实际还应存在着立法与司法实践之间的微观适应水平的问题。对于我国来说，虽然依据《刑法》第一百九十一条，对洗钱犯罪进行审判和反映这一领域司法实践的案例并不多，而且在整体上可能也并不能反映与洗钱惩治需要完全相适应的司法实践水平，但是，从已有的司法实践案例来看，在典型性或者说与国际同类刑事案件的司法相似性方面，仍然可以为理论研究提供基

本的实践素材。为了能够从刑事案件案例去理解立法的微观适应性，以下我们分别就国内和国外案例做一点有限的列举和分析。或许，由于国内案例有限和从国际文献中选择案例分析受到翻译力量的限制，以下的分析并不能直观解析国内洗钱刑事定罪的实践适应性，但是，我们做这样的案例引用，起码可以为关心这一领域的学者在深化这一领域研究时，提供一点可供针砭的素材。

1. 国内洗钱刑事定罪案例

国内洗钱犯罪正式或单一进行定罪审理的案例并不多，这里我们列举三个在我国具有相对典型意义的案例。

（1）《反洗钱法》颁布实施前全国首例洗钱刑事定罪

经大量查阅刑事案件资料，我国《反洗钱法》正式颁布实施前，全国首例单一以洗钱犯罪为定罪对象的洗钱刑事案判决，是由安徽省临泉县人民法院于 2003 年 12 月做出的。这个案件的判定，之所以完全以洗钱罪单一进行刑事裁定，其特殊性在于其上游犯罪，即案件所涉及的走私毒品人员，犯洗钱罪的主犯王某某的二哥，并已于此案判决之前的 2002 年 5 月 27 日，因毒品走私被云南省保山市中级人民法院判处死刑。也就是说，上游犯罪的刑事制裁已经完成，而对此案的主犯王某某及其妻子冯某某起诉并判定有罪，其定罪的事实，完全是依据于自 2001 年后，王某某的二哥将其走私毒品所得的“脏钱”交于王某某，从事“脏钱”的分解、转移等洗钱行为①。而事实上，在此案例之前，资料可查的在全国所有涉及洗钱犯罪内容的刑事案件判决中，有关洗钱犯罪的内容，均与上游犯罪同步判决，于是出现两种情况，一是为主罪判决所完全替代，二是在主罪裁定量刑中适当作为犯罪因素予以考虑。

（2）《反洗钱法》实施后全国首例洗钱刑事定罪案例

① 唐旭．中国洗钱犯罪案例剖析［M］．北京：群众出版社，2009，第 233 页．

《反洗钱法》颁布实施后，全国首例单一以洗钱罪为刑事判决依据进行定罪判决，是由上海市虹口区人民法院于2007年10月22日做出的，这一洗钱案件的判决法院认为，被告人潘某、祝某、李某、龚某明知是金融诈骗犯罪的所得，为掩饰、隐瞒其来源和性质，仍提供资金账户并通过转账等方式协助资金转移，其行为构成洗钱罪，被告人潘某、祝某、李某、龚某犯洗钱罪罪名成立。最终法院判决如下：被告人潘某犯洗钱罪，判处有期徒刑二年，并处罚金人民币六万元；被告人祝某犯洗钱罪，判处有期徒刑一年四个月，并处罚金人民币二万元；被告人李某犯洗钱罪，判处有期徒刑一年三个月，并处罚金人民币二万元；被告人龚某犯洗钱罪，判处有期徒刑一年三个月，并处罚金人民币二万元。上海市虹口区人民法院2007年10月22日一审判决潘某等4名被告人犯有洗钱罪，刑期自两年到一年三个月有期徒刑不等。

上述之所以以《反洗钱法》实施为时间界限，是因为《反洗钱法》颁布实施后，人民银行作为反洗钱主导部门的法律地位得到确定，同时，也使监管与司法之间的协同成为具有立法认定基础的机制性问题。在这样的情况下，刑法对洗钱犯罪的审判，可以直接引用和采信，甚至直接针对来自于反洗钱监管部门的反洗钱行政调查所移交的洗钱案例，开展刑事侦察，直至立案、判决。

分析上海案例，除“脏钱”所有人与清洗脏钱罪犯不是同一主体、案例现象与上述安徽省临泉县洗钱犯罪案例有相同之外，其实还存在着两个显著的差异：首先，“脏钱”所有人与清洗“脏钱”的犯罪主体之间，有着不同利益取向。在安徽临泉县案例中，作为洗钱犯罪的上游犯罪，非法利益取向在于将其诈骗所得资金转换成为合法资金，而上海案例，即《反洗钱法》颁布后的首个判决的洗钱案例，作为下游犯罪的洗钱犯罪，其利益取向具有一般商业模式特征，即犯罪主体与上游犯罪主体并不是同一主体，提供洗钱服务的目的是收取佣金。其次，上海案例包含了对金融技术和金融系统的滥用，具有与金融行动特别工作组（FATF）相关文献所归纳的“金融系统和金融技术滥用”的特性[①]。

（3）涉及跨国且具有边境毗邻特性的首例洗钱刑事定罪

涉及跨国，且具有典型传统上游犯罪——毒品交易的案例，来自于我国南部边境毗邻“金三角”的云南省，这一案例无论是与国际比较还是在国内，都是具有典型性的案例。这一案例发生在《反洗钱法》颁布实施后，是由云南省陇川县人民法院于2008年3月7日做出的。在这个案件中，主要提起洗钱罪行诉讼的两个主犯，杨某和刘某，杨某系上游毒品犯罪主犯钏咪宏之妻，而刘某与杨某系表姨侄关系。与前述案件所不同的是，在这一例案件中，除毒品犯罪主犯钏咪宏之妻杨某未实际参与上游犯罪外，其中以洗钱犯罪与杨某同时被提起诉讼并被判决的刘某，因其是毒品犯罪主犯钏咪宏的手下而实际直接参与了洗钱上游犯罪：“2004年至2006年，钏咪宏多次指使刘某、钏咪达（在逃）等人继续在缅甸帮其贩卖毒品海洛因，后又指使杨某、刘某将其贩毒所得存入以‘王正荣’、‘余潮兴’、‘杨永华’的名义开户的中国银行账户中及购买房产和车辆”[②]。

根据云南省陇川县人民法院“（2008）陇刑初字第12号刑事判决书”中所述这段话，我们可推断，其中刘某实际是犯有双重罪行的，即走私毒品罪和洗钱罪，按照罪行的危害程度，前者应为主罪，与毒犯钏咪宏构成共犯关系，后者应为次罪，与钏咪宏之妻杨某构成共犯关系。在这一犯罪案例宣判中，由于毒品犯罪主犯钏咪宏及其胞弟钏咪达系缅甸毒犯，案发前逃回缅甸，云南省陇川县人民法院单一依据《刑法》中有关洗钱刑事定罪条款（主要为第一百九十

---

① 唐旭．中国洗钱犯罪案例剖析［M］．北京：群众出版社，2009，第251页。

② 唐旭．中国洗钱犯罪案例剖析［M］．北京：群众出版社，2009，第260页。

一条)，就涉毒案中的洗钱犯罪行为实施了对单一刑事案进行定罪。有关洗钱犯罪单一定罪这一点，我们从云南省陇川县人民法院（2008）陇川初字第12号刑事判决书的最终判决也可以看到：“二、被告人刘某犯洗钱罪，判处有期徒刑二年，缓刑三年，并处罚人民币五万元。”

而根据《刑法》第三百四十七条：“……走私、贩卖、运输、制造毒品，有下列情形之一的，处十五年有期徒刑、无期徒刑或者死刑，并处没收财产……”。按照上述案件陈述，对被告刘某，实际可以依照《刑法》第三百四十七条的第（五）款“参与有组织的国际贩毒活动”，至少处十五年有期徒刑。很显然，从陇川县人民法院对刘某的犯罪量刑看，其司法判决完全是奠基于单一洗钱犯罪之上的。

从上述所列举的三个典型案例看，发生于《反洗钱法》实施前的案例，单一依据《刑法》第一百九十一条对犯罪行为进行判决，这里并没有复杂的金融技术滥用问题，而就是典型的和传统意义上的洗钱案件，在司法判断上并不具有复杂性；而发生于《反洗钱法》公布后的两个案件，上海案件具有典型的金融技术滥用特性，法院依据反洗钱监管部门行政调查对洗钱行为所做出的金融系统滥用事实判断，接近于国际通行金融系统和金融技术滥用的判决。这显然是我国洗钱刑事判决中的一个进步，刑事定罪内涵和司法过程引入反洗钱金融监管的专业要素，使国内关于洗钱犯罪的刑事司法向国际标准化过程迈进了象征性的一步。

从云南省首例洗钱刑事定罪的情况看，其判决过程并没有特别的地方，但是鉴于我国从21世纪以来，西北、西南边境呈现日益复杂的国际毗邻关系，经济交往扩大，加上这一地区长期存在“国际特殊区域环境相似性”，边境毗邻地区洗钱犯罪问题的复杂化也就成为我国洗钱刑事定罪领域的一种必然。分析我国云南边境，作为跨国边境毗邻区域，至少有三个方面的特殊性是与国际上类似区域相似和相近的，而这种相近和相似性，显然是国内洗钱刑事司法应该引起足够重视的。首先，我国南部边境毗邻关系与国际上的“银三角”、“金星月”周边有着完全近似的洗钱犯罪国际地域特性。其次，我国云南毗邻各国与我国之间存在着发展上完全相反的“位势差”，即经济金融发展方面，我国云南相对于毗邻南亚各国处于高位势，而典型传统毒品上游犯罪渗透，毗邻各国又处于高位势，造成我国边境一端成为国际洗钱犯罪影响受害最大的一方。最后，由于金融领域的相对位势，造成这一区域成为以现金运送作为洗钱主要手段的区域，并与边境贸易的现金结算方式交织在一起，造成洗钱治理上的特殊困境，而这也是单一依靠现有法律条款所形成的司法程序难以做出区别性解释的困境之一。

2. 国际洗钱犯罪案例

有关国际案例的列举，主要有两方面局限：一是权威官方文献资料的翻译和引进极其有限；二是两大国际反洗钱组织，FATF 和 EGMONT 逐渐发展为标准制定者和国际活动的协调者。所以，其官方文献对具体案例和统计信息的公布相对有限。以下我们在大量查阅的基础上，分别从 FATF 和 EGMONT 公开文献资料中列举案例如下。

（1）来自 FATF 的传统洗钱案例

我们翻阅了从 1990 年到 2014 年，共计 25 年 FATF 年报（FATF Annual Report），从 1998 年这一年的年报开始，FATF 在年报附件中，不定期公布一些典型案例。这里，我们引用 FATF《1998 ~ 1999 年报》“附件 C：反洗钱类型报告 1998 ~ 1999（ANNEX C：1998 ~ 1999 Report on Money Laundering Typologies）”的第二个文件，即“1998 ~ 1999 年 FATF 报告附件：洗钱类型学报告——洗钱案件选编”中的案例。在这个附件中，FATF 共列举了 9 个典型洗钱犯罪案例，案例类型包括：会计师事务所（Accounting Firm）、资金分散计划（Structuring Scheme）、黄金走私（Gold Smuggling）、保险政策和房地产（Insurance Policies and Real Estate）、前台公司（Front Companies）、转移资金（Money transfers）、离岸金融中心，律师和其他金融服务供应商（Offshore Financial Centers, Solicitors, and Other Financial Services Providers）、前台公司、保险公司、货币兑换所（Front Companies, Insurance, and Bureaux de Change）、衍生工具市场（Derivatives Market）。这里我们引用其中具有传统洗钱特色的案例："走私黄金"，并将这一案例的"案情"、"结果"和"经验总结"直接翻译如下。

案情经过

1997 年，A 国金融情报机构（FIU）获得包括来自斯堪的纳维亚国家国民的各种可疑交易报告。这些人都署名以本国货币大量购买黄金，但这些交易均通过其国家在 A 国各类金融机构进行。

对披露信息初步分析显示，这些北欧国民既没有正式的地址，也没有任何在 A 国的已知合法活动信息，但从其所在国家警方和金融情报机构，却能获得这些人因参与严重骗税而被逮捕过的信息。这些人被怀疑在 A 国和其他国家（这些国家的黄金增值税率更低）购买黄金，然后，通过各种公司在本国出售这些黄金。

初看起来，这些可疑交易似乎是单一和偶然事件，然而，对一些因素如参与者信息、交易涉及的目标金融机构、交易日期、货币兑换所等进行合并分析则表明，这些可疑交易并非单一和偶然事件。进一步调查所获得的信息表明，所反映的斯堪的纳维亚民间交易方式，交易语言和黄金销售数字等，均反映为有序行为。例如，犯罪嫌疑人在一些时间集中进行交易，而在其他时间，他们又集中进行资金分配，并会于同一天在一系列目标金融机构进行相同的操作，这种看似独立交易，实际却存在协作的现象，这也就表明，所有表现为分散参与者的分散活动，实际是同一个组织所制定的同一计划的一个部分。

案情处置

鉴于这些有组织交易的可疑性质，相关调查档案在转给 A 国检察官的同时，一些包含有用证据的卷宗也提供给了犯罪嫌疑人所在国家，由这些国家的检察机关组织开展调查。

经验总结

之所以从事洗钱的犯罪分子总是倾向于在更大的地理范围投入人力来组织洗钱，原因在于这将使他们更容易规避检查。如果来自各国的各种可疑交易报告不能被集合在一起进行比较分析，犯罪分子的洗钱活动计划就不会被发现，同样，没有各国相关部门间的信息共享，就不可能从整体去了解犯罪分子所制定的洗钱计划。①

（2）来自 EGMONT 具有现代洗钱特性的案例

埃格蒙特集团的年报文献（Egmont Group Annual Report）编辑发布的历史并不长，最早一期为 2007 ~ 2008 年，能查到的最近一期为 2012 ~ 2013 年，总共为六期。查阅各年年报，埃格蒙特集团也并不在他的年报文献中发布具体洗钱案例。但是根据《埃格蒙特集团年报（2011 ~ 2012）》相关内容反映，埃格蒙特集团从 2010 年开始，由埃格蒙特集团培训工作组（Training Working Group）牵头，埃格蒙特集团秘书处主持，发起了一个命名为“埃格蒙特集团最佳案例奖（the Best Egmont Case Award）”阶段性的工作。

根据 2011 ~ 2012 年报文献介绍，埃格蒙特集团发起这项活动的目的有三个，即：

“• 向成员机构提供有用、多样和典型的洗钱及恐怖融资（ML/ TF）案例；

---

① FATF. Annual Report: 1998 ~ 1999 [R] //Annex C – 1998 ~ 1999 Report on Money Laundering Typologies – Annex to The 1998 ~ 1999 FATF Report on Money Laundering Typologies Selected Cases of Money Laundering. Financial Action Task Force on Money Laundering, 2000, Page 24 – 26.

- 向成员机构介绍清洗非法所得方法和技术的相关细节；
- 激励 FIU 成员机构间开展案例共享。”[①]

根据 2010～2011 年报介绍（活动发起第一年），“埃格蒙特集团最佳案例奖评选委员会”共收到三起案例，即来自芬兰 FIU 的“芬兰两个货币兑换机构清洗互联网诈骗收益的案例”，以及皇家特克斯和凯科斯群岛警察部队及其 FIU 上报的“X 先生鼓励他的投资者投资于他的高收益投资计划，即庞氏骗局案例”，以及来自斐济 FIU 的“海龟岛度假村洗钱案例”，三个案例均公布在当年的埃格蒙特集团年报中。2012 年（活动发起第二年），“埃格蒙特集团最佳案例奖评选委员会”接收到 20 个金融情报成员机构提交的共计 47 个典型案例，经过筛选，埃格蒙特集团在 2011～2012 年年报上，向成员机构公布了两个典型案例，分别是来自俄罗斯的“政府官员和公用事业公司虚拟债务跨国洗钱案”，以及来自菲律宾的“恐怖组织绑架赎金洗钱案”。2013 年，埃格蒙特集团共从 131 个成员机构接到 20 个最佳案例。而在《埃格蒙特集团年报（2012～2013）》上，也分别向成员机构公布了来自于两个国家 FIU 的案例，分别是哥伦比亚的“武器和毒品洗钱案例”，以及来自尼日利亚 FIU 的“偷袭输油管道恐怖活动非法所得洗钱案”。

图 1－1 即为 2011～2012 年埃格蒙特集团年报登载的俄罗斯案例洗钱犯罪线路图，原文对此洗钱犯罪案例线路图做了详细解说，这里我们直接翻译年报中关于这一典型案例的详细解说，并引用于后。

---

① Egmont. Egmont Group Annual Report：2011－2012［R］. The Egmont Group of Financial Intelligence Units，2013，Page 35. 作者译.

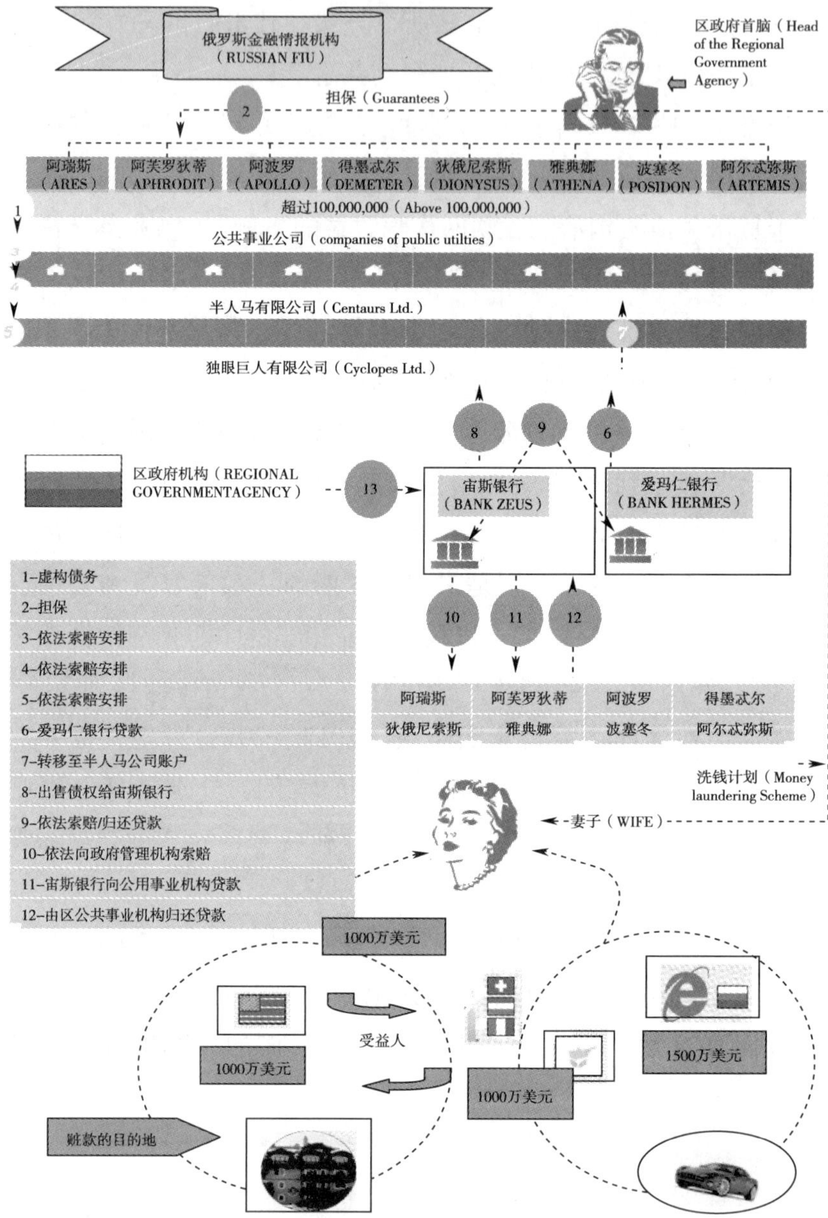

资料来源：Egmont. Egmont Group Annual Report：2011～2012［R］. The Egmont Group of Financial Intelligence Units，2013. 作者译.

图1-1　俄罗斯案例洗钱犯罪线路图

“这个案例之所以具有典型性在于它具有复杂性。一个独立的洗钱计划：盗窃（挪用资金）系这一洗钱犯罪的上游犯罪，而整个‘脏钱’清洗完成于十次同样的过程。被盗（挪用）超过1亿美元的资金来自俄罗斯联邦内某市‘A’区政府下属不同的八个政府公用事业公司，在洗钱犯罪案例逻辑示图中，八个政府公用事业公司分别以：战神（阿瑞斯），爱神（阿芙罗狄蒂），太阳神（阿波罗），丰收女神（得墨忒尔），酒神（狄俄尼索斯），智慧女神（雅典娜），海神（波塞冬）和森林之神（阿尔忒弥斯）来表示。

最初，执法部门并不知道罪犯的资金盗窃计划，但由于俄罗斯金融情报机构‘金融管理监督服务局（Rosfinmonitoring）’及时向执法部门提起合作意向并共享情报分析结果，一个精心设计的资金盗窃计划最终被执法部门所掌握。经过进一步的分析和调查，金融情报机构发现，上游犯罪（盗窃）反复多次后，收益随即被转移和清洗到海外数个独立司法管辖区。这促使俄罗斯金融管理监督服务局加强与相关埃格蒙特集团金融情报机构成员（美国，塞浦路斯，法国，卢森堡和瑞士）的联系和合作，最终使这一洗钱活动在俄罗斯联邦以外被识别和锁定。

执法当局在接到由俄罗斯金融管理监督服务‘A’区分局转来的前区政府负责人提交的报告后，开始了案件初步调查，前述移交给执法部门的报告包括案件报告人提交有‘A’区的政府机构负责人和政府公用公司董事长虚假签名的破产文件，这些文件均已交俄罗斯金融管理监管服务局总部对案件的初步情况及其发展、犯罪活动的地区和国际范围进行深入的金融分析。

随后的分析表明，包括地方政府官员、市政官员和信贷机构员工在内的有组织犯罪集团，利用在‘A’区公用事业公司（图1－1中3级）虚构负债（债务），虚拟负债总额超过100亿美元。

调查显示，申请破产的政府公司通过其一些附属公司（图1－1

中的4级，以‘半人马公司’命名）虚构的法人实体，瓜分与上述虚拟债务相关的、由信贷机构向政府公用事业公司提供贷款而形成的资金。

‘A’区政府所属公司因为有‘A’区政府承诺（背书担保）偿还违约债务而从信贷机构得到贷款资金的，而这些资金最终以虚拟债务的方式被转移到次级公司。

超过一亿美元交易所产生的资金，最终通过二级公司（半人马有限公司）转移到了犯罪组织控制的法人账户，在图1－1中，这个犯罪组织的法人账户控制，是以独眼巨人‘基克洛普斯（Cyclopes）’代名的有限公司。而‘A’区的政府用政府预算资金，代替政府所属公用事业公司偿还早前由信贷机构提供、但是是由‘A’区政府担保的贷款（图1－1中的第13步骤），政府预算资金使政府所属公用事业公司债务得以偿还，但政府公用事业公司通过虚拟债务方式将资金转给二级公司，进而通过二级公司的虚假交易行为将资金转移到犯罪组织控制的法人账户，即‘独眼巨人有限公司’。

俄罗斯金融监督管理局利用包括可疑交易报告在内的所有可利用的情报资源，及时启动了金融调查，并证实了来自俄罗斯其他信贷机构和国家存款保险机构的信息与金融情报机构（FIU）掌握的信息完全一致。这样一来，俄罗斯金融管理监管服务局详细地掌握了包括洗钱犯罪发起者特定交易记录、交易对账单等信息，为揭露犯罪过程提供了保证。

金融情报机构的分析，揭示了犯罪分子是如何将所盗窃（挪用资金）的犯罪所得进行层层分配和使用的计划，这是一个相当复杂的计划。金融情报机构还披露了与使用计划相关的其他计划和参与这些计划的相关人员，并且，这9个相关计划被确定为新的刑事犯罪。在披露和提示这一洗钱案件中，俄罗斯金融情报机构首次利用FIU开发的分析软件，分析和比较了来自非FIU成员数据库的数据，并且通过分析和比较这些非 FIU 数据库，进一步求证了整个事件的逻辑链条。

犯罪计划被揭露并确定了‘脏钱’所在位置后，进一步的工作是确定洗钱犯罪存在、犯罪收益的最终分配去向，以及犯罪者的身份。

在金融调查的各个阶段，俄罗斯金融管理和金融监督服务局与俄罗斯执法机关密切合作，并向执法人员提供了交易记录副本、涉及违法犯罪活动相关人员信息，他们用‘I2’和‘I Bridge’分析工具，合作制作了反映犯罪资金被重新分配、法律索赔、国内国际合作内容，以及有助于揭示犯罪分子在俄罗斯境内和国外非法活动真实情况的可视化图表。

金融情报机构的信息已经充分证明，犯罪收益已经转移到海外，并正由罪犯及其同伙挥霍，俄罗斯金融管理和金融监督服务局联系了英属维尔京群岛、意大利、爱尔兰、塞浦路斯、拉脱维亚、卢森堡、美国、法国、瑞士和立陶宛的金融情报机构（埃格蒙特集团成员机构）。向这些金融情报机构发出协助请求，通过国际金融情报合作，确定了的‘脏钱’去向，合计有1000 万美元现金和其他资金已由‘A’区政府机构负责人的妻子购买高价值资产如豪华汽车和财物（见图1－1 中线路图2）。在这个过程中，与国外金融情报机构的合作是非常重要的，因为只有这种合作才能准确确定洗钱罪犯的进一步信息。

俄罗斯金融情报机构的最为重要的工作是确定上游犯罪所得的最初清洗活动。根据调查发现，已有大约1000 万美元在俄罗斯境内完成清洗，而另外大约1500 万美元已流出国外。

目前，正在按照有关‘盗窃巨额资金’和‘洗钱’的相关法律，分别提起刑事诉讼。金融调查的结果已提交至归属于联邦调查委员会的俄罗斯联邦检察长办公室（现俄罗斯联邦调查委员会）正式立案调查。

与各国执法机构、信贷机构、国内其他机构和埃格蒙特合作伙伴的成功合作，使金融情报机构充分掌握服务于上游犯罪——通过盗窃而清洗巨额资金的作案手法。金融情报机构还组织了区、市资金被挪用的类型调查，最终确认，这一洗钱类型是犯罪分子基于国营机构和公用事业公司进行人为负债，由国家预算赔偿这些公司所欠贷款机构的债务，而虚拟债务所代表的资金实体，随后转移到由罪犯控制的实体。”①

3. 国内外洗钱案例司法实践启迪

对上述所列举的国内案例和翻译引用的国际典型案例，我们可以从中得出以下启示。

（1）国内案例的重要启示

上述所列举的两个国内案例，是从不多的独立以“洗钱”定罪案例中选择性引用的，无论是从其包含的洗钱刑事定罪立法进步意义看，还是从其在司法实践上的开端意义看，对于国家的洗钱治理进展而言，这些都是具有代表意义的。第一个案例是针对传统毒品犯罪作为上游犯罪在刑事审判，由于这样的案例在国内因其上游特性而起步较早，其法律惩治过程和司法实践要素是相对成熟的，一切要件在国际上也是可以比较的，所以，从司法实践上看，这样的案例并不复杂，但是，在传统上游犯罪之外，单独以《刑法》第一百九十一条，针对后续洗钱起诉并量刑，对于我国洗钱刑治的发展却是意义重大的，而且从司法实践上看，这样的审判和起诉，对于未来上游犯罪范围扩展到泛化层次定义后的类似起诉和审判，应该是具有司法实践规范意义的。

事实上，从商品经济高度发展的现实看，除少数以伤害生命为

---

① Egmont. Egmont Group Annual Report：2011～2012［R］. The Egmont Group of Financial Intelligence Units，2013，Page37. 作者译.

目标的刑事犯罪外，大多数刑事犯罪均带有后续的资金和财产问题，但是，我们对这些与主罪相关的资金和财产行为，大多也并没有独立以洗钱犯罪提起诉讼和审判，因此，这些不多的洗钱犯罪审判案例，除其存在的刑事司法启迪意义之外，还有很多值得洗钱犯罪研究领域和决策领域深入思考的问题。第二个案例具有典型的金融系统和金融技术滥用特性，而金融系统和金融技术滥用是与新的世纪开始以来 FATF 大规模开展类型研究密切相关的。FATF 的类型工作对金融技术滥用进行了详细的分类，并逐步在各成员国家推进金融技术滥用的细分和分类研究，以此作为洗钱犯罪治理建议标准完善的基础性工作。对于我国来说，其重要的启迪意义不在于司法实践本身，而在于司法实践与金融监管之间的协作机制的形成及其效率问题。目前，以人民银行依据《反洗钱法》所开展的行政调查而言，有效的设计应该是：不仅金融行政调查能够充分与司法实践协同起来，而且也应该使司法的相关内容与金融行政调查协同起来，使得洗钱的司法实践能够在刑事审判这个层面上为金融预防监管提供社会治理利益反哺，但是，目前情况是二者处于相对分离的状态，有关这一点，我们在后面的分析中还会详细说到。

（2）国际案例的启示

国际案例引用中，我们引用了两个权威国际反洗钱案例，同样是一例传统和一例现代洗钱的典型举例法。比较于国内而言，传统的案例相似性是较高的，虽然国际案例是黄金走私，但在洗钱特性上与毒品上游犯罪同属传统洗钱，刑事定罪上不包括复杂的金融技术滥用，洗钱犯罪的内涵也具有典型性。但是，从东欧国家在逐步向开放的市场经济转型过程中，这样的黄金走私洗钱案例，显然是利用了金融系统的自由化进展中的监管漏洞，A 国金融机构对非居民的交易的监管逐步放松至等同于居民交易，这个过程是东欧融入欧洲整体的必然过程。但是，就是这个过程被洗钱犯罪所利用，从这一点来看，这样的案例对于包括我国在内的所有逐步自由化金融发展的国家来说，都是有启迪意义的。

第二类案例来自于俄罗斯，就技术而言，可归属于 FATF 于 2009 年指出的所谓“企业载体滥用”洗钱，这样的洗钱类型其实是值得我国反洗钱策略部门加以深入研究的，因为，它不仅包含着复杂的金融技术和金融系统滥用问题，而且相对于洗钱的典型特性而言，还包括了对过渡性经济体的所有体制滥用，而对于我们这样有着复杂所有体制结构，尤其是有大规模政府所有体制的国家来说，其借鉴意义是非常显著的。因为政府提供担保，即由政府为一级公司所提供的违约保证，金融机构的信贷资金成为多个一级政府公用事业公司的资金收入，而向次级公司（半人马有限公司）虚拟债务，吃掉一级公用事业公司从银行获得的贷款资金，二级公司通过虚假交易将资金转移到犯罪团伙控制的法人公司（独眼巨人公司），犯罪团伙控制的公司最终通过金融系统将间接盗窃于国家的资金清洗至国外，一部分用于供政府官员的妻子在国外挥霍。

这里更具有启迪价值的是，俄罗斯案例实际在我们国家是具有同样的社会基础的，其类似性在于，我们这样的国家，同样有着大量国有资产是由政府公司运作的。从政府官员腐败和参与洗钱角度看，俄罗斯案例就是：政府高官利用职权，利用财政预算为创造虚拟债务的政府公司提供贷款担保，政府公司从银行获取贷款，以偿付其对于二级公司——“半人马公司”虚拟债务，二级公司再通过虚假交易将资金转移到洗钱团伙控制的法人公司——“独眼巨人公司”。这个由政府官员和银行工作人员控制的“独眼巨人公司”再通过金融系统将“脏钱”转移至国外，由政府官员的妻子在英国、美国、意大利等国家购置资产和支付奢侈生活所需。显著的情况是，我国与俄罗斯有着较为相近的社会结构，这样的洗钱犯罪案例在我国也是存在的，但是，我们可以看到的现实是，刑事定罪的相关惩治力量，或者说司法实践，并没有在这样一些具有存在可能性的犯罪中形成成型的审判案例，为什么？

就洗钱刑治的宏观视角而言，这向我们启示了这样一个现实问题：我国的洗钱刑事定罪立法虽然提供了一定反洗钱律法基础，但是，这种立法实践与国内的现实之间，因为社会体制方方面面的原因而有着显著的隔离，近年来比比皆是的国有企业高管的经济犯罪，包括他们的贪污、挥霍，他们的投资决策行为，真正以洗钱犯罪起诉过的案子少之又少，甚至接近于零，难道我们的政府官员和公司高管，除了财产侵占犯罪本身之外，不包含洗钱内涵犯罪吗？从法学理论的发展来说，也是一个值得社会担心的现实，法律学术领域与法律实践领域的客观差距显著存在，实际上表明法学学术界的学术繁荣与洗钱刑治的实际要求之间有着某种于社会治理功利无益的“隔离”存在，而所有这些被视而不见的问题存在，并不是学术界的学术敏感缺陷问题，而是我们的学术思维因为外在原因而严重受缚的问题。

三、我国反洗钱监管立法进展与深化

反洗钱监管立法属于专门立法，针对的是与洗钱犯罪相关的预防性措施，不涉及对相关犯罪进行刑事定罪，其定义的主体主要是承担国家反洗钱监管事务的监管机构、监管授权、被监管义务（或立法定义的司法配合义务）以及监管行为规范。将上述内容以国家立法的高级别形式来加以明确定义，即为反洗钱监管立法。有关我国反洗钱监管专门立法问题，在反洗钱理论界也是属于讨论较多的问题之一。

（一）反洗钱监管立法国别比较

1. 以美国为例

为了进一步了解我国在这一专门立法领域的进展、深化及其现状，我们选定世界上最典型的国家——美国的反洗钱监管立法的进展与深化，并以此作为这一专题研究的开篇，通过与典型国家进行国别比较分析，以达到更加清晰、客观认知我国监管立法上的差距。

（1）美国反洗钱监管立法

根据相关文献介绍和对国内引进文献的分析，美国既是“洗钱”犯罪概念的起源国，同时也是传统“洗钱”犯罪定义最早正式写入刑典的国家，加上美国社会制度的某种特殊性（比如分权的州联邦立法体系），所以，美国的反洗钱监管立法在世界范围内也是相对独特的。

①历史背景

与国际反洗钱立法同步的现实是，美国的反洗钱监管立法最原始的起因也是毒品犯罪。从洗钱犯罪最早被刑事定义的历史来看，实际上与毒品这种上游犯罪的犯罪特性有着某种内在联系。毒品交易所涉及的资金规模巨大，如果采取最易逃避监管的现金方式，客观上存在着转移与运输困境，所以，需要利用金融系统和金融技术来规避上述困境。但是，滥用金融系统对于洗钱犯罪而言，本质上是一把“双刃剑”，因为一方面，滥用金融系统和金融技术大规模转移毒资为犯罪分子提供速度上的便利，同时也提供了可隐蔽的多种机构，而另一方面，任何滥用金融系统和金融技术洗钱，较之于原始的现金洗钱都会有一个不同的现实反映，那就是会在金融系统留下交易记录，而这个记录会成为司法机构刑事侦察和监管机制对之进行制约和控制的机会和条件。也正是因为毒品作为最早上游犯罪所具有的特点，及其对金融系统的依赖，促成了对洗钱犯罪进行单独刑事定义，以及后来的反洗钱监管体系的形成。

在20世纪90年代初，仅在美国和欧洲，每年贩卖海洛因、可卡因和大麻的毒品交易额高达1220亿美元，其中50%到70%的部分，约850亿美元被清洗。加之美元的国际货币地位，美元自然成为世界毒品交易的通行货币，美国的权威职能部门和立法者在监管立法上坚持认为：有效打击毒品活动的最佳方法，就是追踪和查获与毒品贸易联系在一起的“脏款”，从而剥夺其购买有关设施和腐蚀官员的物质能力。从某种意义上讲，这就是美国之所以成为世界上针对金融领域反洗钱监管立法最为全面和最完善国家的立法认识基础。

1999年，美国在联邦政府层面上制定了第一部“国家反洗钱战略（The National Money Laundering Strategy）”，把对洗钱问题的刑事认识，提高到了一个范围更广、危害程度更高的高度。该战略规划认为：第一，洗钱犯罪从原始上游犯罪，即毒品犯罪泛滥到了对国家和社会构成整体威胁的有组织犯罪、国际恐怖主义和其他犯罪；第二，洗钱犯罪还与危及社会置信水平的腐败紧密地联系在一起。洗钱使得腐败官员能够系统地将公共财产转变为个人使用，进而抵减了美国推动民主政治和向海外发展经济的努力；第三，洗钱犯罪除对毒品和相关上游犯罪具有明确的助长作用外，而且会玷污金融机构的声誉，降低公众对国家和国际金融制度的信心。

“9·11”恐怖事件后，美国政府再次于2002年公布“国家反洗钱战略”，在这一新的战略中，最显著的变化是将反恐融资确定为反洗钱战略的重要内容，同时也反过来将反洗钱列为反恐战争必不可少的组成部分。

②主要法律

美国从20世纪70年代起，就开始制定涉及反洗钱的法律，由于在洗钱犯罪领域的认识和立法意识超前于世界各国，其监管立法不是由一部单一的“反洗钱法”来体现，而是构建起了“成体系”且“关联紧密”的系列性反洗钱监管法律，并且这些法律均明细到反洗钱运作。而我国目前实施的《反洗钱法》仅仅是一个定义监管行为法律效率的一个法律框架，并不直接或明细地界定洗钱犯罪行为，所有的立法立意均需要通过规制转化成为部门监管行为，然后界定何种违反监管原则的行为可依据《反洗钱法》制裁。美国所制定的涉及洗钱犯罪的均为法律，既然是法律，则意味着独立的司法系统可依据这些法律所指定的运作规定，直接对违反法律相关规定的行为提起诉讼。从目前的情况看，这些法律主要包括：

1970 年《银行保密法》；

1986 年《洗钱控制法》；

1988 年《洗钱起诉改善法》；

1992 年《阿农齐奥—怀利反洗钱法案》；

1994 年《洗钱抑制法》；

1998 年《洗钱和金融犯罪战略法》；

2001 年《爱国者法案》等。

（2）美国监管立法进展与深化分析

根据对美国主要监管法律及其相关文献研究，美国的监管立法的进展与深化主要体现在以下三个方面：

①体系特性

如前所述，美国的监管立法不是由一部所谓的“反洗钱法”来体现的，而是通过一个具有定义和约束参与洗钱各方行为规范的法律体系来体现的。因为，洗钱犯罪的治理，与其他单一刑事犯罪的治理具有显著的不同特性，其重要的特性就是洗钱犯罪是一个横跨刑事与特殊经济犯罪领域的社会危害行为。尤其是洗钱犯罪必然涉及对金融系统的滥用，这就注定在刑事司法、相关经济管理部门和金融部门之间，要形成大量司法和监管实践的行为及对策交叉，对于分散在不同领域和国家行政监管职能部门间的这些交叉，是需要用司法语言来加以界定的。所以，如果没有一个具体的成体系的法律构成来加以界定，反洗钱的一系列司法和行政行为就会产生混乱，尤其是在刑治、行政监管和金融监管这三者之间形成不协调现实，而这正是影响反洗钱效率的要害所在。

②战略特性

对反洗钱进行战略立法，这是美国的反洗钱监管立法的又一重要特性。事实上从我国国内现实情况分析，战略立法其实是一个重要的立法方面，战略是概览全局的一种纲领性的法律文件。目前，世界上一些反洗钱监管立法水平低下的国家，反洗钱战略是没有上升到国家立法层面的，而仅仅是作为一种行政性监管战略来表述。从反洗钱监管操作层面看，如果战略治理的定位不明确，或者说不能有效或有机地涵盖刑事与监管两个领域，国家的洗钱治理就会大打折扣。战略的横向概览作用，正是建立在所谓“行政协作”与“遵守法律”二者在国家和社会治理问题上具有截然不同强度的认识基础之上的，而美国就是依据这种认识典型而为、典型而治的国家。在美国的反洗钱战略理念中，反洗钱事业就是一项需要由相当治理强度的手段来实现的社会治理问题。美国的反洗钱战略立法，其目的就在基于相对固定的时期，针对性地公布国家反洗钱战略，通过这个战略将各相关职能部分按照“法律的强度”来组合，这实际也就是要求各个部分，必须从遵守法律的高度来重视战略中属于自己的那一部分工作和职责。而从战略的有机安排来看，只要各部分不折不扣地贯彻属于自身的那一部分职责，战略的整体性就会自动地得到贯彻。

③可操作特性

美国的反洗钱监管立法的最重要特性，反映在其继承了英美法系的重视案例（Case Law）的法律结构，具体规定司法行为界定及法律可操作特性。反映在每一个律法文本中，就是非常重视刑治与监管的可操作性，并且最终均指向对犯罪进行刑事定罪。我们这里以 1986 年《洗钱控制法》为例。

在法律体系上，该法实际上是《反毒品滥用法》（*Anti - Drug Abuse Act*）中的第一篇 H 部分，被编纂在《美国法典》（U. S. Code）第 18 篇的第 1956 节和第 1957 节中①。我们这里以其具体洗钱罪名四个方面的细化定义中的一项来做具体分析，如第三项罪名定义："在暗中打击行规中的洗钱罪（Money Laundering in the Co next of on Undercover）"。为了使打击行动能够达到节约人力和资源的目的，该律法条文规定，在打击行动（Sting Operations）中，允许政府执法部门在一定条件下收集所需的证据，允许从职业洗钱犯的嘴里获得所要实施的洗钱计划，而正是由于这些执法者行为在反洗钱活动中具有重要的意义，美国国会看重其所具有的打击行动价值，为了充分利用其打击价值，而避免使执法者因为执法界限存疑而畏首畏尾，因而在《洗钱控制法》中，特别授权政府执法部门开展打击行动，并且，与其他大多数联邦刑事法律有所不同的是：《洗钱控制法》专门针对这种与刑事法证据链相关的不可争辩性，为不同前提下的误差或失误提供法律意义上的支持性定义，即对打击行动提供宽恕条款。这无疑大大提高了法律的运用能力和操作能力。

再比如，以扩大银行报告义务为目标，美国国会于 1992 年通过了《阿农齐奥—怀利反洗钱法案》（*Annuzio - wylie Anti - Money Laundering Act*）。该法案规定：金融机构及其管理者、董事、雇员、代理人必须履行贯彻反洗钱法案的职责，包括：保存涉及资金转移的记录、报告有关可能违反法律或规章（relevant to a possible violation of law or regulation）的可疑交易等义务。在该法案中，可疑交易

① 王新．追溯美国反洗钱立法之发展［J］．比较法研究，2009，02：98 - 109.

没有被限制在洗钱交易上，而是包括了所有违反法律和规章的交易，也没有将应报告的交易额限制在 1 万美元以上，而是出于对金融机构内部人履行反洗钱法案贯彻义务的可实现性，而将其行为判定放大到更可视、可见和可操作范围，以最大限度有利于相关人士在履行职责中执行相关法律条文。

2. 以英国为例

有关英国反洗钱立法的研究，北京大学王新教授的研究应该是目前国内学术领域最为全面的，这里我们在王新教授研究的基础上，结合相关法律文献的阅读，就英国的反洗钱立法做一些与本书研究相关的借鉴分析。

（1）英国反洗钱立法

有关英国洗钱治理，进入所谓反洗钱预防性立法是以《1993 年反洗钱条例》为起点的，以下我们通过对英国《反洗钱条例》的进展与深化分析介绍来了解英国预防为主的综合刑治发展历史过程。

①《1993 年反洗钱条例》

1991 年 6 月 10 日，欧洲理事会发布了第一个反洗钱指令，即《欧盟理事会关于防止利用金融系统洗钱的指令》（*Directive of the European Parliament and of the Council on the Prevention of the Use of the Financial System for the Purpose of Money Laundering*），研读这个指令文献发现，在正式内容之前共引用了五个成文法理依据，即：欧洲共同体《欧洲经济共同体条约》第 57 条和第 100 条、联合国 1988 年《维也纳公约》、欧盟理事会 1990 年 12 月《关于清洗、查封和没收犯罪收益的公约》、1988 年十国集团《巴塞尔原则宣言》、1989 年金融行动特别工作组《建议》，这几乎就是截至 1993 年，国际和世界成型区域性联盟最为完整的国际法理依据的引用，加上在欧洲共同体内采取统一行动刚性约束，所以，欧洲联盟这个指令对于英国来说，成为《1993 年反洗钱条例》制定出台的法理依据是必然的。这里值得我们引用的是，这个指令明确提出："鉴于刑事制裁不应当是打击洗钱的唯一途径，因为金融系统能够发挥更为有效的作用"①，这实际从洗钱治理的必要性上指出：各国针对洗钱治理需要，不仅仅要强化刑事惩治，而更应将洗钱治理建立在金融控制之上。

英国《1993 年反洗钱条例》（*the Money Laundering Regulations*：1993），虽然是 1994 年 4 月 1 日开始实施，但是，却是根据"欧洲理事会反洗钱第一指令"的第 16 条规定，即："成员国最迟应于 1993 年 1 月 1 日前，遵照本指令制定并实施本国必要的法律、法规和规定"② 而形成的。《1993 年反洗钱条例》共分为七章，分别是："总则"、"预防洗钱的制度和培训"、"鉴定程序" "存档程序"、"内部报告程序"、"监督机构报告洗钱迹象职责"、"过渡性规定"。对照"欧洲理事会反洗钱第一指令"，应该说，有关的洗钱金融技术防范措施部分的表述，是在"欧洲理事会反洗钱第一指令"的前 12 条基础上，根据英国的国情和国内立法特点扩展而形成的，当然，这也是在"欧洲理事会反洗钱第一指令"第 15 条的允许或者说鼓励性表述下完成的。

对于《1993 年反洗钱条例》我们基本可以归纳如下，一是这是一个完全以预防洗钱为目标的立法。二是条例的律法基础是社会整体概念的，也就是说，法律所确定或所要坚持强化的、与洗钱治理有关责任是面向全社会的。三是这是一个完全注重操作和实践的立法。对于第一点，是相对容易理解的，因为从第二章到第六章标题所使用的术语，基本上是体现洗钱预防的技术性术语，并且，所有的主要条款，均强调对不合法交易的事前违法本质必须要有所了解，

① 郭建安，王立宪，严兴军. 国外反洗钱法律汇编［M］. 北京：法律出版社，2004，第 242 页.

② 郭建安，王立宪，严兴军. 国外反洗钱法律汇编［M］. 北京：法律出版社，2004，第 248 页.

也就是说，所有在联合王国境内从事交易的各方，在交易行为发生之前，必须对交易的洗钱违法因素做出判断。而这在条例中表述为"预防洗钱的制度和培训"。我们以这一章下的第五条第1点的第（2）款为例：

"（2）经常采取适当的措施使负有处理相关金融交易职责的受雇人员明确：

（a）本条第一款规定的应履行的、与其正在进行的相关金融交易有关手续；

（b）与洗钱有关的法律、法规；"[①]

而其中（a）目所指的"第一款"则是指交易之前是否按照第三、第四、第五章所规定的内容完成全部的交易与洗钱要素的识别。

对于第二点，很显然的情况是，整个条例均在于强调或明确交易各方的责任。其中第六条，还对交易各主体进行专门的强调，这样的交易主体不仅包括居民、金融企业和个人，而且也涵盖非居民、非金融企业和法人。

对于第三点，则在交易行为鉴别方面的要求体现得更是充分，以第三章"鉴定程序"为例，第1款共用7个方面来详细表明，对于发生交易行为的前后和过程，交易主体必须做到的条例所强调的主要鉴别方法。第8条的"邮寄付款"更是详尽，这样的详尽条文表述使得交易人，"只要按照第五条第1款（3）经常对受雇人员进行培训，使其能够识别和处理洗钱者或者代理洗钱者所进行的交易"[②]。则基本可以依据于本条例的操作规程完成相应的鉴定。

②《2001年反洗钱条例》

---

① 郭建安，王立宪，严兴军．国外反洗钱法律汇编［M］．北京：法律出版社，2004，第330－331页．

② 郭建安，王立宪，严兴军．国外反洗钱法律汇编［M］．北京：法律出版社，2004，第331页．

2001 年 11 月 12 日，英国国会再次通过《2001 年反洗钱条例》（*the Money Laundering Regulations*：2001），结合欧盟文献分析可知，《2001 年反洗钱条例》仍然与欧洲理事会的最新指令发布有关。2001 年 12 月 4 日，欧洲理事会发布了一个新的反洗钱指令，国内相关文献直译过来的标题是：《欧洲议会和欧盟理事会“关于修订理事会‘关于防止利用金融系统进行洗钱犯罪指令’的指令”（2001）》（*Directive of the European Parliament and of the Council Amending Council Directive on Prevention of the Use of the Financial System for the Purpose of Money Laundering* 2001）。当然，国内相关文献并没有将这一次的反洗钱指令命名为《欧盟理事会反洗钱第二指令》，的确，从内容上看，这一次指令并不是一个全面的反洗钱指令，而更多的是针对 1991 年指令在范围和领域上进行补充。但是我们研究 2013 年 2 月 5 日《欧洲议会和欧盟理事会关于防止利用金融系统洗钱和恐怖融资的指令》（*Directive of the European Parliament and of the Council Amending Council Directive on Prevention of the Use of the Financial System for the Purpose of Money Laundering* 2013）时，发现在其第一部分“备忘说明（Explanatory Memorandum”的第二款“这一范围内的现行规定（Existing Provisions in this Area）”有如下一段话：

“第三反洗钱指令，它涵盖了《FATF40 条建议》的大部分，和《FATF9 特别建议》的部分内容”。[①]

上面这段话所指的第三反洗钱指令，就是 2005 年发布的反洗钱指令，这是一个相对综合和全面的反洗钱指令，如果以此为依据，2001 年发布的修订性指令，应该是《欧洲议会和欧盟理事会反洗钱第二指令》。所以，以下我们称 2001 年的反洗钱指令为《欧盟理事

---

① EU. Direction of the European Parliament and of the Council Amending Council Directive on Prevention of the Use of the Financial System for the Purpose of Money Laundering 2013 [EB/OL]. http：//europa. eu/index_ en. htm，page3，作者译.

会第二反洗钱指令》。

我们分析英国《2001 年反洗钱条例》发现，此次通过的《反洗钱条例》主要针对的内容是：海关税务可能涉及的洗钱冲击及其相关金融预防性措施，基本上是在《1993 年反洗钱条例》的基础上进行内容补充。而在海关税务中，又主要对现金交易注册以及货币兑换内容进行补充。比如第 3 条“1993 年条例对货币兑换所等的适用”，在这一条中，就是对 1993 年条例相关金融交易进行补充，比如：

“2. 在第 4 条（相关金融业务）第一款中：

（1）在（g）项后插入：

（ga）（i）经营货币兑换所”①

我们研读《欧盟理事会第二反洗钱指令》，在前述关于法理依据和实践理由引用中，有关该指令具有贸易和海关洗钱控制针对性，可以引用其中第“（2）”款：“服务贸易总协定（Generasl Agreement on Trade in Service）允许成员国为保护公共道德或出于包括诸如保证金融系统稳定性和综合性等长远考虑等原因采取的必要措施，这些措施不应该强加超过达到目标所必需的限制”②，而有关针对与贸易和海关税收易受洗钱滥用的相关洗钱金融技术问题，可以引用其中第（5）款：“欧洲议会已经指出外汇局与汇款局易受洗钱攻击。这些活动应该已在指令的范围以内，为消除这一问题的所有疑问，指令应明确确认这些活动都已包括在内。”③

查阅《1993 年反洗钱条例》第 4 条对于相关金融业务的概括，

---

① 郭建安，王立宪，严兴军．国外反洗钱法律汇编［M］．北京：法律出版社，2004，第 486 页．

② 郭建安，王立宪，严兴军．国外反洗钱法律汇编［M］．北京：法律出版社，2004，第 250 页．

③ 郭建安，王立宪，严兴军．国外反洗钱法律汇编［M］．北京：法律出版社，2004，第 251 页．

有银行、和非银行机构接收的储蓄、信用合作交易，投资、借贷等，的确没有单独指定货币兑换和汇款类金融业务，而《2001年反洗钱条例》显然就是根据《欧盟理事会第二反洗钱指令》关于在服务贸易总协定范围内反洗钱所提出的种种要求，而对《1993年反洗钱条例》所进行的内容补充。就反洗钱本身来说，这一条例是对新形势下，货币兑换业成为洗钱的一个重要领域所做的补充。进一步说也就是这个补充在金融技术方面，主要指定了海关税务涉及的跨境金融交易，而与贸易相关的跨境金融交易又必然关联到现金汇兑和货币兑换业务。

③《2003年反洗钱条例》和《2007年反洗钱条例》

除上述《1993年反洗钱条例》和《2001年反洗钱条例》外，英国国会还分别于2003年11月28日和2007年12月15日通过了两个新的反洗钱条例，即《2003年反洗钱条例》（*Money Laundering Regulation* 2003）和《2007年反洗钱条例》（*Money Laundering Regulation* 2007）。《2003年反洗钱条例》在国内没有查阅到完整的原文文献和翻译文献。有关《2003年反洗钱条例》，按照王新教授的文章分析："该条例制定的目的，主要是英国财政部为了履行欧盟2001年通过的第二个反洗钱指令关于扩大反洗钱义务主体的要求。该条例是一部综合性的反洗钱法律，它取代和大幅度地扩大了《1993年反洗钱条例》的适用范围，重点规定了金融机构和其他机构预防洗钱的义务和法律责任……"①。如果王新教授所得出的《2003年反洗钱条例》的制定依据是《欧盟理事会第二反洗钱指令》的分析是正确的话，可能需要就王新教授的如下表述进行具体对照。按照王新教授的归纳，《2003年反洗钱条例》的进展主要表现在三个方面：一是明确了英国财政部在国家洗钱治理战略中的主导地位；二是在

① 王新．论英国反洗钱立法对我国的借鉴［J］．甘肃政法学院学报，2012（4）：102－107页．

扩大《1993年反洗钱条例》的基础上强化了在预防洗钱犯罪这一问题上的法律责任，其中突出了金融部门与其他部门的并重性；三是定义了洗钱治理的法律责任的刑事内涵，也就是说，对于不履行国家反洗钱条例所规定的基本预防职责，比如识别、申报、专业培训等，只要主罪定罪成立，则其中除洗钱直接主体定罪外，对于未履行法律责任的预防主体，同样可以单独刑事定罪。

其实，对于第一点，在《1993年反洗钱条例》与《2003年反洗钱条例》中间还有一个2000年6月英国国会通过的《金融服务与市场法案》，在这个法案的第146条"洗钱规章"中就做了这样的规定："金融局可以制定有关预防和侦查同得到许可进行的被控制的活动有关联的洗钱活动的规章"①，这一段话表面上是说：财政部之下的金融局可以制定与洗钱相关的规章，但实际上包含了对财政部所属的金融局的洗钱监管授权。我们在英国财政部网站上能够很顺利地查到《2007年反洗钱条例》，但是无论如何也查不到《2003年反洗钱条例》，可能的情况是，国会通过《2003年反洗钱条例》后存档，但起草并不是由财政部起草，因为这是正式明确财政部为反洗钱战略主导部门之前的事，从这个意义上讲，王新教授的关于财政部反洗钱地位是由《2003年反洗钱条例》明确的，应该是有一定依据的。

对于后两点，从《欧盟理事会第二反洗钱指令》前述法理依据和认识依据引用中的第（4）、第（11）、第（15）、第（19）等款，就可以看到，《欧盟理事会第二反洗钱指令》强化了公证人、独立法律专业人士等社会中间介质机构，即FATF所提出的"看门人（Gatekeeper）的法律责任表述。比如，《欧盟理事会第二反洗钱指令》第2条第2款在"应该添加以下条款"内容中，就有如下具体

① 郭建安，王立宪，严兴军．国外反洗钱法律汇编［M］．北京．法律出版社，2004，第406页。

表述：

“第 2a 条

成员国应当保证本指令中的义务在以下机构得以执行

……

以下法人或自然人实施的专业活动

审计人员、外部会计师和纳税咨询师；

房地产机构；

公证人和其他法定代理专业人员参加的以下活动

……”

这应该是英国《2003 年反洗钱条例》对 1993 年和 2001 年《反洗钱条例》进行扩展和修订的重要依据。

2007 年 7 月 24 日，英国财政部完成了《2007 年反洗钱条例》的制定与向国会报告工作。7 月 25 日国会表决通过，12 月 15 日开始实施。《2007 年反洗钱条例》是为执行《欧盟理事会反洗钱第三指令》而进行的适应性调整和修改。2005 年 10 月 26 日，欧洲议会和欧盟理事会发布了《欧洲议会和欧盟理事会关于防止滥用金融系统洗钱和恐怖融资的指令 2005》（*Directive of the European Parlianment and of the Council on the Prevention of the Use of the Financial System for the Purpose of Money Laundering and Terrorist Financing* 2005），这是在时间和相关内容上规定较为严格的一次欧盟反洗钱指令，该指令除在第十二章“最后规定”第 59 条明确规定，在指令下达实施后四年时间内，起草委员会必须就这一指令的执行情况向欧盟委员会提交正式报告，还在同一章的第 61 条第“1”款，对所有成员国在执行第二指令提出时间上的要求：

“各成员国应最快（本指令通过后二年内）将本次指令相关要求转为成本国的法律，法规和行政规定。各国还应该在法规条文形成后，立即将内容传至委员会。”[①]

根据这一要求，各成员国应在2007年12月15日之前将新指令的内容转化为国内法律并生效实施。英国的《2007年反洗钱条例》（*The Money Laundering Regulations* 2007）基本就是按照这个时间要求在国会通过的。该条例共为六章，分别为：“总则”、“客户尽职调查”、“记录保存、程序和培训”、“监管和注册”、“执法”、“其他（Miscellaneous）”。[②] 有学者将这一次的修订做了如下几个方面归纳：一是“在列举适用对象时，放弃了《2003年反洗钱条例》采取的行为描述方式，转而采用与《欧盟理事会反洗钱第三指令》类似的机构（职业）描述方式”[③]。二是关于“对业务关系进行持续监测规定”《2007年反洗钱条例》进行了更加具体的和明确的描述。三是对《1993年反洗钱条例》的第四章“存档程序”和第五章“内部报告程序”相关内容做了充实。四是对原条例遗留下的一些监管空白地带进行了补充和强调。

当然，2013年2月5日，欧盟理事会再次于斯特拉斯堡发布反洗钱指令，如果按国内部分学者的计算方法，这应该是《欧盟理事会和欧洲议会第四反洗钱指令》了，从这一次指令的内容来看，有两个方面的内容值得引起注意，并且可能会影响包括英国在内的欧盟所有国家的反洗钱立法，这两个方面的变化主要是：第一，强调洗钱的综合性社会利益所在，尤其是洗钱对整个市场秩序的破坏。我们知道，过去，反洗钱文献更多强调的是洗钱犯罪对金融系统稳

① EU. Direction of the European Parliament and of the Council Amending Council Directive on Prevention of the Use of the Financial System for the Purpose of Money Laundering 2013 [EB/OL]. http://europa.eu/index_en.htm, Page 53. 作者译.

② United Kingdom Government. Money Laundering Regulation 2007 [EB/OL]. https://www.gov.uk/business－tax/money－laundering－regulations. 作者译.

③ 査宏. 英国的《2007年反洗钱条例》及其实践 [J]. 上海金融，2008 (8)：59－62.

定所构成的威胁，而并没有从整个国民经济利益来强调反洗钱的重要性。第二，强调欧盟反洗钱规则与国际规则、欧盟内部国家与国家之间执行的规则的一致性，即两个一致性。有关这个可能再次影响包括英国在内的欧盟各国重新修订反洗钱立法的内容，我们可以从《欧盟理事会和欧洲议会第四反洗钱指令》的第一部分“备忘说明”第一款“指令依据与目标（Grounds for and Objectives of the Proposal）”的两段话得到印证：

“本指令提出各项措施的主要目的在于通过降低国家间在反洗钱和打击恐怖主义融资问题上的复杂性，增强欧盟内部市场的协调性，以维护欧盟社会利益和经济繁荣，确保欧盟内部市场有一个高效的商业环境，通过确保金融体系的稳健，正常和完整来促进金融体系的稳定。

本指令所确定的目标实现，将强调以下原则，即：确保欧盟与国际之间、欧盟内国家与国家之间、各国在集中处置风险以及为应对新威胁而进行灵活处置方面高度一致。”①

（2）《刑法》与《刑法》充实

英国的洗钱治理和我国有相近的历史过程，即洗钱犯罪治理始于《刑法》立法。

①1988 年的《刑事审判法》（*Criminal Justice Act* 1988）

英国洗钱犯罪治理最早体现于 1988 年《刑事审判法》（*Criminal Justice Act*），根据英国立法与立法惯例，1988 年的《刑事审判法》涉及对 1988 年以前英国所颁布的大量与刑法相关的单行法律，或在原刑法中体现的相关条款。比如涉及 *Drug Trafficking Offences Act* 1986、*Criminal Justice*（*Scotland*）*Act* 1987、*Children and Young Persons*

① EU. Direction of the European Parliament and of the Council Amending Council Directive on Prevention of the Use of the Financial System for the Purpose of Money Laundering 2013 ［EB/OL］. http：//europa. eu/index_ en. htm，Page 32. 作者译.

Act 1933 等，而有关洗钱犯罪的刑事定义主要反映在第六章“没收非法所得（PART Ⅵ：Confiscation of the Proceeds of an Offence）”的第4节“洗钱及其他犯罪（Money laundering and other offences）”第93条。以下我们将其定义的洗钱犯罪翻译引述如下：

“93A　协助他人留存犯罪行为获利。

93B　获取、占有或使用非法所得。

93C　隐匿或转移犯罪所得。”[①]

国内有学者将上述这三条归纳为：“定义了三个洗钱罪”，即：“协助洗钱罪”，“获取、占有或者使用犯罪收益罪”和“隐瞒、掩饰犯罪收益罪”，这样归纳虽然在定罪内涵上应该没有问题，但是转换成预防意义上的洗钱犯罪定义，应该存在着内涵上的交叉。不过，总的来说，这个立法条款划分符合那个历史阶段，即国际洗钱刑事定罪起步时期的基本刑法定义的客观背景。分析英国所经历的以刑事定罪立法为主体的洗钱治理时期，尤其是《刑事审判法》中所确定的三个主罪定义，很容易看到英国的洗钱刑事定罪立法具有和我国同样的特点，那就是刑治内涵立法早于监管内涵立法，并与国际立法进展有着非常紧密的关联关系。所以，从《刑事审判法》中，很容易看到其与联合国《维也纳公约》的公布和签署有关。

②《2002年犯罪收益法》（*Proceeds of Crime Atc* 2002）

2002年7月24日，英国通过了《2002年犯罪收益法》（*Proceeds of Crime Atc* 2002），这是一个相当全面和庞大的法律，有340页之多，共分为十二篇462条。专门针对洗钱的内容在“第七篇：洗钱（Part7 Money Laundering）”。分为“罪行”、“许可”、“暴露”、“释义”4个小的分类，总共包括从第327条到第340条的内容。为了便于理解内容，这里我们将与《1988年刑事审判法》定义的三种

---

① United Kingdom Government. Proceeds of Crime Act 1988 [EB/OL] http://www.legislation.gov.uk/. Page 4. 作者译.

洗钱罪相关的标题“罪行（Offences）”列举如下，

“罪行（Offences）

327. 掩饰等（Concealing etc）

328. 放置（Arrangements）

329. 获得，使用和占有（Acquisition，use and possession）”①

看这一法律文本可知，比较于《1988 年刑事审判法》，《2002 年犯罪收益法》在上述三个主要洗钱定罪内容方面做了非常详尽的定义和明确，比如在第 327 条掩饰罪之下，就具体以行为导致“脏钱”的动向，做了 5 个方面的定义。

“327. 掩饰等（Concealing etc）

（1）任何人有下列行为，即犯洗钱罪：

（a）隐瞒非法财产；

（b）假装非法财产；

（c）变换非法财产；

（d）转移非法财产；

（e）从英格兰、威尔士、苏格兰或北爱尔兰将非法财产转移至境外。

（2）但是，下列行为不属于洗钱犯罪：

（a）他根据第 338 条授权［公开行为是否发生前述‘（1）’款定义的行为之前］和得到正当的允许或同意公开其财产行为；

（b）打算公开其行为，但有一个合理的理由可以使其不必这样做；

（c）行为发生，有利于依照本法或其他成文法相关规定顺利完成对犯罪行为和犯罪行为利益执法。

（3）隐瞒或掩饰非法财产包括隐瞒或掩饰其性质、来源、地点、

① United Kingdom Government. Proceeds of Crime Act 2002［EB/OL］. http：//www. legislation. gov. uk/. Page 198 – 199，作者译.

处置，转移、所有权或任何与之相关的权利。”①

更重要的是，这个法律的通过，使得原包含在《1988 年刑事审判法》中的洗钱定罪条款，成为一个更为广义的收益犯罪定罪立法条款。根据相关研究，这一定罪立法的进步在于三个方面：一是使洗钱犯罪的罪行定义体系化，而这个罪行体系确定，使英国对洗钱犯罪的定义更加符合以联合国和 FATF 为主体所提供的法理依据。二是进一步明确了针对洗钱犯罪过程所存在的相关法律责任，尤其是“不申报罪”的明确定义，使得任何对于可能存在洗钱犯罪的罪行前期信息和预兆的不报告主体，都将承担法律责任。三是收益化定义使得洗钱犯罪的上游犯罪定义范围全面符合 FATF 的泛化标准要求，英国进入到了国际上洗钱刑治的先进国家行列。

（2）英国反洗钱立法进展与深化分析

通过上述对英国反洗钱相关条例和律法原文研讨，同时引述和研读王新教授及其他一些学者的研究文献，以及对一些介绍性文献的深化分析，英国的反洗钱立法进展与深化除具有一般市场经济国家的共同特点和上述分析中我们已做的部分归纳特点外，这里还特别提出如下两点：

①反洗钱立法体现主次环节并重

我们研读英国的四个反洗钱条例，可以看到这样一个立法特点，即对非主体犯罪，尽管并不是刑事定罪的主要部分，但是出于强化对它们的定义，可以在主体犯罪预防和识别方面发挥重要作用，条例仍然对非主体犯罪的行为环节、载体和行为人进行明确和详细的法律责任定义。换句话说，就是针对性地就这些非主体犯罪行为进行显著的法律责任定义。条例明确规定可以在上游犯罪的洗钱主体犯罪之外，单独形成不履行反洗钱法律的“法律责任罪”，而且可以

---

① United Kingdom Government. Proceeds of Crime Act 2002 ［EB/OL］. http：//www. legislation. gov. uk/. Page 198，作者译.

就这样的责任罪，进行刑事审判：

“（a）经起诉程序宣判有罪的情况下，可判处2年以下监禁刑，或者罚金，或者两者并处；

（b）经即席判决程序，处以法定最高数额以下的罚金。”①

这就是说，英国司法部门可以不单一以《刑事审判法》或《收益犯罪法》作为刑事定罪依据，同样可以以《反洗钱条例》作为法院对洗钱犯罪所涉及的“法律责任罪”进行定罪的法律依据。

②洗钱犯罪收益化定义与泛化的上游犯罪范围定义形成了匹配

英国从2003年明确英国财政部为洗钱战略主导部门后（从本质上讲应该是2001年），立法上配合国际领域关于上游犯罪范围定义泛化的发展趋势，给了洗钱犯罪以“收益犯罪”这样更为广泛的可定罪内涵。这实际也反映了国际洗钱犯罪治理的一种必然趋势。从1988年《维也纳公约》公布以来，国际领域就洗钱犯罪的定罪给予了明确的上游犯罪指定，这也是联合国与FATF在制定国际反洗钱相关规则时的一个特点，但是，随着国际刑事犯罪趋势变化和国际政治经济的发展，不合法收入对国际政治和经济秩序的破坏日益为国际领域所认识，这使得国际反洗钱领域的刑法和监管专家看到这样一个必然现实：现代意义上的任何犯罪均与资金和财产有不可分割的关系，而与犯罪关联的任何资金、财产和收入，不论其以什么形式存在，以什么方式被获得或清洗，都因为其对正常经济政治秩序的破坏本质而可以被定义为“脏钱”，而既然是“脏钱”，便应适用于洗钱刑事定罪惩治的范围。从这个意义上看，英国的反洗钱立法，将一切非法收益列入洗钱刑治的范围，这在国际反洗钱刑事定罪立法领域，都是具有突出特征的。

3. 以澳大利亚为例

---

① 郭建安，王立宪，严兴军．国外反洗钱法律汇编［M］．北京：法律出版社，2004，第331页．

澳大利亚的反洗钱立法，有着与英国相似之处，但是从反洗钱的整个治理来看，澳大利亚以洗钱预防性立法为主，重法律责任引导的立法特色在全世界范围也是较为典型的。

（1）澳大利亚反洗钱立法

研究郭建安、王立宪和严兴军编著的《国外反洗钱法律法规汇编》，结合部分学者对澳大利亚反洗钱立法研究文献分析，以法律公布实施的先后排序，截至目前，澳大利亚洗钱治理的法律依据主要有：《1987 年收益犯罪法》、《1988 年金融交易报告法》、《2002 年收益犯罪法》、《2002 年反恐融资法》。

从立法体系的特点看，澳大利亚与英国法律体系存在着某种程度上的相似性，比如，其《1987 年收益犯罪法》和《2002 年收益犯罪法》，从时间上看，《1987 年收益犯罪法》甚至早于联合国《维也纳公约》，由于受文献原件资源局限，我们无法从文献内容本身来研究《1987 年收益犯罪法》是否完全奠基于对洗钱犯罪的治理。但是，作为经济犯罪刑治，收益犯罪的独立立法定义，显然是具有与洗钱犯罪相通的律法理解的。而这个法律的形成时间如此之早，加上修订与英国形成的时间几乎同时，表明处于英联邦范围内的国家在这一立法上经历了相互借鉴的历史过程，有关这一点，甚至可以从加拿大反洗钱立法中同样有《收益犯罪法》得以旁证。

此外，我们研究澳大利亚《1988 年金融交易报告法》可知，与英国的反洗钱条例一样，立法的整个指向非常关注交易环节的规范、识别和法律前提确定相对预防洗钱的重要意义。这里我们将这个报告法的结构安排摘录如下：

第一章　总则

第二章　交易报告

第三章　账户

第四章　机密及其接触

第五章　执行

第六章　执法机构

第七章　其他

上述七章除“总则”外的6章，主要可分为两个部分，一部分是针对洗钱滥用而进行的定罪描述或定义，另一部分是针对反洗钱执法进行权利与机构的定义。显然，对形成洗钱滥用的定罪内涵描述，基本集中在交易问题上，这一点与英国的立法相同或近似，即关注法律定义对洗钱犯罪行为的反应能力，以及法律条文对一切可能涉及洗钱的行为定义能力。法律所规定的几大类必须以法律责任体现的交易报告：“现金交易报告”，“货币转移申报”，“由律师作的现金转移报告”，“可疑交易报告”，“国际资金转移指令的报告”，“依据其他法律提供的信息”①，这些报告几乎涵盖了所有的洗钱行为对金融系统和金融工具的滥用。

这里最值得我们研究和讨论的是，澳大利亚的金融情报机构“澳大利亚交易报告与分析中心（AUSTRAC）”。在该法律中，AUSTRAC直接被明确为执法机构。这使得其体现对交易行为本身重视和关注的反洗钱立法与AUSTRAC的功能定位完全匹配起来。其实从本质上说，交易行为是洗钱滥用金融行为发生的具体体现，而对这些行为进行反映的报告制度，其本身就是金融情报的内涵，所以，就洗钱犯罪预防而言，赋予金融情报中心以必要的法律地位，实际是由洗钱犯罪的犯罪特点所决定的。这对于包括我国在内的世界上所有国家来说，也是并无二致的。实际也正是因为法律赋予了AUSTRAC较强的执法地位，所以，AUSTRAC对于报告信息的搜集与处置权、交易行为的报告反映要求权等都是相对较大的。第4节“依据其他法律提供的信息”其内容表述就可以说明这一点：

① 郭建安，王立宪，严兴军. 国外反洗钱法律汇编［M］. 北京：法律出版社，2004，第580－582页。

“在本法范围内，AUSTRAC 所收到的依照其他法律或者一个州或地区法律所收到的信息，均被视为依据本法所获得的信息。”[①]

这就是说，AUSTRAC 不仅在联邦法律范围内具有获取信息的权力，而且任何一个州和地区的法律范围内，AUSTRAC 同样是依法获得信息的主体。

（2）澳大利亚反洗钱立法分析

上面我们的分析尽管讲到澳大利亚反洗钱立法与英国反洗钱立法有相近似的地方存在，但是，基于其洗钱治理结构安排着眼点有着完全属于澳大利亚国家自身的显著特点，所以，澳大利亚洗钱治理的特殊性的一面也是值得我们讨论的。根据我们对资料和相关学术研究报告的分析，这种特点主要反映在两个方面：一是澳大利亚立法，比其他国家更注重于立法的金融系统针对性，也就是说，在立法意识上，更加反映其关于金融在反洗钱犯罪预防体系中的重要作用。二是整个社会对洗钱犯罪的治理重心，主要放在了对自律机构的帮助与辅导和法律培训上，而并不以定罪惩治为重心。即强调交易各方法律责任承担意识的重要性，这一点是与英国相近似的地方。

有关强化对反洗钱自律机构的培训与辅导这一点，也可以从其立法将金融情报机构“AUSTRAC”确定为主要执法机构反映出来。应该说，澳大利亚金融情报机构地位如此之高，应该在国际上是少有的，而这与澳大利亚的洗钱治理更多依赖和强调自律的宗旨和特色是相匹配的。以下我们引用国内相关学者的主要观点也能旁证我们上述的归纳，国内多数学者的文献研究认为：第一，在整个洗钱犯罪治理中，《1988 年金融交易报告法》作为澳大利亚监管与洗钱犯罪关联的立法，其在整个洗钱治理的立法体系中的作用和在实践

① 郭建安，王立宪，严兴军．国外反洗钱法律汇编［M］．北京：法律出版社，2004，第 607 页．

上，更胜于其他法律。第二，澳大利亚洗钱治理的主导部门本身是澳大利亚的金融情报机构，而并非具有行业管理职责的金融监管部门和具有国家综合刑治功能的司法部门。作为澳大利亚金融情报机构的“AUSTRAC”，有着完全不同于其他国家的执法地位（比如我国的“中国反洗钱监测分析中心”），整个治理体现了其突出对金融交易情报的监测和控制，并通过这种监测和控制来高效地扼制洗钱犯罪，尤其是刚性化地要求各相关责任机构充分理解其自身在金融情报工作上的法律责任意识。

相对于其他国家来说，形式上澳大利亚的反洗钱监管是比较宽松的，其宽松的具体表现是：一般而言只要不显著违法，“AUSTRAC”尽管是一个向联邦负责的执法机构，并且具有较高的法律再管辖地位，但是他们仍然坚持主要通过各种形式宣传，尤其是宣传《1988 年金融交易报告法》，来扩大全社会对反洗钱法律的理解，在提高全社会充分理解《1988 年金融交易报告法》的前提下（换句话说也就是在全社会责任意识充分得到体现的前提下），向所有涉及反洗钱的行业提供必要的帮助和服务，并针对可能涉及洗钱的不同交易和交易特点，采取积极和适合于被帮助主体的援助措施，努力帮助其更好地履行《1988 年金融交易报告法》所规定的法律责任和义务。这样的洗钱治理体系我们可以归纳为：其工作的重点不是去直接对犯罪实施预防和惩治，而是在督促全社会承担反洗钱法律责任的责任主体，重视和不要轻易触犯“法律责任罪”。

澳大利亚洗钱治理模式，在世界范围内是独树一帜的，虽然有完善的立法，但整个治理的重心则并不在于刑治本身，也不看重执法主导机构本身是否承担面对洗钱犯罪预防和治理的直接效率，而是着眼于强化全社会各主体对其自身执行洗钱治理相关法律的法律责任理解，并在提供帮助的基础上，促进各涉及洗钱犯罪治理主体履行法律责任的效率的可行性。

（二）我国反洗钱监管立法进展

前述讨论说到我国洗钱刑事定罪立法与我国国际地位上升和国际配合义务日益重要等因素是紧密关联的，并且是以 1997 年《刑法》正式定义洗钱犯罪为起点的。如果这个分析结论符合我国洗钱刑事定罪立法进展的历史实际，那么，我国的反洗钱监管唯一的专门性立法却要远远晚于这个时间。

那么，在这个监管法没有正式颁布前，基于我国金融开放及整个国家政治、经济融入国际社会的起始时间要远远早于专门反洗钱监管立法的现实，我国的反洗钱监管工作的文献依据是什么呢？这就必然关联到我国社会管理方式上的一些与世界其他国家不同的特点问题。对于我国社会管理体系运作有深入研究的学者都应该知道，这个所谓的特点，其实就是：在我国，即使没有立法，政府行政规章运用，仍然可以维系某个社会管理领域乃至全社会的治理，尤其是监管范围而非法制范围内的社会管理领域。

回顾一下我国的反洗钱历史，我国反洗钱监管实际经历了一个相当长的以行政规章为前提的监管时期，尤其是在金融系统内。中国人民银行作为国家反洗钱监管的主要行政部门，早在 2003 年 1 月就分别制定并在金融系统内公布执行了：《金融机构反洗钱规定》、《人民币大额和可疑资金支付交易报告管理办法》和《金融机构大额和可疑外汇资金交易报告管理办法》，即通常所说的“一个规定，两个办法”。到 2005 年，中国人民银行再次在“一个规定，两个办法”的基础上，开始草拟适用范围更广，内容更具体的《银行业金融机构反洗钱规定》、《证券、期货业金融机构反洗钱规定》和《保险业金融机构反洗钱规定》。进而使得行政规章从“一个规定、两个办法”扩展到了“三个规定、两个办法”。在金融系统内，基于人民银行的监管职能，这些典型的行政规章，始终是有效的。

但是，基于形成法制社会的国家战略理念，就社会整体的洗钱治理来说，这些行政规章必定存在着较大的局限性。于是才有了2007年1月1日公布实施的《中华人民共和国反洗钱法》（以下简称《反洗钱法》），这一律法，是我国以洗钱犯罪预防为主要目标、以金融领域作为立法领域对象的唯一专门性反洗钱监管立法。为了能够更深刻地理解这一法律颁布的意义及其内涵，我们针对这一法律的形成做三个方面的深入分析。

1. 进展回顾

按照反洗钱监管理论领域和主导部门的普遍说法，我国《反洗钱法》形成历时7年。根据国内相关法律专家和权威机构的研究性文献，这七年时间基本可以划分为三个时期。

（1）酝酿时期（2000～2004年）

根据国内反洗钱主导机构中国人民银行反洗钱局及相关专门文献的定义，所谓立法“酝酿期”，其时间起点是以有人民代表在代表会议上正式提出反洗钱监管立法方案为标志。我们这里搁置这种议案的提出，究竟是出于偶然性、个别性，还是出于专家群体基于社会发展认识的必然性，仅仅就时间而论，根据置身于全国人民代表大会法制委员会的相关专家的研究文章介绍，最早有人民代表向全国人民代表大会提出有关反洗钱监管立法议案的时间，可以追溯到2000年，因为就是这一年，部分人大代表提出“尽快制定反洗钱法”议案。主导机构和理论界提出以2000年为反洗钱监管法的立法时间起点，并认为由此开启了我国反洗钱监管立法的酝酿期，其依据也就在于此。以后，在同一届代表大会的历次会议中，有代表不断提出关于反洗钱监管立法的议案。

无论是同一代表的多次提出，还是多位代表同时提出相同议案，有一个时间是非常确定的，那就是在2003年，反洗钱监管立法被正式列入《十届全国人大常委会立法规划》，这标志着我国反洗钱监管立法相关认识准备基本完成，酝酿期结束。

（2）启动时期（2004～2005 年）

依照反洗钱监管法的主要推动机构中国人民银行的看法，《反洗钱法》正式起草和准备工作的标志性事件是：2004 年 3 月，全国人大常委会预算工委正式成立了"《反洗钱法》起草小组"，根据小组组建方案规定，中央机关参加这个小组成员的单位有：中国人民银行、公安部、最高人民法院、最高人民检察院、外交部、国家安全部、司法部、财政部、商务部、监察部、海关总署、国家税务总局、国家工商行政管理总局、银行业监督管理委员会、证券监督管理委员会、保险监督管理委员会等，共 18 个部门。

（3）形成时期（2005～2006 年）

2005 年 2 月，《反洗钱法》草拟稿正式形成，并立即按照立法准备的常规程序，首先在专家层面，即在有关法律研究机构和立法机构内部进行法理本质研究和讨论。此后，形成专家修改意见，并正式将文本草稿在全国各相关行政、执法机构和部门征求意见。在经历了上述过程后，人民代表大会立法机构汇集各方修改意见，并做最后的修订，最终于 2006 年 4 月，正式形成了《中华人民共和国反洗钱法（草案）》，这个《草案》提交给全国人民代表大会常委会，在常委会层面上经历了三次重要和正式审议，最终于 2006 年 10 月 31 日通过。

2. 进展评析

以上三个阶段划分，比较于前述有关美国反洗钱监管立法的典型分析，并结合我们对上述观点的分析，有关我国反洗钱监管立法进展问题，可以做如下客观评析。

（1）三阶段划分不具内涵特性

客观地说，一项完善和成功的立法，需要有一个相对完整的学术和实践酝酿时期，而上述国内权威机构和文献关于三个阶段划分并不能很好地反映这种学术和实践酝酿期，尤其是所谓的“酝酿期”基本不具备任何立法内涵的进展过程，仅仅是一种机械的时间阶段划分。在三个阶段一共七年时间里，作为认识准备或理论准备的酝酿期，应该是充满立法理论和实践研究、讨论乃至争论内涵的，并且从时间总体占比来看，酝酿期应该占据总体立法准备期的70%。但是，我们从前面的回顾情况看，反洗钱主导机构所提出的“酝酿期”划分依据，仅仅是个别人民代表对社会管理的理解，而产生的“个人建议”的行为，而不是一个整体的理论或决策团队的有序思辨过程。

（2）立法不具体系特性

具有唯一性的《反洗钱法》，反映了我国反洗钱监管立法单一形态，而并没有真正形成体系性或框架性立法形态。因为在整个反洗钱监管层面上的立法，除了在《中华人民共和国人民银行法》的修订稿中有少量涉及外，实际就只有一部《反洗钱法》。与前述我们提到的美国监管立法比较，由于立法过于单一而内容受限，使得监管主体和被监管主体乃至洗钱治理的所有参与主体的行为无法明细到运作层面，行为的法律职责界定无法全部以“法”的形式加以固定。不成体系的反洗钱监管立法，本质上大大降低了现有《反洗钱法》的应用能力，在这种情况下，大量的部门行政规章在操作层面上变得比法律更为有效，但是，一旦行为发生跨越行政权力分工，在部门行政规章因跨越行政分工界限而失效，立法又过于笼统单一的情况下，反洗钱监管效率问题便成为无法完全用权责方式来评价的问题。

（三）《反洗钱法》内涵及评析

从刑事定罪立法与监管立法划分来理解，自觉意识前提下的反洗钱监管，并不是始于洗钱刑事定罪立法，而应该是始于正式的反洗钱监管立法。这里之所以将反洗钱监管立法从整个反洗钱立法综述中独立出来做专题讨论，原因在于反洗钱监管法立法具有与洗钱刑事定罪立法不同的内涵和指向。

基于《反洗钱法》立法效用的基本目标来分析，我们这里主要讨论以下两个方面的问题：

1. 立法宗旨

立法宗旨是任何一项立法的灵魂，它是立法社会功利判断的基础，那么我国第一部也是唯一的一部《反洗钱法》这方面的情况究竟怎样呢?

（1）宗旨表述及其特性

有关《反洗钱法》的立法宗旨，在《反洗钱法》总则第一章作了明确的表述，即：

“预防监控洗钱活动、维护金融秩序和遏制洗钱犯罪及相关犯罪。”

上述这个宗旨表述，实际上反映了反洗钱监管立法在洗钱治理领域存在以下两个方面的特性：

①管理领域特性

所谓立法的管理领域特性，主要指立法具有明确的领域针对性。有关这一点该宗旨表述主要体现为三个方面，即预防、监控、遏制。这样的宗旨表述实际上是很明确地将立法的领域着眼点，放在了能够发挥上述三个管理效率的监管与行政管理领域，包括银行业监管和相关行政管理部门。这种领域针对性反映的是社会管理特性，不是像刑事定罪立法那样，反映的是对犯罪行为形成后的惩戒，社会功利在于对犯罪可能性的控制与监管。

②立法的目标特性

从宗旨表述中，我们很容易看到，国家进行反洗钱监管立法，其社会管理功利或目标特性分为主要和次要两个层次，主要目标层次是：“维护金融秩序”；而次要目标层次是：“遏制洗钱犯罪”。而次要目标层次，显然与《刑法》相关内容具有契合和协同性，但又绝不是监管立法直接可实现目标。而主要层次目标，由于金融技术与金融监管防范本身处于金融系统可掌握的范围内，基本是可单独实现的目标层次。

（2）宗旨比较

这里我们仍然把洗钱犯罪治理划分成两个立法领域，即刑事定罪立法与监管立法，因此，以下关于宗旨比较，主要针对监管立法宗旨与刑事定罪立法的宗旨进行比较：

①阶段针对性区别

如果将洗钱犯罪与其相关的上游犯罪视为是犯罪分子有意识的完整刑事犯罪过程，那么刑事定罪立法的惩治针对性是事后的。也就是说，刑事定罪立法所针对的犯罪过程，是事实形成后的阶段，而作为监管法的《反洗钱法》则是针对犯罪过程未进入具体实施，但可能性存在的阶段，通过有效的控制和监测，最大限度地使犯罪企图止于可能性阶段。

②内涵针对性区别

从《反洗钱法》的立法宗旨表述可以直观地看到，其立法功利目标或立法目标内涵在于实现对可能性犯罪的预防、监测和控制，而洗钱刑事定罪立法，本身是没有独立宗旨的，它服从于一个国家的《刑法》总体宗旨，一国之《刑法》总体宗旨，是基于一国《宪法》所涵盖的社会政治取向的，就如我国 1997 年《刑法》总则第一章第一条的表述那样：

“为了惩罚犯罪，保护人民，根据宪法，结合我国同犯罪作斗争的具体经验及实际情况，制定本法。”

在这样一个整体社会和宏观政治宗旨定义下，所谓洗钱刑事定罪，只是实现“保护人民”这样一个宏观社会宗旨所包含的多重具体目标的一个部分。

③领域针对性区别

《反洗钱法》由于其明确的立法宗旨表述是：预防、监控洗钱犯罪，以达到维护金融秩序的目的。这就决定了反洗钱监管立法的领域针对性，主要是金融体系。而这样的领域针对性，除了服从于金融体系稳定的宏观宗旨外，也是基于洗钱犯罪活动对金融系统有着极大的依赖性这样一种犯罪技术特性。

而比较于《刑法》关于对洗钱犯罪进行刑事定罪的领域针对性，其显著区别在于：《刑法》对洗钱犯罪实施刑治，主要基于上游犯罪，因为洗钱犯罪不过是上游犯罪的一种衍生罪。从领域针对性的具体分析来说，《反洗钱法》具有领域针对性，而《刑法》中关于对洗钱犯罪实施刑治却没有领域针对性，只依据于上游犯罪类型而有犯罪“类型针对性”。目前，我国有关洗钱上游犯罪范围定义，还处在 FATF 和联合国公约所明确划分的“基本层次”，所以，如果我们将《刑法》所确定的上游犯罪种类针对性，视同为与领域针对性相近似的针对性划分，那么，《反洗钱法》除领域针对性具有显著金融行业针对特性外，还有相对于 1997 年《刑法》第一百九十一条所规定的七种上游犯罪范围定义中涉及金融领域的相关犯罪行为，也正是因为这个特殊的领域针对性，在《反洗钱法》“总则”第二条，几乎是照搬了 1997 年《刑法》第一百九十一条的如下表述：

“毒品犯罪、黑社会性质的组织犯罪、恐怖活动犯罪、走私犯罪、贪污贿赂犯罪、破坏金融管理秩序犯罪、金融诈骗犯罪”。

但是，这里要进一步加以说明的是：在洗钱定罪立法相对完善的西方市场经济国家，由于其上游犯罪的范围已实现“泛化层次”定义，这就决定了其对洗钱犯罪实施刑治的领域，已完全与《刑法》体系的整体领域趋于同一化。因而其反洗钱监管内容的立法，已没有我国《反洗钱法》第二条所表述的前提，从而也就不需要对金融领域和针对性、预防性监管进行范围定义或领域定义。

2. 立法框架分析

分析2007年《反洗钱法》，其重要的法律意义除宗旨表述外，另一个重要的方面反映在其律法文本的架构设计，而这些主要通过其第二章到第五章来反映。

（1）行为定位反映

在我国，《反洗钱法》与《刑法》相关内容有机结合，共同构成全社会洗钱犯罪治理的法律框架。但是，比较二者，实际有着完全不同的立法定位。这一点集中反映在《反洗钱法》的立法框架设计上，通过章节的标题我们可以清楚地看到其行为定位：监督管理、履行义务、调查和国际合作，而这些立法行为定位，均基于金融系统的行业特性。如果我们将《反洗钱法》的定位提升到社会功利层面，那么，维护金融系统稳定成为其明确的社会定位，而这个定位则需要利用金融监管行为效率控制全社会资金通道不被犯罪所滥用，也正是基于这种行为功能，在洗钱犯罪治理方面，它发挥着不可替代的作用。但是，金融系统又是一个不具有执法权力和功能的行业，所以，在立法的行为定位上，主要用以监管为内涵的管理行为语言，来反映立法的行为功能定位，之所以如此，本质就在于洗钱治理事业具有某种特殊性。

（2）单一功能定位

分析《反洗钱法》的相关章节，除了引自于FATF的与金融技术滥用紧密关联的一些操作，如身份识别、交易记录、反洗钱调查等针对性外，立法的主要作用在于对金融监管机构、金融机构以及与洗钱相关的其他政府行政管理部门参与职能进行界定，如第五章第二十八条。其中，还涉及了反洗钱国际合作，但是，相关内容表述并不是操作性的，而只是职能的理论界定：

"国务院反洗钱行政主管部门根据国务院授权，代表中国政府与外国政府和有关国际组织开展反洗钱合作，依法与境外反洗钱机构交换与反洗钱有关的信息和资料。"

研究和比较美国的反洗钱立法可知，一部旨在进行立法宗旨表述和对相关参与机构进行职能定位的立法，与对可运行和可操作的监管和被监管行为准则进行行为界定的监管法律之间，是有着很大差距的，我国的立法目前仍然只是停留在以前者为重的水平上，这在一定程度上揭示了目前我国反洗钱监管与司法低水平现状的制度性根源。

3. 连接缺失

我们知道，一国之《刑法》，是对一切犯罪行为实施刑事定罪和惩治的法律，并且也是刑事惩治规范性最高的国家大法。从这个意义上讲，涉及洗钱犯罪的刑事定罪内容，不仅恒定归属于《刑法》法典，而且也是国家刑法惩治的一个重要组成部分。但是，就洗钱犯罪的刑治进展与深化而言，无论针对有关内容进行怎样的补充和完善，与其他刑事定罪立法一样，洗钱刑事定罪立法所针对的都是法律对犯罪行为实施惩治的阶段，而不可能针对犯罪行为的原因，从宏观社会治理意义而言，其社会警示效果是事后的，即针对未实际发生犯罪行为的犯罪企图者产生法律威慑作用。但是，洗钱犯罪由于具有较之于一般犯罪所不同的特性，实际上在对犯罪行为最后实施刑事惩治的前端，还有着各种具有预防犯罪的监管法规，这是一些介于犯罪预防与犯罪刑治之间的辅助性法律法规，也正是这些法律法规的存在，使得洗钱犯罪预防与洗钱刑事定罪共同构成了刑治与监管有机连接的反洗钱治理体系。有关这一点，可以从洗钱犯罪治理水平较高的国家的借鉴与分析中看到。

说到刑治与监管的有机连接，本质上也就可以用刑事定罪立法的"有机水平"来体现了，而体现立法有机水平的典型国家仍然是美国。不过，我们这里可以再以立法水平完善性相对低一点的英国为例来进行比较，英国的洗钱治理，基本是由三个有机关联的立法层次来构成：第一层次属于与国际相关上游犯罪定义等同的原始洗钱定罪，但在毒品犯罪立法的同时，还设立了对具有洗钱本质的毒品资金及财产处置进行相关惩治的法律条款，这与联合国公约最早对洗钱罪行进行原始定义和单列定罪的进展是同步的。第二个层次是 1988 年，英国通过的《刑事审判法》（*Criminal Justice Act*）。虽然这个法律不是专门为反洗钱而制定的，但在第 93 条之下罗列了三个洗钱罪名，对洗钱刑事罪进行了相对完整的罪行定义，这为司法程序在反洗钱问题上取得了与最终刑事定罪量刑相互协调的立法解释。第三个层次是 2003 年 11 月 28 日，英国国会通过了《2003 年反洗钱条例》（*Money Laundering Regulations* 2003），条例于 2004 年 3 月 1 日起施行。这个条例的制定反映了两个重要的特性，一是国内进展与国际进展同步的特性。相对于国内而言，该条例是一部综合性的反洗钱法律，它取代和大幅度地扩大了《1993 年反洗钱条例》的适用范围，以律法形式规定了金融机构和其他机构预防洗钱的义务和法律责任。相对于国际而言，这个条例本身就是英国反洗钱监管主管部门——财政部为了执行欧盟 2001 年通过的第二个反洗钱指令，即扩大反洗钱义务主体要求而产生的，这个法律的作用在于很好地连接了刑事定罪立法与监管之间的关系。二是这个由国会通过的条例，并非如我国常常看到的由政府出台的“条例”，其所谓“条例”仅仅是其法律文献的一个特殊的称呼，由于其必须按生效规定经过立法程序同意，所以是具有完全法律效率的。

从司法原理上分析，洗钱犯罪作为一项与经济和人们生活乃至国家安全相关，但对于具体公民主体的危害又相对间接的犯罪行为，它是从上游犯罪中衍生出来的，刑法惩治很难对洗钱犯罪的全过程进行自始至终的法律界定，所以，仅仅有刑事意义上的反洗钱司法，对于国家的整个反洗钱事业来说是远远不够的，这是问题之一。问题之二是，洗钱犯罪具有显著金融系统和金融技术滥用的特性，反洗钱作为国家和社会治理与维护国家安全事业的一项内容，需要在法律惩治以外，建立预防性监管控制，而这已经成为世界多数国家通行的反洗钱治理模式。从这个意义上讲，上述两者的有效性不仅仅只是自身的有效性，还包含两者之间的连接有效性。而这是需要在刑事定罪、刑事司法与依据监管法律进行监管控制之间的连接有效性来反映。

针对上述有关分析，如果我们对同样的问题再做进一步的细化讨论，监管立法的重要背景还在于：与一般刑事犯罪比较而言，由于洗钱犯罪对金融系统和金融技术滥用的高度依赖，进而形成了洗钱犯罪具有很高的隐蔽性和国际性。前者是因为犯罪的发现，无法单一建立在一般化的刑事侦察基础上，而是要建立在金融技术反制与刑事侦查有效结合的基础上，而后者是因为洗钱犯罪者可以利用居民与非居民的法律管束效率差异来实现其目标，也就是说，所谓“脏钱”，既可以采取简单原始地物理搬运的方法，通过逃脱犯罪收益产生国家的法律管束，而在境外将“脏钱”清洗干净，也可以利用四通八达、高效和工具多样化的国际汇兑通道，将资金转移到收益产生国无法企及的国家和地区而最终完成清洗。

上述分析实际告诉我们，基于洗钱犯罪与一般刑事犯罪所具有的不同特点，客观上需要在反洗钱监管专门立法基础上建立起完善、科学有效的监管体系，这是被国际反洗钱领域所共同认知的现实，这个现实表明：在预防性反洗钱监管与惩戒性刑事定罪、司法之间，一定存在着某种内在的、同时也是有机的配合和协调问题，其内容包括犯罪预警、社会治理意义上的前置控制、具有高金融技术含量和非完全刑事意义的专业性调查、司法配合、罪行定义、罪行衡量、司法惩治等，它们之间的有机连接涉及立法、司法与监管之间关系构成。从这个意义上做进一步的深化解析，则可以说在预防与惩治之间，需要有某种有机的职能机构行为界定、职责分解，并使之成为具有立法效力的跨主体行为规范。

从立法宗旨而言，反洗钱监管立法，出于维护金融体系稳定，更多地把重点放在犯罪的预防和控制之上，但是如果从社会管理层面来看待这种预防和控制效力，它同样是洗钱刑治所要追求的最高目标。如果这个观点可以为理论和实践所共同认知，那么，在预防性监管立法和惩治性刑事定罪立法和刑事司法立法之间，建立立法、司法、监管的机制连接就是必要和可能的。相反，如果连接不好或这个连接处于低效，也就意味着整体反洗钱事业存在着治理漏洞和缺陷，而这对于社会治理意义上的反洗钱综合效率来说，将是一个严重或显著的负面制约性因素。很显然，就目前我国的现实情况看，理论界乃至反洗钱主导机构当局，并没有对这种连接的必要性进行深入和广泛的理论思辨和政策讨论，更无法说到立法意义上的制度安排。我们后面要讨论到的所谓协调机构，实际是一种建立在以既有行政法和人为基础上的、具有机械特性的会议体制安排，与我们说的立法在两个领域建立有机的连接相去甚远。

有关这一问题，其实早已被国际立法所认识到，我们不妨引用联合国《巴勒莫公约》第 7 条中的一段话来证明上述讨论的真实性：

“在不影响本公约第 18 条和第 27 条的情况下，确保行政、管理、执法和其他负责打击洗钱的当局（本国法律许可时可包括司法当局）能够根据其本国法律规定的条件，在国家和国际一级开展合作和交换信息，并应为此目的考虑建立作为国家级中心的金融情报机构，以收集、分析和传播有关潜在的洗钱活动的信息”[①]。

① 资料来源：http：//www. un. org/chinese/documents/decl - con/docs/ares55_ 25fu1. pdf.

第二篇　国际反洗钱监管体系进展与深化

引　言

如果把反洗钱视为一个国际和各国国内，或世界范围内大多数文明国家具有目标一致性的事业来看待，那么，这样一个事业对于社会利益最大化而言，其最佳功利目标定位恰好不是最有效的洗钱刑事定罪和刑事司法，而是对洗钱进行最有效的预防和遏制。

从世界范围内的反洗钱实践来看，在洗钱治理成效显著的国家，都有一个共同的前提，那就是遵循国际相关标准和国际反洗钱政策，努力在国内建立起一套相对完善和有效的反洗钱监管组织体系和制度体系。有关这一点，尤其反映在自 1989 年国际“反洗钱金融行动特别工作组”成立以来的国际领域。FATF 最初是建立在七国集团基础上的（后为十国集团），由于七国集团在世界经济政治领域所处的重要地位（经济比重最大），而洗钱犯罪活动恰好与这种地位具有高度关联性，因此，这个理论上不具有完全约束效力、而只有参照效力的国际组织体系及其制度体系，就成为反映世界范围内有关洗钱犯罪国际问题代表性体系。伴随着世界范围内洗钱犯罪活动从单一刑事犯罪的衍生犯罪，发展成为一种与国际政治、经济直接关联的典型犯罪，这个国际组织的进展与深化，本质上也就代表着世界范围内反洗钱监管的发展趋势。

进入21世纪以来，FATF所公布的有关反洗钱制度性文献，其效力已不再局限于十国集团，而是已经成为国际通行的反洗钱标准，具有执行意义和参照意义。世界反洗钱制度体系为什么会出现这样一种态势？这个国际组织倡导下的国际反洗钱活动为什么会成为国际上这一领域具有代表性和倡导性的标准呢？为了深入了解这样一个体系的进展与深化过程，我们需要对FATF组织体系和制度体系进行主体分析和典型分析，尤其是通过其组织体系和制度体系的进展与深化分析，全面理解国际反洗钱监管组织所取得的进展，以及取得这种进展的深刻政治经济原因，并在此基础上比较国内反洗钱监管的进展与深化，透析二者之间的差距，以及这种差距反映到国内反洗钱监管现实层面上，直接或间接揭示出来的种种现实问题。

正如之前所分析的那样，在国际领域，洗钱问题发展成为具有普遍和显著性犯罪的历史并不长，但是，洗钱犯罪发展也有其他刑事犯罪所无法等同的特殊性，这就是：在短短的不到二十年时间中，这一最初由毒品犯罪衍生而来的刑事犯罪，迅速地扩展成为具有广泛社会问题特性的刑事犯罪。并且，这种犯罪迅速冲出地域和边界限制，扩展成为危及一个国家、地区乃至国际社会安全问题的典型刑事犯罪。在整个国际社会，有关这一问题的治理，也从最初主要重视对这一犯罪的刑治以及针对金融领域的国际犯罪抑制性合作，发展到了刑治与监管并重，并且逐渐将洗钱治理的重心转向通过金融及相关行业监控和技术监测等反洗钱监管强化来实现洗钱治理的预防、遏止系统化。

对于社会治理的最优抉择而言，相对于一切并非发自于单一犯罪主体的个体心理、生存和道德原因的有组织犯罪，一切治理行为都是可以通过前置化处置，以达到预防、监控、遏制的目的，给社会带来最低的治理成本。上述所说到的这一点，也是自从21世纪初以来，国际反洗钱监管领域进展与深化最基本的认识发展原因或理论发展成果。基于这样一种现实，有关国际反洗钱监管进展与深化的研究，我们放弃对洗钱问题危害性质变化的具体内涵、时间、案例的考察，直接针对洗钱问题从单一刑事问题，演变成为具有区域、国家乃至国际社会危害本质的社会问题后，国际社会所建立的专门反洗钱组织机构：FATF，及其在组织体系和制度机制方面所取得的显著进展展开分析，并以此全面客观评价国际反洗钱监管领域的进展与深化。

一、国际反洗钱监管组织体系进展与深化

为了集中讨论问题，我们这里所提到的国际反洗钱监管组织体系，本质上就是指建立于20世纪80年代末的“反洗钱金融行动特别工作组”。

（一）关于“反洗钱金融行动特别工作组”

反洗钱金融行动特别工作组的英文全称是：“Financial Action Task Force on Money Laundering”，国际通行使用“FATF”的简称。

1. 诞生

1989年7月14日至16日，西方七国首脑在巴黎召开了由发达国家发起的年度第十五次首脑例会。这次会议整个过程主要围绕经济形势和经济政策问题展开讨论，具体讨论了：控制通货膨胀、减少预算赤字和发达国家政策协调必要性等问题。这是一次西方发达国家按照惯例而召开的一次年度例会，在会议召开前，由会议筹备专家组所确定的会议宗旨，也主要是与当时的世界经济，尤其是发达国家的经济发展直接相关的问题。但是，在这次会议上却在无意

中由于与会专家群体的离题讨论，使会议在常规议题讨论之外，取得了两个额外的、而且迅速扩展成为具有重要国际影响的收获：第一，在大会专家群体的发起之下，会议组织者调整会议，运用较多的会议资源，供专家群体讨论世界范围内的生态保护问题，并在会议结束，形成会议正式文献的时候，第一次把生态保护问题正式列为七国首脑会议的重要议题。第二，鉴于国际社会在毒品犯罪治理问题上反映出的一些新的问题，而这些新的问题，又并非所谓刑治或刑事国际合作可以完全企及的问题。会议讨论中，无意间形成了一个统一的看法，即由于毒品犯罪所涉及的大规模资金在国际金融体系内不规则运动，严重影响到了国际金融体系的稳定。关于这一问题，金融类专家与刑事类专家们曾经做过推算：一宗一公斤的毒品犯罪，其所滋生的资金运动，如果以最能够规避刑事侦察的现金方式转移，将会导致等值于3万~5万美元的资金运动，如果毒品是以有组织犯罪，其交易常常会高达数十公斤，甚至以吨为单位进行，其所带来的资金运动，无论是以现金方式还是以转账汇划方式，都会造成金融系统非经济运行动荡。

在这次会议上，正是七国集团与会的专家们将与毒品交易相关的洗钱犯罪所引致国际金融体系稳定的问题，提交会议作为主题外的离题讨论课题，引起各国与会代表的强烈呼应，最终在七国首脑和欧盟委员会主席共同提议下，形成发起建立非官方国际反洗钱监管组织的决议，并将这个国际性反洗钱监管机构以以下英文命名："Financial Action Task Force on Money Laundering"，英文简称为："FATF"。

国内把这个国际组织的全称翻译成中文的表述是："反洗钱金融行动特别工作组"，无论这个中文翻译是否能表达或反映英文原意，我们都不妨研究一下这个名称的用词所反映的深刻内涵和意义。这个名称里真正具有复杂和可以伸缩理解的用词是英文单词"force"。

根据“The Oxford Dictionary of English Etymology”，即《牛津英语词源学字典》解释，细分英语单词“force”词意变化，其名词词意源自于13世纪古法语：“force”，其动词词意源自于同一时代古法语“forcier”。从词源产生来看，词源或词意递嬗，符合11世纪初欧洲大陆与英格兰岛之间所发生的那场著名的“诺曼底征服”历史的文化政治渊源。

从最初的词源反映看，其名词原始词源的词意为“physical strength”，表示为一种纯粹的自然“力量”。但是从该单词的词意演变或发展看，在经历数世纪的演变中，该单词作为名词的词意发展，相对于其动词词意的发展更显丰富，在随后的历史过程中，英语“force”一词的词意演变和发展到了具有武力、军事力量、威力、影响力等方面的解释能力。这就是说，它不再仅仅是一种自然力量词意的解释，而是具有了更广泛的和非自然语意。更重要的是，在1864年，英国将该单词应用于表示位于伦敦白厅短街苏格兰场的“伦敦大都会警察”（London Metropolitan Police），从而使这一单词的名词词意有了“警察”的含义。

事实上，我们翻阅后来的《柯林斯高阶英汉双解词典》中“force”的名词词意排名，已经明确将“警察机构”和“警察部门”列为该单词的词义之一。这个国际反洗钱机构，最初起始于七国集团，作为没有强制约束效力的国际组织，使用“force”一词，其目的很清楚，就是要在规避直接的警察用语前提下，向世界直观表示一种力量的形成，而这个力量就来自于隐含的“警察”词意。这个非强制约束性国际组织的精心遣词，实际表明了这个国际组织与“巴塞尔银行监管委员会”一样的国际组织宗旨：并不直观表达强制实施某种规则的权力，但隐含的目标则是要通过标准的制定和推广，最终使之成为一种“力量”——具有“警察”的力量。

2. 意义

“反洗钱金融行动特别工作组”从建立至今，无论是组织体系还是其制度体系，所取得的进展都是非常显著的，那么，其进展与深化的具体方向、内涵的意义究竟如何呢？以及如何客观看待其进步的深刻意义呢？这里我们可以用两个标志性的现状来加以概括。

（1）重要意义之一

从国际反洗钱制度机制本身发展和对世界各国的影响变化看，FATF 所制定的反洗钱监管标准，即《40 条建议》（*The Forty Recommendations*）加《9 条特别建议》（*The Nine Special Recommendations*），也叫“40 +9 条建议”（现为《打击洗钱、恐怖主义及武器扩散融资国际标准：FATF 建议》）实际已成为国际通行或世界大多数国家在反洗钱监管方面执行和参照的唯一和不可替代的标准。

（2）重要意义之二

从国际反洗钱组织体系的覆盖水平看，以 FATF 为代表的国际反洗钱组织体系，实际已成国际反洗钱监管领域的权威组织体系，并且这个组织体系，包括 FATF 本身及 FATF 范式区域组织，已经得到了国际领域和世界绝大多数国家的普遍认同、参与、支持和配合，其在国际反洗钱监管实际中的组织与引领作用，已经成为不争的事实。

（3）重要意义之三

从国际反洗钱实践层面看，FATF 一系列主题活动对世界各国反洗钱所产生的影响和作用是非常显著的。由 FATF 主导在国际范围内所开展的一系列反洗钱监管实践安排，包括：互评体制、类型研究、最佳实际、方法指引等，对于国际反洗钱事业而言，已经具有了明确的风向标作用。

为了使国际反洗钱监管进展与深化，能够成为我国反洗钱监管现状及其进展与深化方向的一个可借鉴的“镜面”。针对上述 FATF 进展与深化的简要概括，我们这里将 FATF 组织体系和制度体系在二十五年发展历史中的几个突出方面做如下归纳性分析。

（二）组织机构进展与深化

纵览 FATF 的建立和形成过程，从组织形态上看，其最显著的进展与深化表现在其从一个阶段性国际组织机构，进化到今天的国际常设性反洗钱监管机构。

1. 发起建立和第一存续时期

1989 年，七国集团会议在提议建立“反洗钱金融行动特别工作组”（FATF）这一组织时，发起国家同时也一致通过了一项“关于 FATF 存续期为 5 年”的决定。根据这一决定，FATF 应该于 1994 年结束使命并解散其组织。有关为这一组织机构确定存续期限的决定，符合西方国家关于组织机构建立惯例，如英国于 17 世纪初组建第一家股份有限公司，就明确规定其存续时期，更何况这样一个由多国共同通过协议方式发起组建的非约束性国际机构，机构成立后其功效是否能够达到组建之初所确立的宗旨要求，其必要性是否会因为国际环境变化而发生改变，等等，所有这些均需要在第一个存续期结束时来加以客观评价，并在客观评价的基础上，共同确定组织机构存在或取消。

2. 得到认可和第二存续时期

1994 年为 FATF 组最初所确定的五年存续时间的截止时间，有关这个国际性反洗钱组织的去留，成为当年七国集团首脑会议的一项表决内容。1994 年 7 月，第 20 次七国集团首脑会议在意大利那不勒斯举行，在事关 FATF 存续的讨论会议上，与会主要国家首脑形成了一致决定：决定将 FATF 这一组织的存续期再向后延长 8 年。

根据 1994 年七国集团首脑会议的这一决定，FATF 的存续期一下子延长到了 2002 年。

3. 向永久自然过渡

根据1994年那不勒斯会议决定，FATF的第二个存续期应该在2002年结束，依据国际组织组建、存续终结的一般程序，理论上，应该在2002年的年度会议上，由七国集团首脑和发起人之一的欧盟首脑，共同就FATF的去留进行第二次表决。但事实上到了2002年第二个存续期满时，FATF过渡到永久性国际机构，却成了一个无须任何表决的自然过程。

众所周知，由于1997年“7+1”组织形式之下的G8机制形成，即原有的七国集团由于俄罗斯的正式加入而早就已经是“八国集团”了。作为世界核心级国际政治集团其内部结构以及共同关注的国际问题，与1975年六国集团成立之初相比已经发生了很大的改变。FATF在这一大的国际环境变化背景下，其所发挥的重要作用，也是成立之初所确立的宗旨所始料未及的。

今天的FATF已被世界所共同认知，并已成为国际反洗钱监管领域的领头人，也正是因为诸如国际社会的客观现实和多重原因，当2002年6月第28届八国集团首脑会议在加拿大卡尔加里西南的卡纳纳斯基斯（Kananaskis）举行时，参加会议的各国首脑们似乎已经不约而同地默认了FATF存在的客观必然性。分析这次会议的整个会议议题，基本可以划分成两个方面：一是针对打击恐怖主义、中东局势、世界经济形势、援助非洲等问题进行讨论，并努力寻求共识。二是接纳俄罗斯为七国集团的正式成员，并重新命名为八国集团。会议自始至终似乎很自然地就认为：FATF的客观存在，已经是一个不需要讨论或毋庸置疑的现实。也正是在这样一个现实下，FATF也很自然地成了永久性的国际常设机构。

以七国集团为核心的国际社会，最初以一种试验的心态发起建立了FATF，作为有一定地域或政治领域局限的国际组织机构，发起组建国家的政治首脑们为之两次设立了存续期。但到了21世纪初，由于FATF自成立以来在世界反洗钱监管领域，乃至对于一些在反洗钱监管方面有着强烈国际合作期待的国家获得了支持等方面取得了显著成就，并且这些成就已成为世界范围内有目共睹的现实，机构的存续期很自然就成了一个无须讨论的现实。FATF组织形态与功能发挥，不仅从实践上证明其存在对于应对国际领域日益严重的洗钱犯罪形势，具有不言而喻的必要性和必然性。而且更重要的还在于FATF的自我完善和进化能力征服了国际社会，它使得国际政治巨头们看到了在国际政治领域难以实现的作用和功能，而恰好由于洗钱治理事项在国际领域内有着不可争议的一致性，人们很容易在平等自愿原则之下自觉接受相关行为准则。到了21世纪，FATF适时展开了关于应对洗钱犯罪的“刑治”与“防治”双轨并治的研究和讨论，关于如何逐渐向社会综合管理层面引导有关洗钱治理的问题，FATF展开了大量的理论和对策性研究和讨论，并且，这些研究成果经过不到十年的应用性推广，许多治理理念和方法论的创新，基本得到国际社会的一致认可。

事实上，从2002年一直到现在，在这十多年时间里，国际政治、经济、金融形势发展，以及FATF在世界范围内推动执行国际反洗钱监管标准方面所做的努力，已被世界大多数国家所认同。其在反洗钱监管国际协调与配合方面所发挥的不可替代作用，已被一些面临严峻洗钱形势挑战的发达国家所认识到。也是从这个时候开始，世界范围内八国集团以外的主要国家，才开始从各个角度去审视FATF的重要性。理论上，FATF虽然仍然被定义成为一个不具有约束效率的非官方国际组织，但事实却并非如此，由于国际社会活动中的政治、经济、金融稳定越来越需要国际社会的统一和配合，因而针对洗钱犯罪而言，越来越需要有一个供国际社会共同遵守、共同遏制、共同发展的秩序和准则。FATF经历了二十余年发展，因其所选择的工作方向和所取得的显著成效，决定其在国际反洗钱领域有较高的置信基础，完全与整个国际社会反洗钱及打击恐怖融资战略需要趋于近似和一致。换句话说，即FATF用其工作及工作所取得的成绩，向世界各国证明了它自身存在的必要性！

（三）全球组织体系进展与深化

从全球视角来看，FATF的组织体系有其特殊的形式，但从其发挥作用的层次来看，基本可以划分成两个层次组织体系。

1. 核心一级组织体系及其进展

我们这里所说的核心一级组织体系，主要是指直接归属于FATF的正式成员国群体。分析FATF相关文献可知，作为FATF正式成员国的扩展速度并不很快，这是因为FATF针对申请加入FATF，制定了一套相对严格的正式成员审查标准，所有可能被FATF接纳的申请国都要经过相对严格的评估程序，其中，最为关键的问题是，这个申请程序对各国立法和司法环境和水平提出了相对较高的要求，而有关立法水平和司法环境相关要求的依据，又基本上是参照发达国家的水平提出来的。所以，在世界范围内能够在多方面满足有关成员国评估条件的国家并不多。为了能够概括性地了解FATF正式成员国的进展，我们将FATF的组织体系进展大致划分成为三个发展时期：

（1）成立期

成立期，主要是指1989年FATF成立之初的创建国家，文献分析显示，FATF成立之初，正式的成员国实际只有16个（含具有独立立法和司法权的地区）和2个地区性组织。

（2）迅速扩展期

迅速扩展期，主要是指FATF正式成立后的三年时间，即1991年到1992年这一时期。1990年，FATF在经过不到一年的时间内，通过努力研究和在七国集团内广泛征求意见，首次颁布《40条建议》第一稿，并在七国集团内推广应用。与此同时，当时与七国集团在政治经济上联系紧密的部分国家，也在这一时期陆续加入到FATF，并成为正式成员国。到1992年底，FATF正式成员国由16个扩大到28个，正式成员国数量增长了近一倍。

（3）稳步扩展期

1992年以后直至2013年，我们将FATF的组织体系进展归结为稳步扩展期。在这21年时间里，FATF的正式成员单位共计只增加了8个，2000年前的8年时间中，成员国家总体只增加了3个，进入21世纪后的13年时间，增加了5个，到2013年11月，FATF发展成为拥有34个正式成员国家和2个具有相对独立司法管辖权的地区性组织（2个具有相对独立司法管辖权的区域性组织分别是海湾阿拉伯国家合作委员会（Gulf Cooperation Council，GCC）和欧洲委员会（European Commission）），共计36个正式成员单位的国际反洗钱监管组织。

2. 核心二级组织体系

FATF的成员体系中，还有一个并不具备正式成员地位的成员单位，但是这一层次的成员单位同样要参加FATF的重要会议，我们将其定义为核心二级组织体系。

（1）核心二级组织定义

我们这里所说的成员二级组织体系，就是在FATF的成员单位的外围，还有一个观察员群体，这个观察员群体，除了FATF治理结构的决策参与权不能和正式成员相比外，在其他活动，如参加会议、一般性讨论和一般性洗钱监管配合义务等方面，与成员国并无二致。更为重要的是，按照FATF公布的《观察员政策》（*FATF Policy on Observers*），这个观察员群体的每一位成员，同样需要经过一定的资格审查程序。以下我们直接引述《观察员政策》相关文献如下：

“观察员资格：

(i) 非私营部门工作机制运行的政府间和国际地区性组织；

(ii) 能够自述其在反洗钱和打击恐怖融资领域的作用；

(iii) 赞同 FATF 提出的建议标准；

(iv) 一旦被接纳作为观察员，应在全球地理范围或相关领域发挥应有的影响力；

(v) 应能对 FATF 工作有所贡献；

(vi) 一旦被接纳成为一个观察员，应与 FATF 形成互惠，包括出席有关会议和反洗钱以及打击恐怖融资有关问题进行信息交流。

附加资格标准

(vii) 是否参与 FATF 区域组织工作。”

以上是针对申请成为 FATF 观察员的资格要求。分析这些资格要求可以很清晰地看到：FATF 的观察员政策有非常明确的功利目的，即所有申请成为观察员的国际组织，均需要有利于 FATF 的全球反洗钱战略实施。

此外，FATF 还专门为观察员制定了一个简要的申请程序，我们同样原文翻译引述如下：

“申请程序

(i) 拟申请观察员资格的组织负责人应写信给 FATF 主席，以表达申请成为 FATF 观察员的兴趣。所要表达的内容应该有：

- 提供与组织及活动有关的信息，包括注明与反洗钱和反恐融资相关的工作；
- 确定获得 FATF 观察员地位和所要实现的目标；
- 明确赞同 FATF 的《40 +9 条建议》，并对其实施给予支持；
- 解释有助于 FATF 工作的方法或途径。

(ii) FATF 主席回复，并同时将申请提交全体会议审议。

(iii) 如果获批，FATF 主席将正式通知申请人，FATF 秘书处将针对信息提供和其他管理安排与申请人建立联系。”①

这个观察员申请程序，与所有国际组织成员的申请程序，在形式上没有太大差别，但从内容的严格程度看，很显然，这个程序所要求的内涵性表述并不是非常实质性的，而仅仅是一些表明态度的要求。

（2）主要成员进展

截至2013年底，FATF拥有共计25个非独立司法主体或国际机构“观察员单位（Observers）”②，也称为“观察员组织”。表2－1是我们摘录FATF公布的最新国际组织观察员名单，并加以翻译后整理所制作的观察员一览表。分析表中的25个观察员单位可知，这25个国际组织观察员单位，几乎涵盖了国际上与反洗钱有着紧密关联的所有银行业监管组织、国际刑事、国际检察、跨国银行、海关组织等国际机构。从洗钱治理的功能关联来划分，则主要涵盖世界范围与洗钱犯罪刑治及反洗钱监管两类主体。

①国际刑事监管主体

之所以定义为“国际刑事监管主体”，是因为这些国际刑事机构是一种国际刑事合作主体，按照平等互利原则监管国际相关刑事事务。

表2－1　　国际机构观察员

编号	观察员组织
1	非洲开发银行（African Development Bank）
2	法郎区反洗钱联络委员会［Anti－Money Laundering Liaison Committee of the Franc Zone（CLAB）］
3	亚洲开发银行（Asian Development Bank）

① FATF. FATF Policy on Obedervers.［EB/OL］. http：//www. fatf－gafi. org/pages/aboutus/membersandobservers/fatfpolicyonobservers. html. 作者译.

② FATF. About FATF/History of the FATF［EB/OL］. http：//www. fatf－gafi. org.

续表

编号	观察员组织
4	巴塞尔银行监管委员会［Basel Committee on Banking Supervision（BCBS）］
5	英联邦秘书处（Commonwealth Secretariat）
6	埃格蒙特集团（Egmont Group of Financial Intelligence Units）
7	欧洲复兴开发银行［European Bank for Reconstruction and Development（EBRD）］
8	欧洲中央银行［European Central Bank（ECB）］
9	欧洲司法组织（Euro just）
10	欧洲刑警组织（Europol）
11	国际金融监管中心［Group of International Finance Centre Supervisors（GIFCS）］
12	美国开发银行［Inter – American Development Bank（IDB）］
13	国际保险业监管协会［International Association of Insurance Supervisors（IAIS）］
14	国际货币基金组织［International Monetary Fund（IMF）］
15	证券委员会国际组织［International Organization of Securities Commissions（IOSCO）］
16	国际刑警组织（Interpol）
17	美洲国家组织和美洲反恐怖主义委员会［Organization of American States / Inter – American Committee Against Terrorism（OAS/CICTE）］
18	美洲国家组织和美洲药物滥用管制委员会［Organization of American States / Inter – American Drug Abuse Control Commission（OAS/CICAD）］
19	经济合作与发展组织［Organization for Economic Co-operation and Development（OECD）］
20	欧洲安全组织［Organization for Security and Co-operation in Europe（OSCE）］
21	中非反洗钱特别工作组［Task Force on Money Laundering in Central Africa（GABAC）］
22	联合国（United Nations）
23	基地组织和塔利班制裁委员会［The Al-Qaida and Taliban Sanctions Committee（1267 Committee）］
24	世界银行（World Bank）
25	世界海关组织［World Customs Organization（WCO）］

资料来源：http：//www. fatf – gafi. org/pages/aboutus/membersandobservers/#d. en. 3147.

表2－1包括了12个国际机构观察员，从类别简单划分看，主

要是欧洲和世界刑警、检察组织、反恐、毒品打击、海关合作等国际和区域性组织。

②国际金融监管主体

直接或近似这类主体的观察员机构为13个。金融监管主体与国际刑事监管主体的区别在于：国际金融监管主体依靠在世界范围内推行统一规则和标准来扩大其在国际范围内的影响，其监管实际已经间接渗透到世界大多数经济发达的独立司法管辖主体内部。所以，这些机构在国际乃至大多数成员国家主体内，其参与或组织反洗钱和打击恐怖融资活动效率都是非常高的，这也是FATF努力保持与这些机构建立一种特别的组织关系的重要原因。

但实际上，在FATF组织体系运作过程中，还有一类临时性或短期性观察员单位，这些临时性或短期性观察员单位，主要指按照FATF设定的准入条件，即“成员政策（FATF Membership Policy）”正在向FATF申请成为正式成员单位的国家，由于这些国家按照FATF的成员政策要求还存在着某些达标缺陷，需要进一步完善相关条件，于是，根据FATF相关规定，这些国家被允许以观察员身份参与FATF组织的相关活动。我国2004年提交申请，2005年资料评审后被接纳为观察员国家，一直到2007年被正式接纳成为FATF的正式成员国。

3. 成员政策

在FATF组织机制中，成员政策是非常重要的一个组成部分，我们可以通过对FATF的成员政策分析，深入了解FATF组织机制相对于一个拟申请成为其成员国家的主要要求和条件。

（1）成员政策第一层次

根据文献，第一政策层次即成员基本标准之下，包含两个标准体系，一个是“基本指标体系（Indicators）”；另一个是“附加因素（Additional Considerations）”。以下我们翻译列举其基本标准体系之下所包含的五个内容：

“（A）GDP 规模；

（B）银行业规模；

（C）对全球金融系统的影响力，包括金融部门的开放程度及其与国际市场的互动水平；

（D）在所在区域反洗钱和打击恐怖融资工作中的努力程度；

（E）在反洗钱及打击恐怖融资事业上的承诺水平。”①

很显然，这五个内容基本可以做两个划分：一是成员国家的经济、金融在全球范围内的影响力，包括银行业与国际金融市场之间的关联水平，这也就预示着成员主体需要有一定的国际影响力；二是反洗钱，包括打击恐怖融资国际活动中的努力水平和义务承诺水平。这一条实际就是表明，成员主体必须被要求承担或承诺承担国际反洗钱义务。

（2）成员政策第二层次

成员政策第二层次被定义名为“技术和其他标准”共有 a、b、c 三个条款，虽然在文字上 FATF 将第二层次政策定义为“技术和其他标准”，但实际上依据内容分析，甚至有比第一层次政策更高的体制适应性要求。对此，我们这里不做全面深入分析，仅以三个条款的首段释义分析便可以证明上述判断。

“（A）国家应在政治层面上提供如下政策承诺（省略具体内容）；

（B）国家应该是其区域内 FATF 范式组织的正式成员，并作为成员参与各种活动；

（C）在互评机制之下，整体评估必须达到令人满意的水平，尤其是在反洗钱和打击恐怖融资犯罪事业方面，必须接受 FATF《40

① FATF. FATF Membersip Policy [EB/OL]. http://www.fatf-gafi.org/pages/aboutus/membersandobservers/fatfmembershippolicy.html. 作者译.

条建议》和《9条特别建议》如下主要条款：

- 总体：《40条建议》第1条和《9条特别建议》第2条（R.1，SR.II）；
- 冻结和没收：《40条建议》第3条和《9条特别建议》第3条（R.3，SR.III）；
- 客户尽职调查：《40条建议》第5条、第10条（R.5、R.10）；
- 交易记录保存和可疑交易报告：《40条建议》第13条和《9条特别建议》第4条（R.13，SR.IV）；
- 金融监管：《40条建议》第23条（R.23）；
- 国际合作：《40条建议》第35、第36、第40条和《9条特别建议》第1、第5条（R.35、R.36、R.40，SR.I、SR.V）。"①

分析上述文献引述，除其中（C）部分具有明确的所谓技术标准内涵外，而前述（A）（B）两个部分，并不具有显著技术内涵。而且，从"（A）"的内容看，关于成员主体对《40条建议》和《9条特别建议》的承诺层次已达到政治层面，甚至可以说是触及国家体制层面的。

(四) FATF区域组织

FATF区域组织是值得深入讨论的问题，这是因为FATF的区域组织有着与其他国际组织不同的关系模式。

1. 组织体系及其成员

为了从根本上了解FATF区域组织在整个国际反洗钱组织体系中的定位及其关系构成，我们这里着重讨论以下几个问题。

（1）组织体系定义

① FATF. FATF Membersip Policy [EB/OL]. http://www.fatf-gafi.org/pages/aboutus/membersandobservers/fatfmembershippolicy.html. 作者译.

FATF 区域组织，如果从英文直译过来，其全称应该是：“反洗钱金融行动特别工作组范式区域机构”（FATF – Style Regional Bodies – FSRRBs），表 2 – 2 则是 2013 年底 FATF 区域组织一览表。

表 2 – 2　　2013 年底 FATF 区域组织

编号	名称	成员
1	亚太反洗钱金融行动小组 （Asia/Pacific Group on Money Laundering：APG）	41
2	加勒比海反洗钱金融行动小组 （Caribbean Financial Action Task Force，CFATF）	29
3	欧亚反洗钱金融行动小组 （Eurasian Group，EAG）	9
4	东南非洲反洗钱金融行动小组 （Eastern and Southern Africa Anti – Money Laundering Group，ESAAMLG）	16
5	南美反洗钱金融行动小组（Financial Action Task Force on Money Laundering in South America，GAFISUD）	13
6	西非政府间反洗钱金融行动小组（Inter Governmental Action Group against Money Laundering in West Africa，GIABA）	15
7	中东和北非反洗钱金融行动小组 （Middle East and North Africa Financial Action Task Force，MENAFATF）	18
8	欧洲理事会评估反洗钱和反恐融资措施特设专家委员会 （Council of Europe Committee of Experts on the Evaluation of Anti – Money Laundering Measures and the Financing of Terrorism）	33

资料来源：http：//www. fatf – gafi. org/pages/aboutus/membersandobservers/#d. en. 3147.

从英文名称定义可知，区域反洗钱组织与 FATF 并没有直接的管理关系，而仅仅是按照 FATF 的组织形式在共同的反洗钱监管目标前提下组建起来的区域性组织。但是，英文名称似乎并不完全与这些组织之间的构成关系相吻合。首先，在 FATF 的组织体系定义中，所谓 FATF 区域机构是作为仅次于正式成员机构的“反洗钱金融行动特别工作组协会成员（FATF Associate Members）”来对待的。比如“中非反洗钱特别工作组（Group of International Finance Centre Supervisors，GABAC)，本应属于FATF协会成员，但却出现在机构观察员名单中，这种情况至少表明：FATF对于接纳FATF区域组织作为协会成员也并不是仅仅依据于区域名称而定的，也有着某种基本条件和程序。其次，从运作规范来看，这些区域组织完全不折不扣地执行FATF的建议标准和组织互评程序。

（2）组织成员

从表2-2可以看出，目前被正式列为FATF协会成员的区域反洗钱组织一共有八个，在地域归属上已覆盖世界五个大洲（大洋洲划定在亚太区域）。并且各洲间有交叉，亚太交叉了亚洲和大洋洲，欧亚交叉了东欧与东亚，中东非交叉了非洲东部与中东，加勒比海交叉了北美与南美洲北部，中东交叉了北非。

2. 组织体系覆盖

正如我们在前面所看到的，作为核心一级组织体系的FATF正式成员的数量扩展非常有限，原因在于FATF对正式成员国规定了相对严格的准入条件，即成员政策，甚至有些政策是一些独立司法管辖区自身客观条件所无法企及的，比如，要求成员国的金融体系在整个国际金融体系中应具有相当的影响力，而这显然是跟一国的经济规模是紧密关联的，对于一些国土和人口面积有限的国家，这显然不是主观努力可以实现的。

但是我们这里要强调的是，虽然FATF的一级核心组织体系扩张有限，但是，这并不影响FATF反洗钱主导力量的覆盖水平，而原因就在于有上述8个与其在制度机制上完全相近和相同的区域反洗钱组织。这里我们可以通过直译FATF关于其建议标准覆盖情况的文献介绍中的一段话来反映现实情况：

“FATF除了它自身所拥有的36名成员单位外，主要依赖于一个由反洗钱金融行动特别工作组的区域机构（FSRBs）所组成的强大全球网络，确保FATF所制定的建议标准能够在全球范围内实施。8

个FATF区域性机构在促进FATF所制定的反洗钱和打击恐怖融资建议标准有效实施方面，发挥着至关重要的作用。这些区域性机构为其成员国家实施反洗钱和打击恐怖融资提供专业指导，同时也为FATF的政策决策提供相关信息。目前，致力于执行FATF所制定的建议标准的FATF区域机构网络以及FATF的成员机构，已经有180个国家（独立司法管辖区）。”①

3. 三大主要区域组织

为了进一步具体了解FATF区域组织对其所在地区国家或独立司法管辖区的覆盖水平，以下我们挑选三个典型FATF区域组织，分别对其成员国与所在政区国家之间的对比情况做具体分析，以证明FATF所制定的反洗钱监管标准在全世界的覆盖水平。

（1）亚太反洗钱金融行动小组

亚太反洗钱金融行动小组的英文全称是“The Asia/Pacific Group on Money Laundering”，英文缩写为：“APG”，于1997年在泰国曼谷成立。截至2013年，APG共拥有41个成员国家和独立司法管辖区、6个独立司法管辖区观察员和26个区域或国际组织观察员②。从“亚太”这样一个国际政区地理涵盖范围来看，APG正式成员单位实际已经包含了亚太这一地域所包含的大多数国家和独立司法管辖地区。以我国对司法管辖主体的划分标准，归属于亚洲的国家或司法管辖区总数为47个，剔除归属于独联体参加另一区域性反洗钱监管组织的中亚三国和南美洲西岸归属于南美反洗钱金融行动小组的国家，同时增加了处于太平洋西岸、美洲北部的美国、加拿大，以及地处大洋洲且国土规模相对较大、国际上有一定影响力的两个国家：澳大利亚和新西兰，所谓“亚太区划”的政区版图，实际涵盖

---

① FATF. COUNTRIES［EB/OL］. http://www.fatf-gafi.org/countries/.

② The Asia/Pacific Group on Money Laundering. About APG［EB/OL］. http://www.apgml.org/.

48 个国家和独立司法管辖区。如果这个区分是可以得到认同的，那么，“APG”目前的 41 个正式成员单位，已接近全覆盖整个“亚太”地域概念范围内的国家和独立司法管辖区。

（2）加勒比海反洗钱金融行动小组

“加勒比海反洗钱金融行动小组”系加勒比海区域的地区性反洗钱机构，其英文全称为：“The Caribbean Financial Action Task Force”，英方缩写为“CFATF”。

CFATF 是经两次会议，即 1990 年 5 月“阿鲁巴岛会议”和 1992 年 10 月“牙买加岛会议”筹备成立起来的区域性反洗钱监管组织。这个区域组织拥有 29 个成员国和独立司法管辖区，7 个合作与支持国家（Co-operating and Supporting Nations，COSUNs），22 个国际和地区观察员机构。按照常规世界政区划分，加勒比海地区实际包含北美大陆南部海域和南美大陆北部海域的主要岛国，归属于加勒比海地区的国家和独立司法管辖区共有 22 个（也有文献表述为 20 个），从数字对比看，CFATF 的成员单位，除全覆盖加勒比海诸岛国外，还吸纳了这一海域近邻的南美政区的国家，以双重区域组织成员身份加入到 FATF 的区域组织体系里①。

（3）南美反洗钱金融行动小组

南美反洗钱金融行动小组是包含加勒比海南岸至南美洲大陆南端这一政区国家的区域性反洗钱组织，其英文全称为：“The Financial Action Task Force on Money Laundering in South America”，由于这一地区的大多数国家使用法语，所以同时也使用如下法语全称：“Grouped 'Action Financière d'Amérique du sud contre le blanchiment de capitaux”，并且在文献介绍中不使用英文简称，而使用法语简称：“GAFISUD”。

① CFATF. CFATF Overview [EB/OL]. http://www.cfatf-gafic.org/.

2000 年 12 月 8 日，南美 9 个国家的政府代表在哥伦比亚的卡塔赫纳共同签署了关于组建“南美反洗钱金融行动小组”的谅解备忘录，宣布南美反洗钱金融行动小组正式成立。截至 2013 年，GAFISUD 共拥有 13 个正式成员国（独立司法管辖区），1 个顾问成员，即“美洲国家组织所属美洲防止毒品滥用管制委员会”（Organization of American States/ Inter – American Drug Abuse Control Commission），7 个观察员国家（独立司法管辖主体）和 6 个国际观察员组织。按照世界政区划分，南美洲地区的国家和独立司法管辖区共计 13 个，剔除一个法属圭亚那后，实际为 12 个。此外，我们细分了成员国家与政区成员国家的对比情况，其中分别在 CFATF 和 GAFISUD 均为成员的加勒比海国家共有 4 个[①]，经过这样计算，GAFISUD 成员中，真正与南美政区划分一致的成员国有 9 个，而南美政区内未参加南美反洗钱金融行动小组的国家还剩下 3 个，即委内瑞拉、圭亚那和苏里南。根据相关资料显示，委内瑞拉出于政治原因，不愿加入具有“西方”内涵的各种组织，除此以外，圭亚那和苏里南系 CFATF 的正式成员国。如果我们把 FATF 的区域性组织统一看成一个执行 FATF 建议标准的整体，那么，南美 13 个国家和独立司法管辖区除了一个委内瑞拉外，有 12 个参与到 FATF 区域组织体系成为成员国，这就是说，反洗钱金融行动小组在南美的覆盖水平也几乎接近百分之百。

以上分析完全能够表明，统一执行 FATF《40 +9 条建议》的国家，已经在 FATF 区域组织体系框架下，实现了对政区和地理概念范围内的所有国家和独立司法辖区的覆盖，至少也是完全覆盖了这一地区与国际社会关系紧密、经济相对发达的国家。

---

① GAFISUD. Members [EB/OL]. http://www.gafisud.info/miembros.htm.

二、《40+9条建议》进展与深化

与FATF的组织体系进展、深化具有同样重要意义的是FATF所开发和制定的国际反洗钱监管制度体系的进展与深化，而反映这个机制进展与深化的权威性文献，就是FATF所开发和制定的以“建议”命名的反洗钱国际标准体系。

(一)《40条建议》进展与深化

发展到今天，FATF所制定的《40条建议》实际已成为国际反洗钱监管最具有权威性的行动准则，同时也是世界范围内研究反洗钱问题的一个重要的制度性文献。但是，从中国国内的情况看，对这样一个国际反洗钱权威文献的研究和讨论却是非常有限的。

1. 关于《40条建议》

根据我们对FATF的相关文献研究，《40条建议》能上升到今天作为国际反洗钱权威行动准则，本质上反映的是一个跟踪洗钱犯罪形势发展和反映洗钱治理客观需要的历史过程，而绝不是一蹴而就的。

（1）开发和试行时期

《40条建议》的开发和制定始于1990年，这一年也就是FATF正式成立后的第二年。以下我们直接引用FATF文献 *History of FATF* 关于《40条建议》开发和产生的介绍，来直观地反映FATF在成立后的短暂时间内所进行的制度重大创举：“FATF建立后不到一年，即1990年4月，FATF发布了一个旨在为满足打击洗钱犯罪需要而提供一个综合性的行动计划的报告，而一套完整的《40条建议》就包含在这个报告中。”[①]

在《40条建议》开发并发布后的最初几年，这一建议标准体系并未在国际反洗钱监管领域大范围付诸实施，而主要是在七国集团内试行，并同时提供给各成员国代表进行讨论和修订。

（2）第一次修订

《40条建议》自1990年4月起草完成正式发布，并经历长达6年的时间在七国集团内部试行和讨论。我们注意到，1996年版《40条建议》导言部分的“注释3”说到这样一段话：

“在1990年到1995年期间，反洗钱金融行动特别工作组策划和编制了各种专门设计用于厘清建议实施具体情况的解释性说明。有些解释性说明通过在“未来与回顾”专栏里不断更新，以反映建议变更”[②]。

上述这段话告诉我们这样一个制度进展与深化现实：从1990年到1996年第一次修订并正式面向国际范围发布，《40条建议》在FATF内部经历了一个渐进和不断完善的过程。甚至有些建议条款，在1996年正式公布前，就在实施过程中发生了调整。但是，这五年试行过程中所发生的调整与变更，仅仅是限于七国集团范围内。只有到1996年，FATF才在正式修订的基础上，正式向成员国发布《40条建议》，供成员国在反洗钱监管实践中予以遵循。

1996年《40条建议》修订是有着充分政策和理论准备的，同时也是里程碑式的。从文献版面看，1996年修订并扩充后的《40条建议》加上对重要建议条款的解释性说明，较1990年《40条建议》扩展了一倍还多。有关这一次修订的主要宗旨，我们这里引用1996

---

① FATF. History of FATF［EB/OL］. http://www.fatf－gafi.org/pages/aboutus/historyofthefatf. 作者译.

② FATF. Forty Rcomemdations－1996［EB/OL］. http://www.fatf－gafi.org/pages/aboutus/history of the fatf/. Page 1, 作者译.

年版《40 条建议》引言中的一段话来加以概括：

"1996 年，我们对最早制定于 1990 年的《40 条建议》进行了修订，此次修订重点在于充分吸纳试行六年时间所获得的经验，以及修订后能够充分反映洗钱犯罪领域所发生的各种变化。"①

1996 年修订最为显著之处在于大量合并内容相近的条款，并在此基础上实现两个目的：一是扩展整个建议架构的涵盖能力，二是提升建议条款的内容表述明细性。为了深入理解建议修订的进步性，以下我们做两个条文变化的具体分析，并以此作为 1996 年《40 条建议》内涵进展的范例。

①明确性和明细水平

这里，我们以 1996 年版《40 条建议》第 8 条为例，1996 年版第 8 条建议实际是由 1990 年版的第 9、第 10 和第 11 条合并而成。原第 9 条表述为：

"本文件第 12 条至第 29 条建议不仅适用于银行，而且也适用于非银行金融机构。"②

而新的第 8 条将第 9、第 10 和第 11 条合并后，增加表述如下：

"……在任何国家，即使是未受到正式和严格监管的非银行金融机构，如货币兑换商，政府也应确保其受到与其他金融机构相同的反洗钱法律或规定的制约，并保证这些法律或规定被有效执行"③。

从整个情况看，1996 年版《40 条建议》在 1990 年版《40 条建议》基础上，通过合并相近内容，大大地扩充了建议的明细性和概念界定的明确性。

---

① 公安部经济犯罪侦查局（译）. 反洗钱金融行动特别工作组（40 条建议）[M]. 北京：群众出版社，2003.

② FATF. The Forty Recommendations of the Financial Action Task Force on Money Laundering: 1990 [R]. Financial Action Task Force on Money Laundering, 1990. 作者译.

③ FATF. Forty Rcomemdations - 1996 [EB/OL]. http://www.fatf - gafi.org/pages/aboutus/history of the fatf/. Page 1，作者译.

②扩大的表述空间

1990 年版《40 条建议》对上游犯罪进行定义的条款为第 4 条和第 5 条[①]，而 1996 年版《40 条建议》将第 4 条和第 5 条进行了合并，内容依次顺延后，完全更新了第 9 条的内容。1996 年版《40 条建议》第 9 条实际是一个全新的内容：

"国家当局应适当考虑将建议的第 10 条至第 21 条和第 23 条，适用于由企业或非专业金融机构从事的、获许或不受禁止并作为商业经营行为来对待的金融活动。这些金融活动包括但不仅限于附件中清单所列，有些是要让各个国家来自行决定的，如：在某些特殊情况下，由各国家自行决定是否有采取反洗钱措施的必要，再例如，对一些仅仅是偶尔或在有限基础上所产生的金融活动，也由各国自行决定是否有采取反洗钱措施的必要。"[②]

从更新后的第 9 条内容看，一是要求各国将商业性非金融机构从事的不受许可制度限制的准金融业务纳入反洗钱监管法律约束的范围。二是为了照顾到不同发展水平国家的特殊情况，又允许各国根据洗钱犯罪活动的程度来灵活把握所要采取的各种措施。

为了深入理解 FATF 在修订这一条建议时的深刻用意，我们进一步分析了与《40 条建议》相对应的《第 9 条附件：由企业或非专业金融机构从事的并作为商业经营行为来对待的金融活动列表》，在这个列表中，一共列举了 12 种可由一般商业企业从事的准金融交易，如货币兑换、金融租赁、项目支付管理、担保和客户账户管理等。这样的内容扩展与深化，重要性在于把利用金融业务进行洗钱犯罪的刑事定罪范围，扩大到界限模糊的准金融业务，但同时又给一些

---

① FATF. The Forty Recommendations of the Financial Action Task Force on Money Laundering: 1990 [R]. Financial Action Task Force on Money Laundering, 1990. 作者译.

② 公安部经济犯罪侦查局（译）. 反洗钱金融行动特别工作组（40 条建议）[M]. 北京：群众出版社，2003，第 98、104 页.

出于国内经济发展和立法方面的原因而无法采取相应措施的国家留出自行掌握的空间。第 9 条附件列表与建议正文配合起来后，不仅大大扩展了1996 年版的《40 条建议》第9 条建议的明细程度，同时也大大提高了这一建议条款的可操作性。

这里我们要特别指出的是：为了使《40 条建议》不仅仅适合于七国集团、欧盟和发达国家，而且也能大范围适用于世界不同发展水平国家，1996 年第一次修订，在多处条款的表述上，给了遵循或执行建议标准的各国可灵活决定的裁量权，也正是因为这一重大进展与深化，从而大大提高了《40 条建议》的可操作性和国别适应能力。

（2）第二次修订

2003 年 6 月，FATF 再次对 1996 年版《40 条建议》进行了修订。这次修订仍然继承了 1996 年修订所采取的方法，即在条款数量不变的前提下，对内容进行大规模扩充。直观地从版面上分析，加上附件《条款解释性说明》，2003 年版《40 条建议》较 1996 年版《40 条建议》扩充了三分之一。

2003 年版《40 条建议》尽管仍然是 40 条，但每一条建议之下设置了相对独立的一个或多个段落，每个段落均表达一个独立层面的语意。我们比较了 1990 年、1996 年和 2003 年三个版本。1990 年版《40 条建议》在文本安排上，真正在同一条建议之下另起段落的，总共只有四条，即第 8、第 14、第 20 和第 31 条。其余条款都是以单一段落表述一个非常明确和单一的内容和定义。即使是上述我们所说的起用另一段落的 4 个条款，但分析其内容，仍然并不是多个层次和多个维度的定义表达。例如第 31 条，该条的主要内容为强调反洗钱领域的国际合作，当然，主要是强调承诺遵守 40 条建议的成员国之间的合作。这一条建议虽然另起一段，但是实际上并不反映一个独立的意思，因为其第一段是列举国际反洗钱合作的主要机构当局，包括国际刑警、海关合作委员会（Customs Co - operation Council，CCC）等，而在第二段，仅仅是专门强调了中央银行和银行监管机构同样适用于国际合作要求。

这里我们将两次修订做一个比较，发现2003年第二次修订是具有跨越性的。仅仅从版面上看，一是大部分条款按照1996年修订的原则，按照提高内容丰富和明细性，以及加强操作性表达的修订目标进行修订。二是对重要或主要条款采取分段和分层次多维度阐述方式，扩展条款对相近和相似问题的解释能力和定义能力。

有关上述第二点，我们可进行一些大致的条款对比。在1996年版《40条建议》中，真正分段进行层次表述的条款总数与1990年版一样，只有4条，即第7、第10、第12和第19条。但是，经过2003年修订后，以分段进行分层次和多维度定义和表述的条款，超过总条款的半数，达到21条之多。这里，我们比照律法条文表达习惯，将每一条之下的独立语段用“款”来表示，并以此来显示2003年修订稿在1996年原稿基础上的扩展程度。

以第1条、第2条、第3条为例，1996年版《40条建议》原稿各条均为一款，而2003年修订后，分别扩展到了6款、2款和3款。从扩展深度上看，我们以第5条为例，第5条的标题是“金融机构应拒绝匿名账户和虚构账户”，在1996年版《40条建议》中，与此相关的内容在第10条。但是第10条仅仅是在有关客户账户不能允许匿名和虚构的法律要素解释基础上，以第二段做了一个关于依照法律如何鉴别账户身份的表述，而这时候并没有正式地将“客户身份识别（The Customer Due Diligence：CDD）”提出来。但是，在2003年修订后，表达相同内容的第5条，从一个只有五分之一页面的条款，扩展到了一个完整页面，而且在内容上也发生了如下内涵性改变：一是正式提出了“客户身份识别（CCD）”在客户身份识别相关措施的表述上，分层次表达到了非常细致和完全可操作的程度，并且还基于理论意义定义了客户身份识别要素；二是强调了金融机构在客户身份识别方面分层次可采取的措施；三是指定了各种可采取措施的不同适应性；四是规定身份不能识别时的处置要求。

第三次修订完善的《40 条建议》，于 2003 年 6 月正式公布，之所以说这是一次里程碑式修订，原因就在于这一次修订在内容充实和可操作水平提高方面取得了显著进展。2003 年修订，标志着 FATF 制度的进展与深化转向关注制度的机制性水平提高。有关这样一个制度体系进展判断，我们可以从 FATF 于 2010 年提交了一份回顾性文献，即《40 条建议 20 年回顾：1999 ~ 2010》中的一段话来加以印证。

"……如今，世界上大多数国家在执行《40 条建议》方面均做出政治承诺，这使得 40 条建议可以在更广的范围内被采用，也更加有效"①。

2.《40 条建议》法理依据进展与深化

除纵向历史线索之下《40 条建议》完善所反映的制度机制进展与深化外，《40 条建议》在改进过程中所伴随的法理依据进展与深化，也同样是值得我们深入研究和讨论的。

我们知道，1989 年 FATF 建立时，整个组织机构创建是立足于以下两个依据的：一是实践依据，即洗钱犯罪已开始对国际金融体系的稳定形成冲击；二是法理依据，即联合国《维也纳公约》。有关实践依据，我们这里不做深入讨论，因为从国际形势看，这个实践依据不仅没有任何存疑，而且对于 FATF 的组织存在的客观性支撑早已成为国际共识。

有关第二个依据，却是我们可以深入讨论的问题，因为法理依据本身一直随着形势发展而发生着改变，FATF 的制度体系进展与深

---

① FATF. 20 Years of the FATF Recommendations：1990 ~ 2010 ［R］. Financial Action Task Force on Money Laundering，2011. Page 5. 作者译.

化，是不能与其法理依据的进展与深化分割开的。

（1）1990 年版《40 条建议》与《维也纳公约》

联合国《维也纳公约》不仅是 FATF 组织体系形成的法理依据，而且也是 FATF 制度体系建立的第一法理依据。2010 年，在时任 FATF 主席的保罗·瓦兰德瑞（Paul·Wlaanderen）先生领导下，FATF 发布了回顾性专题文献：《40 条建议 20 年回顾 1990～2010》，这个回顾性文献的第一章，“什么是 FATF”的第一段话是这样表述的：

“20 世纪 80 年代末，非法毒品贩运以惊人的速度增长并引起世界的关注，面对毒品犯罪在地域、生产、国际性毒品贩运线路以及毒贩跨越国境运送资金的能力等方面的迅速扩张，现有的立法和司法，已远远无法满足犯罪控制的需要。面对这样的严峻形势，国际社会已渐渐认识到：国际社会必须果断决策，采取多国一致行动，打击全球性洗钱和滥用金融系统，并以此作为对非法毒品交易和有组织犯罪的内核进行打击的主要手段。”①

上述这段回顾性表述意思非常清楚，《40 条建议》的开发和形成，第一法理依据就是联合国的《维也纳公约》。

①以《维也纳公约》为法理依据

有关以《维也纳公约》为法理依据，最典型的事例就是：《40 条建议》从一开始就在对执行建议的各成员国立法环境提出要求时，独立表述了有关洗钱上游犯罪范围，而且，这个上游犯罪的范围定义，完全参照了《维也纳公约》所定的刑事定罪范围。这里有两处表述能够充分说明这一点。

－《40 条建议》第 1 条：

这一条的实际意义就是要表明 FATF《40 条建议》的宗旨，而

① FATF. 20 Years of the FATF Recommendations：1990～2010［R］. Financial Action Task Force on Money Laundering，2011. Page 4. 作者译.

这个宗旨就是以执行《维也纳公约》相关内容为前提：

“各国应即刻采取措施，批准和全面执行《维也纳公约》”。

- 《40 条建议》第 4 条：

有关上游犯罪范围的前提定义，第 4 条的前半部分表述是：

“各国应采取包括立法措施在内的必要措施，将《维也纳公约》中所阐明的洗钱活动列为刑事犯罪”。①

这足以说明，《40 条建议》所确定的上游犯罪范围，以及由此而决定的洗钱犯罪范围，就是《维也纳公约》第三条第 1 款（a）目下所确定的一共五种与毒品犯罪相关的罪行。

②超越《维也纳公约》

从 1990 年到 1996 年第一次修订，《维也纳公约》是《40 条建议》的唯一法理依据，但是，从 1996 年修订后的《40 条建议》看，FATF 并没有囿于《维也纳公约》的相关内容，尤其是在上游犯罪范围定义方面，表现出了反洗钱监管更为激进和更为严格的要求。这主要表现在 1996 年版《40 条建议》的第 4 条中的后半部分。如前面所做的分析那样，第 4 条的前半部分具体强调了洗钱犯罪及洗钱上游犯罪的刑事定罪范围与《维也纳公约》的参照关系，而在接下来的下半句，FATF 却超出了《维也纳公约》的范围，提出了供各成员国参照执行的更广泛的上游犯罪范围定义：

“各国应将洗钱罪的上游犯罪范围从毒品犯罪扩大到严重犯罪，并可自行决定将哪些严重犯罪列为洗钱犯罪的上游犯罪”②。

这一表述最重要的进展与深化意义在于：在《维也纳公约》通过犯罪“种类指定法”来定义洗钱上游犯罪范围的基础上，FATF 另

---

① FATF. The Forty Recommendations of the Financial Action Task Force on Money Laundering: 1990 [R]　Financial Action Task Force on Money Laundering, 1990. Page 1.

② 公安部经济犯罪侦查局（译）. 反洗钱金融行动特别工作组（40 条建议）[M]. 北京：群众出版社，2003，第 89 页.

行开辟了确定上游犯罪范围定义的方法，即除了继续沿着《维也纳公约》以“罪行种类指定法”（后在2003年版《40条建议》中明确为“范围限定法”）为主要方法来定义洗钱上游犯罪外，另将洗钱上游犯罪范围定义方法扩展到了“罪行量刑界定法”（后由2003年版《40条建议》明确为“列举法”）。这个方法实际是向各成员国宣布：“除依据《维也纳公约》的指定上游犯罪种类外，还可依据刑事犯罪的量刑级别来确定洗钱上游犯罪范围。这实际上是FATF在以联合国公约为主要法理依据，确立国际洗钱刑事定罪立法基础之上的一个重要创新”。

（2）2003年版《40条建议》与《巴勒莫公约》

《巴勒莫公约》的初稿，是由波兰政府在联合国大会第五十一届会议上向大会提交的，因为在较早之前，波兰政府受联合国委托，以国内刑事和国际问题专家为主体、国际相关专家参与，专门组建了公约研究起草委员会，开展与联合国打击跨境有组织犯罪活动有关问题的研究，并负责这一内容的国际性公约的起草和制定工作。

《巴勒莫公约》的重要意义在于，为在两个国家以上的政区地理范围内处理对洗钱犯罪进行定罪和司法惩治的相关司法事务和问题提供法理依据。落实在洗钱上游犯罪问题上，洗钱的原始定义是“清洗以改变资金性质”，但是，在跨境有组织犯罪问题出现后，这个原始的洗钱定义不再仅仅限于通过“改变资金性质”来使“脏钱”获得合法外衣，而是扩展至“转移以逃避监管”，也就是说“脏钱”性质将继续存在，但是，法律治理意义上它已经脱离了“脏钱”发生主体国家的司法和监管可及的范围。

就洗钱犯罪的刑治定义而言，《巴勒莫公约》的研究、起草和公布，把一种可能是早已存在，但由于《维也纳公约》过于明确的指定性，而对未能将像毒品这类犯罪必然会发生的另一类洗钱涵盖进去，比如，当发生不需要按照传统方式清洗，而只需将“脏钱”转移到一国法律管辖范围之外，洗钱过程实际也就完成了。比起传统洗钱模式即改变资金性质使“脏钱”获得合法外衣而言，跨境逃避刑治和监管的洗钱模式虽然可能要面临其他监管风险，但是洗钱过程变得更加简单，犯罪分子不必费尽心机地运用“内含清洗法”去为犯罪资金获取合法外衣，而只需要运用“物理转移法”将“脏钱”转移至一国司法可及的范围之外，就可完成对资金的清洗。这实际上也就是说，不管洗钱上游犯罪为何种何类，但是作为下游犯罪的洗钱犯罪，只需利用金融系统和金融技术，单一为“脏钱”寻找到安全地带，洗钱犯罪行为发生即告成功。洗钱犯罪的行为模式和宗旨上的这种细微变化，实际上是对 FATF 的组织监管目标和《40 条建议》所确定的监管宗旨提出了全新的挑战和问题，面对这些挑战和问题，FATF 需要作出及时和前瞻性反应。

①以《巴勒莫公约》为法理依据

2003 年对《40 条建议》的修订，其法理依据与《巴勒莫公约》的关系进展与深化主要体现在以下两个方面：

首先，法理依据由一个拓展为两个。最显著的反映是，在 2003 年版《40 条建议》的第 1 条。如前面所述，1990 年版和 1996 年版《40 条建议》均明确表达了其制度法理依据是唯一的，即《维也纳公约》。而经 2003 年修订后，新版《40 条建议》的第 1 条表述明显发生了改变：

“各国应根据 1988 年《联合国禁止非法贩运麻醉药品和精神药物公约》（维也纳公约）和 2000 年《联合国打击跨国有组织犯罪公约》（巴勒莫公约）的规定，将洗钱行为规定为刑事犯罪”①。

这就是说，2003 年版《40 条建议》在 1990 年版和 1996 年版《40 条建议》所依据的唯一法理依据基础上，增加《巴勒莫公约》

---

①　公安部经济犯罪侦查局（译）．反洗钱金融行动特别工作组（40 条建议）［M］．北京：群众出版社，2003，第 3 页．

为《40 条建议》的法理依据。使 FATF 的核心制度体系的法理依据由一个扩大到两个。

法理依据的扩大，是以《40 条建议》为代表的 FATF 制度体系进展和深化的一个重要体现。这是因为基于国际反洗钱监管，可以在更大范围内与各国司法进行有机连接。尤其是 FATF 可以通过“会员政策（Membership Policy）”门槛或“互评体系”推动各国在完善其法律环境时，考虑作为联合国公约缔约国和 FATF 成员国双重身份所必须遵循的相关承诺。具体地说，就是应考虑根据缔约国的双重身份定义，将与《巴勒莫公约》所确定的上游犯罪相关的下游资金处置，明确为可以进行刑事定罪的内容，并将这种资金或收益处置行为直接定义为“洗钱”犯罪。这不仅给各成员国扩大上游犯罪范围定义设置了相对刚性的标准，同时也因此而可以将新的立法要求融入“互评机制”，强化 FATF 自身制度机制对成员国的立法环境的要求。

其次，形成两个层次上游犯罪范围定义。前述分析我们已经提到，关于洗钱上游犯罪范围的定义，《巴勒莫公约》相比较于《维也纳公约》，其最大也是对于洗钱刑事定罪乃至反洗钱监管最具有进步意义的是：突破了公约本身范围指定的局限，提出了供成员国遵循和选择的“泛化”和“基本”两个层次的上游犯罪范围定义。分析 2003 年版的《40 条建议》可知，FATF 所建立的反洗钱监管制度体系，完全采纳了公约的两个层次范围定义。以下我们引用 2003 年版的《40 条建议》第 1 条第 2 段如下：

“各国应将洗钱罪适用于所有严重犯罪，以使洗钱罪的上游犯罪范围最广泛化。关于洗钱罪的上游犯罪范围，可以规定包括所有犯罪，也可以限定一个范围……”①。

① 公安部经济犯罪侦查局（译）．反洗钱金融行动特别工作组（40 条建议）［M］．北京：群众出版社，2003.

最后，确立了上游犯罪范围两种定义方法。我们将《巴勒莫公约》与洗钱犯罪问题直接相关的条款提炼出来加以具体分析，另一个最具有代表性和进展意义的是第六条“洗钱行为的刑事定罪”第2款。在该款的（a）和（b）目下，公约分别采取了“限定法”（也可称：范围限定法）和“列举法”这两种方法来定义洗钱上游犯罪的范围：

“（a）各缔约国均应寻求将本条第1款适用于范围最为广泛的上游犯罪；

（b）各缔约国均应将本公约第2条所界定的所有严重犯罪和根据本公约第5条、第8条和第23条确立的犯罪列为上游犯罪，缔约国立法中如果明确列出上游犯罪清单，则至少应在这类清单中列出与有组织犯罪集团有关的范围广泛的各种犯罪。”①

上述《巴勒莫公约》第6条引用中，重点符号是作者所加，（a）目下的着重号标注意在指出：《巴勒莫公约》提出了上游犯罪的“范围限定法”。而（b）目下的重着号意在指出：上游犯罪范围定义有了第二种方法，即：“列举法”。修订后的2003年版《40条建议》，完全沿用了《巴勒莫公约》提出的这两个定义方法。这里我们引用2003年版《40条建议》第1条第2段原文如下：

“各国应将洗钱罪适用于所有严重犯罪，以使洗钱的上游犯罪范围最为广泛化。关于洗钱罪的上游犯罪范围，可以规定包括所有犯罪；也可限定一个范围（阈值），规定某些严重犯罪或监禁刑罚（范围限定法），或者具体列举一些犯罪（列举法）。也可以是上述几种方法的结合。”②

---

① 联合国．联合国打击跨国有组织犯罪公约［EB/OL］．http：//www.un.org/chinese/documents/decl－con/chroncon.htm，2000－12－15.

② 公安部经济犯罪侦查局（译）．反洗钱金融行动特别工作组（40条建议）［M］．北京：群众出版社，2003，第3页．

这段话表明2003年版《40条建议》完全依据了《巴勒莫公约》所提出的这两种上游犯罪定义方法。在公安部经济犯罪侦查局所翻译的版本里，直接将第一种方法在译文中标明为“限定范围的方法”，英文“Threshold Approach”直译为“阈值的方法”，与公安部经济犯罪侦查局的翻译文字意思完全一致，指可依据犯罪程度或实施监禁刑罚的量设定“阈值”，以此来确定上游犯罪的范围。

有关第二种方法，在英文原文中并没有第一种方法那样用短语进行方法归纳，但是公安部经济犯罪侦查局翻译的文本直接将其定义为“列举的方法”。通过我们对英文原版的阅读，并没有发现有“List Approach”的表述，但是，结合《40条建议》的术语表（Glossary），以及公安部经济犯罪侦查局对第1条建议（R.1）第4段以下翻译：

“无论采取何种方法，每个国家在规定洗钱的上游犯罪时都应至少包括《术语表》所列的‘指定犯罪类型’”。

而事实上，原版英文的表述是：“Whichever approach is adopted, each country should at a minimum include a range of offences within each of the designated categories of offences.”①，这段话如果不采取意译而直译的话，其中文表述应该是：“无论采取何种方法，各国在规定洗钱的上游犯罪时，应至少包括每一种指定犯罪类型”。

原文表述中并没有“术语表”这类单词，不过，在原版《40条建议》关于“Designated Categories of Offences”一词应用的同时，FATF附上了一个脚注，这个脚注翻译过来的原文意思是：“见《术语表》（Glossary）中‘指定犯罪类型’”。所以我们说，公安部经济犯罪侦查局结合注释所做的意译，将第二种方法归纳为“列举法”是符合《40条建议》沿用《巴勒莫公约》相同表述作为法理依据的

① 公安部经济犯罪侦查局（译）. 反洗钱金融行动特别工作组（40条建议）［M］. 北京：群众出版社，2003，第41页.

原意的。

公安部经济犯罪侦查局翻译2003年《40条建议》时，并没有翻译原版文献后的《术语表》(Glossary)。这里，我们翻译了《术语表》中排列在“Designated Categories of Offences”这一术语解释之下的犯罪清单。而表2-3就是2003年《40条建议》的《术语表》指定上游犯罪项下的上游犯罪清单。翻译后，我们认为是FATF文献没有在其正式文本中表述，但是在术语表中加以表述的指定上游犯罪“清单”，实际就等同于“范围限定法”所规定的最低上游犯罪范围要求。

分析表2-3所反映的情况，包含在“列举法”之内的所谓“指定犯罪类型”一共有20个。很显然的情况是，这样一个上游犯罪指定犯罪类型范围，已经远远超过1996年第一次修订《40条建议》前以《维也纳公约》为法理依据时所确定的上游犯罪范围“基本层次”定义。

表2-3　2003年《40条建议》“术语表”指定上游犯罪类型

编号	指定犯罪类型（Designated categories of offence）
1	参与有组织犯罪及诈骗（participation in an organized criminal group and racketeering）
2	恐怖主义，包括恐怖主义融资（terrorism，including terrorist financing）
3	贩运人口及偷渡移民（trafficking in human beings and migrant smuggling）
4	性剥削，包括对儿童性剥削（sexual exploitation，including sexual exploitation of children）
5	麻醉药品和精神药物非法贩运（illicit trafficking in narcotic drugs and psychotropic substances）
6	非法武器贩运（illicit arms trafficking）
7	非法贩运盗窃和其他物品（illicit trafficking in stolen and other goods）
8	腐败和贿赂（corruption and bribery）
9	诈骗（fraud）
10	伪造货币（counterfeiting currency）
11	假冒和盗版（counterfeiting and piracy of products）
12	环境犯罪（environmental crime）

续表

编号	指定犯罪类型（Designated categories of offence）
13	杀人，严重身体伤害（murder，grievous bodily injury）
14	绑架，非法监禁和劫持人质（kidnapping，illegal restraint and hostage – taking）
15	抢劫或盗窃（robbery or theft）
16	走私（smuggling）
17	敲诈（extortion）
18	造假（forgery）
19	盗版（piracy）
20	内幕交易和市场操纵（insider trading and market manipulation）

资料来源：作者根据“FATF 40 Recommendations：2003”（Page15）翻译和整理。

②超越《巴勒莫公约》

比较《巴勒莫公约》关于洗钱刑事定罪和上游犯罪范围定义的条款，2003 年版《40 条建议》除了仍然在基本定义和方法上借鉴和遵循《巴勒莫公约》基本规定外，同时，还在遵循和借鉴的基础上，对于一些关键性定义进行了适合于专门化反洗钱监管的改进和深化，根据对文献所做的比对，其超越第二法理依据的《巴勒莫公约》的内容主要有以下几个方面：

首先，提出了第三种方法形态。有关这两种上游犯罪范围定义方法，在《巴勒莫公约》中，是供签约国家根据自身法律环境进行自主选择的，也就是说，一国可以采取“范围限定法”（Threshold Approach）。依据这种方法，缔约国可以将上游犯罪扩展到所有犯罪，即所谓“泛化层次”定义。但是，一国也可以依据自身国情选择“列举法”（List Approach）。依据这种方法，缔约国家遵守上游犯罪范围“基本层次”定义。即《40 条建议》术语表中引述的 20 类“指定犯罪类型”。

对比分析 2003 年《40 条建议》，FATF 并没有局限于《巴勒莫公约》所确定的两种定义方法。而是在公约所确定的两种方法基础上，确立了洗钱上游犯罪范围定义的第三种方法，即“范围限定法”和“列举法”相结合的定义方法，我们这里将其定义为“第三方法形态”。

2003 年版《40 条建议》对洗钱上游犯罪范围定义方法的“第三方法形态”给予了明确表述，为了照顾原英文版本表述的准确性，这里我们不采用公安部经济犯罪侦查局的汉语翻译文本，而是直接引述《40 条建议》第 1 条第 2 款（第二段）原文如下：

“……Predicate offences may be described by reference to all offences, or to a threshold linked either to a category of serious offences or to the penalty of imprisonment applicable to the predicate offence (threshold approach), or to a list of predicate offences, or a combination of these approaches.”。

对于加重点符号的文字部分，我们可直译为“也可以是上述方法的结合”。在《40 条建议》原版英文表述中，一共使用了三个“or”，按照英语的语法习惯，最后一个“or”所表述的内容应该是与前面两个“or”并列的，所以，这实际就是 FATF 超出于《巴勒莫公约》而提出的第三方法形态，即前两种方法相结合运用的方法形态。

FATF 超出于其据为法理依据的《巴勒莫公约》，提出了“第三方法形态”。这就表明，各成员国家除依据《巴勒莫公约》所定义的两种定义方法，选择其中一种来定义本国关于洗钱上游犯罪范围外，同时也可以将两种方法结合起来定义本国的上游犯罪范围。成员国可以为犯罪行为设定量刑阈值，同时还可以针对性制定可定义为上游犯罪的清单或列表，比如，一国既可以规定量刑在某种年份以上的犯罪，只要这种犯罪有后续资金处置行为，均可定义为洗钱上游犯罪，同时也就可对后续资金处置行为进行单独诉讼和定罪。在执行上述方法的同时，该国也可以明确列出罪行种类清单或列表，比如规定：贩毒、跨国犯罪、黑社会、贪污腐败等数种罪行，可不受“范围限定法”所设定的任何阈值约束，只要有后续资金处置行为，清单内的犯罪一律可分为刑事主罪和后续洗钱犯罪，并分别起诉定罪。

2003年版《40条建议》的这一进展和深化的重大意义在于为成员国提供了多种方法选择，而这样的方法选择，无疑为那些在洗钱治理上表现出某种强烈愿望的国家准备了更宽阔的立法空间，使他们可以更为灵活的打击洗钱犯罪。从另一个角度看，这种单一选择和多种选择均平行地包含在成员政策中时，实际也就使一些在反洗钱政策领域具有局限性的国家，可以依据国内立法现状在“基本层次”定义以上弹性决定上游犯罪范围。

其次，提出了更为严格的“严重犯罪”定义。《巴勒莫公约》较之于《维也纳公约》的另一个重要的改进，就是创立了以量刑轻重作为洗钱上游犯罪范围定义的标准，即所谓在选择“范围限定法”的前提下，设定以监禁时间为“阈值”的定义方法。这就是说，各缔约国在选择第三方法形态，即范围限定法（Threshold Approach）与列举法（List Approach）相结合的方法来确定上游犯罪范围，则应将所有涉及隐瞒和掩饰财产（列举法），且量刑处于“严重犯罪”（范围限定法）标准之上的犯罪，确定为洗钱上游犯罪。为了更进一步明确上述定义，我们追溯查阅《巴勒莫公约》第2条“术语表”之下（b）目的内容，（b）目专门就“严重犯罪”进行了量刑定义：“严重犯罪系指：构成可受到最高刑至四年的剥夺自由或更严厉处罚的犯罪行为”。这就是说，量刑至四年以上的犯罪即是《巴勒莫公约》给出的“严重犯罪”定义。但是，2003年《40条建议》却对《巴勒莫公约》所提出的范围限定法的阈值进行了提升。具体说就是对《巴勒莫公约》所设定的与“严重犯罪”定义关联的四年量刑标准（阈值）做了较大变更，提出了比之于《巴勒莫公约》更为严格的量刑标准：

“如果某个国家采用范围限定的方法，则洗钱罪的上游犯罪至少应囊括该国法律所规定的全部严重犯罪，或至少包括法定最高刑期为一年以上监禁的犯罪；如果该国法律规定有最低刑罚，则应当包括所有法定最低刑为六个月以上监禁的犯罪”①。

显然，2003 年《40 条建议》的修订，将“严重犯罪”的量刑最低标准，从《巴勒莫公约》提出的四年提高到了一年，甚至六个月监禁。大幅度提高“范围限定法”的量刑阈值，其实就是向所有成员国（独立司法管辖区），以及正处在申请成为 FATF 成员单位的国家提示了这样一种反洗钱监管宗旨：FATF 将采取比之于联合国公约更为严格上游犯罪范围定义标准。

最后，超前写入了反腐败洗钱。2003 年版《40 条建议》，对 1996 年版《40 条建议》的第 6 条内容做了整体替换，即将 1996 年版《40 条建议》第 6 条有关企业法人在洗钱犯罪中应独立承担刑责这一不言而喻的内容，归并至新的《40 条建议》的第 2 条第（2）款，而将新的第 6 条进行独立内容表述：

“对于政治公众人物，金融机构除应采取一般审慎性措施外，还应采取以下措施：……”。

分析针对政治公众人物所提出的 4 条具体措施，该条建议实际突出了以下两个内容：一是 FATF 在反洗钱监管领域提出“政治公众人物”这样的社会性身份概念，实际上定义了比之于政府官员、但必然包含政府官员在内的更加广泛的社会腐败行为主体，并要求在反洗钱监管领域，将这一主体定义下的所有与洗钱犯罪相关的犯罪行为统一纳入腐败洗钱监管的范围；二是针对“政治公众人物”腐败应采取反洗钱监管措施提出特殊授权。分析这 4 条措施，不仅

---

① 公安部经济犯罪侦查局（译）．反洗钱金融行动特别工作组（40 条建议）［M］．北京：群众出版社，2003，第 3 页．

在内容上可涵盖一般反洗钱监管执行程序的所有步骤，而且在一般、但也是最主要的措施即“身份确认、获得监控授权、确认财产来源和持续性监测”方面，明确提出监管部门必须获得相应的特殊监控权，比如其第（2）款就规定：“取得此类客户（政治公众人物）开展业务关系的高层管理人员的批准”。剔除相关国家的社会制度的容许程度不论，从技术特点分析，相对于全世界任何社会体制下的腐败洗钱而言，就实施监测来说，这4条措施安排都具有很高适用性。

以上我们所做的分析，其最重要的一点还在于：2003年版《40条建议》在腐败洗钱监管上进行了相对完善的建议标准设计，这是具有显著超前性的。我们知道，《联合国反腐败公约》是2003年10月31日在第58届联合国大会上表决通过的，而FATF发布2003年版《40条建议》供各成员国遵行的时间是2003年6月（上网发布时间为2003年10月），2003年版《40条建议》发布在前，而《联合国反腐败公约》正式表决通过在后。这就是说，有关腐败洗钱监管问题，FATF超前将《联合国反腐败公约》关于腐败刑事定罪立法相关的反洗钱监管内容写进《40条建议》。

（二）《9条特别建议》进展与深化

“2001年，针对打击恐怖融资，开发相关标准已成为FATF的一项新的使命。2001年10月，FATF发布了处置向恐怖主义提供资助问题的八项特别建议。之后，随着洗钱技术的不断演进，FATF又于2003年6月对原标准进行全面修订。2004年10月，FATF发布了第九条特别建议，使打击洗钱及恐怖融资活动的国际公认标准得到进一步增强，从而形成了现在的《40 +9条建议》。”①

---

① FATF. History of the FATF［EB/OL］. http://www.fatf－gafi.org/pages/about us/history of the fatf/. 作者译.

以上这段话，是 FATF 介绍性文献《FATF 历史回顾报告》（*History of the FATF*）中的一段话。从字面意义看，《9 条特别建议》（*Ninth Special Recommendations*）的形成是基于两个背景：一是国际反恐的需要；二是由于金融体系自身的技术不断发展，客观上造成了洗钱犯罪滥用金融的便利性，进而导致反洗钱监管技术层面上的复杂性。也正是因为以上两个客观现实，国际反洗钱监管需要针对不同于一般性洗钱犯罪的恐怖融资犯罪，专门制定一套特别的监管标准。FATF 的《9 条特别建议》的发布，对国际社会及国际反洗钱的重大意义实际也就反映在这两个重要背景之上。

1. 《9 条特别建议》及其法理依据

《9 条特别建议》是 FATF 继《40 条建议》之后公布的一个更为严格和具有强制性的建议标准，并且与《40 条建议》共同构成了 FATF 的核心制度体系。

（1）关于《9 条特别建议》

《9 条特别建议》一共只有九条，最早于 2001 年公布时为八条，这八条分别是：

I. 认可并实施联合国文件（Ratification and implementation of UN instruments）；

II. 将恐怖主义融资和相关的洗钱行为界定为犯罪行为（Criminalizing the financing of terrorism and associated money laundering）；

III. 冻结并没收恐怖分子的财产（Freezing and confiscating terrorist assets）；

IV. 报告与恐怖主义有关的可疑交易（Reporting suspicious transactions related to terrorism）；

V. 国际合作（International Co - operation）；

VI. 替代性汇款机制（Alternative Remittance）；

VII. 非营利机构（Non - profit organizations）；

VIII. 现金运送（Cash Couriers）。

正如其历史回顾所介绍的那样，在2008年，基于金融技术创新的现实，FATF经过研究后，增加了“电汇（Wire Transfers）”作为第六条，原第七条、第八条两条顺序后延，总体构成2012年第三次修订前的《9条特别建议》。

《9条特别建议》的文献主条款内容并不多，除第VIII条外，其他各条表述均相对简洁，但是，真正能反映《9条特别建议》详尽性的是表述文字量庞大的条款注释（Interpretative Notes）。在总共9条特别建议中，除第I、IV、V三条没有注释外，其他各条均有非常详尽的解释性说明，并且这部分的文字表述量是主条款的近十倍。

（1）法理依据

根据《9条特别建议》的第1条（SR. I）表述，《9条特别建议》的法理依据主要有两个：一是联合国《制止向恐怖主义提供资助的国际公约》；二是联合国安理会通过的所有关于反恐的决议。但是，该条第二段做了如下强调性表述：

“……particularly United Nations Security Council Resolution 1373”

这段说的意思很清楚，《9条特别建议》具有指定性或相对重要的是第二法理依据，是联合国安理会于2001年9月29日通过的《第1373号决议》。《第1373号决议》总共为9条，其中的第2条以7款之多的具体表述，全面定义关于联合国要求各国切断恐怖主义资金来源的措施，其中包括了要求各签字国对一切与恐怖主义活动相关的资金资助行为进行刑事惩治，而这实际就成了对与恐怖主义有关的洗钱行为进行定罪的国际法理依据。

理论上，国际社会认识恐怖主义的危害性要远远早于FATF发布《9条特别建议》的时间。这里我们引用《9条特别建议》第1条的原话如下：

“各国应立即采取措施，全面认可并执行联合国《制止向恐怖主义提供资助的国际公约》（1999 年）……"

这就是说，国际社会对作为危及世界安全并与资金支持紧密关联，或者说与洗钱犯罪具有共生特性的恐怖主义的认识，要远远早于美国 9·11 事件。在很大程度上，国际恐怖主义活动的猖獗程度，依据恐怖主义分子可以获得多少资金而定，因而向恐怖主义提供资助，实际是整个国际社会严重关注的问题。在 1999 年以前，国际上一直没有专门对恐怖主义资助行为进行刑处的法理文件，但是，从恐怖主义活动的规律来看，其显著跨国和跨境特性，决定着对这样的犯罪行为进行惩治，迫切需要增强各国之间的国际合作。而在这些措施中，最为主要的是：第一，可以通过国际公约的共同认可或签约批准程序，起诉和惩罚恐怖分子犯罪行为。第二，多国一致行动的前提下，制定和采取有效措施来防止向恐怖主义提供资助，从资金来源上切断恐怖主义的资金供给。这也就是 1999 年 12 月 9 日第 54 届联合国大会通过了《制止向恐怖主义提供资助的国际公约》的主要宗旨，而这显然是存在于美国发生"9·11"恐怖袭击之前的国际事实。分析这个公约可知，相关条款对"资助恐怖主义罪"做了明确界定（第 2 条），并且明确要求缔约国在以下两个方面采取相应行动。

首先是立法和司法。我们这里直接引用该公约的第 4 条："每一缔约国应酌情采取措施：（a）在本国国内法中规定第 2 条所述罪行为刑事犯罪；（b）根据罪行的严重性质，以适当刑罚惩治这些罪行。"这就是说，各签约国必须在立法层面上将资助恐怖主义的行为定义为本国刑治可及的犯罪。

其次是金融监管措施。公约的第 18 条用了整整一个页面的篇幅，以金融技术和监管措施为前提，规定了各国控制资金资助行为必须做到的方面。从这一条的多款表述看，其界定和规定的监管控制行为，与反洗钱术语基本完全一致。我们这里要强调的是，尽管联合国《制止向恐怖主义提供资助的国际公约》是 1999 年 12 月 9

日正式公布并开放给各国签署，但是公约的生效时间却是2002年4月10日，发布时间与生效时间之间的时延之长，是联合国众多公约所少见的。这实际上反映了在当时的历史条件下，国际社会对恐怖主义犯罪的关注，更多是停留在认识上。从各国的情况看，公约公布后，国际社会虽然陆续签署了这一公约，但是，各国国内立法因为缺乏紧迫性（“9·11”事件发生后紧迫性才成为现实），因而并没有全面得到贯彻。

（2）《9条特别建议》与国际反恐

2001年美国“9·11”事件以后，国际社会对恐怖主义认识急速改变，因为大家都看到，国际秩序和人文准则遭受冲击，应该是一个与政治意识形态差异无关的问题。恐怖主义的最大威胁在于把人类一直追求的生命尊严，变成了一些集团和个人政治观、或推行宗教不宽容价值观的代价。从某种意义上说，这使得世界出现了一种近似于中世纪低人文时代的国际人文现象。

就我国的现实情况来看，因为国情特殊，一直以来，我们对恐怖主义的认识并不像国际社会那样充分，但事实上，我国的社会政治、经济、人身安全同样受到恐怖主义的威胁，最突出的就是我国西北边境上的“东突”问题。“东突”是一个针对我国的、同时也是得到基地组织资助的恐怖组织，而且这个组织的恐怖本质也于2002年9月11日被联合国正式认定。这就表明，我国同样也面临着恐怖主义的威胁。也正是基于这样一种国际形势和国内形势变化的需要，2006年，也就是《制止向恐怖主义提供资助的国际公约》在联合国大会通过后的第7个年头，中国第十届全国人大常委会第二十次会议于2006年2月28日终于决定批准该公约。同年4月19日，中国常驻联合国代表王光亚大使向联合国秘书长交存了中国参加《制止向恐怖主义提供资助的国际公约》的批准书。融入国际反恐的这一重大举措，不仅显示了中国政府坚决反对一切形式恐怖主义的立场，同时也表达了中国将致力于通过国际合作，依法打击恐怖主义的决心。

如前所述，恐怖主义活动的猖獗程度，在很大程度上要依赖于对恐怖主义的资助行为，或者说很大程度上依赖于恐怖主义活动获得资金的能力，这个能力包括了对恐怖主义分子的资助水平和资助方式。从后者分析，则主要包括两个涵盖在洗钱犯罪定义内的基础因素：一是大量的犯罪所得，以及犯罪所得再投资所产生收益的实现方式；二是能否大量滥用金融系统和日益发展的金融技术，使其犯罪所得能够顺利清洗。而FATF正是在这样一个重要的国际社会背景下，制定了《9条特别建议》并公布给各成员国遵循的。

2.《9条特别建议》与国际反洗钱监管体系

FATF制定并公布《9条特别建议》，不仅使国际社会体会到FATF制度机制对国际反恐事业不可或缺的支撑作用，同时也向国际反洗钱领域展示了FATF制度框架以下两个方面的进展与深化：一是建立起了打击恐怖融资监管制度体系，从而使得整个国际反洗钱制度体系更加趋于完善；二是制度体系自身质量完善方面，《9条特别建议》建立起了一个新的典范。以下，我们不妨就这种制度的完整性和完善性做一典型分析。

《9条特别建议》是一个较之于《40条建议》更为详尽的建议文本，2003年版的《40条建议》的文字表述使用了24个A4文本版面，但《9条特别建议》虽然建议条目仅有前者的四分之一，但却使用了27个A4文本版面。比较之下，《9条特别建议》所采取的逐条附加解释性文件的文献方法，对于确保文献的详尽性水平起到了至关重要的作用，建议的可操作性在原《40条建议》基础上有很大提高。而这种文献方式所反映出来的内容详尽性，多借鉴于《制止向恐怖主义提供资助的国际公约》。

（1）借鉴之一

经过比较分析可知，《9条特别建议》在很多方面秉承了《制止向恐怖主义提供资助的国际公约》关于立法严谨和详尽完善的要求。

①《制止向恐怖主义提供资助的国际公约》文献特征

从条文分析看，《制止向恐怖主义提供资助的国际公约》一共设置为28条，剔除最后5条缔结合约的“操作规定性”条款外，共有23条“内容规定性”条款，关于这一公约立法的详尽与完善性，我们可分为两个层面来分析：一是直接层面。这一层面的主要意义在于对于成员国的相关要求是直接的，并直接针对基本立法提出要求，包括对资助恐怖主义、恐怖主义罪行，以及对法律适用对象及范围进行定义。具体而言就是针对立法要求和立法规范等基本问题提出规范性意见。主要条款有：第2条、第4条、第6条，第18条。这些条款对于各缔约国涉及资助恐怖主义和恐怖主义犯罪的立法做了详尽的规定。二是间接层面。这一层面主要是指：以相对间接的方式对缔约国提出完善立法的要求。这些立法要求主要以“不得”这样的限制性表述来反映。主要包括引渡性条款和国际合作性条款，如第6条、第10条，第12条、第13条、第14条。以第6条为例：

“每一缔约国应酌情采取措施，包括适当时制定国内立法，以确保本公约范围内的犯罪行为，在任何情况下都不可引用政治、思想、意识形态、种族、族裔、宗教或其他类似性质的考虑因素为其辩解”。

这一层面的条款提出后，实际意味着缔约国要实现遵循条约的承诺，需要就国内法律与《制止向恐怖主义提供资助的国际公约》中的限制性要求进行比对，并对不足以实现缔约要求的内容，应进行完善和修订。

②为《9条特别建议》提供了借鉴

上述所列举的《制止向恐怖主义提供资助的国际公约》在刑事定罪立法表述方面的完善性和详尽性特点，事实上在FATF制定《9

条特别建议》中得到了明显借鉴。《9 条特别建议》第 2 条的标题是"将恐怖主义融资和相关洗钱行为界定为犯罪"。从条文的详尽性上看，它与《制止向恐怖主义提供资助的国际公约》具有明显秉承关系，主要反映在其附件《条款注释》所做的条款说明和规定中，例如，"关于《9 条特别建议》第二条解释性说明"。共用了 3 个单元 14 条，针对将恐怖主义和恐怖融资行为明确为刑事犯罪的问题，进行了非常详细地说明。注释的详尽水平，甚至在一定程度上会对一些这方面立法存在缺陷的缔约国产生一种"佐证"和"凸显"的作用。从这个意义上讲，这种详尽性对包括中国在内的一些法律环境存在适应性缺陷的成员国来说，实际上等同于就立法完善问题间接提出了要求。

事实上，在这方面我们国家是有所经历的，因为在 2007 年我国申请成为 FATF 正式成员国时，FATF 组织的互评小组针对我国成为 FATF 正式成员国申请所提交的互评报告，其最后结论是：作为成员国必须遵循 6 个核心条款，但是中国只有一条达标（C），而涉及立法等制度性环境方面的核心条款，均未能达标。尽管我们有了反洗钱监管立法，但我们对于包括恐怖主义和恐怖融资方法在内的刑事立法，其详尽性和司法可操作性，却远远没有达到洗钱刑事定罪立法的要求。

（2）借鉴之二

《制止向恐怖主义提供资助的国际公约》是 FATF《9 条特别建议》的主要法理依据之一，其在金融机构、金融业务流程控制以及反金融技术滥用方面表述的详尽程度，也是此前联合国关于洗钱刑事定罪相关公约所无法比拟的。《制止向恐怖主义提供资助的国际公约》不仅从金融技术上对遏制恐怖融资做了非常详尽的表述，并且还在操作规范方面，要求各缔约国要从立法意义（非部门行政规定意义）对金融机构反洗钱监管操作进行规范。这些内容主要包括在

第 18 条的第 1 款和第 2 款之下。如第 18 条第 1 款：

“缔约国应合作防止发生第 2 条所述罪行，采取一切切实可行的措施，包括在必要时修改其国内立法，防止和遏制在其境内为在其境内或境外实施这些罪行进行准备工作，包括：……（b）采取措施规定金融机构和从事金融交易的其他行业使用现行效率最高的措施查证其惯常客户或临时客户，以及由他人代其开立账户的客户的身份，并特别注意不寻常的或可疑的交易情况和报告怀疑为源自犯罪活动的交易。为此目的，缔约国应考虑：……”

FATF《9 条特别建议》借鉴了《制止向恐怖主义提供资助的国际公约》表述详尽的特点：

①金融技术表述

用大量的文字篇幅来表述恐怖主义融资中的金融问题是《9 条特别建议》的一个突出特点。在《9 条特别建议》中，用了第 6、第 7、第 9 共 3 个条款，专门表述反洗钱监管中的金融技术问题。更重要的是，《9 条特别建议》通过附件《条款注释》或说明方式，详细公布了滥用金融技术洗钱的司法界定，并在司法界定的基础上，就反金融技术滥用提出了司法指导意见。

②司法意义表述

在《9 条特别建议》中，针对滥用金融体系、金融技术和“反金融技术滥用指引”所提出的建议，其表述不再仅仅停留在金融行政监管层面上，而是将这一问题置于法律惩治层面上来进行司法表述。有关这一显著深化，我们可以通过以下包含在《9 条特别建议》附件《解释性说明》（*Interpretative Notes*）中的两个条款注释来加以印证。

首先，关于《第 6 条特别建议：“替代性汇款体系”解释性说明》。我们引述这一项解释性说明表述如下：

“《9 条特别建议》第 6 条的目标是，确保司法机构始终把反洗钱和打击恐怖主义融资的措施强加给各种形式的货币汇兑系统或价值交换系统，尤其是那些在常规金融部门之外运作且目前不受反洗钱金融行动特别工作组约束的货币汇兑系统或价值交换系统，增加付款流程的透明度。本注解和建议强调，依据FATF相关建议，将所有正式或非正式货币汇兑系统或价值交换系统纳入某些最低法律法规范围内的必要性。”①

分析上述文字表述，尤其是我们加了着重号部分可知：《9条特别建议》的语言和语言强度已经超出于监管而具有司法强制意义。

其次，关于《对第7条特别建议“电汇”进行修正的解释性说明》。之所以列举这一条，是因为《对第7条特别建议“电汇”进行修正的解释性说明》文字表述，从一个侧面反映FATF大量使用了与此前文献表述不同的语言范式，或者说语言表述显示出了此前所没有的强度。

《对第7条特别建议“电汇”进行修正的解释性说明》一共分为七个部分，即：（A）目标（Objective）；（B）定义（Definitions）；（C）范围（Scope）；（D）跨境电汇（Cross - border wire transfers）；（E）国内电汇（Domestic wire transfers）；（F）非第7条约束范围（Exemptions from SR VII）；（G）电汇指令、中介机构和受益金融机构应尽职责（Role of ordering, intermediary and beneficiary financial institutions）；（H）对不遵守电汇规则和监管要求金融机构的执法机制（Enforcement mechanisms for financial institutions that do not comply with wire transfer rules and regulations）和15点解释，其中（B）至（F）部分属于定义性、界定性条文，（A）（G）两个部分属于执行性和指令性条文，以下我们具体翻译并列举第（A）和（G）两个部分。

- 目标（Objective）：

---

① FATF. Documents/IX Special Recommendations. [EB/OL]. http://www.fatf - gafi.org/documents/documents/ixspecialrecommendations.html. Page13. 作者译.

"开发第七条特别建议（SR. VII）其任务是：防止恐怖分子和其他罪犯不受限制地利用电汇手段来转移资金，并确保这种滥用行为发生时能够受到监测。其具体任务是确保电汇发起人的基本信息是即时和真实的，其作用在于：（1）有助于使用执法或检察力量侦查、调查、起诉恐怖分子或其他犯罪分子及追查恐怖分子或其他罪犯分子的财产；（2）便于金融情报机构分析可疑或异常的活动，并在必要时对这些信息进行传输；（3）使收款方金融机构方便识别和报告可疑交易……。"①

- 执法机制（Enforcement mechanisms）

"各国应采取适当的措施，有效地监管金融机构遵守电汇规定和电汇监管制度，且不遵守相关规则和法规的金融机构应受到民事、行政或刑事制裁。"②

阅读上述列举的两个部分文字可以很清楚地看到：FATF 在《9条特别建议》中，超出常规大量使用司法和执法类术语，这从一个侧面表明，在 FATF 整个制度机制的进展与深化中，建议标准所反映的惩治强度在不断增强。

三、《打击洗钱、恐怖主义和武器扩散融资国际标准》

2012 年 2 月，FATF 正式向全球发布了《打击洗钱、恐怖主义和武器扩散融资国际标准：FATF 建议》（以下简称《反洗钱国际标准》），这既是一次对《40 条建议》的修订，也是对 FATF 的核心制

① FATF. Documents/IX Special Recommendations. [EB/OL]. http://www.fatf-gafi.org/documents/documents/ixspecialrecommendations.html. Page16. 作者译.

② FATF. Documents/IX Special Recommendations. [EB/OL]. http://www.fatf-gafi.org/documents/documents/ixspecialrecommendations.html. Page19. 作者译.

度体系所做的一次有机整合。为了能够全面深刻理解 FATF 制度体系的这样一次进展与深化的重要意义，以下我们从修订和修订回顾入手，对这一新的标准体系做一个全面的讨论和分析。

（一）2012 年修订

如果我们把 2012 年发布的《反洗钱国际标准》，认定为对过去建议标准体系的一次修订，那么突出变化主要有哪些方面呢?

1. 文献名称修订回顾

截至目前，FAFT 的权威性文献《40 条建议》总共进行了三次修订和两次名称改变。

（1）第一次文献名称改变

第一次文献名称改变，发生于 1996 年对《40 条建议》的修订。1990 年第一版《40 条建议》拟定并公布实施时，其英文名称并不是今天所见到的名称，其英文标题是：*The Forty Recommendations of the Financial Action Task Force on Money Laundering*，这个文献名称没有副标题，而是直接将文献主体（FATF）、内容（ML）和文献体裁（Recommendation）全部包括在一个统一的名称之下。基于这样一种名称体裁，我们可以将这个名称直译成如下中文名称：《反洗钱金融行动特别工作组关于洗钱犯罪的 40 条建议》。

1996 年，FATF 对《40 条建议》进行了第一次修订，从《40 条建议》的外在表现来看，1996 年的这一次修订，同样是一次具有里程碑意义的修订，因为是在这一次修订后，这个建议标准体系的适用范围，才从七国集团和欧洲联盟内扩展到 FATF 所有成员国家及 FATF 的地区性组织。从当时的历史环境看，其修订后的发布范围本质上就是面向全球。这一次修订重要的变化就是将《40 条建议》的英文名称变更为 *The Forty Recommendations*。而原名称正文中的“反洗钱金融行动特别工作组”，成为正式版本封面的页眉。标题中不再把文献主体“FATF”和内容“洗钱”放在正式标题里。这个名称的改变对FATF进展的象征意义主要有两个方面：一是反映在经历了6年时间的发展后，“反洗钱金融行动特别工作组”作为国际反洗钱组织体系的核心组织，已为国际社会所熟知，并且已经与其建立的制度体系《40条建议》融为一体。在这样的历史前提下，已经没有必要在标题中突出表述文献主体机构。二是在1990年组建FATF和开发FATF制度体系时，其在文献标题中突出其核心内容“洗钱”，多少带有强化国际范围内对洗钱犯罪的认识。其实，到了1996年，这个在FATF机构名称中本已经得到凸显的核心内容，已经在世界范围内早已成为共识，所以，已经没有必要在《40条建议》标题强调或突出“洗钱”内涵，而且这也会成为文献名称追求简洁的累赘。

2003年修订，《40条建议》名称没有发生变化，而这与FATF制度体系在八年时间中的进展与深化是匹配的。正如我们在前面所作的进展与深化分析那样，2003年在1996年版本基础上的修订，其主旨在于根据洗钱形势变化包括洗钱方法和技术变化，以提高制度体系的明细水平和可操作水平为目标，对《40条建议》原有内容进行修订，有关我们对《40条建议》2003年修订所反映的进展与深化本质所做的上述评价，我们直接引述2003年版《40条建议》导言部分的下面一段话加以印证：

“随着反洗钱工作的开展，洗钱的方法和技术也随之发生变化，反洗钱金融行动特别工作组（FATF）注意到，近年来越来越多的复杂技术被用于洗钱活动，如利用法人掩饰非法收益的真正所有权，在清洗犯罪所得时寻求专业人士的协助和建议，等等，鉴于此，FATF结合所开展的‘不合作国家和地区名单（简称NCCTs）确定’工作，并参考一些国家和国际组织的反洗钱实践，对原有的《40条建议》进行了评估和修订，使之成为一个新的反洗钱和打击恐怖融资的综合性框架。”①

（2）第二次文献名称改变

2012 年，也就是最近一次修订中，FATF 变更了《40 条建议》名称，就是我们所说的“第二次文献名称改变”。这次名称改变比之于发生在 1996 年的第一次改变，不仅更加反映了时代发展的需要，同时在内涵进展上的反映，也表现得更加具有进步性。这一次的名称改变，既不是第一次《40 条建议》修订时，去掉文献名称“赘述”以彰显共识，也不是 2003 年《40 条建议》第二次修订时基于提高核心制度体系明细及可操作水平的宗旨。

经 2012 年修订后，FATF 制度体系核心文献《40 + 9 条建议》的主名称英文为：“The FATF Recommendations”，副名称英文则是：“International Standards on Combating Money Laundering and the Financing of Terrorism & Proliferation”。主名称直译为：《反洗钱金融行动特别工作组建议》。副标题直译则为：《打击洗钱、恐怖主义和武器扩散融资国际标准》。直观地与 2003 年版名称 *The Forty Recommendations* 以及 1990 年早期版名称 *The Forty Recommendations of the Financial Action Task Force on Money Laundering* 比较，有三个变化是显而易见的：

①主体回归

这里所说的回归，是指文献机构主体“反洗钱金融行动特别工作组”以缩写方式再次回到了正式名称内，是 1990 年版《40 条建议》文献名称的回归。

②隐去量词

新的文献已经去掉了 FATF 的这个核心制度文献的数量表述，这

① 公安部经济犯罪侦查局（译）．反洗钱金融行动特别工作组（40 条建议）［M］．北京：群众出版社，2003，第 2 页．

也是前两次修订所没有的。这显然与“40”这个数量词在经历了二十年的国际实践后，已经成为国际反洗钱权威文献不言而喻的代名词有关。

③具有深刻进展含义的副标题

这一次文献名称改变，最为值得引起我们重视，或值得理论界深入研究和分析的是，FATF 为这样一个权威文献加上了一个非常醒目，甚至多少有些令人振奋的副标题，即：《打击洗钱、恐怖主义和武器扩散融资国际标准》，因为，这一改变，包含了 FATF 制度体系发展过程中从未有过的重要内涵进展。

2. 框架修订回顾

文献框架修订，一直是 FATF 制度体系进展与深化的重要内容。比较于前两次修订，无一例外这个被称为《反洗钱国际标准》的最新制度体系的文献框架同样发生了改变。为了能够连续地了解文献框架的变化轨迹，我们对构架改变做一个简要回顾。

（1）前三个版本《40 条建议》框架及其修订

表 2－4 是我们针对前三个版本《40 条建议》的文献框架制作的一张架构标题内容对比表。表中列出了从 1990 年创建核心制度文献框架，到 2003 年第二次修订形成的新框架，对比分析后可做三个方面的归结：一是分部总体数量没有发生改变，始终为 4 个部分；二是分部的标题表述除第四部分“国际合作”外，其他分部的标题明细程度逐次提高；三是文献分布标题和说明特性逐次减弱，而指令特性逐次提升。

表 2－4　　前三个版本《40 条建议》各部分标题对比

1990 年版《40 条建议》	1996 年版《40 条建议》	2003 年版《40 条建议》
A. 总则（General Framework of the Recommendations）	A. 总则（General Framework of the Recommendations）	A. 法律体系（Legal Systems）

续表

1990 年版《40 条建议》	1996 年版《40 条建议》	2003 年版《40 条建议》
B. 改善国家反洗钱法律体系（Improvement of National Legal Systems to Combat Money Laundering）	B. 国家法律体系在反洗钱中的作用（Role of National Legal Systems in Combat Money Laundering）	B. 金融机构和非金融机构行业及职业应采取的防止洗钱和打击恐怖融资措施（Measures to be Taken by Financial Institutions and Nonfinancial Business and Professions to Prevent Money Laundering and Terrorist Financing）
C. 强化金融体系的作用（Enhancement of the Role of the Financial System）	C. 金融体系在反洗钱方面的作用（the Role of the Financial System in Combat Money Laundering）	C. 反洗钱和打击恐怖融资的制度性措施和其他必要措施（Institutional and Other Measures Necessary in Systems for combating Money Laundering and Terrorist Financing）
D. 加强国际合作（Strengthen of International Cooperation）	D. 加强国际合作（Strengthen of International Cooperation）	D. 国际合作（International Cooperation）

资料来源：FATF 官方网站：http：//www. fatf – gafi. org/documents/documents. jsp？lang = en. 作者译。

但是，这里值得将 2003 年修订单独提出来做深入分析。我们曾经在前面分析中提到过：从制度体系的内涵进展看，2003 年的进展是里程碑式的，原因在于这一次修订提高了文献的明细水平和可操作水平，其实，上述这一内涵进展在框架修订中同样表现出来，其具体表现有以下几个方面。

①合并原有内容

这一框架修订所产生的改变主要体现在 2003 年版《40 条建议》“A”分部，这一分部实际是在合并了 1996 年版《40 条建议》的“A”、“B”两个分部内容后形成的一个新的分部。并且不再按照通用性文献的表述“总则”来给分部的标题命名，而是直接以“法律体系”来体现 FATF 制度体系对于成员国首当其冲的制度环境要求（政治承诺）。

②扩展原分部涵盖范围

这一修订主要体现在2003年版《40条建议》的“B”分部，这一分部的内容是1996年版《40条建议》“C”分部的内容，但是，这一分部在原“C”分部基础上增加了以下两个方面内容：一是增加了承担洗钱治理责任主体。1996年以前的两个版本，涉及承担预防洗钱犯罪的主体主要是银行和非银行金融机构，而在2003年版建议中，增加了非金融行业和职业作为洗钱预防职责主体。这里的“非金融行业”，主要是指一些因经营高价值资产而易被洗钱滥用的行业，如宝石和贵金属交易、房地产、赌场等，非金融职业则是指律师、公证、信托、会计师等。二是洗钱犯罪打击主体增加，即增加恐怖主义融资作为打击对象。

③充实分部内容

从表2-4第三栏2003年版《40条建议》框架我们可以看到。“C”分部是一个全新的分部，标题为“反洗钱和打击恐怖融资的制度性措施和其他必要措施”。对比前两个建议版本，有关反洗钱监管措施内容，在1996年版《40条建议》中，其实是有部分阐述的，但是分别包含在原“C”分部和“B”分部中的。2003年框架修订后，这些原分散表述的内容，经过新内容充实后，共同组成了“C”分部。

2003年《40条建议》框架修订，将打击洗钱及恐怖融资的措施部分独立成为一个分部，以体现FATF核心制度转向重视操作和措施，这无疑是FATF制度机制的一个显著进展与深化。

（2）2012年：第三次框架修订

2012年2月，FATF正式发布了其第三次修订后的核心制度文献《打击洗钱、恐怖主义和武器扩散融资国际标准》，也就是本书简称的《反洗钱国际标准》。结合研究FATF年报可知，有关FATF的修订工作的筹备时间，实际始于2009年底和2010年初，为了宣传这次修订，FATF还在2009~2010年《FATF年报》中开辟了一个专门栏目，栏目的名称是“制定国际反洗钱/反恐融资标准”（Setting International AML/CFT Standards），副标题为："修订及厘清打击洗钱及恐怖融资全球标准和措施"，在这个专栏里，FATF 为其修订核心制度做了如下动员：

"打击清洗及恐怖融资工作必须是动态的，因此为了保持《建议》和《解释性说明》的有效性，我们需要对之进行定期审查回顾，如有需要，则对之进行修订。FATF 采取包容的态度制定和执行 FATF 标准，加强其成员、FATF 区域组织、国际金融机构（IFI）、其他观察员组织及私营部门之间的对话。"①

①修订后框架

表 2－5 是 2012 年公布的、也是最新的建议标准——《反洗钱国际标准》文献框架摘录和汇总，这是一个全新的建议文本框架，这一文献在文献结构上的改变，是前两次调整和修订所没有的。

表 2－5　　2012 年《反洗钱国际标准》框架

目次	分部标题
1	A. 反洗钱及打击恐怖融资政策和协调机制 （AML/CFT Policies and Coordination）
2	B. 洗钱与没收（Money Laundering and Confiscation）
3	C. 恐怖融资和大规模杀伤性武器扩散融资 （Terrorist Financing and Financing of Proliferation）
4	D. 预防措施（Preventive Measures）
5	E. 收益所有权透明度及法律协议所有权透明度 （Transparency and Beneficial Ownership of Legal Persons and Arrangements）
6	F. 主管部门权力与责任以及其他制度性措施（Powers and Responsibilities of Competent Authorities and Other Institutional Measures）
7	G. 国际合作（International Cooperation）

资料来源：http：//www. fatf－gafi. org/topics/fatfrecommendations/documents/fatf－recommendations. html. 作者译.

① FATF. Annual Report：2009～2010［R］. Financial Action Task Force on Money Laundering，2011，Page15. 作者译.

将表 2－5 所新修订后的框架结构，与历史上两次修订对比，除“国际合作”分部一直保留外，其他 6 个分部的标题与此前的三个版本比较已经焕然一新。其中除“C”分部属于因《9 条特别建议》融入和增加打击大规模杀伤性武器扩散融资而产生的独立分部外，其他共 5 个分部则是在原“A”、“B”、“C”三个分部基础上拆分、新增、重组而成。

②主要条款变动

有关这一次修订的内涵进展与深化我们将在后面做专题研究和分析，这里我们仅根据 2012 年版《反洗钱国际标准》正文部分的“新旧版本条款对比介绍”，简要对第三次框架修订进行特点分析：

首先，关于条款合并。与前两次修订一样，合并分部也是本次框架修订的一个重要体现。由于新的“建议”版本包含对《9 条特别建议》内容的整合，所以，我们将合并内容划分成“原条款合并”和“整合后合并”两个部分。基本情况是：《40 条建议》原条款合并共有 2 条，原《40 条建议》与《9 条特别建议》整合后合并为 3 条；

其次，关于条款重组。框架修订所进行的条款重组也可分为两个部分：一是原《40 条建议》内容重组，即原分部归属发生变化的条款。这部分涉及新版的《反洗钱国际标准》的大多数条款，这主要是新版《反洗钱国际标准》几乎完全重组了原分部结构。但是，这里分部调整较大的主要有新第 2 条（原第 31 条）、新第 35 条（原第 17 条）；二是原《40 条建议》与《9 条特别建议》重组。这主要涉及新第 5、第 6、第 7、第 8、第 14、第 16、第 20、第 32、第 36、第 37 共 10 条，其中除新第 5、第 6、第 7、第 8 总计 4 条为原《9 条特别建议》整体转移外，其余 6 条为原《40 条建议》相关条款与《9 条特别建议》的另外 5 条建议合并而成的新条款。

（二）一次重大整合

事实上，所谓 FATF 制度体系，在 2001 年 10 月《9 条特别建议》发布前，集中体现在《40 条建议》单一标准体系上，但是，从 2001 年《9 条特别建议》发布后，FATF 体系被人们表述为“40 + 9 条建议”，也就是说，FATF 核心制度体系上由两套相对独立的建议标准体系共同构成。从 2003 年第二次修订到 2012 年第三次修订，时间间隔为十年，十年的理论发展和实践发展，以及国际反洗钱领域的变化促成了这两个相对独立建议标准体系的整合。所以我们说，2012 年 FATF 核心制度修订是一次革命性的创举，原因在于两个方面，一是它预示着核心制度体系重新从分散的时代转向高度统一的时代；二是以 FATF 建议为标志的国际反洗钱制度体系，正式由所谓“建议”时代，跨入“国际标准”时代。

目前，国内还没有正式翻译这一最新《反洗钱国际标准》文本，对这一文献的研究相当有限，所以，在没有学术争论和讨论氛围之下，我们只能对这一次重大制度性整合做一点有限分析。

1. 整合基础

为什么在 2012 年修订后，此前的两个相对独立的建议标准体系能够有机整合成一个统一的标准体系呢？这需要对两个建议标准体系的区别与一致做深入分析。

（1）区别

《40 条建议》与《9 条特别建议》的显著区别主要有以下两个方面：

①对象针对性区别

所谓对象针对性，主要是指建议条款所表明的打击或控制的对象具有某种指定特性。众所周知，1990 年 FATF 开发和创建《40 条建议》时，对象指定非常明确，就是针对毒品上游犯罪所引致的洗钱犯罪。即使是经历了1996年和2003年两次正式修订，尽管对象针对领域有所扩展，但是，文本框架所表明的主旨仍然体现了传统《40条建议》以毒品犯罪为主体上游犯罪的指定特性。

而《9条特别建议》，从其公布的时间节点、文献框架和表述分析，无一不反映其非常明确和单一对象针对性，即集中针对恐怖主义活动所引致的恐怖融资犯罪。

②建议标准强度区别

1989年最初发起组建FATF组织体系时，七国集团和欧洲联盟首脑在讨论这一国际组织性质时，非常明确地提出：FATF仅仅是政府间合作组织，其工作目标旨在于为七国集团在打击与毒品犯罪相关的洗钱犯罪提供相关制度标准。这里我们分别在1996年版《40条建议》和1990年版《40条建议》中各引用一段话来说明FATF的最初组织功能定位，以及文献表述的强度状况。

首先，我们引用1996年版《40条建议》导言中的一段具有定性和定位意义的表述（公安部经济犯罪侦查局只翻译了这一版本的正文，未翻译导言部分）：

“反洗钱金融行动特别工作组（FATF）是一个政府间机构，其任务是针对那些为了掩饰非法本质而进行犯罪收益处置行为而开发和推广反洗钱政策，而这些政策的作用又在于防止这样一些收益在未来的犯罪活动被利用，并影响到合法的经济活动。”[①]

这段话中两处加重点号表明了机构定性和定位的初衷。从定性方面看，所谓“政府间机构”，表明FATF只是政府与政府之间的一种通过协议形式实现某种共同目标的机构，并不具有在任何独立司法管辖主体内部，强制性执行任何指令的能力。从定位看，所谓

① 公安部经济犯罪侦查局（译）．反洗钱金融行动特别工作组（40条建议）［M］．北京：群众出版社，2003，第99页．

“开发和推广”是一种相对温和、平等的执行语言。开发，是FATF完善自身功能属性的表达，推广，虽然可能涉及第三方，但所表达的不是强度较高的“贯彻”、“推行”或“执行”，这里所引用的是商业公平性或自愿选择性的温和词汇表达。

其次，我们引用1990年版《40条建议》第二部分“改善国家法律体系以打击洗钱犯罪”之下的第五条第一句话：

“各国应考虑扩大毒品洗钱犯罪定罪至任何与毒品犯罪有关联的严重犯罪……”①

分析这段归属于《40条建议》正文的表述，其中最重要的用语在于使用了“考虑”一词，避开使用“必须”或与必须同性质的词汇，甚至连具有“应该”词意的词汇都没有使用。

但是，在《9条特别建议》中，完全能够通过对用词的比较，看到与《40条建议》有着明显差异的强度反映。我们仅以《9条特别建议》的开头语为例：

“基于采取行动打击恐怖主义融资具有至关重要的意义，FATF已经批准以下建议，当这些建议与FATF《40条建议》结合应用时，即构成一个用于检测、预防和抑制资助恐怖主义和恐怖主义行为的基本框架。”②

分析这段表述，有两个英文用词，让我们体会到FATF在《9条特别建议》中使用了与《40条建议》强度不同的语言：一是英文“agree”，其直译词意是“赞同”、“同意”，这两种词意体现的是一种平等的意见表达。另一种表示有着层级关系情况下，上级对下级的一种表态，但在这里，由于这个文件是发布给成员国和FATF地区

---

① FATF. The Forty Recommendations of the Financial Action Task Force on Money Laundering: 1990 [R]. Financial Action Task Force on Money Laundering, 1990. 作者译.

② FATF. FATF Special Recommendations on Terrorist Financing [EB/OL]. http://www.fatf-gafi.org/documents/documents/ixspecialrecommendations.html. 作者译.

性组织遵守的，因此译“批准执行”更为符合前后文的意思，这个用词在三个版本的《40 条建议》中，尤其是定性和定位性表述中没有使用过；二是英文“vital”，这个英文形容词在描述事物状态上具有顶级程度，也就是说一般是在程度级别最高情况下使用，汉语翻译过来，即为“至关重要”、“生死攸关”。根据双解词典，“vital”的英语词意被解释为：“urgently needed”、“absolutely necessary”，这样的词意显然反映的是一种强度较高的意思。

此外，根据 FATF 主要文献的基本模式，两个建议标准均在开篇位置确立文献的法理依据，因此在建议的第一条均要写入建议标准与联合国相关公约之间的关系。我们这里不妨比较一下这两个条约在同一内容上的不同用语。

2003 年版《40 条建议》第 1 条第 1 段：

“各国应根据《联合国禁止非法贩运麻醉品和精神药物公约》（以下简称《维也纳公约》）和《联合国打击跨国有组织犯罪公约》（以下简称《巴勒莫公约》）的规定，将洗钱行为规定为刑事犯罪。”①

2001 年《9 条特别建议》第 1 条第 1 段：

“各国家应立即采取措施，批准和全面履行 1999 年联合国《制止向恐怖主义提供资助的国际公约》。”②

两条建议内容引用的加重点号部分，是两个建议中同一内容的用语对比，很显然，《9 条特别建议》建议标准的执行强度，大大高于 2003 年版及以前各版《40 条建议》。

（2）相同

① 公安部经济犯罪侦查局（译）．反洗钱金融行动特别工作组（40 条建议）［M］．北京：群众出版社，2003，第 3 页．

② FATF. IX Special Recommendations［EB/OL］．http：//www. fatf – gafi. org/documents / documents/ixspecialrecommendations. html. 作者译．

比较之下，《9 条特别建议》与《40 条建议》的相同之处集中在有关金融领域反洗钱监管，或洗钱对金融技术和金融系统滥用方面。2003 年版《40 条建议》中用了整个"B"分部，即："金融机构和非银行业及专业人士应采取的反洗钱和打击恐怖融资措施"一共 20 条（第 5 至第 25 条），占据整个正式建议文献 50% 还多的版面，专门就防止滥用金融系统和金融技术进行定义和表述。而从《9 条特别建议》看，也同样有大量与恐怖融资相关的对金融技术滥用的定义和表述。根据内容的近似性进行划分，相关表述共有 6 条之多，分别是：

第 3 条："冻结和没收恐怖分子资产"（Freezing and confiscating terrorist assets）；

第 4 条："报告与恐怖主义相关的可疑交易"（Reporting suspicious transactions related to terrorism）；

第 6 条："替代性汇款（或非正规渠道汇款）"（Alternative Remittance）；

第 7 条："电子汇划"（Wire transfers）；

第 8 条："非营利机构"（Non - profit organizations）；

第 9 条："现金运送"（Non - profit organisations）。

如果再对这 6 条进行金融特性上的程度划分，只有第 8 条稍微间接，其余 5 条属于纯粹针对滥用金融系统和金融技术的表述。而这就是与《40 条建议》具有相近或相同本质的建议内容。当然，这也是《反洗钱国际标准》对两个建议标准体系进行有机整合的基础。事实上，在 2012 年修订调整后的"导言"部分，FATF 所做的介绍也证实了这样一种整合基础：

"对恐怖主义融资实施打击是非常具有挑战性的。一般来说，对于解决恐怖主义融资而言，一个有效的反洗钱及打击恐怖融资系统至关重要，为实现这一点，我们取消了最初集中反映恐怖主义融资的这部分特别建议，并将其整体整合到了现有条款中。但是，有一些建议对于解释恐怖融资具有唯一性，因而我们在新版《FATF 建议》中单独开辟了专门章节‘C’予以罗列。”①

2. 整合的重大意义

2012 年第三次制度体系的修订最重要的进展，就是对两个相对独立的建议标准进行了整合。研究整合后的《反洗钱国际标准》其具体进展与深化主要有以下几个方面。

（1）整体性

我们翻开 FATF 的建议标准体系发展历史可以知道，在 2001 年以前，FATF 核心制度体系本身就体现在一个统一的《40 条建议》基础上，但 2001 年美国“9·11”事件爆发，1989 年以来逐渐形成的恐怖主义，突然间从过去在国际政治范围内颇受政治争议的事物，上升到成为人类文明尤其是成为破坏人文底线的重大国际问题。世界终于放弃无谓的争议，形成了必须对恐怖主义活动实施打击的共识。而 FATF 也就是在这样特殊历史条件下，从预防和控制洗钱出发，开发了专门针对恐怖主义融资的《9 条特别建议》，并使之成为世界反恐的一个组成部分。所谓以反恐为前提的 FATF 反洗钱制度，实际上是以“9·11”那样一个突发和特殊的国际事件为背景建立起来的。在那样一个国际形势下，FATF 来不及对制度机制的统一性和整合性做深入的思考。

但是很显然，无论是刑事犯罪洗钱或恐怖融资洗钱，均与金融系统和金融技术滥用紧密关联，这就注定这两个相对独立的建议标准体系是完全可以、也应该整合在一起，以形成高度统一的 FATF 制度体系和制度机制，2012 年的修订，最终完成了这次历史性整合。

（2）可操作性

① FATF. The FATF Recommendations – 2012［R］. Financial Action Task Force on Money Laundering, 2012. page8. 作者译.

从修订后的制度框架分部结构看，新版《反洗钱国际标准》的操作特性有了进一步提升，这主要表现在两个方面：一是扩大了反洗钱及打击恐怖融资和武器扩散融资的措施和对策描述，一共七个分部，除“A”、“C”两个部分仍然保持着以“定义”和“定位”表述为主外，其余五个部分基本是对相关措施、政策和操作的界定。

此外，我们针对性地对“C”分部进行专门研究发现：除了表达对洗钱、恐怖主义和武器扩散融资制裁或监管的政策性前提和法理依据外，其实也包含着措施表述，这里我们直接引用《反洗钱国际标准》第7条后半段表述加以印证：

“……各国应根据这些决议（联合国安理会决议）要求，毫不犹豫地冻结这些资助武器扩散的资金或其他资产，并确保没有任何个人和特定机构实体的资金和其他资产及其收益，直接或间接地资助大规模杀伤性武器扩散，以确保基于《联合国宪章》第七章而成立的联合国安理会的应有权威得以维护。”①

其中重点号部分，就是可归属在资产冻结措施章节里，是典型的措施表述。

（三）机制进展与深化

前述我们讨论了2012年修订所展现的制度体系的框架进展和整合意义，但这仅仅是FATF制度体系进展与深化“外在化”的进展，而更重要的是2012年的修订使得FATF核心制度体系的进步性同样取得了重大进展。

1.“国际标准”进步性

① FATF. The FATF Recommendations – International Standards on Combating Money Laundering and the Financing of Terrorism & Proliferation［R］. Financial Action Task Force on Money Laundering, 2012. Page13. 作者译.

我们曾经分析说到，FATF 在全世界范围推行遵循和实施反洗钱和打击恐怖融资的威权性文献，其进展与深化始终与 FATF 这样一个国际组织机构所取得的进展紧密关联。也就是说，FATF 的组织体系及其效率得到国际社会普遍认同，与其建立起来的制度体系在国际反洗钱监管实践中发挥越来越重要的作用之间是一种相互促进的关系。但是，在 2012 年制度体系修订之前，FATF 的核心制度是以“建议”体裁来表述的，这个用所谓“建议”来表述的制度体系，最初是与 FATF 作为“政府间非强制约束国际组织”的组织特性相匹配的，二者均反映了相对“中性”的“推广”或“推行”意义，“建议”一词本身的文献内涵所展示的强度，基本反映的是行为主体可以在“执行”与“不执行”之间自由选择。

2012 年的这一次修订，虽然文献的主标题仍然是《FATF 建议》，但所增加的副标题，即《打击洗钱、恐怖融资和武器扩散融资国际标准》，“标准”一词的文献内涵所展示的强度，在“执行”选择上已不再包含任何余地，作为“国际标准”来发布其核心制度，等同于向全世界宣布：国际反洗钱监管的制度体系从“FATF 提出建议”时代，跨入“FATF 提供国际标准”时代。作为国际组织的制度机制的表述，“国际标准”与“工作组建议”其意义是截然不同的。

（1）整体强度进一步提高

对《反洗钱国际标准》进行逐条阅读，我们还可体会到，2012 年修订后除在文件名称上使用了执行强度较高的“国际标准”用语外，还在整合和调整制度体系内容的基础上改变其作为核心制度的机制特性，而这个改变的主要表现就是配合文献名称改变，提升和彰显了制度的表述强度和执行强度。有关这一点，可以在新旧建议文本的对照阅读中深刻体会到。

（2）技术内涵更加臻于完善

从 FATF 制度体系进展的整个过程看，从 1996 年第一次修订以来，FATF 一直注重提高其核心制度的操作性表述，到 2012 年修订，制度性文献中技术和可操作性表述已经达到相当的比重。在 2012 年前的两次修订中，FATF 虽然在反洗钱监管措施完善方面上给予了极大关注，并为之大规模投入专家智力，但是由于 FATF 制度完善必须有一个渐进的过程，加之国际社会洗钱犯罪在领域上、种类上以及洗钱犯罪的危害本质上都仍然在发生着深刻变化，而这些基础性内容变化决定着 FATF 对《建议》标准的修订，仍然需要在犯罪的定义和定性、洗钱治理的司法和监管环境方面投入大量的专家智力。在这样一种背景下，FATF 并没有把技术和措施标准内容的完善放在首位。而 2012 年修订，FATF 大幅度强化了技术和操作性表述。有关这一点，我们可以引用《反洗钱国际标准》“导言”的一段话来加以证明：

“最初于 1990 年起草制定的 FATF《40 条建议》，其主要宗旨是打击那些滥用金融系统以清洗毒资的人。后于 1996 年进行了《建议》的第一次修订，这次修订主要是适应洗钱趋势和洗钱技术不断变化，以及洗钱犯罪范围已远远超出了毒资清洗的情况。2001 年 10 月，反洗钱金融行动特别工作组授权，扩大到了处置与恐怖行为和恐怖组织相关的资金问题，并创建了包含采取重大措施在内的、对恐怖主义融资活动进行打击的《8 条特别建议》（后来扩大到 9 条）。2003 年，反洗钱金融行动特别工作组对《40 条建议》进行了第二次修订，修订后的《40 条建议》连同《9 条特别建议》，获得超过 180 个国家和地区的认可，并成为举世公认的反洗钱和打击恐怖主义融资（AML / CFT）的国际标准。”①

① FATF. The FATF Recommendations International Standards on Combating Money Laundering and the Financing of Terrorism & Proliferation [R]. Financial Action Task Force on Money Laundering, 2012. Page 7. 作者译.

这段话其实表达了此前两个版本《建议》文献所没有的内容：一是间接表达了联合国对FATF在反洗钱监管方面的授权；二是强调洗钱犯罪趋势不断发展前提下，反洗钱监管措施强化的重要性；三是间接强调了“建议”转向“国际标准”。有关第二点，我们还可以引述导言中的另一句话：

“随着成员国第三轮互评最终完成，反洗钱金融行动特别工作组在与FATF区域机构（FSRBs）以及包括国际货币基金组织（IMF）、世界银行（WB）和联合国（UN）在内的观察员组织密切合作的基础上，重新审查和更新了FATF建议。此次修订在确保《建议》稳定和严谨的基础上强调新出现的威胁，对许多现有责任进行了澄清和强化。”①

上述这段话，除间接反映第二个推定内容外，同时还推定2012年修订制度体系的如下三个方面认识基础：第一，对于FATF整体组织体系和制度机制来说，所谓第三轮成员国互评完成，应该是FATF制度体系修订的一个重要时间节点。第二，经过众多国际监管机构共同重新审定，核心制度追求“必要稳定和严谨”，没有立即直接以“国际标准”来取代“建议”。第三，从我们所加的着重号部分看，依据新出现的威胁，强化责任澄清是制度修订的一个重要方面，而责任澄清，正是技术和操作性提高的认识前提。

2. 授权强化

2012年修订后的《反洗钱国际标准》还反映了FATF制度机制的另外一个重要进展，即FATF组织体系接受国际社会授权正在不断正轨化。FATF最初仅仅是由七国集团和欧洲联盟发起的政府间非约束、非授权国际组织，但在经历二十年发展后，开始转为：范围涵

① FATF. The FATF Recommendations – International Standards on Combating Money Laundering and the Financing of Terrorism & Proliferation［R］. Financial Action Task Force on Money Laundering, 2012. Page 8. 作者译.

盖全球、接受明确授权和洗钱领域国际标准的制定主体和监督执行主体。上述组织体系和制度机制的重大进展与深化，均与联合国安理会的两次授权有关。

而我们要强调的是，FATF 国际反洗钱监管体系，包括组织体系和制度体系接受安理会授权，与最初以联合国相关公约作为法理依据而发起建立组织及制度体系相比，其意义是完全不同的，前者是七国集团的自发行为，而后者则表明，FATF 体系已成为国际犯罪裁制体系的一个组成部分。

研究 FATF 文献可知，从 2001 年反恐问题被纳入联合国安理会决策机制的决策范围以后，FATF 制度机制开始转向接受联合国最实质性决策主体——安理会的授权。

（1）第一次授权：打击恐怖主义融资授权

FATF 接受联合国安理会第一次授权来自国际反恐，主要体现在《9 条特别建议》中，FATF 对于成员国在遵守联合国国际公约和执行联合国安理会决议问题上，首次进行了强度较高的约束性表述，这里我们直接引用《9 条特别建议》第 1 条（SRI）：

“各国应该立即采取措施确保并全面执行 1999 年联合国《制止向恐怖主义提供资助的国际公约》；

各国还应该立即执行联合国关于防止如制止恐怖主义融资活动决议，尤其是联合国安理会 1373 号决议。”①

在《9 条特别建议》中，我们并没有直接看到“授权”表述。但是，《9 条特别建议》的授权本质，却可以从 2012 年修订后的《反洗钱国际标准》的导言部分得到间接证实。以下我们引述一段话来对上述分析结论加以印证：

“……2001 年 10 月，反洗钱金融行动特别工作组授权扩大到了

① FATF. FATF IX Special Recommendations [EB/OL]. http://www.fatf-gafi.org/documents/documents/ixspecial recommendations. html. Page 2. 作者译.

处理与恐怖行为和恐怖组织相关的资金问题，并创建了包含采取重大措施在内的、对恐怖主义融资活动进行打击的《8条特别建议》（后来扩大到9条）。”①

这一部分表述在原文英语中使用了“mandate”一词，这在过去的文献中是没有过的。“mandate”一词的权力转移和委托内涵虽然没有“authorize”那样强烈和显著，但是，从英文词意解析来看，其“授权”和“委托批准”的内涵却是毫无疑义的。而且，根据《柯林斯高阶英汉双解词典》词意解释和分析，“mandate”作为名词，其“授权”词意的词源背景是：“政府或经选举组建机构的授权”其英文解释是：“If a government or other elected body has a mandate to carry out a particular policy or task, they have the authority to carry it out as a result of winning a election or vote.”翻译这段英文词意解释，其大意为：

“如果一个政府或其他选举机构受托实施一项特别政策或任务时，他们即获得执行权，并且，这种执行权力是作为赢得选举和投票的结果来看待的”。

这段话表明：“mandate”所规定的“授权”词意，是包含倾向于后者的特指，也就是说，“mandate”更倾向于运用于“经选举的机构主体”的授权。而联合国这样的组织机构，其在“经选举”这一特性上的表现，甚至比任何真正意义上的民选政府更突出，我们完全可以推测，这就是FATF没有使用“authorize”，而使用“mandate”的真正原因。所以，我们可以说，在文献中使用“mandate”而不使用“authorize”，不仅没有减弱和降低“授权”内涵，反而使词意在“授权”内涵表达上与“联合国”这样的国际组织特性更加

① FATF. The FATF Recommendations – International Standards on Combating Money Laundering and the Financing of Terrorism & Proliferation [R]. Financial Action Task Force on Money Laundering, 2012. Page 7. 作者译.

匹配。

（2）第二次授权

与FATF制度机制相关的联合国安理会第二次授权，主要是指关于在原《40+9条建议》制度机制基础上，增加了“打击大规模杀伤武器扩散融资”相关内容。其文献具体反映的是2012年修订后的《反洗钱国际标准》第7条：

“各国应遵照联合国安理会关于防止、制裁和消除大规模杀伤性武器扩散及其融资的相关决议规定执行特定金融制裁。根据安理会的相关决议要求，各国应毫不迟疑地冻结相关资金和资产，应确保任何利益体、个人和由本机构、权力机关，或联合国安理会依据于《联合国宪章》第七章规定而指定的机构实体，不直接或间接为大规模杀伤性武器扩散提供资金和其他资产。”①

很显然，在这一正式条文中，两次直接陈述了新内容与联合国安理会或会议决议关联的基本事实，这实际非常明确地表达了其接受联合国安理会授权的意思。此外，有关这一点，我们从前述引用的2012年修订版《反洗钱国际标准》的“导言”部分关于授权的表述，实际也能看到与联合国安理会授权相关的内容。我们这里同样可以引用《反洗钱国际标准》的“导言”部分中的一段话证明上述分析结论：

“大规模杀伤性武器的扩散也是一个重大的安全问题，并且，在2008年时，FATF的授权就已经扩大到了处理大规模杀伤性武器扩散融资问题。”②

3. FATF功能扩展

① FATF. The FATF Recommendations - 2012 [R]. Financial Action Task Force on Money Laundering, 2012. Page 13. 作者译.

② FATF. The FATF Recommendations - 2012 [R]. Financial Action Task Force on Money Laundering, 2012. Page 8. 作者译.

有关FATF功能扩展，主要就是上述提到的增加了“打击大规模杀伤性武器扩散融资”。根据对《反洗钱国际标准》“导言”部分的分析，事实上，这个授权在2008年就形成了，而2012年的修订只是将这个授权内容正式的地纳入了FATF制度文献。尽管明确的授权文献我们没有查到，但是，我们对与之关联的一些国际文献资料进行分析，仍然能够更清晰地看到FATF核心制度功能扩展的授权存在。

（1）“1540委员会”

根据相关文献介绍，安理会《第1540号决议》，即《防止大规模杀伤性武器扩散决议》是2004年4月29日通过的，这个决议要求各国制定并有效执行法律，禁止非国家行为者特别是恐怖分子制造、获取、拥有、开发、运输、转让和使用核、生物、化学等大规模杀伤性武器及其运载工具。决议还要求各国有效控制能制造上述武器的材料，建立对边界和运输的有效控制，并通过国际合作，防止非法走私大规模杀伤性武器及其运载工具①。联合国安理会《第1540号决议》，代表了一种新的全球协调模式。与传统“志愿同盟”模式所不同的是，这个决议针对研发和实施阻止大规模杀伤性武器扩散的办法或措施要求，为所有的国家提供了一个操作性很强的框架。《第1540号决议》面对联合国所有成员国，第一次建立了一种强度较高的约束，即约束各成员国履行义务，遏制通过任何手段来支持非政府行为者生产或获得大规模杀伤性武器（WMD），并视任何向非政府行为者提供大规模杀伤性武器（WMD）的行为为违法，要求各成员国加强国内对大规模杀伤性武器的运输、相关材料和资助扩散行为的有效控制，借此提高对1540号决议的认识。

为了贯彻《第1540号决议》相关决定，安理会决定设立一个专

① 人民网．联合国安理会通过防止大规模杀伤性武器扩散决议［EB/OL］．http：//www. sina. com. cn，2004-04-29.

门委员会，即“1540 委员会”，由这个委员会来监督未来两年内《第 1540 号决议》的执行情况。同时，由于《第 1540 号决议》对各成员国所具有强约束性的本质，因此，要求各国在决议正式通过后的 6 个月内，向安理会下设的这个“1540 委员会”提交执行决议的情况。这个“1540 委员会”最初确定的存续期是 2 年，但是根据相关文献反映，联合国一共三次通过决议延长这个委员会存续期。2006 年，在这个委员会第一存续期满，决定将第二存续期延长至 2008 年，同时，我们从以下一段话推断，在 2008 年时，安理会第三次延长这个委员会的存续期：

“2008 年 4 月 25 日，安理会再次确认了决议（《第 1540 号决议》），并引导委员会（‘1540 委员会’）加强它的实施力度”[①]。

2011 年 4 月 20 日，联合国安理会第 6518 次会议通过《第 1977（2011）号决议》。《第 1977（2011）号决议》是一个与《第 1540 号决议》紧密相关的决议，其重要关联主要体现在两个方面：

①内容关联

这里之所以说内容关联，是因为《第 1977（2011）号决议》在对恐怖主义威胁和非国家行为者有可能获得、开发、贩运或使用核生化武器及其运载工具表示继续严重关切，针对这个问题还做了三个方面的“重申”，而这三个方面的“重申”均与《第 1540 号决议》的内容紧密相关：一是重申核武器、化学武器和生物武器及其运载工具等这样一些具有大规模杀伤性质武器的扩散，对国际和平与安全构成威胁；二是重申所有成员国都必须在军备控制、裁军和不扩散大规模杀伤性武器及其运载工具方面充分遵守义务和履行承诺；三是重申了根据《联合国宪章》尤其是宪章第 7 章《对于和平之威胁、和平之破坏及侵略行为之应付办法》所规定的职责，安理

① 关福君．联合国安理会第 1540 号决议［EB/OL］．http：//mil. sohu. com/20090212/n262 200011. shtml.

会可采取适当、有效的行动应对核生化武器及其运载工具的扩散给国际和平与安全带来的威胁。

②规制关联

在安理会《第1977（2011）号决议》中，直接对《第1540号决议》贯彻产生影响的规制性关联内容主要有两个方面：

首先是高度认可和承认《第1540号决议》的相关内容，并因此而承诺继续向“1540委员会”提供专家协助。

其次是第三次延长“1540委员会”的存续时间。其具体表述是：

“《第1977（2011）号决议》认可《第1540号决议》所设委员会（以下简称‘1540委员会’），及其按照既定工作方案所开展的工作，并同时依据《联合国宪章》第7章授权，作出如下决定：把‘1540委员会’的任务期限延长10年，直至2021年4月25日。”①

这就是上述所分析到的，联合国安理会第三次延长“1540委员会”的使命期的具体法理依据。

（2）关联性授权表述

到目前为止，与大规模杀伤性武器扩散相关和正式公布、也是最具有权威性的安理会决议主要就是上述所提到的2004年的《第1540号决议》和2011年的《第1977（2011）号决议》。

①《第1540号决议》

《第1540号决议》是联合国安理会的第一个约束强度达到规定各国必须履行义务水平的决议。我们知道，在国际领域要在任何一个通过协商机制或选举投票方式实现职责的公平机构中贯彻执行约束性决议，都是有相当难度的，同时也是有着主观和客观不现实性的。也正是因为这一客观背景，安理会才专门为之建立了“1540委

① 潘春娟．联合国安理会通过“不扩散大规模毁灭性武器”的第1977（2011）号决议［J］．中国航天，2011，06.

员会”。有学者把因贯彻《第1540号决议》而组建的“1540委员会”比喻成为一个“交易所”[①]，这是因为虽然有些国家有办法通过自己或者稍许的外部帮助，就可以完成《第1540号决议》所规定的义务，但是在当时历史条件下，还有很多国家因为能力有限，而需要外部提供重大的协助才能完成所规定的义务，而这种协助不可能是由国与国之间的一对一帮助来完成，而这就需要由“1540委员会”来实现。

以贯彻安理会决议规定义务为前提，各国间差别主要表现在以下几个方面：账目，人体保护，法律增强，边界控制，出口和运输控制等，其中还有一个最为重要的方面便是金融控制。而“1540委员会”则需要在上述这些方面为那些有完全履行义务意愿，但国内的确存在措施环境和条件限制的成员国提供帮助，而这种资助甚至包括由“1540委员会”从中协调他国资源或技术来完成。包括：能力建设和提高受助国、国际和地区性组织、多边出口控制权，非政府组织和学术界等这些不同角色履行决议义务的能力，其具体的做法就是制定具有创新内涵的战略，这个战略的具体内容就是通过宣传和援助，协助国家和相关国际组织制定统一的行动计划和路线图，以直接提高各国和各相关国际组织的能力，以实现《第1540号决议》所规定的各项目标。这就是在《第1540号决议》实施4年之后的2008年，安理会基于实施《第1540号决议》将会是个长期的并且需要长远政治共识和尽可能的最大范围国际合作的现实，在当年的4月25日通过文献方式确认了《第1540号决议》和“1540委员会”。

根据2012年FATF修订后的《反洗钱国际标准》导言部分的表述，所谓2008年FATF接受授权，应该就是跟这次安理会的对《第

---

① 关福君．联合国安理会第1540号决议［EB/OL］．http：//mil. sohu. com/20090212/n262 200011. shtml.

1540号决议》再次确认有关。因为“1540委员会”的援助中，重点就是国际组织，并通过这些国际组织向执行能力有缺陷的国家提供支持，而所有的支持内容中最为重要的一环就是金融控制。

根据对《第1540号决议》文献的具体分析，该《决议》在“根据《联合国宪章》第七章采取行动”一段下所列的第1、第2、第3点，均对关于大规模杀伤性武器扩散的“资助”或支持进行了如下表述：

第一，在第1点中，明确不对大规模型杀伤性武器扩散提供“任何形式的支持”。

第二，在第2点中。明确：“禁止企图从事上述任何活动、作为共犯参与这些活动、协助或资助这些活动的图谋。”

第三，在第3点中，我们直接引用二级分类的（d）目表述如下：

“（d）对这些物项的出口和转口建立、制定、审查和保持适当、有效的国家管制，包括适当的法律和条例，以管制其出口、过境、转口和再出口，管制为这种出口和转口提供资金和服务，例如有助于扩散的融资和运输，以及建立最终用户管制；并对违反这种出口管制法律和条例的行为制订和实施适当的刑事或民事惩罚。”①

上述加着重号的表述是原文直接引用，很显然，在安理会《第1540号决议》中，有关对大规模杀伤性武器扩散的资金资助问题，提出了明确的控制性义务要求。而在2008年后的国际金融监管环境下，贯彻这一控制的最为有效的国际机构就是FATF。

②《第1977（2011）号决议》

安理会《第1977（2011）号决议》是在2011年4月20日安全理事会第6518次会议上通过的，时间正好先于FATF对原《40条建

① 关福君．联合国安理会第1540号决议［EB/OL］．http：//mil. sohu. com/20090212/n262 200011. shtml. 第2页．

议》的修订。为了便于理解《第1977（2011）号决议》的具体内容与FATF机制之间的关联关系，以下我们就《第1977（2011）号决议》文献中与大规模杀伤性武器扩散融资相关表述作的原文引述分析如下：

第一，洗钱内涵表述：重申《第1540号决议》中“资助”行为定义。在《第1977（2011）号决议》的“根据《联合国宪章》第七章采取行动”分部之下的“执行”项下，第9条表述是：

“尤其应列入该决议第1、第2和第3段所涉及的所有方面，涵盖：（a）衡算，（b）实物保护，（c）边境管制和执法努力，（d）国家对出口和转口实行的管制，包括对为此种出口和转运提供的资金和筹资等服务实施管制；必要时列入小组工作的具体重点，同时考虑到每年12月底前在专家组协助下编写的《第1540（2004）号决议》执行情况年度审查报告。”①

从上述文献我们看到，在（d）目之下，几乎是全文引述《第1540号决议》的表述。

第二，间接授权表述：呼吁相关国际组织执行《第1540号决议》。在《第1977（2011）号决议》的“根据《联合国宪章》第七章采取行动”分部之下的“与国际、区域和次区域组织的合作”三级项下，第18条表述是：

“请有关国际、区域和次区域组织，最迟在2011年8月31日指定并向1540委员会提供执行《第1540（2004）号决议》的联络或协调机构；并鼓励它们就执行《第1540（2004）号决议》的技术援助和其他所有相关问题，与1540委员会加强合作和分享信息。”②

---

① 联合国安全理事会．第1977（2011）号决议［EB/OL］．http：//www. un. org/chinese/aboutun/prinorgs/sc/sres/2011/s1977. htm，2011-04-20. 第4页．

② 联合国安全理事会．第1977（2011）号决议［EB/OL］．http：//www. un. org/chinese/aboutun/prinorgs/sc/sres/2011/s1977. htm，2011-04-20. 第5页．

这段话中所指的“国际、区域和次区域组织”实际就涵盖了FATF。这就是说，安理会以《第1977（2011）号决议》在为贯彻《第1540号决议》的主题下，对各相关的国际、区域或次区域组织是提出了要求的，而FATF机制就在这个要求的指定范围。

第三，指定授权：明确FATF在违法资助控制方面的地位。《第1977（2011）号决议》前述“重申”、“考虑”、“关注”部分的第17段表述如下：

“注意到国际社会为充分执行《第1540（2004）号决议》，包括为防止资助扩散活动，做出的努力，并考虑到反洗钱金融行动特别工作组（FATF）的框架所提供的指导。①”

这是在联合国安理会的决议文献中明确看到的、与FATF组织体系和制度机制直接相关的内容表述。并且，从我们对内容的列举看，也很自然地将2012年修订后的《反洗钱国际标准》中的法理依据，与联合国安理会授权的表述直接关联起来。

FATF的组织体系和制度机制得到联合国安理会明确授权，这是我们应该充分注意到的一个重大进展。因为它标志着以FATF为主导的国际反洗钱体系，与联合国之间的关系发生了根本性改变！

4. 协调机制

“协调”作为FATF反洗钱监管机制中的一个组成部分，其重要性在2012年《反洗钱国际标准》中得到提升的这一问题，我们主要从以下两个方面作分析求证。

（1）进展与深化

如果我们把FATF机制中的“合作与协调机制”划分为“国际合作”和“国内协调”两个相对独立的单元，那么，下面我们对1990年、1996年和2003年三个版《40条建议》文献做对比分析，

---

① 联合国安全理事会. 第1977（2011）号决议［EB/OL］. http：//www. un. org/chinese/aboutun/prinorgs/sc/sres/2011/s1977. htm，2011－04－20. 第2页.

即可清晰透视其进展与深化。

①1990 年版《40 条建议》

1990 年版《40 条建议》有关合作与协调机制的内容，主要反映在以“加强国际合作”（Strenthing of International Cooperation）为标题的“D”分部，而没有单列条目来强调和反映。从内容看，这个分部目标包含如下两个二级标题和 4 个三级标题：

• 政府间合作（Administrative Cooperation）

（a）一般资料交流（Exchange of general information）

（b）可疑资料交流（Exchange of information relating to suspicious transactions）

• 司法合作（Cooperation Between Legal Authorities）

（a）没收、互助和引渡合作的基础和手段（Basis and means for cooperation in confiscation, mutual assistance and extradition）

（b）促进洗钱问题互助的重点（Focus of improved mutual assistance on money laundering issues）

1990 年版《40 条建议》“D”分部共涵盖 10 条内容，且从各条内容分析，其在合作范围上的相关表述和表述要求均反映为与“D”分部的标题完全一致的所谓“国际合作”。这就是说，在 1990 年《40 条建议》中，国内协调机制并没有作为一个内容加以考虑。

②1996 年版《40 条建议》

对比 1990 年版《40 条建议》，1996 年的修订，除了内容增加和丰富相关操作表述外，文献框架并没有太大改动。其中，与合作或协调机制相关的内容安排和表述改动更小。首先，“D”分部的标题仍然是：“加强国际合作”，其次，所涵盖的共 10 条建议的总范围也没有发生改变。唯一有调整的地方是将原有的二级分类标题“司法合作”调整改变为“其他合作”（Other Forms of Co - operation）。虽然标题发生改变，但在这个二级分类标题下的三级分类内容并没有发生改变。

国内有关《40 条建议》的唯一正式出版文本，是公安部经济犯罪侦查局翻译、并由群众出版社于2003 年出版的《反洗钱金融行动特别工作组 40 条建议》。但恰好在这个版本中，这一部分修订内容的翻译出现了失误，经过与在 FATF 网站上公布的原版英文对比，这部分的翻译错误出在：将原本只有 2 个二级标题分类，误译为 3 个三级标题分类。"促进洗钱问题互助的重点"（Focus of improved mutual assistance on money laundering issues），在原文中是归属在二级分类标题"其他合作"（Other Forms of Co－operation）之下的，而在公安部经济犯罪侦查局的译本中，这部分被误译成为与"其他合作"并列的二级分类标题，从而使原文"D"分部的 2 个二级标题分类，变为 3 个二级标题分类。

即使是公安部经济犯罪侦查局误译了分类标题，但从内容对比上，1996 年《40 条建议》与 1990 年《40 条建议》比较，两者在"合作与协调机制"方面的内容没有实质性调整的结论也并不受影响。

③2003 年版《40 条建议》

2003 年版《40 条建议》与前两版《40 条建议》对比，"合作与协调机制"相关进展与深化，主要反映在两个方面：

首先是"D"分部的文本结构发生较大改变。归纳起来，一直作为表述 FATF 制度机制中的合作机制的"D"分部，其重大文本结构改变主要表现在以下几个方面：一是标题改变。2003 年版《40 条建议》仍然是以"D"分部来反映"合作或协调机制"相关内容，但标题由前两版的"加强国际合作"改变为"国际合作"。分析这一改变，表明前两版标题因为有"加强"（Strengthening）动名词作前缀，使得标题具有行为强调和动态表述特性，而调整后的标题，不再有行为强调和动态特性，表明与这一标题相关的内容已升级成为常规性内容。二是条款总量改变。前两版《40条建议》“D”分部的共占11条建议文献资源，即从30条到第40条，而2003年版《40条建议》减为6条。经分析，尽管“D”分部减少了条数达5条之多，但与1996年的“D”分部文字量比较，相对持平而并未减少。表明FATF在40条总量不变的情况下，对相近内容进行了合并，从而腾出了部分“条”资源，以扩张其他方面的内容。三是分级层次改变。这一改变主要体现在简化了“类”级次。前两版《40条建议》在作为一级分类的“D”之下，分别有二个等级分类，如作为二级分类的“政府间合作”之下，还有作为三级分类的标题：“一般资料交流”和“可疑资料交流”，但是，在2003年版《40条建议》中，对合作或协调机制分部的分类进行了简化，只有二级分类标题，这一改变使得这一分部过去相对繁复的文本现状有所改变。经过此次调整后，“D”分部的次一级分类情况如下：

－双边司法协助与引渡（Mutual legal assistance and extradition）

－其他形式合作（Other forms of co－operation）

其次是增加了国内合作与协调机制相关内容。1990年和1996年建议条款并没有对各成员国的国内协调提出要求，更不要说将国内不同部门协调作为国内反洗钱机制建设的一个重要方面而明确提出来。但是，在2003年《40条建议》中，FATF制度机制除了对上述反映成员国外部合作的机制有所调整外，还在一些重大条款调整的过程中，增加了与国内洗钱治理职能部门间协调要求有关的内容，这主要体现在经修订后的第30条和第31条：

第30条（R.30）：“各国应为参与打击洗钱和恐怖融资工作的所有主管部门提供充足的财政、人力和技术资源。各国应当建立适当程序确保这些部门的工作人员协调一致的工作。”

第31条（R.31）：“各国政策制定者、金融情报中心、执法部门和金融监管部门之间具有有效的、适当的合作机制，以使其在发展、执行反洗钱和打击恐怖融资的国内政策时相互协调。”[①]

这是FATF核心制度第一次正式将各成员国国内的合作与协调机制写进了正式的建议条款。我们对比了一下，在1996年以前的两版《40条建议》中，从第30条到第40条，全部定义与国际合作相关的内容，不仅没有独立的国内合作与协调机制的文字表述，而且也没有相关内容。2003年修订后，将原来的“C”分部专门或单一强调和定义“金融体系在反洗钱方面的作用”（Role of the Financial System in Combating Money Laundering），调整为更全面反映整个“反洗钱及打击恐怖融资体系中的制度性措施和其他必要措施”（Institutional and Other Measures Necessary in Systems for Combating Money Laundering and Terrorist Financing），原归属于“D”分部的第30条至第34条，则用于表述和定义另外的制度性要求。

2003年修订后的《40条建议》，开始在反洗钱及打击恐怖融资领域提倡协调机制的重要性，这是FATF制度机制的一个重大进展与深化。

（2）2012年：“合作与协调机制”

前述分析，我们列举和分析了2012年《反洗钱国际标准》的各个方面的进展与深化，而这些进展与深化中还应包括“反洗钱合作或协调机制”的进一步的进展与深化。

①重要性提升

在2012年修订后的新版《反洗钱国际标准》中，“协调”上升到作为一级分类“A”分部的标题：“反洗钱及打击恐怖融资政策与协调”（AML/CFT POLICIES AND COORDINATION），追溯FATF《40条建议》的文献框架进展，一般而言，“A”分部作为整个文献的第一部分，主要进行最基本和最重要的政策和法律环境表述，在

---

① 公安部经济犯罪侦查局（译）．反洗钱金融行动特别工作组（40条建议）［M］．北京：群众出版社，2003，第14页．

2012 年最新修订中，文献仍然维持了这一传统的架构分布。

新的“A”分部总的包含两个条款，其中第 2 条的标题为：“国内合作与协调”（National cooperation and coordination）。根据 FATF 在文献之前专门撰写的“新旧条款对照表”，可以清楚发现，修订后的《反洗钱国际标准》的第 2 条（R. 2）对照之下就是 2003 年版《40 条建议》的第 31 条（R. 30）。如果我们将 2003 年修订中，以第 30 条（R. 30）和 31 条（R. 31）新增国内合作与协调机制内容作为 FATF 强调国内协作重要性的起点，那么，在 2012 年的修订中，这个原来放在“C”分部中的内容，被提升到了作为政策和法律环境重要分部“A”，且置于文献的最前面，这种改变一定程度上体现了 FATF 制度体系从主要关注国际合作，转向关注成员国国内的协调，这实际也反映了 FATF 核心制度机制的重要进展与深化。

②层次提升

从新第 2 条的具体内容看，虽然基本宗旨是建立在原第 31 条基础上的，但是从文字和内容修订看，对于有关洗钱治理中的协调机制问题的表述和要求更加鲜明和具体，以下我们直译《反洗钱国际标准》第 2 条如下。

“各国国内应有反洗钱和打击恐怖主义融资相关政策，如风险识别报告制度、常规检查制度，各国还应明确权威部门，或建立协调或其他机制来对上述政策实施承担责任。

各国应确保政策制定者、金融情报中心、执法部门、金融监管部门和其他有关权威部门之间，在政策制定和操作层面，具有有效的、适当的合作机制，以使这些部门在发展和执行反洗钱和打击恐怖主义及大规模杀伤性武器扩散融资国内政策时能够相互协调。”①

① FATF. The FATF Recommendations – 2012［R］. Financial Action Task Force on Money Laundering, 2012. Page11. 作者译.

上述原文翻译引用中，着重号部分是在原第 31 条基础上增加的部分，对比可知，FATF 在 2012 年修订中对国内反洗钱协调机制问题作了重新划分和强调。

首先是提升了政策层面。新的第 2 条第一自然段明确提出了两个要求：一是各成员国家应在国家政策层面，而不是任何部门规章层面来考虑制定反洗钱和打击恐怖融资的政策；二是与国家层次相对应的是各国应明确权威部门，并且这个权威部门要有能力协调或通过建立机制来对国家层面的反洗钱及打击恐怖主义融资相关政策负责。

其次是对协调机制的适用层面进行了规范性划分。新第 2 条第二段的定义基本维持原第 31 条的表述，主要定义国内协调机制的主体和协调范围，但是在新第 2 条修订中，增加了对协调层次划分，即“政策协调”和“操作协调”。这与修订后新增加第一自然段，即提出在国家政策层面上考虑反洗钱和打击恐怖主义融资问题，包括政策制定和国家政策责任部门确定，而这些都是与相关协调机制相呼应的。

（四）监管模式选择指导：“风险为本”

在 2012 年以前，各成员国采取什么样的监管模式，一直是由各成员国自行决定的事，FATF 一直对这个问题不作强调。但是，在 2012 年修订发布的《反洗钱国际标准》中，FATF 开始就监管方法选择问题增加其指引强度，其最突出的体现就是第一次正式将“风险为本监管方法（Risk－Based Approach，RBA）”写进了《反洗钱国际标准》。

1. 背景

监管方法选择，其要解决的问题是：一国究竟采取什么样的方法，才能够在效率和准确性上反映其反洗钱监管政策要求，才能够确保其主要反洗钱措施能够得到有效利用。

为了弄清楚 FATF 的这一决定的深刻背景，我们需要先对“风险为本监管方法”作一个基本介绍。早在 2003 年，FATF 针对其核心制度体系进展与深化的匹配性需要，集合成员国相关专家，在反洗钱技术领域开展多专题类型研究（Typology Research）。根据后来陆续发布的类型学报告，专题研究大致可划分为三个大类，即“地域类型”（Geographic Research）、“种类类型”（Category Research）和“方法类型”（Model Research），而“风险为本监管方法”就是方法类型研究的一个重要内容。

2007 年 6 月，FATF 召开会议，一致通过了标题为《反洗钱金融行动特别工作组关于反洗钱及打击恐怖主义融资风险为本监管方法指南》（*FATF Guidance on the Risk – Based Approach to Combating Money Laundering and Terrorist Financing*）文献报告，这个文献的副标题被命名为《高级别原则及程序》。但是，综合分析可知，FATF 开展此项研究的初衷并不是要将这一方法在全球范围内全面推广执行，而主要面对一些法律环境、金融监管水平等基本条件较为完备、具备适用于高级别程序条件的国家。

根据文献，这是一个由金融部门专家闭门研究、开发，并用于一国金融体系应对洗钱和恐怖主义融资的监管方法或监管模式。以下我们通过直接引用并翻译《反洗钱及打击恐主义融资风险为本方法指南——高级别原则和程序》1.1 条的相关表述来反映这一方法的开发背景：

“该《指南》由金融行动特别工作组和国际银行与证券行业的代表通过密切磋商制定。公共部门与私营部门的这种伙伴关系贯穿于该《指南》的制定和定稿过程中。该小组的成员表见《附件五》。

该《指南》由金融行动特别工作组在 2007 年 6 月全体大会上通过。”①

这是一个由 FATF 组织起来的庞大且高端的研究开发队伍来完成的工作。查阅了一下《附件五》，参与这一方法开发和研究的成员有：JP 摩根、纽约证券交易所和各主要证券业协会机构在内的证券机构共 8 个。

2. 风险为本方法

事实上，2007 年通过的这个《反洗钱及打击恐怖主义融资风险为本方法指南——高级别原则和程序》，只是一个有关 RBA 的总体方法论指导，是整个 RBA 方法体系的一个总揽，它是一个为 FATF 的方法类型研究提供原则和框架的文献。从这一文献的总体目录安排，我们很容易看到这一点，总目录一共有三章，分别是：

第一章：应用“风险为本方法”的目标（Using the Guidance/Purpose of the Risk – Based Approach）

第二章：公共部门指南（Guidance for Public Authorities）

第三章：金融机构执行 RBA 指南（Guidance for Financial Institutions on Implementing a Risk – Based Approach）

也就是在这样一个原则和框架文献的指引下，FATF 从 2007 年开始截止到 2013 年，共计连续开发了一系列 RBA 应用分类指南，以下我们按照开发的时间先后将这些分类指南排列如下：

《会计行业 RBA 方法应用指南》（*FATF Guidance on the Risk – Based Approach for Accountants – Financial Action Task Force*），2008 年6 月；

《房地产行业 RBA 方法应用指南》（*FATF Guidance on the Risk –*

① FATF. Guidance on the Risk – Based Approach to Combating Money Laundering and Terrorist Financing – High Level Principles and Procedures [R]. Financial Action Task Force on Money Laundering, 2007. 作者译.

Based Approach for Real Estate Agents – Financial Action Task Force), 2008 年 6 月；

《珠宝、贵金属交易行业 RBA 应用指南》（*FATF Guidance on the Risk – Based Approach for Dealers in Precious Metals and Stones – Financial Action Task Force*）, 2008 年 7 月；

《法律工作者行业 RBA 应用指南》（*Risk Based Approach Guidance for Legal Professionals – Financial Action Task Force*）, 2008 年 10 月；

《赌博行业 RBA 应用指南》（*FATF Guidance on the Risk – Based Approach for Casinos – Financial Action Task Force*）, 2008 年 10 月；

《货币兑换行业 RBA 法应用指南》（*FATF Guidance on the Risk – Based Approach for Money Services Businesses – Financial Action Task Force*）, 2009 年 6 月；

《寿险行业 RBA 应用指南》（*FATF Guidance on the Risk – Based Approach for the Life Insurance Sector – Financial Action Task Force*）, 2009 年 10 月；

《信托和公司服务行业 RBA 应用指南》（*FATF Guidance on the Risk – Based Approach for Trust and Company Service Providers*（*TCSPs*） *– Financial Action Task Force*）, 2010 年 2 月；

《基于支付服务的预付卡、移动支付、和互联网支付服务业应用 RBA 指南》（*Guidance for a Risk – Based Approach to Prepaid Cards, Mobile Payments and Internet – Based Payment Services – Financial Action Task Force*）, 2013 年 6 月。

从时间上看，这些分类风险为本方法指引与 2007 年 6 月通过的“RBA 方法指南总揽”之间的关系是非常明确的，上述共计 9 个分类 RBA 应用指南集中在 2008 年和 2009 年开发完成。最晚一个是有关支付应用 RBA 开发于 2013 年完成，这是因为预付卡、移动手机支付和现金网上支付属于 21 世纪进入第二个十年以后兴起的最新金融技术创新，所以，与此相关的 RBA 分类指南不可能超越金融技术创新的历史。

3. 选择指导

前面我们已经说到，2012 年《反洗钱国际标准》最突出的进展与深化之一，就是 FATF 改变了监管方法选择的指引表述，即由过去“成员国自主”转变为“FATF 要求”。

（1）理论与实践新时期

在 2012 年的《反洗钱国际标准》的新旧建议条款对照表中，唯一与 2003 年修订后的《40 条建议》以及 2001 年《9 条特别建议》没有对照关系的是“A”分部的第一条。第 1 条的标题为：“风险评估与风险为本方法应用”（Assessing Risks & Applying a Risk－based Approach），而在此前的三次《40 条建议》修订中，“A”分部所有条款，基本都是法理依据、法律环境、政策等相关宏观面的内容。比如 1990 年版《40 条建议》“A”分部的标题就是“建议总体架构”（General Framework of the Recommendations），国内也翻译成这“总则”，如第 1 条，则主要强调《40 条建议》以联合国《维也纳公约》为法理依据；1996 年版《40 条建议》的这个分部，相对于 1990 年版，不仅标题没有发生改变，内容也没有发生改变。到 2003 年修订，“A”分部标题改变为“法律体系”（Legal System），但是，所包括的三个条款的基本内容，仍然维持宏观政策、法理、环境层面的定义表述。

但是，2012 年修订后这一个部分发生了根本性的改变。事实上，这个改变反映了国际社会有关反洗钱理论和实践两个方面重要进展和深化：一是理论上，过去由 FATF 制度体系反复强调的有关法律、政策、环境方面的内容，在经历了 22 年后，实际已成为世界各国和相关国际组织不言而喻的共识，继续以这样的内容占据条规资源，已经显得非常没有必要了，因而应该做必要省略，以便腾出更多的条款资源；二是随着反洗钱形势的发展，尤其是整个国际反洗钱监管组织体系的认识水平提高，人们更多需要的是具体政策、实践和方法。

（2）RBA 方法应用的必然性

在 2012 年《反洗钱国际标准》中，RBA 监管方法选择被放在了《FATF 建议》的首要位置，我们研究了第 1 条，除标题明确指出：一国在反洗钱中正确地进行风险识别的重要性，同时也提出了应用“风险为本监管方法”的相关问题。以下我们完整地翻译《反洗钱国际标准》的第 1 条（新第 1 条），从中了解 FATF 是如何从过去对认识和环境的重视，转向对方法和效率的重视。

“各国应能够识别、评估并了解洗钱和恐怖主义融对本国所构成的风险，并采取相应行动，包括明确一个权威机构或建立机制来在评估风险行动中合理应用资源和协调各方行动，以确保风险能够得到有效缓解。从评估出发来考虑，各国家应采用‘风险为本方法（RBA）’，以确保所采取的防止或减轻洗钱及恐怖融资的方法与风险识别能够相互匹配。这一方法有利于反洗钱和打击恐怖融资（AML/CFT）制度内有效配置资源，同时也是将风险评估方法贯穿于《FATF 建议》的重要基础。对于确认有较高风险的国家，应确保这一方法能够在反洗钱及打击恐怖融资中能够充分应用以解决各种风险，而对于确认风险较低的国家，他们可以自行决定，并允许在某些特定条件下，基于《FATF 建议》要求采取一些简化措施。

各国应要求金融机构、指定非金融企业及行业（DNFBPs）开展识别、评估并采取有效行动，以减轻洗钱和恐怖融资风险。”①

从整条内容看，第一段话是 FATF 对一国洗钱监管提出的整体要

① FATF. The FATF Recommendations – 2012［R］. Financial Action Task Force on Money Laundering, 2012. Page 11. 作者译.

求，第二段则明确指出：风险为本监管方法是实现反洗钱监管政策目标的必要条件，这是因为：风险为本监管方法是反洗钱资源有效配置和完整执行《FATF 建议》的重要基础。

这样将方法论置于建议标准的首要位置，并使用比一般劝导性语言强度更高的规定性语言，虽然与2012年修订中的语言规范改变是一致的，但是，在运用于监管方法选择上，这还是首次。

四、《全球洗钱及恐怖融资威胁评估体系》

《全球洗钱及恐怖融资威胁评估体系》是2010年7月FATF面向全球发布的一个专题性重要报告的中文译名，其英文全称是：*Global Money Laundering & Terrorist Financing Threat Assessment*，英文缩写为“GTA”，也叫《GTA 框架》。它是一套建立在社会宏观环境基础上的评估标准与评估工具体系，主要针对：金融体系、金融技术、社会管理功能和主体、环境脆弱性被滥用后的威胁及对危害进行评估的评估框架或体系。FATF 的专题介绍：“该报告是由一个来自世界各地的专家团队提出来的”。关于《GTA 框架》的一些细节，由于目前国内还没有完整的正式译本，加之相对国人来说，这个评估体系所要求的司法和制度环境及所提倡的基于洗钱治理的社会治理理论还有很大的超前性，所以，国内研究领域并没有及时引入这一评估框架，更不要说去实施这一框架了。

那么《GTA 框架》究竟是一个什么样的重要文献？它反映了FATF 机制的进展与深化的哪些方面呢？对于像我们这样的国家而言，究竟有何借鉴意义呢？

(一) 关于《GTA 框架》

为了全面了解 FATF 的这一重要文献，以下重点从两个方面来进行分析和介绍。

1. 背景

2012 年 6 月 21 日，FATF 对相关文献进行了更新，在文献更新过程中，FATF 针对《GTA 框架》撰写了一个专门的介绍文献，文献标题是："What the GTA is, what the GTA is not"，翻译成中文即为：《什么是 GTA 框架，什么不是 GTA 框架》，经这个专题文献介绍，有关《GTA 框架》的产生主要基于两大背景：

（1）基于洗钱犯罪"类型研究"（Typologies Studies）

这个专题文献中有这样一段醒目的话："The report is based on the in - depth typologies studies……"。这就是说：《GTA 框架》报告形成，是"建立在深入的类型研究基础上"的。而之所以在进入 21 世纪以后，FATF 组织开展犯罪类型学研究，又是基于以下国际反洗钱现实：

"自 1989 年以来，FATF 努力倡导应对犯罪分子滥用国际金融系统。在经历了这么多年后，各国政府，政府间组织、多边组织、私营部门和学术界在了解洗钱（ML）和恐怖融资（TF）威胁，以及采取措施以阻止滥用金融系统方面取得了很大的进展。

但是，洗钱（ML）和恐怖融资（TF）问题始终存在，要求我们持续地做出努力，特别是在检查和采取执法行动打击制造这样一些严重违法活动的个人和组织方面。"①

理解上面这段话即是说：在经历了长达十多年的反洗钱治理后，

① FATF. Global Money Laundering & Terrorist Financing Threat Assessment [R]. Financial Action Task Force on Money Laundering, 2010. Page 3. 作者译.

虽然国际社会在遏止这一犯罪方面取得了一些成绩，但事实上，洗钱和恐怖融资犯罪始终存在。这给作为国际反洗钱主导机构的 FATF 提出了一个超出于 1989 年建立机构之初，仅仅确立要对洗钱犯罪进行打击而更为严峻的问题，那就是：如何采取更为有效的措施，来实现对国际洗钱及恐怖融资犯罪的有效治理。这就是 FATF 开始在全球范围内，由其本部和区域性机构联合开展“洗钱及恐怖融资类型学研究”的现实背景。

（2）基于 FATF“战略监控计划”（Strategic Surveillance Initiative）

根据专题文献介绍，《GTA 框架》的研究、开发和发布，除了基于上述类型研究计划外，还有一个理论背景，那就是 FATF 于 2008 年制定的“战略监控计划”。前述引用的介绍性表述，其完整的表达是：“The report is based on the in – depth typologies studies and the FATF's Strategic Surveillance Initiative.”查阅与此有关的文献可知，制定于 2008 年的这个战略监控计划主要规定以下几个方面的任务：

“①发现和共享来自于对金融系统构成新威胁的犯罪或恐怖活动类型信息；

②（针对这些新的犯罪类型所构成的威胁）提出更具有战略意义的和长期的认识和看法。

这个计划包括采用详尽问卷方式要求 FATF 成员和 FATF 区域性组织成员按照年度为时间单位提交答卷。”①

上述文献内容介绍即是说：《GTA 框架》的形成在实践上和理论上，都是建立在 FATF 的制度性安排之上的一种深化。理论上，主

---

① FATF. About Global Money Laundering & Terrorist Financing Threat Assessment [EB/OL]. http://www.fatf–gafi.org/documents/documents/globalmoneylaunderingterroristfinancingthreatassessment.html. 作者译.

要体现在针对新型威胁出现而提出，目的在于针对新型威胁，建立起更具有战略内涵和长期意义的反洗钱意识。

2.《GTA 框架》

《GTA 框架》是一份有着 76 页之多的一个大型报告，整个报告除 4 个附件外，共分为七章，分析这些章节安排，除第一章“引言”部分和第七章结论部分外，大致可分为三个重要的主题。

（1）金融系统和金融技术滥用

这一主题主要包括对金融工具和金融创新后所产生的新的金融技术领域滥用，共包括三章，即：“滥用现金和无记名可转让票据”、“滥用价值转移系统”、“滥用资产和价值储藏”。这三章用大量篇幅分析和解剖金融系统和金融技术滥用的系统性因素和技术特性，以及上述滥用形成后对金融系统本身和社会其他方面所构成的间接威胁。

（2）社会功能被滥用

社会管理性主体及功能属于非金融系统主题，这也是最早反洗钱的制度机制中没有注意到的领域。这个领域的滥用完全是在 2003 年修订《40 条建议》后才被提出并重视起来的。FATF 把这个领域命名为“看守人”（Gatekeeper），这一提法主要是针对社会管理而言的，既包括具有直接社会管理功能的个人与机构，同时也包括依照法律需要对社会承担诚信责任的中介机构，如资产评估机构、会计师事务所、内幕专业人士和社会公众人物（也可直接表述为“政治人物）等。这一主题主要体现在《GTA 框架》的第五章。

（3）环境被滥用

这一部分主要体现在第六章，标题为：“滥用环境和司法管辖权”（the Abuse of Environmental/Jurisdictional Aspects）。从这一章的内容安排分析，虽然章的名称直译为“滥用环境和司法管辖权”，但可以从这一章的内容分类将其划定为“环境滥用”，主要有两类：一是经济和技术性环境被滥用，主要指由于国家或国际经济制度原因，经济环境本身具有脆弱性，并进而造成天然的易于被洗钱或恐怖融资所滥用，如现金密集型企业必然存在，而大量使用现金是使洗钱犯罪最易逃避监管的。再如世界性金融中心，“避税天堂”和离岸银行中心等。二是特殊国际冲突存在的高风险地区，以及处于这些地区的不稳定国内政治状况本身造成环境易于被滥用。如世界著名的冲突地区、国内法制瘫痪状态的国家和司法管辖区。再如，国内政府行政因自洁机制缺陷而易于感染上高级别腐败，从而导致其权力环境易于被洗钱犯罪分子所滥用。

以下我们直译《GTA 框架》的第 302 和第 303 条，它基本能反映 FATF 确立腐败机制与洗钱机制有着共生关系的理论认识。

“302. 腐败和洗钱常常相伴而生，并且相互促进。因为，腐败有助于洗钱，反之亦然。贪污者需要进行洗钱，以实现其腐败获利。

303. 此外，如果能说服公职人员在反洗钱相关监管和执法方面进行合作，洗钱风险就可以降低。对政界人士行贿已成为社会非法活动的重要组成部分，一个国家（司法管辖区）有政界人士存在，本身就意味着它会遭遇洗钱风险，或本身就构成洗钱风险。”①

（二）重大进展与深化

按照 FATF 的介绍，这个评估体系既可应用于世界范围的洗钱及恐怖融资威胁评估，同时也可应用于地区、国家、区域，甚至一个地方等级的洗钱及恐怖融资威胁评估。我们这里不妨直接引用时任 FATF 主席的保罗·瓦兰德瑞（Paul · Vlaanderen）在《全球洗钱及恐怖融资威胁评估体系》序言中的一段话来概括这个全新的评估

① FATF. Global Money Laundering & Terrorist Financing Threat Assessment［R］. Financial Action Task Force on Money Laundering, 2010. Page 31. 作者译.

体系：

“我为金融行动特别工作组（FATF）首次发布《全球洗钱及恐怖融资威胁评估体系（GTA）》而深感高兴。这份文件向人们展示了系统性洗钱及恐怖融资犯罪以及这些犯罪可能导致各种威胁和危害的全球概览。”①

“系统性洗钱分析”、“恐怖融资活动分析”、“系统性洗钱及恐怖融资可能导致威胁评价”，这三点就是这个被命名为：“全球洗钱及恐怖融资威胁评估体系”（GTA）的核心内容。并且，在2012年6月的文献更新中，FATF用：“What the GTA is，what the GTA is not”对GTA框架做了四个方面最简洁的介绍：

• 《GTA框架》不讨论所有洗钱和恐怖融资技术，但提供了一种可识别大部分洗钱及恐怖融资活动的简要方法，而这种简要方法只要能够运用五大特征分析之一种，即可掌握；

• 《GTA框架》提供这样一种解释，即：罪犯和恐怖分子为什么要利用这些特征（五大特征）来组织其犯罪活动，以及如何分析使洗钱和恐怖融资获得成功的因素；

• 《GTA框架》用于分析洗钱及恐怖融资对国际金融体系、个人、非金融行业，当地社区、国家和国际利益的影响及其后果；

• 《GTA框架》不对洗钱及恐怖融资做定量分析，但是可用之对与之相关的以下几个方面问题进行识别：洗钱及恐怖融资构件、所造成的危害，以及需要在全球采取什么样的行动 。②

较之于此前FATF发布的各种文件，《GTA框架》作为由FATF专家团队推出的专题研究报告，其在内容安排及内容深化方面的显

---

① FATF. Global Money Laundering & Terrorist Financing Threat Assessment [R]. Financial Action Task Force on Money Laundering, 2010. Page 1. 作者译.

② FATF. Documents [EB/OL]. http://www.fatfgafi.org/documents/documents/global-money launderingterroristfinancing – threatassessment.html.

著特点是：不再“就事论事”地讨论洗钱犯罪、恐怖融资、金融系统滥用问题，而是系统地针对洗钱犯罪的原始诱因、推动因素以及可选择措施进行分析，并且将分析、包括提出指导性意见和建议的落脚点，放在了洗钱犯罪及恐怖融资对一个地方社区，一个区域、一个国家乃至国际社会可能形成威胁的评估之上。有关上述特点，我们不仅可以从《GTA 框架》本身加以研究，同时也可以通过研究《GTA 框架》的附件来旁证同样结论。根据附件对 GTA 框架所做的说明，我们可以将 GTA 框架所反映的 FATF 制度机制进展与深化简要归纳如下：

1. 重大进展与深化之一：分析结构创新

《GTA 框架》的重要进展与深化之一是它创建了一个全新的分析结构，我们可以将其归纳为新的分析模式。这里，我们依据《GTA 框架附件 A》对《GTA 框架》所做的解释性说明，将《GTA 框架》的基本分析要素以及这些分析要素所反映的功能意义概括如下：

（1）正确评估系统漏洞

“易于被洗钱及恐怖融资滥用的功能”：《附件 A》对《GTA 框架》在功能滥用风险方面做了如下深度解释：

“为了利于建立对各种洗钱犯罪及恐怖融资活动具体危害的认识，《GTA 框架》对易于被洗钱及恐怖融资滥用的功能的关键组成部分进行了细分，这些功能的确定，是基于洗钱及恐怖融资的不同板块组合，同时也是基于几乎所有洗钱及恐怖融资活动都必然滥用这些功能中的一个或多个功能。”①

从该评估体系的后续分析看，《GTA 框架》确立的初衷或基本着眼点，主要体现在针对社会管理系统，尤其是金融系统、政府管

① FATF. Global Money Laundering & Terrorist Financing Threat Assessment [R]. Financial Action Task Force on Money Laundering, 2010. Page 61. 作者译.

理及作为社会“看守人”的律师、评估机构、会计师事务所等，客观确定易于被洗钱及恐怖融资滥用的功能究竟有哪些。

（2）提高危害和威胁的社会认识

“功能被滥用所造成的主要危害”：洗钱犯罪及恐怖融资危害分析，是《GTA 框架》最为重要的组成部分，因为 FATF 提出《GTA 框架》，其目的就是要按照一套全新的分析和评估方法，向社会治理的各个层面和社会各领域，揭示洗钱及恐怖融资滥用社会管理功能所产生的危害及其后果。长期以来，秉承传统的洗钱犯罪认识，一直是将洗钱犯罪建立在金融系统针对性和刑事领域针对性基础上的，并不认为这样的犯罪，会威胁和危害到包括环境、社区、社会人文水平、国家等这样一些属于社会宏观属性的结构稳定性。但是，从 2008 年，FATF 制定战略性洗钱监控计划开始，FATF 对洗钱犯罪的警示级别逐渐从单一刑事或单一社会功能领域不稳定，提升到全社会层面，直至将这样的犯罪危害等级提升至对社会整体环境、人文基本准则威胁。

上述进展与深化其实并非 FATF 的刻意行为，因为从毒品犯罪的蔓延和扩散会导致部分社会群体在生理条件失去对法律清晰认识的前提下从事犯罪，这样的行为已经超出于法律约束的社会功利可及范围。再如与恐怖主义活动相关的融资，恐怖活动本身就是企图通过对人文准则的突破来实现其特殊功利目的，在这一前提下，国际通行的政治、人文标准面对这样一些极端行为，会完全丧失理论和现实约束力。对于这样的社会危害，其评价标准和治理将不包括道德准则约束和法律制裁，因为这样一些常规社会管理范畴和工具，在理性完全被某种固定意识（洗脑式的）所颠覆的情况下它是无效或低效的。

（3）根源性认识的意义

“原始诱因和推动因素”：从传统意义上看，基于毒品上游犯罪的洗钱犯罪，在根源认识上仅反映为部分社会群体的需求。可是毒品犯罪发展到今天，由于国际政治动荡的原因，其犯罪本质已经发生改变：

首先，毒品犯罪作为传统的上游犯罪，不再是部分社会群体的单一生理和精神需求，而是一些极端团体利用人类弱点营利的一种载体，这就与社会经济功利建立了相对直接的因果关系。

其次，在一些地区和国家，毒品上游犯罪已经超越了个人、社区社会范畴，成为维系基本人文水准的一个突出的威胁，如联合国发起的替代种植，其人文背景就是在南亚的一些地区，毒品包含着最低人文依赖。

在洗钱上游犯罪发生了深度广度变化之后，有关洗钱犯罪，乃至恐怖融资的上游犯罪，其所包含的根源性因素都将是传统认识所无法涵盖和企及的，而相对于洗钱治理来说，洗钱犯罪的根源性认识又事关战略与措施的制定，因而又是非常重要的环节。有关《GTA 框架》关于洗钱及恐怖融资的根源性认识划分，我们不妨直接引用《附件 A》的相关表述来加以说明：

“洗钱和恐怖融资滥用这些功能的主要原因可分为两类：

- 原始诱因，是指罪犯或恐怖分子试图实现的目标。
- 推动因素，是指促使罪犯和恐怖分子滥用功能来达到他们目的的各个方面。”①

《GTA 框架》的进展与深化意义在于：警示各成员国、区域性组织以及全世界有洗钱犯罪治理需要的国家和地区，应从挖掘洗钱犯罪和恐怖融资的深层原因，同时排列、分析洗钱犯罪和恐怖融资的各种推动因素，以便针对性地制定和采取治理措施。

（4）面对威胁如何应对

① FATF. Global Money Laundering & Terrorist Financing Threat Assessment［R］. Financial Action Task Force on Money Laundering, 2010. Page 61. 作者译.

“怎样采取措施以降低或缓解危害”，关于这一点，《附件 A》的解释是：

“这里主要是指为阻止洗钱罪犯和恐怖分子滥用功能来从事犯罪活动，可以在一个地方、国家、区域或全球层次上采取各种行动。而这些行动的最终目的是减少洗钱犯罪和恐怖融资对个人、社区、社会和经济的危害。”①

在《GTA 框架》中，这一部分主要针对每一种洗钱滥用。除针对不同滥用而有不同的内容表述外，在分析层次和文字上却是定式的，也就是说，对应于每一种滥用，《GAT 框架》均针对性提出不同的应对措施选择。因此，这是最具有实践操作意义的部分，其目标也很明确，就是要尽可能为成员国乃至全世界打击洗钱和恐怖融资犯罪提供一套可供操作且适用于社会各个管理或治理层面的措施。

2. 重大进展与深化之二：分层次立体交叉分析结构

围绕评估“洗钱及恐怖融资威胁”这一核心，《GTA 框架》创立了一种立体交叉分析结构。有关这个分析结构的详细表述，主要反映于《GTA 框架：附件 C》。《附件 C》用大量文字阐述了洗钱及恐怖融资威胁在不同地理层次、社会层次、人文层次所形成的具体危害。为了能够让人们更直观地理解这一分析模式，《附件 C》的最后部分应用较为清晰的矩阵表达方式，将《GTA 框架》主报告中所提出的分层次威胁危害内容与不同影响范围编列成矩阵表，立体交叉分析结构均反映在矩阵表中。实际上，有关洗钱及恐怖融资威胁危害立体交叉分析结构的“立体交叉”特性，《附件 C》自身也做了直观的归纳：“本附件中图表载明了犯罪和恐怖主义的种种伤害，并

① FATF. Global Money Laundering & Terrorist Financing Threat Assessment [R]. Financial Action Task Force on Money Laundering, 2010. Page 61. 作者译.

对他们的伤害类型进行交叉引用。”①

（1）矩阵结构表

为了便于理解，我们这里翻译并直接引用和介绍《附件 C》的后半部分矩阵表，并对洗钱犯罪及恐怖融资危害的纵向和横向标识分层次进行摘录。

第一层次：

	个人/ 地方	社区/区域	国家/国际
生命	相关解释性内容	相关解释性内容	相关解释性内容
社会	相关解释性内容	相关解释性内容	相关解释性内容

第二层次：

	个人/ 地方	社区/区域	国家/国际
环境	相关解释性内容	相关解释性内容	相关解释性内容
经济	相关解释性内容	相关解释性内容	相关解释性内容

第三层次：

	个人/ 地方	社区/区域	国家/国际
社会结构	正常社会组织 结构认识被扭曲	正常社会组织 结构认识被扭曲	正常社会组织 结构认识被扭曲

资料来源：FATF. Global Money Laundering & Terrorist Financing Threat Assessment [R]. Financial Action Task Force on Money Laundering, 2010. 作者译.

（2）横向和纵向

上面矩阵表可以划分为纵向和横向来进行交叉分析：

① 横向

横向上，虽然在各个纵向标识对应的列中，均体现的是相同的一个横向的行，但实际上包括了两个较为固定的层次：

① FATF. Global Money Laundering & Terrorist Financing Threat Assessment [R]. Financial Action Task Force on Money Laundering, 2010. Page 61. 作者译.

• 个人、社区和国家层次。属于社会管理政区内涵层次。

• 地方、区域、世界层次。属于社会管理地理规模层次。

② 纵向

纵向上，依据于社会人文结构，从微观或基础性要素向高层次社会要素分级推演，主要展现了三个社会人文层次结构：

• 对生命与生命存在状况的影响。属于注重于个体和自然人文内涵的层次。

• 对环境与经济的影响。属于注重社会组织和管理人文内涵的层次。

• 对社会意识形态的影响。

从内容看，横向第三个层次在矩阵表中被表达为“社会结构（Structure）”，但从解释性内容看，实际所反映的是社会治理内涵，属于威胁和危害影响的高级层次。从交叉部分的解释性内容看，这个层次威胁危害的本质意义在于揭示：当洗钱及恐怖融资不能有效治理时，其危害可以高至扭曲社会意识！

为了证明我们上述的分析，这里我们不妨引用一段矩阵表内横向最高层次，即人文层次与纵向第一层次，即个人和地方层次交叉点上的解释性内容：

“作为有组织犯罪活动后果（例如，由于感知网络欺诈风险，导致对使用新技术的恐惧）。

作为恐怖活动后果（例如，由于此前遭受过危害，人们对被认为会有恐怖袭击地方产生特殊恐惧和厌恶）。

作为借助于商品和服务行为的有组织犯罪后果（例如，由于犯罪活动包括有组织犯罪会给人们带来伤害，人们对人身和财产自我保护能力失去信心）。”①

---

① FATF. Global Money Laundering & Terrorist Financing Threat Assessment [R]. Financial Action Task Force on Money Laundering, 2010. Page 66. 作者译.

《GTA 框架》所创建的这个“立体交叉”分析结构，就是要倡导以政区规模和地域规模这样两个范围，分别与人民生命、社会生活和社会意识三个维度交叉，由基础或微观向高级或宏观做递进式危害与威胁分析。这就是 FATF 的分析模式创新，其主要功能就在于提高 FATF 威胁危害分析的社会特性，从而对一国国内社会和国际社会产生具有国民教育意义的普世效果。

3. 重大进展与深化之三：拓宽危害定义范围

在 1989 年西方七国首脑巴黎会议上，虽然决定针对国际洗钱犯罪问题发起成立 FATF 这样一个国际反洗钱监管组织，但是，当时的国际社会，包括西方七国和欧盟成员国对于洗钱犯罪本质的认识，是无法与今天所比拟的。那么，比较之下，今天的认识拓展主要是哪些呢？

（1）不再仅仅作为刑事问题看待

1989 年决定建立 FATF 时，国际社会对洗钱犯罪的认识，更多的是看到它的刑事本质，而之所以要在这个领域成立一个专门的国际性松散监管机构，原因也并不是出自于洗钱犯罪的本质，而是由这一犯罪必须利用金融特性所决定的。也就是说，最早的洗钱犯罪认识与一般刑事犯罪认识是等同的，国际社会，包括当时一致认为这样的犯罪对国际金融体系稳定构成明显威胁、并决定发起建立 FATF 的七国集团和欧洲理事会，他们也并未认识到洗钱犯罪这一问题所具有的普遍人文特性和社会特性。

（2）不再仅仅强调金融领域

为了直观地说明 FATF 成立之初，在洗钱犯罪影响方面相对狭小视角的存在，我们直接引用一段 FATF 关于其建立的历史表述：

“为应对洗钱犯罪影响不断扩大，在 1989 年七国集团首脑巴黎会议上，‘反洗钱金融行动特别工作组’正式成立。会议期间，基于（洗钱犯罪）已威胁到银行体系和金融机构，七国集团国家元首和欧盟委员会主席共同召集了会议，参加会议的成员主要有七国集团成员国家、欧洲委员会国家和八个其他国家的金融行动特别工作组成员。”①

从这段文字介绍看，国际社会最初对洗钱犯罪危害认识，主要反映在两个方面：一是地域针对性集中体现在国际；二是行业针对性集中在金融系统。当然，这种认识上的局限性也是基于以下两个客观原因：一是进入 20 世纪 90 年代以后，金融经历了迅速发展时期，这个迅速发展的突出表现之一是金融国际化水平提高后所带来的金融业务的跨国、跨境特性，进而使得滥用金融系统的洗钱犯罪成为国际金融体系不稳定的一个原因。二是七国集团和欧盟首脑们，尽管是 FATF 的发起人，但是受历史所局限，客观上存在着对洗钱犯罪的威胁和危害认识局限性。

分析和研究贯穿于《GTA 框架》中的思想认识、治理宗旨和评估方法可知：以 FATF 为核心的国际反洗钱监管体系对洗钱犯罪和恐怖融资本质的认识，已经不再简单或直观地以刑事问题来看待，依据我们对威胁和危害立体交叉分析结构的解释性内容分析，国际社会已转向如何认识洗钱犯罪的社会特性。对洗钱及恐怖融资犯罪的影响也不再局限于“金融体系和金融机构”。说得再具体点，《GTA 框架》对洗钱及恐怖融资犯罪的本质认识的深化，集中体现在从社会、人文标准受到威胁的高度来看待洗钱犯罪现实。从个体自然人生命、到社区，从经济破坏性到社会管理一直到意识形态扭曲，今天的洗钱犯罪以及与之相关的上游犯罪，如恐怖主义活动，大规模腐败犯罪，走私盛行等，其影响在微观层面上可以因对生命的直接戕害而危及人文准则的底线，而在宏观和社会哲学层面上，可以直至动摇一国之国民的信心。

① FATF. History of FATF [EB/OL]. http://www.fatf-gafi.org/pages/aboutus/historyofthe fatf/. 作者译.

4. 重大进展与深化之四：“威胁与危害分析”

从一般意义上理解，有关国际反洗钱监管体系进展与深化问题，似乎就是组织体系和制度体系的发展与深化。但是，从我们对《GTA 框架》的深入研究分析来看，进入 21 世纪以来，反洗钱监管内涵进展已经成为国际反洗钱监管体系的进展与深化的重要构成。除对 FATF 核心制度性文献《40 条建议》的指导思想、理论前提、内容与操作等方面进行改革外，创建新的洗钱及恐怖融资分析模式，在全球倡导开展深度的“威胁和危害分析”也是 FATF 进展与深化的重要方面。

（1）背景

综合地看，国际社会重视和深化对洗钱及恐怖融资犯罪“威胁和危害分析”，其客观原因主要有两个方面：

①“危害”的质变

上游犯罪拓宽至恐怖融资，是洗钱犯罪本质认识升华的主要原因之一。最早的恐怖主义影响并不像今天这样具有普遍性。查阅截至目前联合国已正式发布的与国际恐怖主义活动相关的所有文献，基本可以分为两类：

第一，《公约》类。截至目前，已形成并正式提供给成员国签署的国际公约共有 13 个，包括 1988 年 2 月 24 日联合国补充 1971 年 9 月 23 日在蒙特利尔制订的《关于制止危害民用航空安全的非法行为的公约》和《制止在国际民用航空服务机场上的非法暴力行为的议定书》。第一个公约是联合国关于《在航空器内的犯罪和犯有某些其他行为的公约》，该公约于 1963 年 9 月 14 日于东京正式签署并发布。最近一个公约则是 2005 年 4 月 13 日联合国第 59 届大会第 91 次全体会议通过的联合国关于《制止核恐怖主义行为国际公约》。

在这 13 个公约中，涉及航空安全的有 4 个，航海安全的有 3 个，人质的有 2 个、核材料及和爆炸物管理的有 2 个，反恐的有 3 个。

第二，《决议》类。这里，我们将联合国在相对正式场合和以书面形式形成的各种文献，包括“决议”，“宣言”、“备忘录”、“秘书长讲话”等统一汇总称为《决议》类文献。大致查阅后发现，涉及反恐的文献可划分为 3 类。即：具有公约形式的约束性或打击性规范文献 20 个；以联合国制定或指定法律为依据进行反恐的补充性文献 2 个；组织和行为指定性文献 18 个。对上述三类文献进行时间和强度匹配分析，基本结论是：文献强度与序号呈正关联。

首先，以《公约》类文献为例作时间上划分，与反对恐怖主义相关的三个公约，最早签署的时间是 1997 年《制止恐怖主义爆炸事件的国际公约》，而在此之前的公约虽然划定在联合国反对恐怖主义的公约里面，但是，恐怖主义内涵与进入 21 世纪后包含宗教、政治和意识形态乃至国家对抗意义的恐怖主义内涵比，传统恐怖主义仅仅是刑事内涵的，而国际社会真正从“人文”意义上去认识恐怖主义，是在 2001 年美国“9·11”事件发生以后。所以，从时序上看，联合国公约类文献对恐怖主义的关注程度是从 20 世纪末开始逐渐加强的，直至 2005 年 4 月 13 日联合国第 59 届大会第 91 次全体会议正式通过专门性或针对性公约《制止核恐怖主义行为国际公约 》。

其次，再看《决议》类文献，最早一个与恐怖主义有关的文献形成于 1984 年，即 1984 年 12 月 17 日联合国第 39 届大会第 102 次全体会议所通过的第 159 号决议。决议正式名称是“坚决谴责在国家关系中采取恐怖主义政策，所有国家不要采取任何旨在进行军事干涉或占领、强行改变他国政治制度的行动”。最近一个决议性文献是联合国安理会于 2005 年 9 月 14 日第 5261 次会议通过的第 1624（2005）号决议：“惩治煽动恐怖主义行为”。一般性、规范性或依据法律和准则产生的约束性文献主要形成于 20 世纪，而具有指定性和强调性的文献，如针对塔利班、基地组织、前伊拉克等，则多形成于 2000 年以后 。

以 FATF 机制形成时间对比上述我们对恐怖主义内涵演变过程所做的简要分析可知：在 1989 年组建 FATF 以后的十余年时间，诸如“劫持航空器”、“危及航海安全”、“核材料及爆炸品管理缺乏规范”、“人质事件”等，具有典型刑事内涵的行为是国际社会普遍认识到的恐怖主义行为。

但是，到 20 世纪末和 21 世纪初，恐怖主义犯罪已经不再像“劫持航空器”、“航海安全威胁”那样影响范围有限和行为发生具有相对偶然性，而是上升到了有组织、有稳定意识形态结构地威胁一国乃至国际政治版图下的一个地区的安全，在有些方面，甚至表现为一种宗教、社会或民族意识形态结果。从活动本身的外在形式看，国际性的恐怖主义活动具有：组织庞大、策划复杂和意志高度统一的系统性犯罪特性。由于大规模的人力、物力和财力调动是恐怖主义融资活动的重要内容，因此，以恐怖主义作为上游犯罪的洗钱活动，已不再是罪犯个人以利益为终极目标的犯罪行为，而是在范围上可覆盖个人、企业组织、国家，内涵上可超越刑事意义而延伸至社会形态，操作上达到对现代科技条件下的复杂技术和方法滥用等。当非单一且包含某种严密组织程序、成型理论指导在内的恐怖活动成为上游犯罪后，以恐怖主义为主体的洗钱活动所导致的犯罪威胁及其社会危害，就不再是 1989 年 FATF 成立之初，依据金融机构和金融系统稳定而确定的危害范畴了。

当犯罪威胁和社会危害被上升到了一国社会乃至国际社会管理层面的时候，单一或纯粹刑事意义上的治理，显然已不能适应需要。面对这样一个以国际范围为地域广度、以深度政治、社会、意识形态为背景的全新的罪行范畴，FATF 把国际反洗钱监管机制进展与深化的一个方面，体现在倡导注重威胁和危害分析与评估，其目的就是在于提示国际社会：对于洗钱犯罪问题，不能再停留在单一刑事问题上来认识，诸如恐怖主义活动、大规模腐败、走私泛滥等这样一些上游犯罪所延伸的洗钱犯罪，其所包含的社会危害深度，对人类社会的威胁，不仅仅是个体或自然人生命的、经济领域的，而是社会结构的、政治的和意识形态的。

②危害的广度和深度

20 世纪末和 21 世纪前十年，是世界经济、金融发展和金融工具创新乃至整个金融市场发展最为突出的时期，这一时期的所有创新和发展，不仅仅表现在经济、金融发展的速度和规模上，也更反映在经济运行载体的规模扩大和功能提升上。而这样一些作为经济和金融现代化发展标志的领域性创新和发展，客观上产生了拓宽洗钱危害和威胁的广度和深度的效果。

首先，在被危害和威胁分析体系定义为与国家社会经济生活紧密关联的“看守人”群体中，除了所谓政治公众人物即政治人物群体外，还因为经济和金融现代化，直接产生了大量具有“看守人”特性的社会经济中介或介质，如律师事务所、评估机构、会计师事务所、公证机构等，大量的经济中介机构介入微观经济运行环节，职业道德风险存在的广泛性客观上被制度性地扩宽了。这种扩宽为社会更多的投资主体提供了更广泛的资产运用环境和法律保障，但同时也使社会整体资产价值转移和运动滋生更多系统漏洞成为现实，而这些系统漏洞也为洗钱犯罪滥用金融系统提供了便利。如公证机构、评估机构利用自己的特殊地位，在职业道德风险约束失灵的情况下，提供虚假诚信证明；会计师事务所因行业趋利而忽略诚信机制约束，提供虚假资产证明等。

其次，金融机构体系创新使社会资金运动节点大幅度增加，并进而也大大提高了社会资金运动过程被滥用的机率。从 20 世纪后十年开始，多元化资金和资产运作主体是作为金融现代化发展标志而出现的，如投资银行、资产管理公司、其他非银行金融机构、准金融功能的非金融机构等，包括被 FATF 确定为洗钱滥用的第三方支付平台。这些中介机构要参与到社会经济和资金运行的庞大体系之中，整个社会的资金运动链条，客观上被这样一种多中介体制拉长。社会资金运行的节点总量大幅度增加，资金运动的这些节点和环节被分布到了很宽的范围和很深的层面。高层面可体现在各相对集中的金融中心，而低层面可以扩散到密布社会经济生活的多如牛毛的支付点。这些因为金融体系创新而在传统金融基础上滋生起来的资金运动节点，恰好就是易于被洗钱犯罪滥用的风险点，同时也是反洗钱监管应增加关注的环节。

最后，从20世纪80年代以来，金融工具创新一直是金融行业发展的主旋律。尤其是在进入21世纪以来，金融电子化水平大幅度提高以后，金融工具的创新不仅具有形态隐蔽性，而且包含着以速度为主题的高科技特性。这里我们要强调的是，从洗钱犯罪治理，尤其是反洗钱监管视角看，金融创新前提下的所谓工具化（金融资金多载体和电子化）所包含的社会经济生活的创新和发展，其实是一把“双刃剑”，或者说是存在“悖论”本质，因为，这些现代化发展所包含的经济、金融高技术含量，它们在为社会资金和资产运动注入实现更高效率润滑剂的同时，也为洗钱犯罪滥用金融体系提供了更大的范围、更深的深度和更高的隐蔽性。如大量创新的金融工具，因其本身具有的隐蔽性而易被洗钱所滥用，再如，社会资金和财产运动工具化后，社会资金体外运动增大，这必然对洗钱刑治和反洗钱监管形成考验。

上述分析告诉我们这样一个基本现实：在市场经济社会环境下，任何以效率为前提和经济、金融的进展与深化，在洗钱治理意义上都会具有“双刃剑”意义，这个悖论内涵预示着一旦这种进步和发展真正获得了社会经济效率，同时也就预示着已有的洗钱机制效率的过时或缺陷暴露，这实际上也就构成国际洗钱治理体系正式建立以来的一种特殊关系：“洗钱犯罪与洗钱治理（刑事司法及反洗钱监管）之间“魔高一尺，道高一丈”。从这个意义上说，以 FATF 为主体的国际反洗钱组织需要不断更新其国际反洗钱理论体系，并在警示国际社会应根据洗钱犯罪形势发展，更新洗钱犯罪威胁和危害认识，这无疑就是国际洗钱监管体系的进展与深化的一个最为重要的方面。

（2）意义

这里，我们之所以把“威胁与危害分析”从《GTA 框架》中提炼出来做专门的主题讨论，原因在于“威胁与危害分析”实际反映了 FATF 机制进展与深化的最高层面变化。

①《GTA 框架》回顾

为了更为全面地理解威胁和危害分析在《GTA 框架》中的重要性，我们这里再次回到对《GTA 框架》简要介绍。《GTA 框架》共有 7 章 325 条，除了引言和结论部分外，大致可分为两个互为交叉的研究层次。

首先是横向层次。横向层次为“功能滥用分析”，主要有以下五个方面：

- 现金和无记名可转让票据滥用（the abuse of cash and bearer negotiable instruments）;
- 价值转移滥用（the abuse of tansfer of value）;
- 资产/价值储存滥用（the abuse of Assets and Stores of Value）;
- 看守人滥用（the abuse of Gatekeepers）;
- 司法/环境管辖权滥用（the abuse of Jurisdictional/Environmental Aspects）。

这五个方面实际上反映了三个领域滥用：一是金融领域的工具和技术滥用；二是作为社会管理主体的人与机构滥用；三是社会环境脆弱滥用。工具、人、管理环境，这是 GTA 分析模型所划分的三个主体横向层次。

其次是纵向层次，纵向层次表达的是一种贯穿于第一横向层次的方法论，依据以下4个秩序等级逐级推进：

- 危害（harms）
- 原始诱因（Drivers）
- 推动因素（Enablers）
- 考虑采取的措施（Measures for consideration）

纵向层次安排，反映了FATF推出《GTA框架》的一种新的分析方式，在所有功能滥用领域，这个层次安排上都有适用意义。也就是说，体现的三重要素分析模式（定性、主要和次要原因、可采取的措施）适用于所有横向层次（滥用）的分析需要。

这里要提出来专门进行讨论的是，在这个评估体系中，FATF对洗钱及恐怖融资威胁和危害所做的深度分析，尤其是在立体交叉分析结构上的创新，一方面是战略方法的进展与深化，另一方面其实也突出反映了国际社会，或者说作为国际反洗钱主导机构反洗钱监管认识的一种升华。

②治理认识深化

前述分析中，我们从方法或工具意义介绍了《GTA框架》分层次立体交叉的分析结构，但这仍然只反映了国际监管体系进展与深化的一个方面。更应该引起反洗钱理论研究领域重视的是，贯穿在《GTA框架》中同时也是借助于FATF机制，企以在全球范围内倡导对洗钱犯罪及恐怖融资威胁和危害做深度理解。

③视角拓展

包含在“威胁与危害分析结构”中的“多视角”理解，主要体现在《GTA框架附件C》。这个附件有一个二级标题，翻译过来的中文意思是：“犯罪及恐怖主义—危害结构（Annex C：Crime and Terrorism Harm Framework）”结合整体分析结构来看，洗钱及恐怖融资犯罪的危害结构理解，是FATF在深化其监管中最重要的理解深化之一。经对这一文献内容分析，所谓威胁与危害多视角理解，主要体现在以下几个方面：

第一，地理视角。有关地理视角我们在方法讨论中已经介绍过，以地理范围的大小来划分洗钱及恐怖融资所形成的威胁与危害的不同影响，似乎从字面意义上，只表达一个范围的大小，表达的是一个算术级数的大小区别，但实际上从整体架构分析来看，有关对威胁危害的层级理解，威胁及危害与地域范围是一个正的相关关系，但是在程度上却不是一个算数级数的区别，而是几何级数的区别。

这样一种地理视角理解不仅告诉或警示人们：洗钱及恐怖融资威胁危害在地理概念上是完全不受限的，而且在威胁危害的程度方面，以其对文明所构成的影响来看，小到一个地方，中到一个地区，大到整个国家，再大可扩展到涵盖不同国家边境线的区域，每一个地理层级所形成的威胁和危害，其对文明的冲击后果将是几何级数的。

第二，社会治理视角。在前述分析方法讨论过程中，这一视角仅仅表达洗钱犯罪及恐怖融资威胁和危害的社会层级划分，并没有从社会治理内涵上进行更为深度的理解和分析。这里，我们结合对整个分析结构理解，对威胁和危害的社会层级划分所隐含的重要意义提出如下看法：洗钱及恐怖融资威胁和危害，实际可渗透到社会生活各个层面，包括：微观层面可影响到个人正常生活和对生命的理解；中观层面可对一个社区和相对稳定的生活体系及其正常运转秩序形成冲击；宏观层面则可致使一个国家因之而陷于动荡。

从社会治理视角理解，威胁和危害程度在不同社会管理层面上所形成的影响深度也不是一个算术级数关系，而是一种几何级数关系。

第三，社会意识视角。社会意识，是高于社会治理的一个政治哲学范畴，以其形成的时间长度和可塑性来讨论，它比社会管理概念要长远和深刻得多。在 FATF 所创建的《GTA 框架》中，威胁与危害的结构分析实际已经将洗钱及恐怖融资威胁和危害，明确地上升到社会意识形态层面，其产生的警示效应实际具有如下政治哲学内涵：

- 从人文进步意义看，威胁和危害可能因对无辜身体戕害而上升为践踏生命尊严的性质（Physical）；
- 从社会功能进化意义看，威胁和危害可能是导致人类生存条件退化和对社会稳定结构形成冲击（Environmental）；
- 从社会政治哲学层面看，威胁和危害可能导致人们对其赖以生活的组织结构和体系产生普遍或深度信任危机（Economic、Social）；
- 从社会意识本质或内涵看，威胁和危害可能深至扭曲社会公民意识和公民心理状态，使作为人类动因的思想结构发生变形（Structure）。

从国际领域看，有关洗钱及恐怖融资危害的认识，并不是所有国家都能达到《GTA 框架》所揭示的水平。对洗钱犯罪认识是否普及，关系到全社会对洗钱及恐怖融资的警示机制和自我教育水平。大多数国家对于洗钱犯罪威胁和危害的认识，还基本停留在初级阶段或者传统阶段。因此，我们基本可以说，相对于牵引各国加深对洗钱犯罪的威胁和危害认识，《GTA 框架》无疑是国际反洗钱监管体系进展与深化的一个创举。

（三）归结性评析

上述分析告诉我们，要将《GTA 框架》所揭示的方方面面直接作为国内洗钱犯罪治理实践可借鉴内容，甚至加以运用，显然还需要国内在两个方面作出努力：

1. 理论研究的普及

以目前国内反洗钱研究所反映的广泛性来看，我们与国际进展与深化之间的差距是非常明显的。这样一种现状，在国家开放程度不高、商品经济不发达的历史时期是可以被容许的，但是，当国家的政治与经济开放程度不断提高成为一个不可逆的过程时，与这个现实相匹配的任何一个领域的理论发展也就是必然的。因此，我们不能在我们的经济金融环境与国际不断拉近的过程中，反而忽视这个领域的进展与深化。

2. 加强借鉴研究

如果我们不考虑我国现有洗钱治理与FATF提出的分析方法及工具之间的适应性，而仅仅就《GTA框架》自身的进步性来看，可借鉴意义还是显著存在的。

（1）分析方法借鉴

《GTA框架》所创新的威胁和危害分层次立体交叉分析方法，无疑对我国洗钱犯罪刑事定罪立法和反洗钱监管体系在方法运用、手段选择、组织体系和协调机制建立方面，具有很重要的启示作用。其中，诱因和推动因素分析，以及洗钱犯罪在地理层次和社会层次方面所形成的，由浅及深、由物质到意识的危害梯次结构，完全可以为我国的洗钱刑治强化、监管工具结构和组织结构的确定、手段选择和机制确立所借鉴。

当然，这一方法创新在实践上的运用，对社会多方面体制现状有着一定的要求，但是，无论从国际进展与深化看，还是从典型国家的进展与深化看，这都是一个渐进的过程，所以，如果这种方法所反映的宗旨与社会管理宏观功利具有一致性，那么，借鉴的基础就是存在的，剩下的问题只是一个如何改变和改变的速度问题。这里需要特别提出来的是，对于以金融为主导的反洗钱监管体系的我国来说，由于洗钱治理体系中，金融是系统性和技术性相对突出的领域，同时这个领域又处在预防犯罪层面，就社会整体功利而言，金融的意义或者说监管的意义，应该比刑治更应得到政策的重视。就金融监管的预防性治理措施而言，《GTA 框架》关于“可采取的措施”分析以及措施列表，除了与现行制度可能还不相适应的部分外，其金融技术层面的分析，对于我国金融系统通过反制技术的开发和创新，防治大范围的金融滥用将是非常有借鉴意义的。

（2）理论扩展借鉴

《GTA 框架》所建立的威胁和危害分层次立体交叉分析方法，以及由这样的分析方法所间接引申出的一个创新，即：将洗钱治理问题从专业领域引申至全民教育或国民警示层面，这无疑也是完全值得我国加以借鉴的。之所以作这样的判断，是因为在分层次立体交叉分析体系中，威胁和危害的分析涉及个人生命、经济、环境、社会、社会结构和社会意识等，这实际就是间接告诉人们，洗钱犯罪不单单只是一个刑事问题，而是一个直接或间接渗透到国民生活各个层面的社会问题。从这个意义上说，《GTA 框架》，既创新了洗钱治理分析工具，同时也创新了洗钱治理的认识体系。

在我国，目前说到洗钱问题，似乎仅仅是“专业部门”所知道的“专业问题”，而国民知之甚少。作为反映我国洗钱犯罪现实的权威性文献《中国反洗钱报告》，从内容安排和发行范围看，它都无法产生全民警示与教育的作用。

国内还没有一种有效的文献方式，能够在研究洗钱犯罪与国民生活关系的基础上，旗帜鲜明地提出反洗钱国民教育与警示的重要意义。事实上，对每一个公民来说，洗钱犯罪危害并不是远不可及或不可观察的，而是每天都在我们的生活中发生着的，如腐败洗钱，清洗后被腐败分子以合法方式占有或逃往国外的钱，实际直接或间接就是纳税人额外负担。再如走私犯罪逃税洗钱，清洗后被少数犯罪分子以合法方式占有或送往国外。作为政府收益损失，如果是计划用于平衡财政收支，其损失则意味着纳税人要纳更多的税，如果是用于基础建设，则意味着人民的生活要为之支付时间成本。从这个意义上说，我国洗钱犯罪体系的深化与发展，真正可以不受现有刑法体制和监管立法匹配关系制约和可为借鉴的内容，正是如何将洗钱犯罪的相关认识问题从目前过分狭窄的专业领域，引申到大众层面和社会治理理论层面。

五、以 FATF 为代表的洗钱犯罪类型研究

在国内，针对典型的洗钱类别进行研究的工作长期处于不规范和不系统状态，中国人民银行反洗钱局（ALMB）和中国反洗钱监测分析中心（ALMMAC）作为国家反洗钱主要执行机构也开展一些典型案例研究，学术界也有部分学者从法律和监管角度对一些案例进行研究，但是，比较于 FATF 的类型工作（地理种类、方法种类、金融技术种类）这些研究并不具有系统性和规划特性。事实上从有利于宣传、培训和示范意义来看，这项工作应该由国家反洗钱主导部门进行整体规划和安排，但直至现在，这方面的工作仍然存在明显缺陷和不足。

（一）FATF 洗钱犯罪类型工作历史回顾

作为国际反洗钱权威组织的 FATF，洗钱类型研究工作历史较长，为了能够直观理解国际领域这一工作的进展及主要方面，我们在介绍国际洗钱典型种类之前，对 FATF 的洗钱类型研究工作做一个简要的回顾。反洗钱典型类别研究工作，是 FATF 自成立以来的一项重要工作。根据 FATF 文献介绍，此项工作实际上与 FATF 诞生是同

步的。但根据其不同的反映方式，我们可以大致将这项工作划分成以下几个时期。

1. 起步时期

我们查阅了 FATF 自 1990 年以来的全部年报资料，虽然并没有在每一期上都公布 FATF 所进行的关于洗钱种类研究文献，但是我们从 FATF 在 1996 年和 1997 年年报附录中分别正式发布《FATF 第 7 期类型报告》（*Report of FATF Ⅶ on Money Laundring Typologies*）和《FATF 第 8 期类型报告》（*Report of FATF Ⅷ on Money Laundring Typologies*）可以推断，此项工作从 1989 年 FATF 成立时就已经开始。有关这一点，我们还可以从《FATF 年报 1992～1993》第 18 页，关于“控制下交付（Controlled Delivery）”讨论的以下一段话旁证我们的推断：

“FATF－III（《FATF 第 3 期类型研究报告》）同意‘解释性说明’所提出的：成员国应考虑采取措施，推迟或放弃逮捕可疑人员和扣押可疑资金，以便能够进一步识别洗黑钱活动和收集相关证据。”①

从文献上看，此项工作从一开始并不是直接明确为洗钱类型工作，而是由 FATF 组织其成员机构和相关专家开展对各国洗钱的种类，以及应对洗钱种类发展所必须采取措施的研究。但是最初的研究，只是作为 FATF 组织的内部文献，由专家组会议集中讨论形成，并供其成员国调阅使用，而并不在 FATF 的正式渠道上公开这些文献。

根据 FATF 文献介绍，这个开展洗钱种类或类型研究的机构是由 FATF 和欧盟的相关金融专家组成，每年组织召开一到两次会议，对洗钱犯罪的类型进行专门研究，有关这一点，我们可以翻译并引用

① FATF. Annual Report：1992～1993［R］. Financial Action Task Force on Money Laundering，1994. 作者译.

《FATF 第 7 期报告》导言中的一段话来加以证明：

"类型研究专家小组会议，在专家委员会主席即比利时金融情报机构总裁琼·斯布里尤特斯先生的主持下，于 1995 年 11 月 28～29 日在巴黎召开。该小组成员主要包括来自 FATF 成员国家的澳大利亚、奥地利、比利时、丹麦、芬兰、法国、德国、爱尔兰、意大利、日本、卢森堡、荷兰、挪威、葡萄牙、西班牙、瑞典、瑞士、英国和美国的代表，此外，一些来自部分非 FATF 成员国家、观察员组织、刑警组织和联合国国际药物管制规划署（禁毒署）专家代表也出席了此次会议。"①

2. "附录"文献公布时期

查阅 1993～1994 年年报，在其附录中分别用"附录 1"和"附录 2"公布了两个类型研究结果。附录 1 的标题是："关于利用非自然人客户账户进行洗钱释义（Interpretative Note concerning the utilisation in money laundering schemes of accounts in the names of customers who are not natural persons)"，附录 2 的标题是"打击非金融机构利用金融活动进行洗钱相关措施释义（Interpretative of Note Concerning Measures to Counter Money Laundering Through Financial Activities Carried on by Non－financial Institutions)"。

文献表明，FATF 在其内部由这个专家组成的类型研究小组提供了 8 次类型报告，但没有全部公开，但是在 1995 年和 1996 年，两次以附录公布第 7 期和第 8 期类型报告前，在 1993～1994 年年报中，选择性地登载了单一洗钱类型的类型报告，所以，我们可以说，FATF 的类型研究报告的文献披露，是从 1994 年的单一种类披露开始，然后在，1995 年和 1996 年两年正式以附录公布整体的类型研究报告。我们阅读了第 7 期和第 8 期类型报告的目录，文献主要分成

① FATF. Annual Report：1996～1997［R］. Financial Action Task Force on Money Laundering，1998. 作者译.

以下几个部分：

导言（INTRODUCTION）

洗钱问题的大小及地理范围（MAGNITUDE AND GEOGRAPHIC SCOPE OF THE MONEY LAUNDERING PROBLEM）

FATF 成员国家范围内洗钱趋势（RECENT TRENDS AMONG FATF MEMBERS）

结论（CONCLUSIONS）

而第三部分即“FATF 成员国家范围内洗钱趋势”的内容又被分成以下几个方面的内容：

违法所得的主要来源（The Principal Sources of Illegal Proceeds）

主要和正在形成威胁的洗钱（Prevailing Trends and Emerging Threats in Money Laundering）

对策进展（Developments in Counter – Measures）

非 FATF 成员情况（The Situation in Non – FATF Members）

上述第二级内容分类中“主要和正在形成威胁的洗钱”，是整个报告的主要部分，详细列举了专家小组对各种洗钱类型的研究结论。

其中第 8 期，有两个变动，一是在一级标题下增加了一个内容，放在第五部分，即“新洗钱技术发展动态”，二是在文献后单列了一个二级附录“FATF 类型研究报告附录：关于新支付技术问题（Appendix to the FATF Report on Typologies Issues Concerning New Payment Technologies）”。

3. 单行研究报告公布时期

FATF 的类型研究报告正式披露，即不再以附录方式公布相关文献，而是直接在年报正文中，或以其他形式正式公布洗钱种类，这一时期还可以划分为两个阶段。一是从 1997 年起，洗钱类型研究内容不再放在年报的附录中，并且也不再为报告编序，而是直接命名为《1997 ~ 1998 洗钱类型报告》（1997 ~ 1998 *Report on Money Laun-*

dering Typologies）。1997 年起，FATF 在年报正文中开辟了一个专门的部分，其主标题为“洗钱方法及对策回顾（Review Money laundering Methods and Counter Measures）”，在这个大标题下，开辟了一个专门讨论当年类型研究进展的专栏，即××××－××××年洗钱趋势及技术综述，比如 1998 年年报中的表述就是：“1997～1998 Survey of Money Laundering Trends and Techniques”。这一披露形式一直延续到 2003 年。二是从 2003 年起，FATF 的类型报告文献上升到年报文献的一级分类，类型工作成为 FATF 工作中与其他主要工作并列的工作之一。2003 年到 2014 年，FATF 年报一级分类从五个部分扩展到最少七个部分，最多分类曾经达到十个部分，而其中类型研究文献披露部分成为始终不变的内容，2013 年年报，甚至直接以“类型研究（Typologies）”命名标题。

这里更能反映洗钱种类研究工作在整个 FATF 工作中的重要性上升的情况还有两点：一是从 2000 年以来，FATF 正式向成员国开放按照洗钱种类所开展研究的成果报告，比如“足球”、“腐败”、“信托”、“走私”等洗钱类型的研究报告单行本；二是从 2001 年开始，在 FATF 的文献资料库中，正式编辑发行年度类型报告，到 2014 年共计编辑发行了五期。当然最能体现类型工作在 FATF 工作中的重要性的是，在 FATF 的五个工作组划分中，就有类型工作组（Working Group on Typologies）。

（二）FATF 洗钱类型研究报告简介与简析

前面我们对 FATF 所开展的洗钱犯罪类型研究的历史做了一个简要的回顾，但事实上，从 2000 年以后，FATF 开始以各种方式推动其地区性组织（FATF－Style Regional Bodies），也叫“FATF 范式区域性机构”开展洗钱犯罪类型研究和针对洗钱类型的对策研究。

为了能够深入了解国际洗钱犯罪类型研究的主要内容及其进展，这里我们对这方面的进展做一个简要的介绍和分析，之所以只能做简要介绍和分析，是因为 FATF 和与我国直接相关的 FATF 地区组织 APG 和 EAG，在这方面的文献量是极其庞大的，限于国内并没有在这些文献的翻译引进上有比较权威的渠道和现成的文献索引存在，大量文献需要翻译，而作者的翻译力量与实际需要之间存在太大差距，所以，作者只能利用有限的翻译力量来对这些文献做简要的介绍和分析。

1. 洗钱犯罪类型研究进展简介

在 2010 年 FATF 发布的《全球洗钱及恐怖融资威胁评估体系》的序言部分，FATF 对其成立以后的工作及主要工作成绩做了三个方面的概括：一是制定打击洗钱和恐怖融资犯罪的全球标准；二是确保这些标准得到准确执行；三是确定洗钱及恐怖融资犯罪（ML/TF）的方法和趋势。而对于第三点，FATF 所作的具体解释是：

“通过洗钱犯罪类型研究，告知监管部门、执法部门、金融部门和社会公众详尽的洗钱和恐怖融资（ML/TF）威胁，并为各国和全球如何以最佳方式应对这些威胁提供必要的决策基础”①。

正如前面在对 FATF 洗钱犯罪类型研究工作所做的历史回顾中所介绍的那样，迄今，FATF 发布了一系列洗钱犯罪类型学研究报告，除了 1996 年 FATF 正式公布《FATF 第 7 期类型研究报告》（FATF Ⅶ Report on Money Laundering Typologies）之前，共有六期可能因为其作为试验性工作而未通过 FATF 的正规文献披露渠道公布外（也有可能是文献查阅没有查到），以后正式向成员国和观察员机构发布的类型报告，不论其形式是否存在不同，但依据年份来对照，几乎是没有缺漏的。结合 FATF 内部工作组的划分，从一开始就有

① FATF. Global Money Laundering & Terrorist Financing Threat Assessment [R]. Financial Action Task Force on Money Laundering, 2010. Page 3. 作者译.

“类型工作组（Typologies Working Group - TWG）”的组织架构情况来看，完全可以肯定：洗钱犯罪类型研究工作始终是FATF的重要工作分类之一。

为使我们下面关于FATF洗钱犯罪类型研究工作进展与深化情况的介绍，能达到使人一目了然的效果，我们将前面在回顾过程中所提到的洗钱犯罪类型研究报告的各种披露方式，如《年报附录》披露方式、《年报》正式披露方式，以及《类型研究报告》独立或专门报告发布形式，以及其他发布方式所涉及的洗钱犯罪种类研究进行分别摘录，并以列表的方式来简要加以反映。表2-6是我们从上述不同披露方式的文献载体中摘录下来的历年类型研究汇总表。

表2-6　1996年至2014年FATF洗钱犯罪类型研究文献发布及所涉及种类

年份	发布形式	研究主要类型
1996	“FATF Ⅶ Report on Money Laundering Typologies”	1. 滥用假账户（Accounts in False Names） 2. 电汇（Wire Transfers） 3. 货币兑换局（Bureaux de Change） 4. 专业洗钱（Professional Money Laundering Facilitators） 5. 走私（Common Smuggling） 6. 网络支付（Cyberpayments）
1997	“FATF Ⅷ Report on Money Laundering Typologies”	1. 化整为零（Smurfing） 2. 壳公司（Shell Companies） 3. 集合账户（Collection Account） 4. 贷款支持安排（Loan Back Arrangements） 5. 旅行支票（Travellers Cheques） 6. Hawala, Hundi 7. 地下钱庄（Underground Banking） 8. 趸缴保险产品（Single Premium Insurance Products） 9. 赌博（Casinos）

续表

年份	发布形式	研究主要类型
1998	"1997 ~ 1998 Report on Money Laundering Typologies"	1. 高利贷、投资、增值税欺诈、虚假发票和财务造假（Usury, Investment. VAT Fraud, False Invoicing . Financial Fraud） 2. 证券期货（Securities and Futures） 3. 电子钱包系统（Electronic Purse Systems） 4. 跨境现金运送（Cross – Border Transportation of Cash） 5. 电子资金汇划（Electronic Funds Transfers） 6. 黄金市场（Gold Market）
1999	"1998 ~ 1999 Report on Money Laundering Typologies"	1. 欧洲货币一体化及大面额货币发行（Single European Currency and Large Denomination Banknotes） 2. 不合作的国家或地区的离岸金融中心（Offshore Financial Centres of Non – cooperative Countries or Territories） 3. 智能卡（Smart Cards）、网上银行（On – Line Banking） 4. 电子现金（Electronic Cash）
2000	"1999 ~ 2000 Report on Money Laundering Typologies"	1. 黑市比索交易（Black Market Peso Exchange） 2. 中国东亚系统（Chinese/East Asian Systems） 3. 公司注册代理（Company Formation Agents） 4. 替代性汇款体系（Alternative Remittance Systems） 5. 贸易洗钱（Trade Related Money Laundering）
2001	"2000 ~ 2001 Report on Money Laundering Typologies"	1. 基于网络的洗钱安排（Web – Based Laundering Schemes） 2. 信托（Trusts） 3. 看守人（Gatekeepers） 4. 网上银行和网络赌博（On – Line Banking and Internet Casinos） 5. 信托及其他非企业工具 6. 律师、公证人、会计师等专业人士（Lawyers / Notaries, Accountants and Other Professionals） 7. 恐怖融资（Terrorist Related Money Laundering）

续表

年份	发布形式	研究主要类型
2002	"FATF Annual Report 2001 ~ 2002"	1. 代理银行业务（Correspondent Banking） 2. 恐怖融资（Terrorist Funding） 3. 政界人士（Politically Exposed Persons） 4. 私人银行业务（Private Banking）
2003	"2002 ~ 2003 Report on Money Laundering Typologies"	1. 恐怖主义滥用非营利组织融资（Misuse of Non – Profit Organisations in Support of Terrorist Financing） 2. 非正式货币或价值转移系统与恐怖融资 3. 通过证券领域洗钱（Money Laundering Through the Securities Sector） 4. 黄金市场（The Gold Market） 5. 珠宝市场（The Diamond Market）
2004	"2003 ~ 2004 Report on Money Laundering Typologies"	1. 电汇与恐怖融资（Role of Wire Transfers in Terrorist Financing） 2. 保险业洗钱漏洞（Money Laundering Vulanerabitities in the Insurance Sectors） 3. 看守人与洗钱（Gagterkeepers and Money Laundering）
2005	"2004 – 2005 Money Laundering & Terrorist Financing Typologies"	1. 替代性汇款系统：它们是如何工作（Alternative Remittance: How They Work） 2. 贩卖人口和非法移民/偷渡所得（Proceeds From Human trafficking and illegal migration/human smuggling）
2006	"FATF Annual Report 2005 ~ 2006"	1. 贸易洗钱（Trade – Based Money Laundering） 2. 新支付技术的洗钱漏洞（ML Vulnerabilities of New Payment Technologies） 3. 滥用企业载体洗钱（Misuse of Corporate Vehicles）
2007	"FATF Annual Report 2006 ~ 2007"	1. 房地产洗钱（ML/TF through the Real Estate Sector） 2. 木马欺诈套取增值税（Laundering the Proceeds of VAT Carousel Fraud） 3. 贩毒收入清洗（Laundering the Proceeds of Illegal Narcotics Trafficking）
2008	"FATF Annual Report 2007 ~ 2008"	1. 武器扩散融资（Proliferation Financing） 2. 赌博游戏（Casino Gaming）

续表

年份	发布形式	研究主要类型
2009	①FATF 转："APG：Vulnerabilities of Casinos and Gaming Sector" ②"Money Laundering through the Football Sector"	1. 赌场和博彩业的漏洞（Vulnerabilities of Casinos and Gaming Sector） 2. 足球洗钱（Money Laundering through the Football Sector）
2010	①"FATF Annual Report 2000～2010" ②"Money Laundering Using Trust and Company Service Providers"	1. 证券行业洗钱和恐怖融资（Money Laundering and Terrorist Financing in the Securities Sector） 2. 自由贸易区的洗钱漏洞（Money vulnerabilities of Free Trade Zones） 3. 通过汇款和货币兑换商洗钱（Money Laundering Through Money Remitters and Currency Exchange Providers） 4. 利用信托和公司服务洗钱（Money Laundering Using Trust and Company Service Providers）
2011	①"Organised Maritime Piracy and Related Kidnapping for Ransom" ②"Money Laundering Using New Payment Methods" ③"Laundering the Proceeds of Corruption" ④"Money Laundering and Trafficking in Human Beings / Smuggling of Migrants"	1. 新支付方法与洗钱（Money Laundering Using New Payment Methods） 2. 洗净组织与绑架勒索（Organised Maritime Piracy and Related Kidnapping for Ransomm） 3. 腐败洗钱（Money Laundering and Corruption） 4. 贩运人口与偷渡洗钱（Money Laundering and Trafficking in Human Beings / Smuggling of Migrants）
2012	①"Operational Issues Financial Investigations Guidance" ②"Specific Risk Factors in Laundering the Proceeds of Corruption" ③"Illicit Tobacco Trade"	1. 操作问题：金融调查指南（Operational Issues Financial Investigations Guidance） 2. 腐败洗钱的特定风险因素（Specific Risk Factors in Laundering the Proceeds of Corruption） 3. 非法烟草贸易（Illicit Tobacco Trade）

续表

年份	发布形式	研究主要类型
2013	① "National Money Laundering and Terrorist Financing Risk Assessmen" ② "Money Laundering and Terrorist Financing Related to Counterfeiting of Currency" ③ "Money Laundering and Terrorist Financing Vulnerabilities of Legal Professionals"	1. 国家洗钱与恐怖主义融资风险评估（National Money Laundering and Terrorist Financing Risk Assessment） 2. 洗钱，恐怖融资与伪造货币（Money Laundering and Terrorist Financing Related to Counterfeiting of Currency） 3. 洗钱，恐怖融资与法律专业漏洞（Money Laundering and Terrorist Financing Vulnerabilities of Legal Professionals）
2014	① "The Role of Hawala and Other Similar Service Providers in Money Laundering and Terrorist Financing" ② "Terrorist Financing in West Africa" ③ "Money Laundering and Terrorist Financing through Trade in Diamonds" ④ "Virtual Currencies: Key Definitions and Potential AML/CFT Risks" ⑤ "Risk of Terrorist Abuse in Non – Profit Organisations" ⑥ "Financial flows linked to the illicit production and trafficking of Afghan opiates"	1. 哈瓦拉和其他类似服务提供商在洗钱和恐怖主义融资中的作用（The Role of Hawala and Other Similar Service Providers in Money Laundering and Terrorist Financing） 2. 西非恐怖融资（Terrorist Financing in West Africa） 3. 通过钻石贸易洗钱和恐怖融资（Money Laundering and Terrorist Financing through Trade in Diamonds） 4. 虚拟货币：重要定义及其潜在洗钱、恐怖融资风险（Virtual Currencies: Key Definitions and Potential AML/CFT Risks） 5. 恐怖主义滥用非营利组织风险（Risk of Terrorist Abuse in Non – Profit Organisations） 6. 阿富汗鸦片类制剂生产、贩运与资金流动（Financial flows linked to the illicit production and trafficking of Afghan opiates）

资料来源：FATF. "FATF Annual Report"（1989 ~ 2014）. http://www.fatf – gafi.org/. 作者译.

表2－6所列的内容是我们从FATF的主要文献"年报"和"类型研究报告"中摘录下来的，尽管还可能存在遗漏，但是，基本反映了FATF洗钱犯罪类型研究工作的进展概况，从每一年度的类型研究工作会议的情况介绍看（2006年第十八届类型研究专家会议

“The FATF – XVIII Experts'Meeting on Typologies” 在我国上海召开），这项工作的内涵进展是显著的。以上表为例，可以将 FATF 的此项工作大致划分成两个时期。

（1）外延扩张期

这一时期主要是针对洗钱犯罪的领域扩展而将洗钱犯罪的种类依据领域进行罗列和扼要分析，其目的在于提前警示成员国家对洗钱犯罪领域的不断扩展要有所注意，并在预警的前提下制定对策。这一时期主要是指 1996 年至 2008 年（当然实际上应该是从 FATF 成立的 1989 年到 2008 年），在这一时期，文献公布形式主要有两种，一是年报公布，二是年度类型研究报告公布，无论哪种形式，都是在一个文献里披露类型专家委员会对一个时期内国际洗钱犯罪领域里的各种类型犯罪所开展的研究工作，而且通过阅读原始文献可知，对各种类型犯罪的研究，主要体现为向 FATF 各成员国“介绍”和“警示”。

（2）内涵深化期

这个所谓内涵深化期始于 2009 年。从表中所列的洗钱犯罪类型报告公布形式可以很容易看到这样一个特点。从 2009 年起，FATF 开始针对犯罪种类，单一公布类型专家委员会当年的研究报告。当然，这里还可以再进行划分。2008 年到 2011 年，年报和专门类型研究报告，共同公布当年的类型研究成果及其进展。2012 年后，进展更为显著，这个进展也可以反映成为两个方面：一是洗钱犯罪类型研究工作发展到——一个报告反映对一个洗钱犯罪种类的研究成果；二是对曾经公布过的传统洗钱种类在新的国际环境下的新的复杂表现展开研究。所以，到 2014 年，我们可以看到，当年的类型成果反映报告与当年披露的犯罪类型是一致的。当然，这里一个更重要的进展和深化还在于：新型的洗钱犯罪类型研究工作已经具有了很高的学术成分，成为指导各区域组织从事洗钱类型研究工作的规范性文献。FATF 的类型报告，作为制定洗钱犯罪反制措施的政策参考依据的同时，也作为开展工作的学术性规范和依据。

2. FATF 洗钱犯罪类型研究报告引用与分析

由于翻译工作量的浩繁，我们不可能对 FATF 至今已形成的上百例洗钱犯罪种类研究成果一一介绍，但是基于抛砖引玉，为后来的研究者提供一些可以借鉴的素材，我们这里就 FATF 于 2011 年 7 月公布，并且在我国有着比较普遍可借鉴意义的《腐败洗钱犯罪类型报告》做一个简要的成果引用。

（1）《腐败洗钱犯罪类型报告》框架结构

分析 FATF 类型研究报告的框架结构，基本与前面介绍和分析的 2010 年《GTA 框架》相似，即以洗钱犯罪动因、威胁危害研究为主。而与《GTA 框架》所不同的是，在类型研究报告中，并不分析和提出措施，从上面我们关于类型报告工作进展分析可知，FATF 开展类型研究从一开始目标就非常明确：为成员国家提供洗钱发生范围和领域的警示。到了内涵深化期，类型研究工作的学术价值和政策价值提升，目的在于为各成员国提供更高层次的理论指导，所以措施始终不是类型研究的重点。当然，从最新几期类型报告看，措施制定指导内容也逐渐在提升。为了更清楚地看到类型报告的框架结构，我们将《腐败洗钱犯罪类型报告》的目录翻译引述如下

“1. 导言（Introduction）

A. 范围（Scope）

B. 方法（Methodology）

2. 为什么要将腐败洗钱列入类型研究（Why a Typology on Laundering the Proceeds of Corruption）

A. 腐败与经济（ Corruption and the economy）

B. 近期值得关注的腐败（Recent attention on corruption）

C. 腐败洗钱研究分析创新、调查和起诉腐败的其他方面（Other

initiatives and studies analyzing and reviewing the investigation and prosecution of corruption)

①全球反腐网络（The global anticorruption framework）

②其他研究（Other studies）

3. 巨额腐败洗钱常用方法分析（An Analysis of the Most Common Methods Used to Launder the Proceeds of Grand Corruption）

A. 利用企业载体和信托洗钱（Use of Corporate Vehicles and Trusts）

B. 利用看守人洗钱（Use of Gatekeepers）

C. 利用国内金融机构洗钱（Use of Domestic Financial Institutions）

D. 利用离岸和国外司法管辖区洗钱（Use of Offshore/Foreign Jurisdictions）

E. 利用代理人洗钱（Use of Nominees）

F. 使用现金洗钱（Use of cash）

4. 导致腐败洗钱风险上升的原因（Vulnerabilities Leading to An increased Risk of the Laundering of the Proceeds of Corruption）

A. 政府被腐败分子控制（Control over the State）

B. 金融机构被腐败分子俘获（Financial Institution Capture）

C. 尽职调查手段不能得到强化（Ineffective Enhanced Due Diligence）

D. 政府与金融机构之间信息沟通不畅（Ineffective communication among States and financial institutions）

5. 结论（Conclusion）

6. 后续工作建议（Suggested Follow－up Work）"①

---

① FATF. Laundering the Proceeds of Corruption［R］. Financial Action Task Force on Money Laundering, 2011. Page 3. 作者译.

《腐败洗钱犯罪类型报告》除上述内容外，还在附件中列举了两个内容，一个是近期国际腐败洗钱大案，即《巨额贪腐案件盘点》(ANNEX 1：Grand Corruption Case Inventory)，另一个则是《冻结前国家元首、元首随员及其控制下的国家实体资产的国际行动回顾》(ANNEX 2：Overview of International Action to Freeze Assets Belonging to Former Heads of State, Their Entourage and Certain State Entities Under Their Control)。后一附件主要列举的是2011年当年冻结的与非洲、南美和中亚地区的一些国家元首腐败资产有关的案例，如2011年6月6日，美国冻结了科特迪瓦总统洛朗·巴博以及他的妻子和亲信的资产，法国冻结前突尼斯总统本·阿里及其家人的资产。这些冻结与我国没有关系，而前一个附件，即《巨额贪腐洗钱案盘点》则有我国发生在广东省中国银行的许超凡、余振东、许国俊贪污案。

从上述框架我们可以看出，研究报告的核心部分是第2、第3部分，这两个部分集中反映了FATF类型研究报告的基本特点，一是威胁与危害分析，二是针对所列举的洗钱种类特点，分析洗钱犯罪的主要途径和方法。

(2)《腐败洗钱犯罪类型报告》内容简析

阅读和分析FATF所公布的专题类型研究报告，对于我国反洗钱实践领域和学术领域是具有非常明显的借鉴意义的。同时通过这些报告的解读，也能清楚地看到我国在反洗钱技术和策略深化领域与国际之间的差异。

第一，腐败洗钱定义的理解与洗钱治理机制的正反因素

导言部分有两个关于腐败洗钱的认识问题是值得我们深入理解的，一是关于腐败洗钱的定义问题，这涉及腐败犯罪的刑事定义的通用性问题，而这个根据不同的国家可能需要给予不同的定义，在一个封建专治的国家，可能最高政治人物（国王），本身就是这个国家一切财产的所有者，而在一个民主国家，则任何对公用财产的占

有，无论其以什么方式，多少金额，都可以定义在腐败之列。比如在我们国家，刑事司法中实际就存在着为官员的额外收入来源规定起诉额度的情况，对这一现实做进一步的解读，也就是说：在我国，凡是政府官员在规定的额度之内占有并非属于其劳动所得的钱财（受贿、收受礼金和礼品、接受红包等），就不在腐败的刑事定义范围内，这样的腐败刑事范围定义，显然并不是世界上所有国家都可以照搬或接受的。

为了使腐败的概念有一个可以为刑事定义所用的基础，《腐败洗钱犯罪类型报告》做了如下表述：

“关于腐败，尽管并没有一个国际公认的法律定义，但它却有公认的功能定义，即利用公职谋取私利。联合国（UN）、经济合作与发展组织（OECD）和欧洲理事会（CEC）分别以公约形式定义了腐败罪行的行为范围。公约通过对犯罪进行具体的描述和规定而非通过一个通用的贪污罪定义，确定了腐败犯罪的国际标准。腐败罪行的范围，既包括政府官员或雇员从其操纵（或不直接操作）公共开支中收受钱财这样的轻微或系统性腐败，同时也包括那些处于政府决策层面、并利用自己的官方身份为他们自己、他们的家庭以及他们的同伙谋取福利的巨额贪腐。”①

这个定义的最大特点体现在文字中的着重号部分，也就是说，对于腐败的刑事定义，并不完全以法学理论为基本依据，而是完全建立在对具体行为的描述性规定之上。这样从行为的具体特征上来明确一个为全世界通行的腐败法律定义，便于其在全球范围内为所有国家所接受，此外，还有一点规定也是非常明确的，即除与权力应用直接关联的利益非法获取外，对于权力利益并不直接关联的非正当收入，同样可以是腐败犯罪的定义范围。二是关于反洗钱与反

① FATF. Laundering the Proceeds of Corruption［R］. Financial Action Task Force on Money Laundering, 2011. Page 6. 作者译.

腐败的关系认识，有关这一点，《腐败洗钱类型报告》也给出了非常明确的表述：

“腐败类型研究源于相关专家的一种认识，即反腐败与反洗钱是密不可分的，如果一个腐败的政府官员不能够以一种他认为是安全的方式来处理、放置并将其贪污的资产抽逃进入国际金融网络，他的贪污行为将是毫无意义的。在某些方面，公职人员（被称为政治人物，简称‘PEP’）通过腐败手段聚集大量资金对国家形成的危害，远远超过其他一些犯罪。一个毒贩可以长时间地匿名持有巨额资金，而一个公职人员为了避免引起注意，从一开始就企图尽快提取并向国际金融网络抽逃来源不明的巨额款项。正因为如此，我们也可以说，政治人物腐败的固有弱点，也是相关权威部门实施反洗钱和反腐执法的机会。”①

在翻译引述的这段话中，我们加注着重号的部分反映的就是FATF类型学专家关于反腐败与反洗钱关系的基本认识，而我国在这方面的认识应该是相对落后的。目前，国家也仍然未将反洗钱作为反腐战略的一个重要组成部分，事实上，前述引用说得很清楚，如果能够切断贪官外逃资金的通道，贪污对于具有贪腐欲望的官员就会失去吸引力。上述引用的这段话的后面加着重号部分实际上又反映了FATF类型研究所揭示的另一种认识，那就是：腐败洗钱必然存在着“脏钱”处置上的“时间不耐”特性，而正因为这个特殊性才使得腐败洗钱与其他洗钱有不一样的特征，即由于腐败“脏钱”清洗的“时间不耐”，因而造就腐败洗钱相对易于暴露在反洗钱侦察视野里，而这是一国洗钱犯罪治理战略和洗钱治理措施应该加以把握的。说到这里，就关联到FATF所提出的一个反腐败的视角高度问题，FATF关于此项工作的认识非常清楚。

① FATF. Laundering the Proceeds of Corruption［R］. Financial Action Task Force on Money Laundering, 2011. Page 4. 作者译.

“与此前 FATF 开展的类型研究工作有所不同，为了开展腐败类型研究，FATF 抽调了一批对政府工作机制有深入理解的专家，所以，类型工作组的分析基本代表全球这方面的专业人士和专业组织对反洗钱的深厚专业理解。实际上，深入了解腐败洗钱，并从类型研究中得出结论，就是这一工作所要达到的目标。概括地说，我们的目标就是：以反洗钱和反恐融资为视角，力求站在更高的高度去更好地了解腐败、腐败机制及其漏洞。”①

所谓站在更高的高度去了解腐败和腐败机制及其漏洞，就是在认识提高的基础上深入研究腐败形成的机制及其方法，以便于在此基础上制定和采取有效的打击措施。正如报告在“方法（Methodology）”中所说的：

“与其他 FATF 类型研究一样，尽管本研究报告依据于绝对多的案件分析，但是，刑事定罪或官方有罪结论并不在引用之列。包括在本研究中的所有案例均不以得出涉及个人罪责结论为目的，相反，报告的目的是：在腐败洗钱可能采用的各种方法方面得出结论。”②

第二，腐败与洗钱危害认识高度问题

在“为什么要将腐败洗钱列入类型研究”一节中，第一条就提出了一个可能是非常重要的关于腐败的认识问题，这样的认识高度甚至可能是我们这样的国家政治伦理所不能认可的（我们的政治伦理是：经过政治考察而提拔任命的官员，一定是品德高尚的人）。

“2009 年，FATF 战略监测调查（SSS）指出，政治公众人物被认为是以洗钱为目的的高风险群体中的最大群体之一。政治公众人物之所以具备洗钱高风险性，这是由他们所处位置的性质所决定的：

① FATF. Laundering the Proceeds of Corruption［R］. Financial Action Task Force on Money Laundering, 2011. Page 6. 作者译.

② FATF. Laundering the Proceeds of Corruption［R］. Financial Action Task Force on Money Laundering, 2011. Page 7. 作者译.

他们有机会接触到巨额公共资金，他们具备控制政府预算、控制上市公司和操纵合同的知识和能力。腐败的政治公众人物可以利用他们所具有的知识和能力批准政府合同以换取个人的经济回报，或者干脆创建一种便于其以‘虹吸’方式从政府国库贪污资金的结构。国家因不同治理水平，不同文化和不同的法制水平而出现腐败的程度也有所不同。”①

并且，除了这种从政治结构中的权力性质来讨论腐败洗钱风险外，还认为腐败存在的程度，与一国的文化（出于个人良好政治期望与出于封建光宗耀祖、政治投机和官僚虚荣的区别）、政治制度（法制水平区别）有着本质的、内在的关联关系。

有关腐败洗钱的认识问题的第二个突出方面是《腐败洗钱类型报告》专门分析了腐败与经济之间的关系，一共用了九条来讨论腐败洗钱与一国经济之间的关系，关于这一问题，在2010年10月FATF公布的《GTA框架》中，分析得较为深刻，因为在《GTA框架》中，FATF将洗钱危害的分析提高到国民安全、社会安全、人身基本安全、环境安全和社会结构稳定的高度，但是，在腐败洗钱类型研究报告中，讨论到腐败这一洗钱犯罪种类与社会经济之间的关系，应该是《GTA框架》分析中所没有的，以下我们引用其中第15条如下，从引用这段文字，我们可以深刻理解FATF类型工作组（Working Group on Typologies WGTYP）在这一问题上的代表性认识及其高度：

“此外，腐败往往与资本外逃有关。有关非法资金流动的最新估计是：仅2008年1年，就有约12600亿美元至14400亿美元资金从贫穷国家外逃，并且，这一数字还在上升，而显著的情况是，腐败在非法资金外逃中扮演着重要角色。也正是因为与腐败相关的资本大量外逃，造成

① FATF. Laundering the Proceeds of Corruption［R］. Financial Action Task Force on Money Laundering, 2011. Page 9. 作者译.

稀缺资源被转移到远离国内投资和生产活动的其他国家和地区。”①

从这段话可知，在 FATF 类型工作组所主持下的专家委员会，实际上将腐败洗钱与经济之间的关系引申到加剧国际贫富分化的高度。

这里尤其要指出的是，在《腐败洗钱犯罪类型报告》的第 4 部分：“导致腐败风险上升的原因”中，FATF 将腐败洗钱风险上升原因分析高度提升得很高，政治领域上升到一个国家的政府权力为腐败所控制，金融领域上升到一个金融机构被腐败洗钱所俘获。

“对于努力阻止腐败犯罪和对腐败犯罪实施调查的人们来说，主要挑战是他们面对的巨贪，可能恰好就是对国家有着充分控制权力的政治公众人物，是他们利用其对国家的控制权力挪用国家资金（或收受贿赂和收取好处得到满足）。他们对国家拥有如此大的权力，从而使得他们能够从事洗钱犯罪而不会受到惩罚。在专制政权里，一个政治人物，既可以采取单一方式与罪犯合作，也可通过控制政府机构（司法，警察，军队和监管官僚机构）和媒体来达到其目的。拥有控制权力的政治人物可以很方便地掩饰和转移其非法所得。腐败洗钱犯罪类型研究项目小组指出：大量的情况是腐败的政治人物创建或利用现有政府机构系统来掩盖或转移其非法所得。”②

报告还列举了亚洲开发银行（ADB）和经合组织（OECD）于 2007 年在区域反腐研讨会上所作的“关于秘鲁前总统阿尔韦托·藤森（Alberto Fujimori）腐败案说明”。从国际上来看，有关这样的认识早已形成，但是在我国国内，这样一些与腐败相关的洗钱问题认识高度，仍然没有与洗钱犯罪的治理联系在一起。事实上，在我们国家，早就有着近似这一认识高度的社会现实，中央层面的高官，

① FATF. Laundering the Proceeds of Corruption［R］. Financial Action Task Force on Money Laundering, 2011. Page 9. 作者译.

② FATF. Laundering the Proceeds of Corruption［R］. Financial Action Task Force on Money Laundering, 2011. Page 26. 作者译.

如徐才厚、周永康、令计划等，实际上，他们就借助于我们国家现行的“任命制”而非民选官僚体制，及其所包含的“唯上唯是”官场伦理，利用其对官场人脉的控制，而形成他们对国家某一个领域非常大的控制能力。

这里不能不提到的是，《腐败洗钱犯罪类型报告》中“腐败洗钱风险为什么呈现上升”一节所提出的“金融机构被俘获”和“腐败分子利用现金洗钱”。关于前者，研究报告举了如下例子：

“腐败洗钱类型研究项目组发现，金融机构被腐败分子所俘获，将会使全球反洗钱和打击恐怖融资系统整体面临风险。2007 年召开的区域反腐研讨会上，亚洲开发银行（ADB）和经合组织（OECD）发布了针对秘鲁前总统顾问弗拉迪米罗·蒙特西诺斯（Vladimiro. Montesino）的腐败案例研究报告，根据这个研究报告，蒙特西诺斯利用其影响力与其同伙调度和运用养老基金，加上他们自己的一部分钱购买了秘鲁银行机构、南方金融公司（FinSur）的多数股权。通过控制和俘获金融机构，使得蒙特西诺斯和藤森在掩饰和转移贪腐资金方面获得前所未有能力。这样的事实表明，是因为政治人物所具有的地位，才使得蒙特西诺斯有能力来控制银行，银行被置于政治人物的管辖范围，金融机构顺利地成为腐败洗钱的工具。”①

这样的情况在我们国家实际是存在的，虽然，我国的巨额贪腐官员并不会像秘鲁的蒙特西诺斯通过控制股权来直接控制银行，但是，由于国内官僚体制的特殊性，尤其是银行具有“准官僚机构”特性（国家银行有直接的行政级别存在，地方银行有隐性行政级别存在），本质上一个地方的最高官员对当地的银行是有着相当的隐形控制力的，我们甚至可以将其定义为对银行金融机构的“准俘获”。根据《中国经济周刊》2012 年第 22 期相关文献介绍，每年中国贪

① FATF. Laundering the Proceeds of Corruption [R]. Financial Action Task Force on Money Laundering, 2011. Page 28. 作者译.

官带出境外的“脏钱”是相当惊人的：“2014 年，中国人民银行一份关于‘腐败资产外逃’的研究报告曾引起不小的震动。报告中引述中国社会科学院的调研资料披露：从 20 世纪 90 年代中期以来，外逃党政干部，公安、司法干部和国家事业单位、国有企业高层管理人员，以及驻外中资机构外逃、失踪人员数目高达 16000 ~ 18000 人，携带款项达 8000 亿元人民币。”

如此大规模的腐败资金能够顺利外逃，如果没有金融机构的配合，几乎是不可能完成的。这只能说明一个现实问题，那就是我国国内在洗钱犯罪与腐败犯罪的关联认识上，与国际上存在着显著的差距，而这显然应该不是“学术低敏感”问题。

腐败洗钱的最后过程必然是“脏钱”外逃，针对这一现实，国际反洗钱领域表现出了相当的敏感。以下我们引用《腐败洗钱犯罪类型报告》中“全球反腐网络（The global anticorruption framework）”中的以下一段话来加以印证：

“在政策领域，已经有大量机构参与到腐败洗钱的讨论，并且，自 2004 年以来，他们发表了大量研究成果，他们还借助于这些研究向政府和私营部门提供分析支持和建议。2007 年，世界银行（WB）和联合国毒品和犯罪问题办公室（UNODC）共同发起了‘追回被盗资产倡议（STAR）’。在发展中国家和金融中心，‘追逃倡议（STAR）’在防止腐败洗钱和系统、及时追回腐败官员贪腐资金方面已经产生了效果。‘追逃倡议（STAR）’组织方还发表论文，主张全球采取统一行动，主张使此项工作利益机制化，以更好地发挥此项工作在威慑和发现腐败犯罪、追回被盗资产方面的作用。”①

国际上，2007 年就已发起倡议通过全球一致行动在全球范围内追踪外逃贪腐资金，并将这一倡议确定为不仅仅是为贪污发生国的

① FATF. Laundering the Proceeds of Corruption [R]. Financial Action Task Force on Money Laundering, 2011. Page 12. 作者译.

经济损失，而是作为扼制腐败洗钱的一个有效措施。

我国对这一问题的敏感与国际比较滞后了整整 7 年，我国从 2014 年开始，终于启动了在世界范围内追讨贪官外逃资金，但是这里要强调的是，即使我们开始这样做了，但在国家战略层面上，这样的活动也并不是建立在反洗钱与反腐败机制关联的理论之上的。扼制腐败和扼制洗钱犯罪是同一个问题的两个方面，归属于不同的刑事领域或政治概念范围，需要用不同的国家战略来加以定义和规范。从这个意义上讲，我国启动于 2014 年的在全球范围追讨外逃贪腐资金仍然只是政治层面和刑事层面的，而不是反洗钱战略层面的。从运作上看，也是建立在外交和刑事双边协作机制上，而不是建立在一个全球统一的反腐追逃倡议机制之上的，当然更不是通过统一的金融情报网络合作来完成的工作。

《腐败洗钱犯罪类型报告》关于腐败分子和利用现金洗钱的研究更是值得国内洗钱犯罪研究领域深入讨论的问题。对这一问题，《腐败洗钱犯罪类型报告》也同样做了案例举例。

“另一案例研究表明，持有大量不明来源现金的情况普遍存在。例如，尼日利亚巴耶萨州前州长蒂普里耶·阿尔米塞哈（Diepreye Alamieyeseigha）被捕时，在他的英国公寓发现超过 100 万英镑的现金。事实上，作为尼日利亚巴耶尔萨州前州长，他的工资仅仅是这些现金的一个极小部分。大约也就在同一时间，前面所讨论的尼日利亚另一州长，约书亚·西比·戴瑞（Joshua Chibi Dariye）也被发现在四年半的时间里，陆续在他的英国账户中以现金方式存入超过 48 万英镑的资金。根据美国参议院有关此事的最新报告，1998 年，尼日利亚的军事强人萨尼·阿巴查死亡后，他的妻子在拉各斯机场被拦截下来，发现其拥有 38 个装满现金的手提箱，她的儿子也被发现拥有 1 亿美元的现金。根据世界银行的研究，他是利用其同伙把如此巨额现金放置在金融体系的。最近的一个例子当然就是秘鲁前总统藤森的顾问、国家情报局主管蒙特西诺斯，他甚至利用现金运送方式，将其贪污的资金从瑞士转移到墨西哥和玻利维亚。”

在我国，这样的事实同样存在，甚至有过之而无不及。以现金方式在家里存上亿“脏钱”的贪官不在少数，国家能源局副司长魏鹏远、呼和浩特市铁路局原副局长马俊飞、秦皇岛自来水公司总经理马超群，等等。上述腐败洗钱关系到金融体系和金融机构方面的问题，在《腐败洗钱犯罪类型报告》中主要归结为“政府与金融机构之间信息沟通不畅（Ineffective communication among States and financial institutions）”，但是这样来归结显然不符合我国国情，而更多的是金融系统或金融机构本身就与权力内在关联。从这个意义上讲，我国要将反洗钱的认识与反腐败认识关联起来，并提升到国家反洗钱战略高度，这不仅有认识上的困境，而且本身还存在着制度上的悖论，我们可以做这样一个假定：当一个省委书记或省长要求在其治下的一家银行，为之做一笔可能存在洗钱内涵的现金业务时，这家银行的行长会因为其承担的反洗线职责而不惧行长职位被掳而拒绝办理这一笔业务吗？

FATF 的相关报告指出，FATF 近几年以来进行了多种形式和多领域的洗钱和恐怖融资犯罪类型学研究，并且号召各成员国和 FATF 的地区性机构开展类型学研究。通过类型学研究，并结合《GTA 框架》，对各种洗钱犯罪的典型性问题、技术特性和危害特性问题等进行细化分析，并最终使之成为洗钱犯罪司法和监管可以借鉴的资源。按照 FATF 的设想，反洗钱类型学研究将发展成为战略确定、措施制定、技术定位、反洗钱原因抑制等最基本和最具有可操作性的基础性研究。

我国是一个有着复杂地缘结构、复杂文化结构、特殊政府权力结构的国家，所存在的腐败问题在全世界都具有某种特殊性，而腐败的治理问题又是一个关联政治、经济和社会政治制度设计的大问题，无论在何种历史条件下、何种社会政治环境下，反腐都是国家面临的不可回避的问题。从我们对 FATF 所公布的《腐败洗钱类型报告》看，对于我国来说，洗钱治理问题的确存在着显著的认识缺陷和战略缺陷。腐败治理从本质上是与洗钱治理相关联的，这是一个显而易见的问题，可是我们对这一问题的认识和战略设计，为什么不能做出敏感的反应呢？这显然是值得反洗钱学术界和实践领域反思和深入研究的问题。如果我们再结合 FATF 迄今所完成的其他反洗钱类型研究工作进行分析，我们所面对的洗钱犯罪现实，和我们所看到的战略认识差距，都将是值得我们进行讨论的。

事实上，至少我们现在急切需要建立一个集理论、政策和技术于一体的研究结构，以完成不同洗钱刑事犯罪的动因、危害、技术滥用的针对性研究，当然还包括对洗钱犯罪如何进行有效预警，以及各项惩治和预防措施的定位和定型。从这个意义上说，响应 FATF 的倡导，组织国内高效的反洗钱类型学研究，同样也是我国反洗钱监管深化的一种必然。

结束语

FATF 的发展，反映了整个国际反洗钱监管制度体系和组织机构体系的进展与深化，而作为全世界反洗钱领域的主导者，FATF 的每一个改进，在反映其自身的进展与深化的同时，也反映世界对洗钱和恐怖主义危害和威胁有充分认识的国家在这一领域的重视程度。

这是一种无声的检验，尤其是在上述分析的过程中我们所体会到的 FATF 机制的进展与深化。一方面，它是 FATF 自身完善过程的反映，而另一方面也是世界范围内，包括联合国在内的一切国际制度机制与国际形势发展之间的与时俱进的反映。世界各国可以对比的是：当作为国际反洗钱制度体系创立者和维护者的FATF，已经从认识提高、制度基础和框架搭建转向对方法论、效率以及类型研究和方法创新的时候，无论是对于世界上一些已经遭受过洗钱和恐怖融资犯罪威胁的国家，还是目前还没有为这种威胁、危害付出惨重代价的国家，他们都需要以一种与时俱进的态度，直面洗钱及恐怖融资可能导致的一切有损于人文进步的问题。

第三篇　我国反洗钱监管进展与深化

引　言

对于我国来说，包括立法、司法、行政、监管在内的整个洗钱治理体系形成的历史并不长。洗钱犯罪治理是一个横向涉及社会管理的多个领域的社会治理范畴，但是，如果纯粹从理论上归结，基本可以划分成为刑治与监管两个部分。

我们在本书第一篇的研究中，已经对国际和国内洗钱刑事定罪立法进展与深化进行了深入研究，并进行了国际与国内比较，随后在第二篇中，又对以FATF为核心的国际反洗钱监管机制进展与深化进行了深入分析，所有上述两部分的进展与深化研究，都是为了能够在正确评析国际进展与深化的基础上，比较分析和客观评价我国在同一领域的进展与深化。当然，进行具有如此广度和深度的比较分析，也还有另一层更为现实的理论意义，那就是：通过比较研究来客观认识我国洗钱治理现状与国际进展和国内洗钱治理客观需要之间的同步和匹配关系。

纯粹从理论意义上来看待我国洗钱刑治与洗钱监管二者的关系，刑治的历史应该早于监管的历史。但是，从实践意义来看，我国反洗钱监管又早于或领先于国内刑治的历史，我国洗钱治理领域刑治与监管之间的这样一种不均衡发展的历史存在，显然是有着深刻的社会原因和发展原因的。

这里我们暂时不讨论完全针对实践而形成的时间起点结论，而完全以文献产生为标志来讨论，如果我们以2003年底中国人民银行内部“两个办法，一个规定”在银行体系内公布执行，以及人民银行正式组建反洗钱局（原保卫局）作为我国反洗钱监管体系形成的起点，则可以计算的起点时间差距应该是：监管规章形成的历史，要比国内针对洗钱犯罪而形成专门刑事定罪立法的历史整整晚5年。

我国包括监管组织体系和监管制度体系在内的反洗钱监管体系，在经历近十年发展后，直至今天，它的进展情况和发展水平究竟如何？这个体系的现状水平，与我国日益提升的国际事务参与地位，以及迅速发展的商品经济，或者说反洗钱监管客观需要之间的匹配水平究竟如何？这是本部分试图通过分析和研究予以澄清的问题。

反洗钱监管组织体系是一个国家的反洗钱治理体系的重要组成部分，在以《刑法》为基础的刑治体系之外，还有一个相对完备的、预防和控制体系，这是由洗钱犯罪的基本特性所决定的，正如我们在前面所分析的，洗钱犯罪与一切普通刑事犯罪所不同的特点就在于：第一，它是上游犯罪的一种衍生犯罪，从它的原始形态看，它是因为上游犯罪而形成的，并因此而与上游犯罪形成共生关系；第二，它的现代形态具有累积性，也就是说，在现代社会形态下，尤其是滋生于有组织上游犯罪的洗钱犯罪，它与上游犯罪之间具有共荣累积性；第三，洗钱犯罪以滥用金融体系为突出特征，对金融系统和金融技术有着强烈的依赖性；第四，由于其对金融系统和金融技术的依赖，而以电子技术运用为主要特点的金融技术创新，既有利于提高金融系统服务效率，但同时客观上也为洗钱犯罪提供了极大的方便性和隐蔽性。

从非主观特指意义上看，洗钱犯罪的上述四个方面的特点客观上与金融技术创新之间构成一种内在的正关联关系，从而使得社会治理意义基础上的洗钱治理目标实现，反过来必须基于金融系统各种功能的发挥，利用金融技术和金融机构体系的特殊地位和功能所产生的任何其他系统所无法替代的监控作用，如切断洗钱犯罪与上游犯罪之间的累积性关系，利用金融技术和金融系统特性所产生的预防和控制作用，削弱洗钱犯罪与金融滥用之间的共荣“脐带”。通过监管组织体系的检查与监管，甚至包括对金融工具创新的洗钱技术漏洞专项审查，推进金融系统对洗钱犯罪的有效预防，以及从金融技术应用出发提高洗钱刑治效果，等等，所有这些都是单一刑治所无法实现的，而需要由一个相对严谨和有机的监管组织体系和制度体系来实现。

一、我国反洗钱监管组织体系及其进展

我国的反洗钱监管组织体系于 2002 年开始筹建，于 2004 年年底基本成型。与世界上其他国家有所不同的是，基于我国的特殊国情，在不是完全依靠立法授权作为有机组合监管与司法职能的宏观环境下，监管组织体系的建设和运行规则实际成为监管效率的一个至关重要甚至是决定性的因素。为了能够对我国现时反洗钱监管组织体系做出客观评析，以下我们根据权力层级和功能划分，对我国反洗钱监管组织体系的进展与深化进行分析。

（一）决策组织体系

“反洗钱工作部际联席会议”是我国整个反洗钱监管组织体系的一个特殊的组织形式，同时也是我国反洗钱组织体系的顶层设计。这样一个以“会议”而存在的全国反洗钱工作决策主导机构是完全

体现中国特色的，当然也是在国际上没有范例的。为了不仅从国际反洗钱组织体系的惯例来看待这样一个组织体系的设计，而且也能从我国的国情出发来分析和研究这个组织体系的设计、构成和运行，以下我们从其成立的特殊历史背景展开讨论。

1. 成立

作为我国最高决策机构的“反洗钱部际联席会议”其成立背景和进展过程，与我们在第一篇所分析的刑法定罪立法进展有着相同的历史成因。

（1）背景

“反洗钱部际联席会议”成立于2002年5月，其召集人为公安部部长，从这个设置我们可以看到，最早国家决定在国内针对反洗钱而建立相应组织体系的着眼点并非监管，而在于刑治。之所以形成以刑事侦察部门为主导的会议体制，其原因自然是与我国自20世纪90年代以来，签署的一系列与反洗钱有关的国际公约有关。20世纪90年代是我国开放水平迅速提高的时期，而这个开放自然包括我国在参与国际政治经济过程中，国际义务的不断上升。国际义务上升主要包括在联合国主导下开展国际禁毒合作、打击跨国犯罪合作以及2000年以后的国际反恐合作。由于这些国际合作多与缔结相同内容的国际公约密切相关，所以对于中国来说，上述国际合作均包含着必须承担的国际义务。

当然，涉及洗钱犯罪治理最为典型的国际义务，来自于1990年我国签署并批准执行的《维也纳公约》，第一篇的分析已经告诉我们，由公约签署而产生的主要国际义务并不是洗钱犯罪治理本身，而是毒品犯罪的国际司法配合，甚至包括后来我国相继签署和批准的有明确洗钱刑事定罪内涵的《巴勒莫公约》和《联合国反腐败公约》。对于这样一些国际公约义务来说，其主体都不是洗钱刑事定罪和刑事司法。但是，正如我们在前述所做的分析那样，洗钱犯罪的确与公约所明确表示的上游犯罪之间并不是一个简单的下游衍生关系，而是存在着“共生共荣”关系，或者说洗钱犯罪对其上游犯罪有着“反哺”关系，而这对公约所明确的主体犯罪是具有累积性效果的。第二篇的研究已经告诉我们，从 1989 年开始，国际社会出于维护金融系统稳定而在七国集团和欧洲联盟内开始建立反洗钱监管组织体系和制度机制，并且，这个国际反洗钱体系的发展在不长的历史中便得到了国际社会的认同。跨入 21 世纪尤其是美国“9・11”事件发生后，洗钱犯罪的问题已经不仅仅反映为威胁金融系统稳定，随着国际社会对一些特殊刑事犯罪与其衍生犯罪之间的共生关系认识的提高，有关洗钱犯罪的认识也同时得到提升。从国际社会对公约所明确的犯罪治理看，有关国际合作的针对性，显然已不能再单一集中在主体刑事犯罪上，而是迫切需要将这种合作延伸至作为与主体犯罪之间有着共生关系的洗钱犯罪。

对于我国来说，在当时的历史条件下，这样的犯罪虽然已成为国际社会的一个非常明确的刑事问题，而在国内，由于商品经济发展和对外开放并不充分，洗钱犯罪也并未形成明确和具有代表性的刑事问题。但是，在我国签署的上述三大公约中，又的确包含着非常具体的、与洗钱犯罪有关的国际义务，为执行或完成这些义务，国内相关组织体系和制度体系（包括法律）迫切需要作出相应的安排。虽然国际公约规定的义务仍然针对的是公约所规定的上游犯罪，但是出于全面履行公约义务的需要，国内又必须考虑履行义务必然要涉及与金融反洗钱国际合作有关的问题。正是在这样一种形势下，2002 年 5 月，国务院批准由公安部作为“召集人”，通过召开会议的方式，针对洗钱犯罪刑事司法配合方面的问题进行研究和讨论。

（2）变化

最初，这个以所谓的“会议”形式而存在的最高反洗钱决策组织形式，本质上就是“会议”，没有明确规制和范畴，参与这个会议的所有机构在这个会议体中，也没有明确的职责规范和行为规范，仅仅是由于公安部在遇到与洗钱犯罪相关的问题需要国际配合时，才召集相关国家部委参加会议，进行相关问题的讨论。

到了2003年底，当我国反洗钱组织体系的顶层设计越来越多地涉及洗钱治理问题，尤其是国际反洗钱领域对我国提出的各种具体和具有大量金融技术含量的配合义务要求后，这种以“研究问题”和“讨论问题”为内容的决策组织结构出现了与义务的具体内容不相匹配的问题。这里当然也还有一个最为重要的国际发展变化，也是促成国内改变和调整反洗钱组织体系顶层设计的原因，那就是自1990年《维也纳公约》公布以来，国际社会洗钱犯罪的治理结构发生了根本性变化。最初，国际领域是以推动将洗钱犯罪作为单独刑治对象为主要内容的国际治理模式，而从20世纪末开始后，国际社会转向推动并建立以监管防治与刑治并重的洗钱治理体系，尤其是FATF于2001年得到联合国授权制定《9条特别建议》后，包括联合国在内的大多国际组织，日益重视洗钱犯罪的前端治理和技术治理，而这些治理涉及的范围和专业领域要远远大于刑治本身，各国的反洗钱立法对监管层面的重视，也反映了这样一种治理结构的重心转移。国际形势的这种变化，反映到国内则表现为两种现状改革：一是国内需要根据国际治理结构重心的转移，调整国内反洗钱综合治理机制的认识和组织体系；二是国内需要根据新的国际反洗钱形势，重新考虑金融反洗钱监管在国内反洗钱组织体系中的地位，这样的变化是由于国际反洗钱义务实现必须奠基于金融系统。我们知道，金融系统任何一笔资金运动是否包含洗钱犯罪，这样的鉴别是需要由包含技术特性的金融监控来完成的。上述两点预示着国家洗钱犯罪治理决策体系不能再是一种随机根据国际合作事件而召开的纯会议体制，而是应该有着明确决策程序、组织法、权责表述、甚至立法授权的常规性组织。而这决定了以2002年形成的“会议”体裁的决策机构，需要走向有形组织体系和制度化模式。

2. 进展与深化

有关“反洗钱工作部际联席会议”的进展与深化，我们基本可以从外延进展与内涵深化两个方面的来分析。

（1）外延进展

有关“反洗钱工作部际联席会议”的外延进展基本可以反映在以下几个方面：

①“会议召集人”与“会议牵头部门”

“反洗钱部际联席会议”是2002年5月由国务院批准成立的，成立之初，由公安部部长为召集人，包括高院、高检及其他部委在内，共有16个部门参加。前述我们已经分析了以公安部作为召集人的客观原因，但是，我们并没有深入讨论这种客观原因的具体内容，以下，我们就公安部作为召集人主要来自国际义务紧迫性做一些细节上的讨论。

我国最早于1990年签署和批准的《维也纳公约》是涉及洗钱治理的第一个联合国国际公约。这个公约总共三十条，以下我们就缔约国履行相关义务时，必然涉及的国际司法关系和情报关系列举并解释如下：

第四条“管辖权”：不仅规定了固定在国土范围内的司法问题，还定义了在移动体，如公海航行和在东道国海域航行船只的犯罪行为管辖；

第六条“引渡”：明确规定非居民跨国犯罪后的引渡准则；

第七条“互换法律协议”：规定缔约国之间的法律文献合作义务；

第八条“移交诉讼”：规定在缔约国之间诉讼移交配合的相关准则；

第九条“其他形式的合作和培训”：规定包括建立稳定联系渠

道，联合行动组织形式，联合调查，互派联络官，联合培训等配合义务和形式；

第十条“国际合作与援助过境国”：规定各缔约国与相关国际组织之间的合作规范，以及第三方国际司法合作事项中需通过境内时的协助义务。

以上条约引用规定的是各缔约国就《维也纳公约》所指定的刑事犯罪履行国际配合义务的主要形式，而这些配合在内容上不仅要覆盖作为毒品犯罪的主罪行，同样也适用于作为衍生罪行的洗钱犯罪。对于洗钱犯罪来说，要实现上述复杂和内容广泛的国际配合形式，所涉及的不仅仅是国际司法和国内刑治问题，而且必然要涉及履行义务国家的金融体系相关问题，而这又是具有高专业特性的，在1990年签署《维也纳公约》的历史条件下，由于国内环境与国际环境之间并不是高度关联，尤其是金融的开放程度还很低，履行国际义务中所涉及的金融问题可以被忽略，但是到21世纪初，由于金融的国际化程度不断提高，对金融作用和地位的忽略，必然成为我国履行公约义务的显著缺陷和问题。

从2001年签署和批准的《巴勒莫公约》看，其规定的国际配合义务更加繁琐和具体。公约分别用了 第13、第15、第16、第17、第18、第19、第27、第28、第29、第30、第35共11条来规定缔约国在打击跨境有组织犯罪国际配合问题上应承担的国际性义务[①]。由第2条所列举的共十一条术语，其中与洗钱直接关联的术语有：“财产”、“犯罪所得”、“冻结和扣押”、“没收”、“上游犯罪”、“控制下交付”、“区域经济一体化”共计七条之多。这表明我国在缔结第二个与洗钱犯罪关联的国际公约时，国际公约内的与金融和相关专业关联的问题，实际成为国际配合领域的主流问题。但是，正如我

① 联合国．联合国打击跨国有组织犯罪公约［EB/OL］．http：//www. un. org/chinese / documents /decl - con/chroncon. htm，2000 - 12 - 15.

们在前述“反洗钱工作部际联席会议”成立的背景分析中所提到的那样，国际洗钱治理形势在21世纪初一直呈现着一种变化迅速的特点，众所周知，2001年“9·11”事件就是国际洗钱治理问题的分水岭，“9·11”事件后，国际反洗钱刑治显著强化的同时，国际反洗钱监管的重要性也以一个更快的速度提升。以上这样一些变化，决定着我国“反洗钱工作部际联席会议”在成立并运行一年后，原有奠基于单一刑治的组织宗旨，不仅与国际洗钱治理领域的节奏不相匹配，而且与开放程度提高后的国内洗钱犯罪形势发展也出现不匹配的问题。

2003年5月，经国务院批准，“反洗钱工作部际联席会议”的召集人改由中国人民银行行长担任。这是国家洗钱治理最高决策组织体系的一个重大进展。这样一个进展预示着国内反洗钱的两个重要改变：一是以应对国际配合义务为主的反洗钱工作宗旨，开始转向国际义务履行与国内洗钱治理并重；二是过去出于国际刑事配合需要而体现刑治为主的洗钱治理将转向刑治与监管并重的治理格局。从国家反洗钱事业来看，这种改变同时也包含了国家反洗钱策略性改变，即，国家反洗钱决策体系的重心将从事后惩治为主转向通过金融监管控制以实现预防为主。

②扩展与调整

自2003年人民银行成为“召集人”后，“反洗钱工作部际联席会议”经历了如下扩展与调整。

第一，关于扩展。成员单位扩展或增加，是“反洗钱工作部际联席会议”这个“会议体”的外延性进展的突出表现之一。2002年5月国务院批准成立“反洗钱工作部际联席会议”时，第一批参加会议的单位为16个，这16个单位的具体名称如表3－1所示。

分析表3－1所展示的国家最高行政一级的参与单位构成可知，这个会议体制的决策组织，主要是由司法部门和金融监管部门组成，并且以司法部门为主，这种结构状况与这个会议体裁的“准委员会”成立之初，整个国家的洗钱治理重心和特点是相吻合的。

表 3－1　　国家最高行政机构的参与单位

编号	单位	编号	单位
1	公安部	9	解放军总参谋部
2	最高人民法院	10	中国人民银行
3	最高人民检察院	11	工商总局
4	外交部	12	财政部
5	安全部	13	银监会
6	监察部	14	证监会
7	司法部	15	保监会
8	国务院法制办	16	外汇局

资料来源：人民银行反洗钱局．2004 年中国反洗钱报告［M］．北京：中国金融出版社，2005.

2003 年 5 月，国务院批准“反洗钱工作部际联席会议”召集人从公安部长转变为人民银行行长。人民银行随即向国务院提交了扩大成员单位的报告，经批准，成员单位第一次扩展到了 23 个单位。

表 3－2　　反洗钱工作部际联席会议扩展到 23 个单位

编号	单位	编号	单位
1	中国人民银行	13	海关总署
2	最高人民法院	14	税务总局
3	最高人民检察院	15	工商总局
4	国务院办公厅	16	广电总局
5	外交部	17	国务院法制办
6	公安部	18	银监会
7	安全部	19	证监会
8	监察部	20	保监会
9	司法部	21	邮政局
10	财政部	22	外汇局
11	建设部	23	解放军总参谋部
12	商务部		

资料来源：人民银行反洗钱局．2004 年中国反洗钱报告［M］．北京：中国金融出版社，2005.

这是人民银行作为会议召集人后的第一次成员扩张，总共增加了7个单位。分析这个新增名单，实际它也是国际反洗钱监管领域的进展与深化的一个侧面反映。首先，反映了在国际范围内，由上游犯罪所决定的洗钱犯罪范围迅速扩宽，以毒品、有组织犯罪为典型上游犯罪的传统洗钱犯罪，已经被新型的洗钱上游犯罪，如证券、房地产、走私、逃税等依托于现代经济和金融工具的洗钱犯罪所代替。这个最高决策组织成员也正是因这样一个背景变化，而增加了与现代经济发展和洗钱犯罪类型发展密切相关的部门群体。其次，在表3－2中我们还看到由新增加的广电总局与原先的总参、法制办共同构成的第四类部门，即情报与宣传类部门。我们知道，国际洗钱主导机构FATF体系，从20世纪90年代后期开始，对其在反洗钱问题上的培训和国民警示教育给予了更多的重视，人民银行成为主导部门后，根据国际反洗钱监管发展趋势，提倡和发起这样一次调整。至此，作为最高决策组织体系的“反洗钱工作部际联席会议”其成员构成基本可以划定为以下四大类：刑事、金融监管、非金融监管和情报宣传。

第二，关于调整。2006年10月，《中华人民共和国反洗钱法》正式通过并公布，为了适应反洗钱监管专门立法形成后的反洗钱形势变化，2006年和2007年两年间，“反洗钱工作部际联席会议”的成员单位进行了第二次调整，即增加民政部为成员单位。此外，基于邮政储蓄从邮政管理体制中独立出来，成为以商业经营为特征的商业性银行，并直接归口金融监管体系，部际联席会议决定中国邮政总局退出会议成员单位。

这次调整所反映的进展主要是将民政部纳入“反洗钱工作部际联席会议”。这是我国反洗钱决策体系构成中的一个重要变化，这个变化既是与国际反洗钱监管体系之间的一种适应性反应，同时也是适应国内反洗钱形势变化的调整。民政部是我国国内社团组织的监管部门，而在国际反洗钱领域，早在20世纪90年代末期，FATF所开展的类型研究，就针对滥用非营利性组织（Non－Profit Organization,NPO）如慈善机构、捐赠机构进行洗钱犯罪问题向国际社会提出警示。而在国内，随着经济发展和社会活动主体的多元化，非营利性组织的经济行为，本质上也会反映为大规模的资金运动，并极其容易形成洗钱威胁漏洞。

（2）内涵深化

关于“反洗钱工作部际联席会议”内涵深化分析，主要是从这个“会议体”的理论运行效率出发，分析我国最高反洗钱决策组织体系的机制性变化。对于这个深化，我们这里基本可以以人民银行于2004年12月向国务院上报《反洗钱工作部际联席会议制度》并获得批准为界，将内涵深化划分为“前制度”时期和“后制度”时期。

①“前制度”时期

从一个组织体系的理论效率来看，最初的“反洗钱工作部际联席会议”基本上是一个相对松散而缺少规范的“会议体”，这个“会议体”有如下两个方面的基本特征：

第一，缺少明确的职责定义。所谓“部际联席会议”，本质上是一个以国家不同行政机构（在我国，司法部门等同于政府行政部门）职能为基础的，以“会议体”存在的一个“准委员会”组织。之所以说它是一个“准委员会”，是因为它在形式体现上具有委员会特质。所有在这个“会议体”里的国家部委之所以参加会议，是因为这些部门的行政职能程度不同地与反洗钱工作关联，但是，在组织形式上它又并不具有规范的“委员会”的一般组织管理形态，它只规定了“召集人”，而“召集人”不属于一个规范委员会组织的规范职责表现。从字面意义去理解，所谓“召集人”，只是在形式上负责通知大家共同去做某件事的号召者（在这里，就是召集具有相关职能的部门开会），它不包含任何一种有固定形态组织机构职位所应有的权责定义。在这个“会议体”中，参加会议的每一个成员之间表现的是一种完全平行的参会关系，并且，这个平行关系也并不是由反洗钱工作的任何职能和职责来界定的。参加会议的成员在“反洗钱工作”这一事项上应该承担什么工作和责任，甚至没有任何成文规章和制度来加以约定。这实际也就表明，在这样一个所谓“前制度”时期，尽管这个“反洗钱工作部际联席会议”是针对洗钱治理而专门成立的以会议体裁来表现的组织机构，但是，它的权责结构仍然是建立在各参与机构的行政权力与反洗钱工作“有所关联”基础上的。所以，在运行上，它不是一个可依据法律或授权，或以权责方式对参会成员提出任何要求的准组织机构主体。在这一个时期，召集人的最主要功能体现，就是以一种召集会议成员部门参加会议的方式，平行和随机讨论反洗钱相关问题。所以，这个“会议体”本质上就是一个反洗钱决策性工作的“协调场所”。

第二，与内部责任缺失不相匹配的权力外在体现。“反洗钱部际联席会议”内部虽然是一个基于行政法授权，而非洗钱法律授权前提下的平行职能结构，但是，其各种行政职能的外部权力表现却是显著的。因为这个“准委员会”里所包含的成员，几乎涵盖了我国最高行政、司法、监管的所有部门，所承载的行政立法授权也是国家上述四个领域最高监管权力的体现。这就是说，除了会议体内部表现为平行权力结构外，各成员在会议体的外部，却反映着国家最高和最有效的责任和权力运行。因此，只要在决策层面上能够依据会议内部“平行权力结构”形成决策，则依据于各成员的行政授权，在反洗钱工作的实际操作或运行层面上，是具有高效运行基础的。

这就是说，在“前制度”时期，这个“会议体”存在着内外两个方面的非均衡的权责结构：外部，它反映着国家最高司法、监管、行政权力在反洗钱这一新的国家治理领域的有效存在，它包含了相关权力范围涵盖的广泛性和权力的高层级。但是，在这个会议体的内部，由于没有针对反洗钱这一新的国家治理领域建立专门或专业的授权，也没有可以据以进行管理的制度规范，而仅仅是依靠参会部门原有职能与反洗钱的关联性，将大家非规则的组合在一起，“会议体”内的反洗钱专业效率成为一个无法评价的领域。按照现代组织科学的一般原理，在这样一种内外部权责结构倾斜或不匹配的现状下，这样一个会议体的反洗钱最高决策体系必然会遭遇治理效率问题。当然，在21世纪初的历史条件下，国内的洗钱犯罪状况及其治理的要求并不高，自然并不会将内部平行结构所必然要产生的效率问题反映成为治理现实问题。所以，在“前制度”时期，会议体制缺陷也并未演变成为整体洗钱治理效率问题。

②“后制度”时期

早期“反洗钱工作部际联席会议”，不仅内部没有相对稳定或固定的职能和责任结构，同时，并没有具体的权力行使定义。也就是说，在所谓“前制度”时期，“反洗钱工作部际联席会议”仅仅是一个由相对固定成员参加的、以讨论和研究洗钱犯罪相关问题的一个松散的会议体制。但是，相对于洗钱治理而言，其面对的问题并非可以仅仅停留在“讨论而形成决策”的水平上，所以，从组织机构原理上讲，内部权责缺失同样会演变成效率问题。也正是基于这样一种现实，2004年12月31日，也就是会议召集人变更后的第二年，中国人民银行以新的“会议召集人”身份向国务院呈报了《反洗钱工作部际联席会议制度》，并获得国务院批准。

从文献体裁上看，似乎这只是一个明确“会议规则”的文件，但是，由于这个所谓“会议制度”所具有的特殊文献批准形式，使得它成为我国洗钱治理组织体系内涵深化的一个重要方面。理论上我们可以对这个深化做如下两个方面的分析：

第一，获得相对明确的决策和决策操作授权。尽管“反洗钱工作部际联席会议”始终都是一个“准委员会”的松散组织结构，甚至在内部并不形成组织效率所必须或必然要有的权力和责任层次，但是，从国家的行政或监管组织结构看，《反洗钱工作部际联席会议制度》在获得国务院批准后，这个“准委员会”的会议体，也就因此而获得了最高行政授权机构——国务院的转授权。这个“转授权”是会议制度的重要前提体现，更为重要的是，一旦这个会议制度有了授权所产生的效力，则会议制度的相关内容规定，也就同时获得必须由会议相关参与主体的遵循，权责定义由此而间接形成。

有关这一点，我们可以从《反洗钱工作部际联席会议制度》的第二条相关内容来认识：

“反洗钱工作部际联席会议在党中央、国务院领导下，指导全国反洗钱工作，制定国家反洗钱的重要方针、政策、制定国家反洗钱国际合作的政策措施，协调各部门、动员全社会开展反洗钱工作。”①

“指导”、“制定”、“协调”、“动员”。这就是由这个“会议制度”所确定下来的“反洗钱工作部际联席会议”的决策内容和决策授权。会议制度的特殊表述和特殊报批方式，不仅使这个“会议体”在反洗钱领域得到了明确授权，而且还使这个“准委员会”的外部权力运行获得具体的可操作形式，可以不再完全依赖于参与会议部门的行政授权来运行。

第二，人民银行的立法授权强化和具体化。人民银行的反洗钱工作地位或职责，其立法授权来自于2003年修订后的《中华人民共和国中国人民银行法》，该法的第十条对于人民银行的反洗钱工作地位的授权具体内容是：“指导、部署金融业反洗钱工作，负责反洗钱的资金监测”。分析这句话可以知道，这个授权本质上并不充分：一是人民银行的反洗钱授权是有明确范围限制的，即是限定于“金融

① 中国人民银行．反洗钱工作部际联席会议制度［EB/OL］．http：//www.pbc.gov.cn/publish/fanxiqianju/696/1109－/11094/11094_．html.

业”；二是对人民银行反洗钱工作的具体内容并没有清晰的表述。

将决策与决策贯彻作为一个整体来看，人民银行作为“会议体”的“召集人”是需要有实际权力和责任定义的。尽管作为与参加会议的所有部委平行的行政机构，人民银行不能直接评价参与会议各单位的责任和工作效率，但是，要使这个“会议体”本身能够在决策贯彻问题上体现效率内涵，人民银行起码应该能够有界定这个反洗钱决策机制中的各成员单位职责的权力。而由于《中华人民共和国中国人民银行法》针对人民银行的反洗钱授权有明确的范围限制，从而使得人民银行缺少行使或完善这种权力的有效授权依据。

但是在《反洗钱工作部际联席会议制度》批准后，人民银行实际上从国家最高行政机构授权中，充实了特殊反洗钱组织体系中，“会议召集人”这种特殊部门定位所应有的具体权力内容。以下我们引用这个制度中的如下表述来反映上述分析：

“承办组织协调国家反洗钱的具体工作；承办反洗钱的国际合作与交流工作；指导、部署金融业反洗钱工作，会同有关部门研究制定金融业反洗钱政策措施和可疑资金交易监测报告制度，负责反洗钱的资金监测；汇总和跟踪分析各部门提供的人民币、外币等可疑资金交易信息，涉嫌犯罪的，移交司法部门处理；协助司法部门调查处理有关涉嫌洗钱犯罪案件；研究金融业反洗钱工作的重大和疑难问题，提出解决方案；协调和管理金融业反洗钱工作的对外合作与交流项目。会同有关部门指导、部署非金融高风险行业的反洗钱工作。[①]”

在上述这个于“会议体”召集人的职责表述中，加着重号部分应该是超出于《中华人民共和国中国人民银行法》的授权范围的。所以我们说，《反洗钱工作部际联席会议制度》的这个以工作职责来

① 中国人民银行．反洗钱工作部际联席会议制度［EB/OL］．http：//www.pbc.gov.cn/publish/fanxiqianju/696/1109－/11094/11094_．html.

表述的条款，反映了对人民银行主导全国反洗钱（超出于金融系统）的一种间接的立法授权。人民银行作为部际联席会议召集人，有了这样一个在“部际联席会议”基础上的授权，从而使得其反洗钱主导地位得以具体化。人民银行从修订后的“中央银行法”中，得到了反洗钱监管立法授权，但与其作为中央银行的基本职责不同的是，基于洗钱治理特性，要使这样一个立法授权所包含的职责完整形成，还必须涵盖一部分外部权责关系，而这部分外在的权责关系，又是“中央银行法”的授权无法实现的。在金融系统内，借助于其所具有的基本监管地位和与其他金融监管部门之间的职责有机联系，在金融体系内部贯彻反洗钱决策应该不存在效率问题，但是，在反洗钱工作的外部关系上，这一部分基于其基本监管职能却可能是无效和低效的，原因就在于人民银行尽管从“中央银行法”获得反洗钱立法授权，但是这个授权所涉及的外部权责关系是不能固定下来的。而《反洗钱工作部际联席会议制度》获得国务院批准，使得人民银行的上述决策贯彻的授权缺陷得以弥补。

第三，内部职责结构得以明确。“反洗钱工作部际联席会议”最初是建立在各参加主体的行政管辖权与洗钱犯罪治理关联的一种主观判断基础上的，但是，这些参与单位在反洗钱相关实践问题上遭遇到与人民银行同样的问题：行政立法授权下的原行政管辖权，无法定义其参与国家反洗钱工作的职责。如海关，之所以被吸纳进入部际联席会议，是因为其行政管辖权具有监管走私的职能，而走私犯罪又具有洗钱滥用内涵，但是，在反洗钱工作中的具体职责内容是什么呢，其行政管辖权对此并没有明确定义。各参与单位不能按照统一的反洗钱要求来表达自己的这一部分职责，于是，没有统一的工作内容表述就成为这个准委员会的一个制度性缺陷。毫无疑问，《反洗钱工作部际联席会议制度》在一定程度上弥补了这一缺陷。

表3－3是根据《反洗钱工作部际联席会议制度》所载明的、除召集人中国人民银行总行以外的中央机关各部委职责制作而成的一个“反洗钱职责一览表”。从这个表的内容我们可以清晰看到，虽然各部门的职责是统一在国家反洗钱这一总体社会治理目标之下的，但是，基本表述仍然集中体现的是不同部委本身的行政管辖权与国家反洗钱工作之间的关系，也就是说，各部委之所以承担反洗钱工作，基本的原因是其行政职能所管辖的领域与洗钱犯罪之间有着内在关联关系，尽管参与这个会议体系的各部委所应承担的反洗钱职责内容有着具体化的表述，但是各部委的反洗钱工作作为一种职责表述，在实践上实际处于分散和互不关联的状态。

表3－3 《反洗钱工作部际联席会议制度》所载明的各部门职责

单位	职责
最高人民法院	督办、指导洗钱犯罪案件的审判，针对审理中遇到的有关适用法律问题，适时制定司法解释。
最高人民检察院	督办、指导洗钱犯罪案件的批捕、起诉、立案监督，注意发现和查处隐藏在洗钱犯罪背后的国家工作人员职务犯罪案件，针对检察工作中遇到适用法律问题，适时制定司法解释。
外交部	研究反洗钱国际合作有关政策，研究并协助开展我国加入国际或区域反洗钱组织、各国政府间的反洗钱合作及履行有关国际公约的义务等事项。
公安部	组织、协调、指挥地方公安机关做好洗钱犯罪的防范工作，以及涉嫌犯罪的可疑资金交易信息的调查、破案工作。
安全部	参与洗钱犯罪的情报搜集与处理，研究相应的信息共享和合作调查方案；通过国际合作等渠道，对涉外可疑洗钱活动按管辖配合进行调查核实。
监察部	调查处理洗钱活动所涉及的国家行政机关、国家公务员和国家行政机关任命的其他人员违法违纪问题；加强体制、机制和制度建设，注重从源头上遏制洗钱活动；研究建立打击利用洗钱进行贪污贿赂等腐败行为的信息共享与合作调查机制。
司法部	在律师、公证法律服务领域加强反洗钱制度建设；研究反洗钱司法协助，并根据有关条约和公约，协调开展反洗钱领域的司法协助，特别是协调追讨流至境外的资金。

续表

单位	职责
财政部	落实应由政府承担的反洗钱工作所需经费。进一步加强对财政资金与账户的管理。研究、强化对金融类国有资产与行政事业性国有资产的监管。研究建立洗钱所涉资金的追缴入库制度。研究建立会计师事务所、评估机构等中介机构以及注册会计师、评估师等执业人员协助开展反洗钱工作的机制。利用国际双边、多边合作以及相关的国际论坛，开展反洗钱工作。
建设部	在房地产领域开展反洗钱工作；研究在房地产领域开展反洗钱工作的政策措施。
商务部	参与加强对洗钱活动频发领域和区域的管理；研究对三资企业进行反洗钱监管问题，提出相关政策建议；参与加强对进出口贸易的监管，防止境内外不法分子勾结、利用虚假进出口贸易进行洗钱。
海关总署	研究建立在口岸现场打击跨境洗钱行为的监管和查处体系，加强对进出口贸易过程中的货币、存折、有价证券以及金银制品的进出境监管、查验，防止犯罪分子利用虚假进出口贸易进行洗钱活动；密切与相关部门的合作，制定信息共享和合作的工作方案，加强对进出口贸易的监测工作。
税务总局	参与研究打击和防范涉及洗钱的偷税、逃避追缴欠税、骗税等税收违法行为的政策措施，会同相关部门研究建立相应的信息传递和执法合作机制。
工商总局	严格市场准入，加强分类监管，建立与中国人民银行、公安、安全、税务、海关等相关部门反洗钱信息沟通、通报体系，配合有关部门对非金融行业的洗钱活动频发领域实施反洗钱监管。
广电总局	参与反洗钱工作的宣传教育工作，提高公民反洗钱意识。
国务院法制办	参与起草反洗钱法律、法规，参与反洗钱专门法律法规立法调研。
解放军总参谋部	搜集、提供洗钱犯罪情报信息；协助追缉外逃犯罪分子；参与反洗钱国际合作；加强打击边境地区的洗钱活动。
银监会	协助人民银行如下工作：研究银行业的反洗钱政策措施和可疑资金交易监测报告制度；研究制定银行业反洗钱监管指引；对银行业执行反洗钱规定实施监管。
证监会	配合人民银行研究证券期货业反洗钱政策措施和可疑资金交易监测报告制度，研究制定证券期货业反洗钱规章制度及监管指引，负责对证券期货业执行反洗钱规定实施监管，研究国际和国内证券期货业反洗钱的重大问题并提出政策建议。

续表

单位	职责
保监会	负责保险行业的反洗钱工作。参与研究制定保险业的可疑资金交易监测报告制度；研究制定保险业反洗钱监管指引；对保险机构执行反洗钱法规实施现场和非现场监管；研究国际和国内保险业反洗钱的重大问题并提出政策建议。
邮政局	协助人民银行和银监会研究对邮政储蓄业务的反洗钱政策措施和可疑资金交易监测报告制度，研究对邮政汇款体系执行反洗钱规定情况实施监管。
外汇局	负责对大额、可疑外汇资金交易报告工作进行监督管理，制定和完善大额、可疑外汇资金交易报告制度；监测跨境资金异常流动情况，汇总、筛选和分析金融机构报告的大额和可疑外汇资金交易信息，对涉嫌外汇违规的行为进行查处，对涉嫌其他违法犯罪的，移交相关的执法部门和司法处理；与各行政执法部门和司法部门合作，打击“地下钱庄”等非法外汇资金交易活动及外汇领域的其他违法犯罪活动；管理和指导金融机构做好与外汇业务相关的反洗钱工作；参与研究本外币统一的可疑资金交易报告标准。

资料来源：《反洗钱工作部际联席会议制度》。

第四，职责调整以反映形势变化。《反洗钱工作部际联席会议制度》明确相关参与会议部门职责以后，最大一次适应性调整发生在2007年。为了能直观地理解这一次职责调整与国际国内反洗钱形势变化之间的关系，我们将9个单位的职责调整制作成表3-4，并在这个表中同时将调整的要点提示出来。

表3-4　　9个单位的职责调整

成员	调整后职责表述	调整要点
外交部	研究反洗钱国际合作有关政策，研究并协助开展我国加入国际或区域反洗钱组织、各国政府间的反洗钱合作及履行有关国际公约的义务等事项。<u>协调反洗钱引渡事宜。</u>	要点：国际合作与协调在国际反洗钱机制中要求不断提升，以及《联合国反腐败公约》引入FATF制度机制为法理依据，洗钱犯罪“引渡”，已不仅仅限于司法，而可能是政治层面的。

续表

成员	调整后职责表述	调整要点
公安部	组织、协调、指挥地方公安机关做好洗钱犯罪的防范工作，以及涉嫌犯罪的可疑资金交易信息的调查、破案工作。研究建立向金融业和非金融高风险行业提供查询、核实公民身份信息制度。	要点：国际反洗钱制度机制对身份识别措施的强化逐步提升。要求作为刑治领域的主管机构，应为反洗钱监管，提供支持，并使这种支持制度化。
司法部	在律师、公证、基层法律服务领域加强反洗钱制度建设；会同中国人民银行制定律师、公证、基层法律服务机构的反洗钱规章，对律师、公证、基层法律服务机构进行反洗钱方面的监督和管理；研究反洗钱司法协助，并根据有关条约和公约，协调开展反洗钱领域的司法协助，特别是协调追讨流至境外的资金。	要点：（1）强调反洗钱监管制度规章建设；（2）在反洗钱监管制度建设方面，人民银行的主导地位；（3）强调在这一领域，即国际反洗钱制度机制中所强调的"看守人"的管理操作，与人民银行实现横向共管。
建设部	加强房地产权属机构和房地产经纪、估价等中介服务机构反洗钱制度建设，（在房地产领域开展反洗钱工作）；参与研究在房地产领域开展反洗钱工作的政策措施。会同中国人民银行制定房地产领域的反洗钱规章。	要点：（1）强调这一领域反洗钱监管制度规章建设；（2）明确人民银行在反洗钱监管制度建设方面的主导地位；（3）适应 FATF 关于房地产洗钱类型研究进展，增加房地产行业中介服务机构为反洗钱监管领域。
商务部	参与加强对洗钱活动频发领域和区域的管理；研究对外商投资和内资企业对外直接投资（三资企业）的反洗钱监管问题，提出相关政策建议；参与加强对进出口贸易的监管，防止境内外不法分子勾结、利用虚假进出口贸易进行洗钱。与中国人民银行共同制定珠宝、贵重金属交易、典当、拍卖等领域的反洗钱规章。	要点：（1）强调这一领域反洗钱监管制度规章建设；（2）明确人民银行在反洗钱监管制度建设方面的主导地位；（3）适应投资体制改革，对这一反洗钱监管领域的进行规范表述；（4）适应 FATF 关于贵金属和珠宝业洗钱类型研究，相应做出监管对象扩展。

续表

成员	调整后职责表述	调整要点
海关总署	研究建立在进出境环节（口岸现场）打击跨境洗钱行为的监管和查处体系，加强对进出口贸易过程中货物和运输工具的查验，加强报送单据的审核和管理（货币、存折、有价证券以及金银制品的进出境监管、查验），防止犯罪分子利用虚假进出口贸易进行洗钱活动；打击和防范犯罪分子在实施走私和违反海关监管行为等违法犯罪活动同时进行洗钱活动；密切与相关部门的合作，制定信息共享和合作的工作方案，加强对进出口贸易的监测工作。加强对现金、无记名有价证券、金银及其制品的进出境监管和查验，向人民银行通报相关工作信息。	要点：（1）适应进出口海关业务发展，规范与洗钱相关的海关业务表述；（2）适应 FATF 关于走私洗钱类型研究进展增加对走私行为的洗钱内涵监管；（3）适应 FATF 关于“钱骡”类型研究进展，强化现金及有价证券领域的反洗钱监管；（4）明确在这一领域人民银行共享信息的主导地位。
工商总局	依法登记各类企业，加强企业分类监管，加强分类监管，配合有关部门对非金融行业的洗钱活动频发领域的反洗钱监管工作。与中国人民银行、公安、安全、税务、海关等相关部门建立反洗钱信息互通机制。	要点：适应 FATF 关于法人受益主体洗钱类型研究，强调工商基础性工作在部门反洗钱监管中的作用。
民政部	加强社会团体、基金会、民办非企业单位等非营利组织的监督和管理；配合人民银行制定非营利组织的反洗钱规章，落实对非营利性组织反洗钱方面的监管要求。	要点：（1）强调反洗钱制度建设；（2）明确人民银行主导地位；（3）适应 FATF 关于非营利性组织类型研究进展，增加对非营利组织的反洗钱监管。
财政部	落实应由政府承担的反洗钱工作所需经费。进一步加强对财政资金与账户的管理。研究、加强彩票管理工作，加强对金融类国有资产与行政事业性国有资产的监管，防范上述领域存在的洗钱风险。研究建立洗钱所涉资金的追缴入库制度。研究会计师事务所、评估机构等中介机构以及注册会计师、评估师等执业人员介入（协助开展）反洗钱工作问题，会同中国人民银行制定上述领域的反洗钱规章；利用国际双边、多边合作以及相关的国际论坛，配合中国人民银行开展反洗钱国际合作。	要点：（1）强调这一领域反洗钱监管制度规章建设；（2）明确人民银行制度建设方面的主导地位；（3）适应 FATF 彩票洗钱类型研究进展；（4）所有维护社会诚信的中介机构不再是“协助”反洗钱，而是介入反洗钱，法律义务内涵强化；（5）明确在反洗钱国际合作中，财政部的协助地位。

资料来源：中国人民银行反洗钱局．2007 年中国反洗钱报告［M］．北京：中国金融出版社，2008.

表 3 – 4 的下划线部分是综合考察调整后补充的职责内容，而第三栏是对这种调整所进行的要点归纳。有关此次调整与国际和国内反洗钱形势变化之间的关系对比，我们可做如下分析。

首先，制度规章的建立已成为国家反洗钱工作导向。比较上述共 9 个部门的职责调整，其中，除海关和外交部因属于国际交往而没有特别强调反洗钱监管制度规章的建设外，其他共七个部门均强调了在所管辖领域进行制度规章建设的重要性。

其次，人民银行的反洗钱监管主导地位得到逐步强化。虽然《反洗钱工作部际联席会议制度》使人民银行反洗钱监管横向职能得到了定义，但人民银行仍然仅仅是一个牵头或召集人单位，与参会单位之间并不具有功能上的“报告”和“接收报告”关系。但是，上述职责调整与修订，使人民银行至少在两个方面获得了比过去更为明确的主导地位：一是明确有权参与各部门反洗钱规章制度制定；二是对一部分较为特殊的领域和特殊的反洗钱工作内容，明确人民银行具有共管的地位，如财政部的反洗钱国际合作，海关的信息通报职责。虽然这还并不是全部的，但这无疑是一种突破。

最后，反映与国际反洗钱进展同步的客观要求。表 3 – 5 的第三栏是我们对此次职责调整所做的要点总结，从要点总结可以看到，各部门监管领域的扩展或强化，都与国际反洗钱监管领域的进展有着某种联系，而且我们还可以从 FATF 的“类型研究”中，分别找到所对应的具体领域和内容。如民政部的职责定义与 FATF 的“非营利组织洗钱类型研究”有关，商务部的职责调整与 FATF 警示国际社会的“贵金属和珠宝交易洗钱类型研究”有关，等等。对于像我们这样一个在 21 世纪初，国家对外开放迅速扩大的国家来说，国际社会的任何进展所反映的现实背景，都将构成对我国相关领域的治理要求和治理压力，而在这样的情况下，相关的制度机制、组织机制、治理方法同步反映发展和变化，是非常重要的一个方面，而

2007年的这一次职责修订的外部原因，就基本是建立在这样一个国际进展与深化的基础之上的。

3. 意义

就如我们在前面所做的分析那样，“反洗钱工作部际联席会议”是在我国特殊政府行政权力结构之下形成的一种特殊体制。在我国，平行的行政部门之间的权力构成，基本不是通过成文的行政组织法来确定，平行功能与职责之间临界关系主要依靠国家最高行政机构国务院的统一调度来实现，会议其实就是这种调度的常规形式。“反洗钱工作部际联席会议”实际上也是借鉴了这样一种调度形式，但是，就反洗钱所具有的治理特殊性而言，决策组织体系是国家一级的治理目标实现的重要基础，这个借鉴一旦缺少具体的权责结构，协调局面的形成就必然有内生缺陷，原因在于：首先，作为会议召集主体的人民银行（不是国务院），它没有高于其他平等行政权力之上的地位，其次，这不是国务院会议对各部门原有行政职责的调度，而是一种全新的、跨领域职责的重新定义和分配，它的专业性和复杂性决定着它必须有具体的权责形式。以上两点决定了“反洗钱工作部际联席会议”必须在会议形式之下形成具体的可操作责任体制，而这个《反洗钱工作部际联席会议制度》，相对于解决反洗钱可操作的责任体系建立而言，先天地存在缺陷和不足。

从洗钱治理具有“国家高度”本质看，将反洗钱划定为社会化的综合管理范畴是毫无疑义的，从这个意义讲，管辖领导权应直接归属于国务院，但是国务院又无法企及这样一个具有很强技术和专业内涵的领域，那么，建立一个在专业上能够综合各部门行政职能，并同时可作为决策和决策贯彻载体的组织体系就成为一种必然选择。而在现有行政结构下，显然又不能用正规行政编制方法来创造一个既受国务院领导，但在权力结构上又可以高于部委现有行政权力之上的组织或机构。所以，这样一个“准委员会”体制的“会议体”

就成为破解这一领域行政职能困境的最佳方案。从其字面意义理解，各行政管理部门仅仅是会议成员，它们的行政身份是平行的，而这个会议的组织者，也给了一个不代表权力层级的名称："召集人"。

这样一个"会议体"，在反洗钱最高决策组织体系里维持了各单位之间平行权力构成，使得各部门原有的平行行政权力关系格局不会因为反洗钱而发生改变，即所谓的国务院领导下的行政"平级"关系，并没有在反洗钱工作领域获得第二种表述。但是，"反洗钱工作"，无论是最初只是出于国际缔约紧迫而形成的不规则工作，还是逐渐地转变成为现代国际环境和市场经济发展形势下的一个常规性的国家治理内容，它都不是一个纯决策和纯理论的问题，而是包含着明确操作性和实践性内涵的社会治理工作。这就表明，这样一个平行的会议体，虽然在理论和形式上解决了参与者原有的行政平行格局不会被打破，但是作为一个全国性运作的决策主体和领导主体，出于社会治理内容的具体目标实现的客观需要，在这个会议体内部，各参与会议的行政主体与洗钱治理工作相关的职能运行必须是有规则的。当然，这个规则就关系到如何科学和现实地确定"会议体"相关成员单位的职责问题。

上述分析实际反映了我国的"反洗钱工作部际联席会议"这样一个特殊组织体系的顶层设计包含着组织运行悖论：一方面用"会议体"这样一个不包含任何权力层级关系的组织名称来维系各参与单位的"行政级别"，使这样一个对于中国官僚体制相当敏感的问题，不因为反洗钱这样一项新的工作被触及；而另一方面，又由于反洗钱作为一项"工作"具有具体操作特性，而要求各参与这项工作的单位，必须以职责方式进入组织体系。很显然，在《反洗钱工作部际联席会议制度》没有批准和实施前，这种组织特性与操作要求之间的不匹配，实际就是我国反洗钱工作进展与深化的一个组织困境。

2005年6月，人民银行向国务院报批的《反洗钱工作部际联席会议制度》使这样一个困境得到了中国式折衷解决。即，由这样一个国务院转授权下的非固定组织体系，对各参与会议的单位进行职责定义。在“会议体”内部，尽管这个职责定义仍然是平行的，同样不能构成“会议体”内部的层级管理权责关系，人民银行仍然只是“召集人”，这个最高决策组织体系仍然表现出了某种临时性和非权威性，但是，《反洗钱工作部际联席会议制度》所定义的职责内容，放在国务院对各行政部门的政绩考核视野之下，参与会议的各部门在这一领域的工作职责效果和效率，就成为可表述和评述的内容。换言之，在国务院这一最高行政管辖范围内，各参与单位承担的具体工作，被《反洗钱工作部际联席会议制度》转化成为一种透明存在的职责。在国务院既定的效率考核机制下，各参与单位行政职责负责人出于对自己“官爵”的功利追逐，对反洗钱工作必须持有职业敬畏。面对可考核责任主体，在职业敬畏的作用下，必然产生行为效率。这相对于“前制度”时期的“职责主观、标准不一、无法考核”的内部工作状态来说，“召集人”作为面向国务院的专业文献汇报主体，可以依据于《反洗钱工作部际联席会议制度》的职责界定，客观反映整体的反洗钱工作绩效（国家洗钱治理目标），而这在无形中形成了对平行行政权力部门的间接或隐形的责任约束。从这个意义上说，这无疑是我国反洗钱顶层组织体系及其制度机制的一个重要进展与深化。

（二）执行组织体系

反洗钱工作执行组织体系，是在决策组织体系之下，负责依照决策和既有法律法规具体执行反洗钱监管操作的组织机构。它与“反洗钱工作部际联席会议”这样一个决策组织体共同构成我国的反洗钱组织体系。从我国现实情况看，这个执行层面的组织体系，应该包括两个层面的机构组织。

1. 非专门执行组织体系

这里所谓非专门执行组织体系，也可解释为“非专业”的执行组织体系，它具有两大特性：一是不属于专门承担反洗钱工作职责的机构；二是针对反洗钱职能而言，没有固定的机构模式，多指理论意义上的执行组织体系。就我国现状看，这个非专门反洗钱执行组织体系主要包括两类：

（1）“会议体制”

第一类主要是指各参加到“反洗钱工作部际联席会议”中的各成员单位内部与反洗钱具体工作具有显著相关性的职能部门，如公安部的“经济犯罪侦查局”。由于《反洗钱工作部际联席会议制度》对各参与“会议体”的部门设定了职责，依照常规，各部委必然要将这样的职责指定给内部相关职能部门。它们依据与自己的既有行政职能，承担配合执行反洗钱相关政策规定。但它们的工作重心或主要工作职责又并非反洗钱。

（2）地方组织体系

第二类是依据2005年《反洗钱工作部际联席会议制度》，各地方依照同样的组织原则、同样的参与范围而相应建立的“反洗钱工作领导小组”。根据相关政府文献，在一些洗钱犯罪相对敏感地区（如云南、广西），这样的机构从省、地市，一直设置到县，最起码也设置到了地市一级。设置这样一个层级的“准委员会”组织，这是我国的行政组织特性所决定的，因为2005年1月国务院批准的《反洗钱工作部际联席会议制度》通过政府的公文渠道下发到了各地方政府。我们查阅了在黑龙江政府网站上公布的：“黑政办发〔2006〕40号”文件，其标题是：“黑龙江省人民政府办公厅关于印发黑龙江省反洗钱工作联席会议制度的通知”[①]。从这个文件我们可以看到，地方这一级这样的组织几乎就是中央一级组织的复制品：一是地方版本的《反洗钱工作部际联席会议制度》文本结构就是中央版本的复制品；二是参与会议的成员单位完全一样，有所不同的是，在地方一级，这个“反洗钱工作联席会议”的召集人，不是专业部门，当然也不是地方人民银行，而一般是地方政府行政副职。这样的设置之所以与中央不一样，这是因为中央体制可以是一个政策法规的研究、讨论和决策的机构。而地方一级，它是一个基本不具有任何反洗钱专业特性的松散组织，甚至只是以文件方式存在。

2. 专职组织体系

我国现有的真正体现操作性反洗钱工作的执行组织机构主要有两个：

（1）“反洗钱工作部际联席会议办公室”

“反洗钱工作部际联席会议办公室”是依据于2005年《反洗钱工作部际联席会议制度》第一条相关规定而成立的：

“……反洗钱工作部际联席会议下设办公室，组织开展反洗钱工作部际联席会议日常工作。办公室设在人民银行反洗钱局，办公室主任由反洗钱局局长兼任，各成员单位指定一名联络员为办公室成员。”

与这一规定相匹配，还在会议制度的第五条，规定了“反洗钱工作部际联席会议办公室”的相关职责如下：

“反洗钱工作部际联席会议办公室的职责是：掌握全国各地区和各部门反洗钱工作情况，加强对洗钱活动手法、规律、特点的研究，就反洗钱工作的政策、措施、计划、项目向联席会议提出建议和方案；负责筹备联席会议的召开，督促落实联席会议做出的各项决定，

---

① 黑龙江省人民政府．黑龙江省人民政府办公厅关于印发黑龙江省反洗钱工作联席会议制度的通知［EB/OL］．http：//www. hlj. gov. cn/wjfg/system/2007/08/17/000143891. shtml.

及时通报反洗钱工作情况；统一协调各行业、各部门开展反洗钱工作，逐步实现有关工作信息共享；具体组织协调反洗钱国际合作，负责与国际或区域反洗钱组织、各国政府间的反洗钱合作事项，以及履行有关国际公约的义务。”①

从第一条关于组建这一办公室的相关规定的字面表述“……组织开展反洗钱工作部际联席会议日常工作……”，我们很容易将反洗钱工作部际联席会议办公室的主要任务或者职责，理解为“会议服务机构”，就是专门为组织召开部际联席会议提供操作性服务的机构。但是，如果我们结合第五条关于“反洗钱工作部际联席会议办公室职责”理解，它实际上又是决策执行组织体系的牵头机构。在这里，我们可以更具体地理解到，所谓“反洗钱工作部际联席会议”不仅仅是“会议”而是“会议体裁”的决策组织机构。

作为实质性的执行组织体系的牵头部门，而不是像字面意义理解的那样是一个“会议服务机构”，其具体的反洗钱工作职责大致可以划分成以下几个方面：

- 作为研究机构，对洗钱的各个方面开展技术性研究，制定操作性策略和方案；
- 作为会议服务机构：会议组织和会议后续跟踪；
- 作为国内协调枢纽：工作信息集散中心；
- 作为国际协调枢纽：具体执行国际义务、国家间合作。

以上关于这个办公室职责的界定，完全属于实质性的反洗钱工作操作定义，并且很容易从职责定义中理解其作为执行组织体系的牵头部门所具有的实质性工作内容。此外，我们也还可以从这个办公室设置，理解其具有的专职性。“反洗钱工作部际联席会议”一共有 23 个成员单位，但是真正针对或专门为反洗钱而设立部门的部委

---

① 中国人民银行．反洗钱工作部际联席会议制度［EB/OL］．http：//www. pbc. gov. cn / publish/fanxiqianju/696/1109 - /11094/11094_ . html.

并没有。人民银行反洗钱局于2004年成立，尽管按照人民银行的内部职能定位，反洗钱局还承担着属于原保卫部非反洗钱工作职责，即："承办中国人民银行系统的安全保卫工作，制定防范措施；组织中国人民银行系统的金银、现钞、有价证券的保卫和武装押运工作。"但是，从整个局的工作职责定位看，它已经是完全具有专业反洗钱特征的内部部门。反洗钱局是"反洗钱工作部际联席会议办公室"的载体，作为"办公室"实际上也强化了专门化的反洗钱执行机构特性。

理论上说，这个承担着反洗钱决策执行责任的"反洗钱工作部际联席会议办公室"，同样沿袭了反洗钱决策组织体系的"准委员会"制，办公室主任虽为反洗钱局长兼任，但是办公室成员是由23家部际联席会议成员单位各派一员联络员构成。作为我国反洗钱监管机构组织体系的第二机构层次，虽然具有决策执行职责定义，但是，它毕竟是属于联席会议之下具有松散联席组织内涵的一个机构（联络），尽管除人民银行以外的成员只有理论意义上存在，并没有与办公室相匹配的实质机构和人员，而主要是依托于人民银行在其具有的反洗钱立法授权基础上建立起来的专门化反洗钱机构，但是，办公室的职责定义间接规定了各部委联络员必须参与分析和参与会议组织。这是一个基本松散的工作组织形式，本质上，这一机构所承担的最主要工作内容，就是通报一些需要通报的临时性或紧急性的情况和为一年一度的部际会议召开提供服务。但如果从办公室以人民银行反洗钱局为载体来看，由于人民银行反洗钱局是反洗钱常设机构，它无疑又是一个地道的监管法律和监管行政规章的执行机构。

（2）基层反洗钱监管机构

从2004年以来，国家根据反洗钱工作需要，一方面积极启动加入FATF的各项准备工作，力争使国家的反洗钱工作融入国际反洗钱监管体系，而另一方面，也同时在国内开始着手建立国内的反洗钱监管组织体系。除上述我们介绍的中央层面反洗钱决策组织体系和决策执行专职反洗钱组织体系外，还有一个重要的、也是处于一线的最基层专职反洗钱组织机构和人员队伍。这个专门的反洗钱组织体系，基本可以划分为如下两个部分：

①人民银行基层反洗钱机构

在人民银行基层组织体系内，其反洗钱执行组织体系实际上也是由一个专职的内设机构和人员配备与一个兼职的人员队伍构成。

第一，关于专职机构及人员配备。根据2005年《中国反洗钱报告》相关内容介绍，人民银行反洗钱专职组织机构体系的基层建设始于2004年：

“……中国人民银行各分支机构也从2004年开始逐步设立专门的反洗钱机构并配备专职的反洗钱工作人员。”①

也就是说，从人民银行接管反洗钱工作部际联席会议“召集人”后不久，人民银行即致力于在体系内建立专门的反洗钱工作组织机构体系。

“2006年，国家外汇管理局的反洗钱职能、机构、人员和信息系统向中国人民银行划转，实现反洗钱本外币管理机构统一，截止到2007年初，中国人民银行36个分行、省会中心支行、副省级城市中心支行成立了反洗钱处，为反洗钱工作的开展提供了有力的组织体系保障。”②

上面这段话告诉我们，这个组织体系“专职性”体现在人民银行的省一级分行，是依据于人民银行总行反洗钱局的专业对口安排

---

① 中国人民银行反洗钱局．2005年中国反洗钱报告［M］．北京：中国金融出版社，2006，第11页．

② 中国人民银行反洗钱局．2007年中国反洗钱报告［M］．北京：中国金融出版社，2008，第1页．

而设置的。也就是说，人民银行在总行直接管辖的省会城市中心和副省级城市中心支行，设立了专职的“反洗钱处”，并配备了专职的反洗钱工作人员。到 2005 年底的时候，人民银行包括国家外汇管理局，专职的反洗钱机构的人员配备总数接近 1000 人。事实上人民银行系统内的专职反洗钱组织机构体系和人员队伍配备，是在经历约三年的建设期后于 2007 年完整成型。

第二，关于兼职人员队伍。根据调查情况反映，人民银行系统反洗钱组织体系，省会或副省级城市中心支行以下的机构，即地区（市）一级中心支行，按照其上一级中心支行的要求，在相近的专业部门指定一至二名反洗钱兼职工作人员。这个反洗钱工作兼职人员虽然是兼职，但是承担着来自更基层一级的商业银行或人民银行一级机构的洗钱可疑情况报告承上启下处置工作，并设定了一定考核分值。除此而外，在人民银行的县一级机构，同样按照地区（市）一级中心支行的要求，指定一名反洗钱工作“联系人员”，这个“联系人员”没有明确的具有主动性质的工作职责安排，但是，对于来自于上一级有关反洗钱指令需承担配合和协助职责。根据 2005 年的统计，人民银行内部这样一个兼职的人员队伍达到 4347 人。

有关反洗钱专、兼职队伍的问题，这里需要说明的情况是：人民银行内部的专、兼职人员队伍自 2007 年组建成型以来，总体情况是相对稳定的。尽管《中国反洗钱报告》对这样的内容没有权威统计数据，但我们可以从人民银行从业人员及其结构变化来加以推测，我们以《中国金融年鉴》关于人民银行从业人员统计来看，2007 年时，人民银行系统总人数为 137375 人[①]，以 2008 年《中国反洗钱报告》反映的 2007 年人民银行系统专职反洗钱人员总数 1000 人计，反洗钱专职人员与人民银行从业总人数之比约为 0.73%，从相关资

① 中国金融学会：《2007 年中国金融年鉴》，中国金融出版社，2008 年 12 月。

料反映，人民银行系统的专职反洗钱人员，作为整个人民银行系统专业结构中的一个部分，其人员队伍变化在人民银行系统内对比变化并不显著，为此，我们以同样的专业对比情况来推测，其情况是，截至2013年，人民银行系统的从业人数为：131888人[①]，同样的比例计算，截至2013年，人民银行系统反洗钱专职人数约为963人，考虑到因为近几年与国际反洗钱组织有关的工作增加而增加了专职反洗钱人员，应该在2007年基础上变化也不大，估计约1200人。

根据对国内反洗钱监管形势发展分析，影响人民银行反洗钱队伍变化的因素主要表现在两个方面：一是利用金融技术所开展的非现场监控，逐步替代现场和人力监管，二是主导机构的检查和监管工作逐步向其他监管机构和商业金融机构自我约束转移，根据这样的发展趋势推测，人民银行作为反洗钱主导机构的人员总数变化应该不大，以同样的方法推测，2007年反洗钱队伍初始形成时，反洗钱兼职人员为4347人，占人民银行总体职员比重约为3.1%。以同样比例类推，2013年底兼职反洗钱工作人员也不会有较大变化。当然，如果将处于第一线的工作人员的反洗钱意识普及和提高作为一种人员数量增加换算因素，那么。人民银行系统的兼职反洗钱人员应该还是有显著增加的。

②各主要金融机构

根据人民银行的统一部署，在金融系统内还存在一支专职和非专职反洗钱工作人员队伍。这个反洗钱人员队伍，主要依据金融机构承担可疑交易甄别、反洗钱刑事调查配合义务，承担相应责任。

商业金融机构所谓专职机构的设置，并非像中国人民银行那样，设立专门的反洗钱处，而是通过指定其内设的法律合规部、会计部、保卫部等具体承担反洗钱职责，或在相应的部门配备反洗钱专职人

---

① 中国金融学会：《2007年中国金融年鉴》，529－530页，中国金融出版社，2008年12月。

员来体现反洗钱功能存在。依据于上述我们提到金融机构所承担的三项主要的反洗钱工作，上述这些部门内设专职机构承担可疑交易甄别、可疑交易报告报送以及行政调查配合工作。从中国人民银行通知并要求各金融机构配套进行组织机构队伍建设开始，到 2005 年，整个银行业的反洗钱专职人员总数已达到 8585 人。以 2005 年全国银行业从业人数 2718857 人进行对比计算，整个银行系统反洗钱专职人员占当时银行业从业人员总数的比重约为 0.32%。以此类推，到 2013 年，全国银行业从业人数，以及后来增加的证券从业人员、保险从业人员，总人数 4404532 人①，以相同比例类推，截止到 2013 年，除人民银行以外的整个金融系统反洗钱专职人员总数应为 14095 人。当然，这样的数据估计不在于精确而在于推断基本发展趋势，随着金融系统反洗钱意识和责任的强化，实际情况可能是除人民银行以外的商业金融机构的反洗钱专职人员，会较 2007 年时有较大增加，可能人员总数会超过我们推测数字。

此外，还有一部分人员是属于指定兼职承担反洗钱工作的人员，这个队伍的人员总数是由各商业银行自主上报，在定义上很模糊，数量与实际职责现状很难进行匹配分析。就商业银行而言，只要承担具有反洗钱内涵相关工作的人员，均被统计在所谓“反洗钱兼职人员”之内，如柜台人员进行大额存取登记，在商业银行业机构，这些工作人员也统计在兼职反洗钱工作人员队伍里，所以，纳入统计的总量应该是庞大的。

以后，为适应 FATF 的反洗钱工作进展需要，国内反洗钱工作所体现的监管范围，开始逐步从传统银行业向非银行金融机构扩展，如证券、保险、信托等。根据人民银行的要求，这些机构均按照要

① 《中国金融年鉴》，第 529－530 页，2014 年 11 月；《中国统计年鉴》，第 603 页；《中国证券业发展报告》，第 7 页，中国财政经济出版社，2014 年 4 月。

求在本机构内设置专职的机构或人员，承担反洗钱工作。实际上，到2010年，中国人民银行开始逐步将与上述非银行金融机构的监管部门吸纳进反洗钱组织体系中，作为具有实际监管操作职责体现的一个部分。到2014年，这一工作进展已实现将各非银行金融机构的反洗钱相关工作的统计体现和信息披露，统一纳入我国唯一官方反洗钱文献，即《中国反洗钱报告》加以反映，尽管这样的信息披露与商业银行领域比较，还极其零星和不具有系统性和规律性，但是，从国家反洗钱治理体系完善的宏观高度来看，这应该是我国反洗钱体系的一个进步。

（三）组织体系解析

1. 组织结构图

有关我国整个反洗钱组织体系的构成情况，国内鲜有文献对其架构的合理性、架构所反映的权责结构合理性、报告线路的科学性，以及整体组织架构对反洗钱刑治及监管效率要求的适应性等进行系统地研究，之所以洗钱刑事犯罪学术领域和反洗钱监管理论对这一问题的研究相对冷僻，究其原因，可以从以下两个方面来看：一是这个组织体系的上层结构，其组织形式符合我国现行的行政运作特性，一定时期内，应该是可以维持并正常产生效率的；二是在对涉及洗钱治理的各部委无法通过立法来定义其职责的现实情况下，依靠这样一个所谓“部际联席会议”形式来替代性地解决立法无法对具体反洗钱职责进行解析的问题，应该是符合当前国内反洗钱形势要求的。

2. 解析

图3－1是我们依据前述对我国反洗钱组织体系分析和梳理而制作的一个全方位组织架构图，综观这样一个架构图，基本可以看到

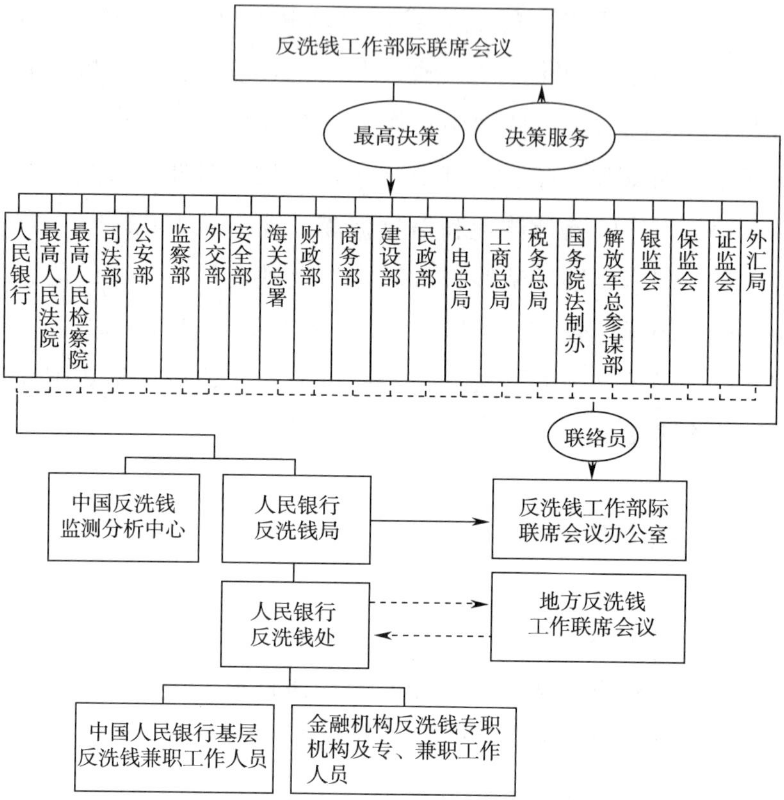

图 3－1　中国反洗钱组织体系架构图

如下两个重要特征：

（1）组织体系“上大下小”

在架构图的上方，由于国务院批复《反洗钱工作部际联席会议制度》的间接授权，部际联席会议内部各部委在反洗钱会议制度框架下，有了明确的反洗钱工作职责定义，这个职责效果是可以由其共同的上级机构即国家最高行政机关国务院来进行考核的，所以，在反洗钱工作部际联席会议之下，各部委职责反映在这个会议体系之下是相对完整的。尤其重要的是，它们在参与反洗钱工作决策和决策研究方面，因接受最高行政管理机构考核机制评价而表现出了效率的特征。正如《反洗钱工作部际联席会议制度》第三条所表述的那样："反洗钱工作部际联席会议各成员单位在国务院确定的反洗钱工作机制框架内开展工作"。

在架构图的下方，主要体现为人民银行总行直管的两个机构，即"中国反洗钱监测分析中心"和"人民银行反洗钱局"，这是两个在人民银行内部具有明确职责表述和植入权责考核机制的专职反洗钱机构。但是，由于"中国反洗钱监测分析中心"是在加入FATF程序需要前提下建立起来的一个特殊组织机构，在反洗钱效率上需要专门评述（第四部分予以专门讨论），所以，我们这里所提到的执行层次主要是指处于反洗钱工作操作第一线的组织，即人民银行总行反洗钱局专业对口领导的内部反洗钱专职机构，以及按照《反洗钱法》规定承担反洗钱法律义务的金融机构专、兼职人员。

在基层层面上，除人民银行以外，参加"反洗钱工作部际联席会议"的其他部委机构，其反洗钱工作具体职责及职责内容，在这个逻辑架构图中无法体现，所以，只能加以忽略。

依据前面结合组织架构图所作的组织体系权责构成分析，基本可以作如下归纳，即，我国的反洗钱组织体系是一个上大下小的"倒金字塔"形。

（2）职责体系"左重右轻"

在图3－1的左边，以实线反映的职能与权力逻辑构图是直接与反洗钱工作实践相关联的职能体现，左边逻辑路线上的所有机构，均归属在人民银行总行授权之下，主要由人民银行总行直接管辖或直接监管下的实体反洗钱工作机构或人员组成。他们均实实在在以权责方式或以法定职能定义反映其在国家洗钱治理体系里的真实职责，所以，它是一个具有实践意义的关系构成。

在图3－1的右边，是人民银行反洗钱局直接组织下的"反洗钱工作部际联席会议办公室"，由于它遵循国家"反洗钱工作部际联席会议制度”规定，承担定期召开会议服务，所以它的另一种职责体现是为反洗钱工作部际联席会议提供决策服务，也属于较为具体的职责体现，但是，除此而外的其他用虚线所反映的工作关系，则没有明确职责关联关系，所以也就无法表现为具体的反洗钱工作职责。地方一级所谓“地方反洗钱工作联席会议”，除横向与地方反洗钱处或人民银行相关职能机构可能发生不规则和不确定联系外，这一级组织没有上下层级关系，更无具体和规制化的职责可言。

二、国际参与及其进展

相对于国际反洗钱进展而言，中国反洗钱监管实践及其国际参与的历史是相对延后和短暂的。以我国的“准监管立法期”起点时间 2003 年为基础，与 1989 年国际反洗钱监管组织“反洗钱金融行动特别工作组”建立，以及 1990 年国际反洗钱监管制度《40 条建议》形成相比，我国的反洗钱监管实践的历史相差整整十三年，而国际参与的时间，如果以 2007 年正式成为 FATF 成员国为界延后的时间将更长。

以世界上反洗钱立法和监管起步较早的美国为准进行国别比较，我国的反洗钱监管历史差距会更加突出。美国是世界上反洗钱监管法律相对完备的国家，由于美国是一个主要依靠立法、而不是一个主要依靠行政规章来保障社会正常运行的国家，所以，有关监管立法和刑事定罪立法的划分，并不像我们在理论上所分析的那样泾渭分明。不过，我们这里可以确定一个可比较的标准，那就是我们把对洗钱上游犯罪实施刑事惩罚的同时，单独对洗钱进行刑事定罪立法的时间不算在监管立法范围内，而将立法确定金融机构在其专业业务操作和技术应用上，针对可能发生洗钱犯罪而履行法律规定的相应义务作为监管立法和实施监管的时间起点期，那么，美国最早的洗钱监管立法应该是 1970 年美国国会通过的《银行保密法》（“*Bank Secrecy Act*”），从文字上直观地看，该法案很容易被理解为通行的银行业务保密法案，但是根据相关文献介绍，当年在讨论该法案时，美国财政部曾经指出：

“《银行保密法》的名称会给人以误解。实际上，制定该法的主要目的是为了限制，而不是强化某些金融交易的秘密。”①

这就是说，这个《银行保密法》是要求对交易记录进行保存和报告的法律，而并非一般的所谓为客户保密法律。1988 年美国国会两次通过《洗钱起诉改善法》（*Money Laundering Prosecution Improvement Act*），将汽车、飞机和轮船的经销商，以及从事房地产、美国邮政服务人员列入实施反洗钱监管的范畴。以后相继通过的反洗钱监管立法还有：1994 年《洗钱抑制法》（*Money Laundering Suppression Act*），1986 年《洗钱控制法》（*Money Laundering Control Act*），1992 年《阿农齐奥—怀利反洗钱法案》（*Annuzio – wylie Anti – Money Laundering Act*），2001 年《为拦截和阻止恐怖主义而提供适当手段以团结和巩固美利坚的法案》（*Unitingand Strengthening America by Providing Appropriate Tools Required to Intercept and Obstruct Terrorism Act*），也称《爱国者法案》。

无论是与国际反洗钱监管实践比较，还是与世界上洗钱监管起步较早、立法相对完善的美国比较，我国反洗钱监管实践都呈现出“历史短，进展迅速”的特点。这样一种进展特征，前者与我国打开国门对外开放的时间较晚有关，而后者与我国自 21 世纪初以来，在积极参与国际反洗钱体系方面所做的努力有关。

---

① U・S. 2002 National Money Laundering Strategy// “Foreword” and “Introduction” [R]. The U・S・Department of the Treasury and the US Department of Justice, 2002, Page 3 –4. 作者译.

对于我国来说，正如前面所提到的立法被带动历史一样，反洗钱监管也同样很大程度上是由于我国缔结联合国公约后，承担国际义务而形成的，也就是说，外部紧迫性推动率先引致了我国的反洗钱社会治理。随后，由于我国的对外开放和商品经济发展以及商品经济的国际市场参与水平提高，才逐渐转化成为一项国际义务与国内治理双重需要背景下的社会治理工作。但是，不论是追溯此项社会治理工作的历史与渊源，还是目前国家在国际领域扮演角色的重要性，我国对国际反洗钱机制，包括组织机制与制度机制的参与，都是我国反洗钱监管实践进展与深化的一个重要反映。关于我国反洗钱监管在国际领域的进展与深化将主要从两个方面来划分。

（一）全球性参与

全球参与主要指我国与 FATF 之间的关系进展。自 FATF 转而成为常设性国际反洗钱监管指导机构以来，其制定的反洗钱监管标准已为国际社会所普遍采用。这种情况下，洗钱领域的国内治理与国际配合需要迅速上升。对于中国尤其是开放后的中国来说，与国际反洗钱监管体系之间合作，不仅仅是一个单纯的国际需要，也是我国自身的一种需要，因而申请成为 FATF 的正式成员国，就成为我国反洗钱监管工作整体进展的重要一环。

有关中国在国际反洗钱监管最高权威机构，即“反洗钱金融行动特别工作组（FATF）”的进展，主要可划分为两个进展阶段。

1. 成员资格获得之前

表3－5，是我们根据《中国反洗钱报告》反映的我国从2004 年启动申请加入 FATF 的工作以来，一直到 2007 年 7 月被 FATF 正式接纳为 FATF 成员国的大致时间历程。

表 3－5　　我国申请加入 FATF 的时间历程

时间	进展阶段	相关工作内容
2003 年末	接触阶段	"我国在维护国家主权的前提下，与反洗钱金融行动特别工作组（FATF）等国际组织进行接触，积极要求加入反洗钱国际组织。"
2004 年 2 月	申请阶段	人民银行代表国家正式向 FATF 提交申请。
2004 年 10 月	承诺阶段	人民银行行长代表中国政府向 FATF 递交了政治承诺函，承诺执行 FATF 的《40＋9 条建议》，并欢迎 FATF 对中国的反洗钱立法与监管工作进行评估。
2004 年 12 月	考察阶段	由 FATF 主席率领的由 7 国专家组成的 FATF 高级代表团到达中国对我国实施 FATF 反洗钱和反恐融资标准的政治意愿及反洗钱工作的开展情况进行考察。
2005 年 1 月	观察员	FATF 采取电子投票表决方式，33 个成员一致同意接纳中国为 FATF 观察员。
2007 年 6 月	成员国	由于未能满足 6 个核心建议条款的大部分条款和 10 条重要建议中的部分条款，中国虽被接纳为正式成员，但需要遵守一个增强型后续评估程序（随访报告程序）。

资料来源：《2004 年中国反洗钱报告》、《2008 年中国反洗钱报告》。

表 3－5 显示，从 2004 年 2 月中国政府正式向 FATF 递交申请，一直到 2007 年 6 月中国被接纳成为 FATF 的正式成员国，在这 3 年多时间中，中国为了加快成为 FATF 的正式成员国的进程，做了大量的工作，尤其是在推动加快国内反洗钱监管立法和加快国内反洗钱战略制定，以及适应 FATF 互评估机制方面。在接受 FATF 的审查方面，主要包括接受 FATF 的一系列固定的新成员审查程序，包括：预评估、评估意向问卷答疑、现场评估、评估报告审查、专家小组磋商以及全体会议答辩。最终于 2007 年 6 月，在 FATF 第十八届三次全体会议上，中国申请加入 FATF 并成为其正式成员国获得一致表决通过。

2. 成员资格获得之后

中国在 FATF 正式成员国地位的获得，标志着中国正式地进入到了国际反洗钱领域，中国的反洗钱监管工作也随之成为国际反洗钱监管领域的一个重要组成部分。但是根据国际相关文献反映，从中国在国际反洗钱监管领域的地位与工作的整体进展看，成员国资格获得仅仅是整个过程的一个开端，而并非进展的全部。

为了清晰地了解成员国资格获得后，中国为巩固成员资格而开展的工作及其进展，我们翻译了 FATF 于 2012 年 2 月 17 日发布的《中国反洗钱及打击恐怖融资互评报告——第 8 次后续评估报告》（*Mutual Evaluation of China*：*8th Follow – up Report*）的导言部分，根据对这一文献的翻译分析，中国在获得成员资格后的工作进展，主要可以划分为三个阶段。

（1）增强型后续评估程序

有关中国获得成员国资格后，必须遵守一个“增强型后续评估程序”（Enhanced Follow-up Process）的问题，我们可分两个方面来介绍和分析。

①中国达标情况

根据 FATF 相关成员政策（Membership Policy）规定：申请加入 FATF 成为正式成员的国家，必须在遵守以下“核心建议”（CR：Core Recommendation）条款，即：《40 条建议》第 1、第 5、第 10、第 13 条和《9 条特别建议》第 II、IV 共计 6 条；10 条“重要建议”（KR：Key Reommendation）条款，即：《40 条建议》第 3、第 4、第 23、第 26、第 35、第 36、第 40 条和《9 条特别建议》第 I、III、V 条[①]达到规定的达标水平。此外，FATF 互评程序关于成员资格审查，对于是否达到相关建议要求，主要有 4 个级差标准：

“达标”（C：Compliant）

---

① FATF. Mutual Evaluation 8th Follow – up Report Anti – Money Laundering and Combating the Financing of Terrorism China ［R］. Financial Action Task Force on Money Laundering, 2012. Page 2. 作者译.

"基本达标"（LC：Largely Compliant）

"部分达标"（PC：Parttialy Compliant）

"不达标"（NC ：Non－Compliant）

而适合于成员地位审查的具体要求是：提出申请的国家和独立司法管辖区必须在所有建议条款的达标程度审查上达到前两个级别，即必须达到"达标"，或至少要达到"基本达标"。并且，根据更为严格的成员政策规定，这个达标程度审查又将主要集中在6条"核心建议"条款和10条"重要建议"条款的达标水平审查上。

表3－6是从FATF相关文献中摘录下来的，是一个反映中国获得成员地位时的达标水平列表[①]。

表3－6　　　　中国获得成员地位时的达标水平列表

5条核心建议"部分达标"或"不达标"
－《40条建议》：第1条（部分达标）；第5条（部分达标）；第13条（部分达标）；
－《9条特别建议》：第Ⅱ条（部分达标）；第Ⅳ条（不达标）。
4条重要建议"部分达标"或"不达标"
－《40条建议》：第23条（部分达标）；第35条（部分达标）；
－《9条特别建议》：第Ⅰ条（部分达标）；第Ⅲ条（不达标）。
9条其他建议"部分达标"
－《40条建议》：第2、第7、第9、第11、第15、第17、第18、第34条；
－《9条特别建议》：第Ⅳ条。
7条其他建议"不达标"
－《40条建议》：第6、第12、第16、第21、第22、第24、第33条。

资料来源："Mutual Evaluation of China：8th Follow－up Report".

从FATF秘书处所公布的资料看，我国申请成为成员时的情况是：

---

① FATF. Mutual Evaluation 8th Follow－up Report Anti－Money Laundering and Combating the Financing of Terrorism China［R］. Financial Action Task Force on Money Laundering，2012. Page 1. 作者译.

6 条核心建议（CR）：1 条达标（C）；4 条部分达标（PC），1 条不达标（NC）。

10 条重要建议（KR）：6 条达标（C）；3 条部分达标（PC）；1 条不达标（NC）。

其他建议条款（OR：Other Recommendation－非核心和非重要建议条款）：部分达标（PC）的有 9 条，不达标（NC）的有 7 条。

而这样一个评估结果，正是 FATF 要求我国在获得成员地位后，必须继续执行一个增强型后续评估程序的原因。

②遵守“增强型后续评估程序”

为了直观地理解这一阶段的我国必须遵守 FATF 互评程序规定的相关工作内容，我们直接引用 FATF 在其专门以中国的“第 8 次随访报告”独立作为一期《互评报告》而加以公布的文献导言的第 1 段如下：

“2007 年 6 月 29 日，中国第一个互评报告（MER）获得通过，反洗钱金融行动特别工作组（FATF）全体会议同意给予中国正式成员地位，但同时要求中国遵守一个‘增强型后续评估程序’（增强型随访报告程序），即要求中国在每一次 FATF 全体会议上，报告其在遵守和执行核心建议条款和重要建议条款方面的进展情况。中国在提交首次互评报告后，按照增强型后续评估程序要求，共提交了 4 次后续评估报告（随访报告），这 4 次后续评估报告分别是：2007 年 10 月（第一次随访报告），2008 年 2 月（第二次随访报告），2008 年 6 月（第三次随访报告），2008 年 10 月（第四次随访报告）。”①

上述这段话告诉我们，在中国成为 FATF 的正式成员国后的第一

① FATF. Mutual Evaluation 8th Follow－up Report Anti－Money Laundering and Combating the Financing of Terrorism China [R]. Financial Action Task Force on Money Laundering, 2012. Page 1. 作者译.

阶段，其工作进展的主要表现可以归纳为两个方面：一是工作内容，根据“增强型后续评估程序”要求，中国必须在以后的每一次 FATF 全体会议上，汇报自己在遵守和执行核心建议条款和重要建议条款方面的进展情况。根据 FATF 一年召开两次全体会议的会议制度规定，中国为此共提交了四次后续评估报告。二是工作结果，在中国向 FATF 提交了 4 次《中国反洗钱和打击恐怖融资随访报告》后，中国经过进一步的后续评估，得以解除遵守这一最为严格的后续评估程序。

（2）定期型后续评估程序

定期型后续评估程序（Regular Follow－up Process）作为针对未全面达标成员后续评估程序之一种，在严格性上要低于增强型随访报告程序。中国在按照遵守增强型后续评估程序要求，向 FATF 提交 4 次后续评估报告后，FATF 根据中国所取得的进展，同意中国遵守一个较为宽松的后续评估程序，即定期后续评估程序。这里我们引用 2012 年 2 月 17 日 FATF 公布的《中国反洗钱及打击恐怖融资互评报告：第 8 次随访报告》“导言”第 2 段关于 2008 年第四次后续评估报告提交后，同意解除中国遵守“增强型后续评估程序”的一段文字。

“2008 年 10 月，根据中国已取得的进展，FATF 全体会议同意中国转而遵守一个修正程序（定期后续评估程序），即：要求中国按年向 FATF 提交后续评估报告（随访报告）。所提交的年度随访报告应将重点放在遵守和执行《40 条建议》第 1、第 5、第 6、第 13、第 15、第 23 条，以及《9 条特别建议》第 II 条和第 IV 条方面所取得的进展。自转而遵守定期随访程序后，中国按照定期后续评估程序要求，共向 FATF 提交了三次报告，它们分别是：2009 年 6 月（第 5 次随访报告）；2010 年 6 月（第 6 次随访报告）和 2011 年 6 月（第

7 次随访报告）。”①

分析上述这段译文，可以得出如下结论：

①“核心建议”达标未取得进展

这就是说，在获得成员地位后的一年时间里，中国在执行 6 条核心建议条款方面所取得进展并不显著。因为 2007 年第一次互评报告通过后，在被要求执行增强型后续评估程序时的核心建议条款中的：R. 1、R. 5、R. 13、SR. II 和 SR. IV 条，在本次指定遵守定期后续评估程序中，被继续指定为中国需要加强改善的条款；

②“重要建议”条款达标取得一定进展

在被要求遵守增强型后续评估程序后，FATF 指定中国应继续努力改进达标水平的重要建议条款共有 4 条，即：R. 23、R. 35、SR. 和 SR. III。而在一年后解除增强型后续评估程序，转而遵守定期后续评估程序决定中，只剩 R. 23 一条重要建议被要求继续给予重视。

③“其他建议”条款达标取得显著进展

其他建议条款达标进展主要分为两个部分。第一部分为在第一次评估中被评为部分达标的其他建议条款，一共有 9 条，在 FATF 决定解除遵守增强型后续评估程序时，除 R. 15 条被继续要求重视外，其他共计 8 条已全部上升至基本达标以上。第二部分是在第一次评估中被评为不达标建议条款，共计为 7 条，在 FATF 决定解除中国遵守增强型后续评估程序时，已全部上升至基本达标以上。

中国正是因为上述三个方面的进展而得以解除遵守“增强型后续评估程序”。但同时也因为 6 条核心建议达标程度改进不大，而被要求继续遵守一个“定期后续评估程序”（定期随访报告程序）。以后，根据定期后续评估程序规定，中国在 2008 年 10 月至 2011 年 6

① FATF. Mutual Evaluation 8th Follow – up Report Anti – Money Laundering and Combating the Financing of Terrorism China [R]. Financial Action Task Force on Money Laundering, 2012. Page 1. 作者译.

月期间，共向 FATF 全会提交了三次“随访报告”（后续评估报告）。

3. 定期后续评估报告程序解除与后续问题

有关“定期后续评估程序”解除的具体内容和情况，我们仍然引用 2012 年 2 月 17 日 FATF 公布的《中国反洗钱及打击恐怖融资互评报告：第 8 次随访报告》“导言”第 3 段文字表述如下：

“2011 年 6 月（第 7 次后续评估报告提交后），会议一致同意解除中国遵守定期后续评估程序。全会还作出了如下决议：由于中国已经采取令人满意的行动，从而在遵守和执行四条核心建议条款（R. 1、R. 5、R. 13 和 SR. IV）、两条‘重要建议’条款（R. 23 和 R. 35），以及八条‘其他建议’条款（R. 2、R. 6、R. 7、R. 9、R. 11、R. 15、R. 21 和 R. 22）达到了‘基本达标’的水平。此外，虽然仍然有 8 条其他建议条款（R. 12、R. 16、R. 17、R. 18、R. 24 R. 33、R. 34 和 SR. IX）的执行还没有达到令人满意的水平，但是中国已经采取行动来强化对这些建议的执行。尽管中国在报告中说：处于立法准备中的法律草案可以解决这些建议执行过程中所存在的问题，但有 1 条核心建议（SR. II 条）和 2 条重要建议（SR. I 和 SR. III）的遵守和执行仍然存在问题，基于此种情况，有关解除中国遵守定期后续评估程序的时间被推迟。针对中国此种进展，FATF 全会要求中国于 2011 年 10 月对遵守和执行《9 条特别建议》第 I、第 II、第 III 条所存在的显著不足作出报告说明，并在 10 月 FATF 全会之前，向 FATF 提交与此相关的已生效立法草案，否则，中国将被要求在 2012 年 2 月继续向全体会议提交定期随访报告。[①]”

上述 FATF《中国第八次随访报告》中关于解除中国遵守定期后续评估程序所做的解释，一方面反映了中国在参与国际反洗钱监管

① FATF. Mutual Evaluation 8th Follow – up Report Anti – Money Laundering and Combating the Financing of Terrorism China [R]. Financial Action Task Force on Money Laundering, 2012. Page 1. 作者译.

体系过程中取得显著进展，另一方面也反映了中国在评估达标问题上还存在着一些问题。

为了对我国作为成员国遵守和执行国际反洗钱标准存在的问题有一个较为透析的认识，我们将执行和遵守“核心建议”和“重要建议”评估达到“达标”和“基本达标”的所有建议条款归纳为“综合达标水平”。根据这样一个定义，我们并对《40 条建议》和《9 条特别建议》的综合达标水平分类分析如下。

（1）《40 条建议》的综合达标水平

从 2012 年 2 月 FATF 秘书处关于《中国第八次随访报告》导言看，我国获得成员国地位 4 年后，我国遵守和执行包含在《40 条建议》中的“核心建议”和“重要建议”条款的水平，全部达到“达标”和“基本达标”水平，这就是说，我国对《40 条建议》的综合达标水平已达到 100%。

（2）《9 条特别建议》的综合达标水平

根据同一文献解读可知，我国在获得成员国地位后 4 年，包含在《9 条特别建议》中的“核心建议”和“重要建议”条款共计为 4 条，其达标水平划分如下：

“基本达标”（LC）：1 条（列入核心建议的 SR. IV）；

“部分达标”（PC）：2 条（列入核心建议的 SR. I 和 SR. II）；

“不达标”（NC）：1 条（列入重要建议的 SR. III）。

综合上述分析，如果不考虑 FATF 在成员政策审查时对核心条款和重要条款设置“重要性权重”，那么，我国遵守和执行《9 条特别建议》的综合达标水平仅为 25%。如果考虑在成员政策条件审查过程，FATF 对“核心建议”和“重要建议”条款的达标程度的关注水平存在差异和区别（一般说前者要重于后者），那么，我国对《9 条特别建议》的综合达标水平可能还要低于 25%。

上述分析表明，我国对包含在《9 条特别建议》中的“核心建议”和“重要建议”的遵守和执行的综合达标水平，与包含在《40条建议》中的“核心建议”和“重要建议”条款的遵守和执行的综合达标水平，呈现出一个“显著不对称”的现实，即《40条建议》遵守和执行的综合达标水平高，而《9条特别建议》遵守和执行的综合达标水平低。将这一现实放在我国融入国际反洗钱监管体系的历史进程来分析，这种“显著不对称”情况实际也反映我国与国际领域在恐怖主义危害认识上存在一定差距。

（3）焦点问题及其后果

由上述分析可知，我国获得成员国地位4年后，真正对我国成员地位产生影响的因素，集中反映在遵守和执行《9条特别建议》的达标水平上。那么有关这一问题存在的后果如何呢？

有关遵守和执行《40条建议》和遵守执行《9条特别建议》不对称，以及最终表现为对《9条特别建议》执行和遵守的达标水平偏低的情况，其对于中国融入国际反洗钱监管体系的进展所产生的负面后果，可以从FATF秘书处关于《中国第八次随访报告》导言第3条的最后一段话反映出来，这就是：即使是到了FATF决定解除我国遵守定期后续评估程序，但是仍然设置了一个前提条件：

“……针对中国此种情况，FATF全会要求中国于2011年10月对遵守和执行《9条特别建议》第I、第II、第III条所存在的显著不足作出报告说明，并在10月FATF全会之前，向FATF提交与此相关的已生效立法草案，否则，中国将被要求在2012年2月继续向全体会议提交定期随访报告。”①

这就是说，由于我国在遵守和执行《9条特别建议》方面所存在达标水平不高的问题，要争取FATF全面解除中国遵守和执行

---

① FATF. Mutual Evaluation 8th Follow - up Report Anti - Money Laundering and Combating the Financing of Terrorism China [R]. Financial Action Task Force on Money Laundering, 2012. Page 1. 作者译.

“后续评估程序”，仍然要完成其整体进展的最后一步，那就是：要通过提供立法和其他文献资料，证明我国在执行和遵守《9条特别建议》的第I、第II、第III条有着改进和提高的法律和制度基础。

4.“定期后续评估程序”解除及解除后

我国争取解除对“定期后续评估程序”（定期随访报告）的遵守，无疑是我国反洗钱融入国际社会所必须要经历的过程和实现的目标，因为只要还被要求执行这样一个后续评估程序（相当于对成员国存在的问题实施监测），也就表明我国的洗钱治理机制与国际洗钱治理机制之间存在着差距，同时也会成为我国反洗钱监管工作的一个较为沉重的额外工作负担。

（1）“定期后续评估程序”解除

有关我国解除遵守定期后续评估程序，我们这里直接引用人民银行官方网站上的公告文本如下：

“2012年2月16日，金融行动特别工作组（FATF）第二十三届全会表决通过中国反洗钱与反恐怖融资互评估后续报告，高度评价并一致认可中国成为成员以来在反洗钱与反恐怖融资领域作出的不懈努力和取得的长足进展，并同意中国结束互评估后续程序。这标志着中国反洗钱与反恐怖融资工作达到了国际通行标准，为我国今后进一步参与国际规则制定，提高国际事务话语权，维护国家利益将产生积极影响。截至目前，在金融行动特别工作组34个成员国（地区）中，中国是第13个达标的国家（地区），也是第一个达标的发展中国家。”①

从人民银行公告我们可以看到一个非常直观的意思，那就是：在2012年2月16日，也就是FATF秘书处将《中国第8次随访报

① 中国人民银行．中国反洗钱与反恐怖融资工作达到国际通行标准［EB/OL］．http：//www. pbc. gov. cn/publish/fanxiqianju/3298/2012/20120220104531933238357/20120220104531933238357_ . html.

告》作为 FATF 专题互评报告之一公布的头一天，FATF 全会通过决议，同意解除中国遵守“定期随访报告程序”。

由于在中国，“反洗钱”仍然是一个非常专业而并不在国民普及教育范围内的问题，加之国内尤其是官方对外部资料的引进性翻译和分析极为有限，所以，人民银行公告自然就代表正式的官方公告。那么，作为中国人民银行发布这个公告所表达的意思，是否与 FATF 关于中国的反洗钱评价完全吻合和精准呢？这是需要与国际权威机构公布文献进行深入比较分析的。

根据我们在前面所做的分析，人民银行公告报道：FATF 同意中国解除遵守定期后续报告程序这样一结论是毫无疑问的，只是这里我们对于这个程序解除的相关问题需要做一个更为全面的反映，为此，我们不妨翻译《中国第 8 次后续评估报告》的第三部分的部分不重复内容共计 10 条内容来加以详尽考证。

第三部分的标题是“中国自 2011 年 6 月以来的进展情况及主要结论”。从第 35 条到第 39 条，阐述了中国在解决首次互评报告后，改进执行核心建议和重要建议条款所取得的进展，这个基本与我们前面的分析相同。我们不做重复翻译和介绍，而我们主要翻译最后结论部分含有额外信息的第 42 条和第 44 条如下。

“42. 互评报告的后续评估程序（随访报告程序）表明，一个国家要求解除其遵守后续评估程序，就必须采取令人满意的行动，国家必须要有一个强有力的反洗钱和打击恐怖融资系统，这样才能确保严格遵守和执行 FATF 规定的核心建议和重要建议，并使遵守和执行这些建议的达标水平达到等同于‘达标’（C）或‘基本达标’（LC）的水平，确保成员资格不会进入重新全面评估程序。在对被评定为‘部分达标’（PC）或‘不达标’的建议条款的进展进行评估过程中，对其中‘重要建议’进展的评估，FATF 全体会议有权在一定限度内灵活掌握。

……

44. 总体而言，自2007年以来，中国在加强其包括修订法律、强化监管制度在内的反洗钱和打击恐怖融资制度建设和反洗钱实践方面，已经作出了巨大努力。中国这样的情况，适合于FATF全体会议运用其评估政策灵活性，因此，我们建议解除中国遵守和执行‘定期后续评估程序’（定期随访报告程序），同时，要求中国按照两年一次更新的要求，于2014年2月向FATF全会提交第一份进展更新报告。”①

2012年2月17日，FATF在巴黎召开第二十三届全体会议，根据这次全体会议相关文献介绍，会议有以下七项内容：

- 表决通过第三次建议修订；
- 对有关修订建议的咨询做出公开回应；
- 批准和发布《中国第8次后续评估报告》；
- 发布《主管当局共享国内武器扩散融资信息最佳实际报告》；
- 宣布“中部非洲反洗钱行动组（GABAC）”成为FATF观察员组织；
- 听取阿根廷关于更新进展的报告；
- 评估洪都拉斯和巴拉圭所取得的进展。

看到这个会议议程，我们知道，《中国第8次后续评估报告》本身就是FATF秘书处为第二十三届全会所准备的表决性文献之一，文献也是专门针对关于解除中国遵守定期后续评估程序而形成的。我们之所以在这里翻译这一文献结论部分的两个条款，是因为这两条告诉了我们除解除中国遵守定期随访程序以外，与我国未来进展相关的信息，其主要是：

① FATF. Mutual Evaluation 8th Follow – up Report Anti – Money Laundering and Combating the Financing of Terrorism China [R]. Financial Action Task Force on Money Laundering, 2012. Page 6 –7. 作者译.

①“灵活掌握权”的运用

这个文献告诉我们，根据 FATF 内部相关政策或制度规定，在对遵守后续评估程序进展评价问题上，FATF 全体会议对其中重要建议条款的评价具有灵活掌握权。而在解除中国遵守定期后续评估程序的决定中，在 FATF 秘书处的建议下，FATF 全会运用了这个“灵活掌握权”。

②中国适时公布了相关文献对后续评估程序解除起到了关键性作用

结合阅读《中国第 8 次后续评估报告》的“附件一”和“附件二”可知，中国在遵守和执行 6 条核心建议中的 SR. II、重要建议中 SR. I 和 SR. III 方面之所以取得进展，或者说促使 FATF 做出提升中国执行重要建议条款等级到基本达标以上的重要依据，是 2011 年 10 月 29 日第十一届人民代表大会第 23 次常务会议通过的《中国人民代表大会关于加强打击恐怖主义工作的决定》（*Decision of the Standing Committee of the National People's Congress on Strengthening Counter – Terrorism Work*），以及随后以国家名义发表的《加强打击恐怖主义活动工作的声明》（*Statement of Decision on Strengthening Counter – Terrorism Work*）。

（2）“定期后续评估程序”解除后

我们从文献分析可以理解到如下两个国内官方文献没有加以反映的现实：

①中国在执行建议条款方面的不足仍然存在

文献分析告诉我们，中国关于建议执行达标水平的现实情况是：中国在核心建议条款的遵守方面，已完全达到成员政策所规定“基本达标”水平（《中国第 8 次后续评估报告》第 35 和 36 段），但是，仍然有如下两个方面的问题存在：一是重要建议，即 SR. I 和 SR. III 的遵守和执行虽然取得较大进展，但仍然没有达到“基本达标”的水平（《中国第 8 次后续评估报告》第 37 至第 39 段）；二是中国虽然在原被评为“部分达标”和“不达标”的 16 条其他建议遵守方面，已有8条达到基本达标水平，但是，仍然有8条的达标程度未能达到令人满意（基本达标）的水平。

②FATF全会运用“灵活掌握权”是一种缺陷反映

根据上述引用《中国第8次后续评估报告》第42条的最后一句话：“……在对被评定为部分达标或不达标的建议条款进展进行评估过程中，对其中‘重要建议’进展的评估，FATF全会有权在一定限度内灵活掌握”。这就是说，相对于“成员政策”中的“核心建议”条款评估，FATF全体会议没有运用灵活掌握的权力，但是在“重要建议”条款的评估上，可以运用其灵活掌握的权力，而FATF全会最终同意或批准解除中国遵守“定期后续评估程序”（定期随访报告程序），正是建立在FATF秘书处关于“中国的此种情况适合于FATF全会运用灵活掌握权力来评价其在重要建议条款上的执行能力”的提议之上的。当然，从另一个角度来看，FATF全会运用这个灵活掌握权力，客观上也就表明：中国在“重要建议”条款的执行和遵守方面实际还存在着不足或缺陷，仍然需要在某些方面加以改进和提高。

③中国仍然要遵守一个所谓“进展更新”报告程序

根据对《中国第8次后续评估报告》第37、第38、第39条的最后一段文字及第44条的加着重号部分文字的分析和解读，由于中国在遵守和执行相关建议方面仍然没有完全达到令人满意的水平（2条重要建议和8条其他建议仍然没有达到基本达标水平），尽管FATF全会运用其在重要建议条款进展评估上的“灵活掌握权”，批准解除中国遵守定期后续评估程序，但中国仍然被要求每两年向FATF提交一次进展报告，并且规定中国最近一次向FATF提交进展报告的时间是2014年2月。有关这个结论，我们在FATF第23届全会会议文献介绍中看到了如下相似的表述：

“到目前为止，中国已采取了更多行动来解决其反洗钱/反恐融资制度缺陷，FATF 也因此而解除中国遵守定期后续评估程序。今后，中国将每两年一次向全体会议报告其在反洗钱/反恐融资制度方面取得的进一步的任何进展。”①

这里 FATF 虽然没有再用“后续评估程序”来定义中国今后两年一次的进展更新报告，但是，相对于中国的成员资格内涵来说，在 FATF 的评价体系中，仍然不是完整的。这也应该就是国家反洗钱监管权威机构在 2012 年 2 月 20 日的官方公告中，仅仅用了“达到国际通行标准”这样的审慎表述来反映进展的原因。

（二）区域性参与

中国参与相关区域性国际反洗钱组织主要有两个：一个是“亚太反洗钱组织”（The Asia/Pacific Group on Money Laundering，APG）；另一个是“欧亚反洗钱及反恐融资组织（The Eurasian Group on Combating Money Laundering and Financing of Terrorism，EAG），由于历史和政治外交方面的原因，中国在参与这两个区域性国际反洗钱组织方面的起点和进展是有所不同的，为了能够更清晰地理解进展和进展差异，以下我们分别就中国参与这两个区域性国际反洗钱组织的情况进行分析。

1. 亚太反洗钱组织

亚太反洗钱组织（APG）是我国加入最早的地区性国际反洗钱组织（FSRBs），为能清楚了解我国与这一国际反洗钱组织的关系和关系进展，我们以下分两个内容来加以介绍和分析：

（1）关于 APG 组织结构及管理

① FATF. Outcomes of the Plenary meeting of the FATF，Rome [EB/OL]. http://www.fatf-gafi.org/documents/documents/outcomesoftheplenarymeetingofthefatfrome20-22june2012.html. 作者译.

有关APG的组织结构，主要分析两个方面的构成，一是基于其治理结构的亚太反洗钱组织的成员构成；二是基于其组织管理的内部结构。

①机构概况

有关APG的机构概况，我们这里直接从APG官方自我介绍文献“*APG History and Backgruond*”中引用以下一段话来加以反映：

“亚太反洗钱组织（APG）于1997年在泰国的曼谷发起组建，是一个有41个成员和一些国际和地区观察员组织参加的自助性、合作性国际组织。除此而外，也还有一些重要的国际组织，出于支持APG在该地区努力开展各项工作的目的，也参与到这个组织里来，这些重要国际组织包括：反洗钱金融行动特别工作组（FATF）、国际货币基金组织（IMF）、世界银行（WB）、经济合作与发展组织（OECD）、联合国毒品和犯罪问题办公室（UNODC）、亚洲开发银行（ADB）和埃格蒙特集团的金融情报机构（FIU）。

APG成员和观察员都致力于有效实施和执行国际公认的反洗钱和打击恐怖融资的标准，尤其反映在实施和执行反洗钱金融行动特别工作组（FATF）的《FATF建议——反洗钱和打击恐怖主义和大规模杀伤性武器扩散融资的国际标准》方面。”①

APG除有上述所说的41个归属在“亚太”政区内的正式成员（国家或独立司法管辖区）外，还包括法国、德国、基里巴斯、密克罗尼西亚联邦、俄罗斯联邦和英国在内的6个国家或独立司法管辖区观察员。国际组织类观察员除前述所提到的7个全球性知名国际组织外，还有19个一般性国际组织观察员。APG是全球最大的区域性反洗钱国际组织之一，总部（也就是常设机构）或者说“APG秘书处”设在澳大利亚。

---

① APG：“History and Background”，http：//www. apgml. org/about/history. aspx，作者译.

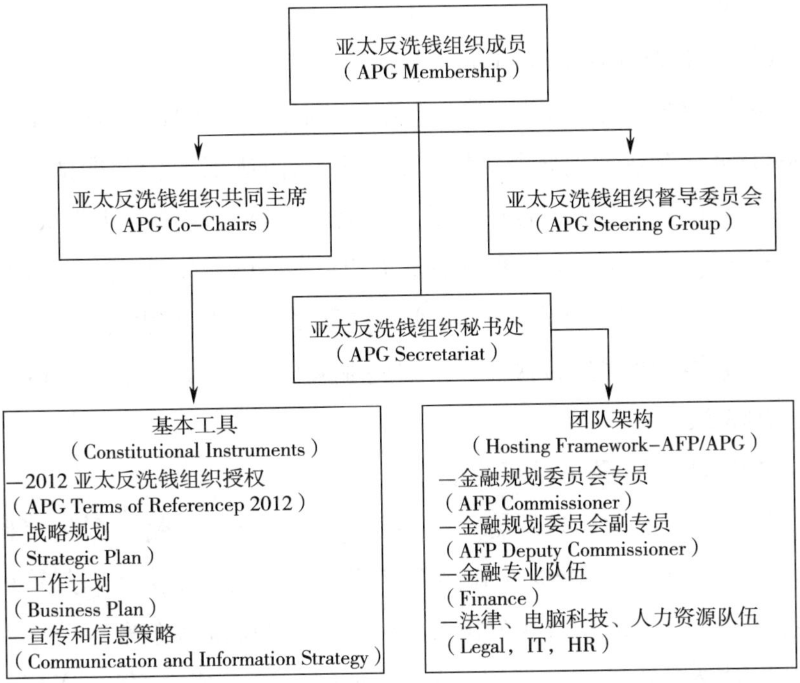

资料来源："APG Annual Report 2012～2013"．作者翻译整理。

图3－2　亚太反洗钱组织的架构图

图3－2是我们从APG文献中直接摘录下来的管理组织架构图。分析这个架构图我们可以看到两个突出的特征：一是这并不是一个单独反映其内部管理组织的架构图，而实际是一个反映APG功能的结构图，尤其是其使用"基本工具"来罗列其可运用的手段和工具。二是APG秘书处是APG工作组织的枢纽部门，这一点我们在后面的比较中会看到，它几乎就是APG的组织管理的一个突出特征。

（2）关于APG秘书处

在分析APG组织架构图时我们已经说到，在这个组织体系中，除决策执行层面之外，真正在反洗钱监管操作中起着重要作用的是"亚太反洗钱组织秘书处"（APG Secretariat）。据文献介绍，以APG秘书处的正式建立为界，基本可以将亚太区域性反洗钱组织体系形成划分成三个时期。

①FATF 亚洲秘书处前期

早在 1990 年，FATF 就通过英联邦秘书处（The Commonwealth Secretariat）在亚太地区开展以“提高反洗钱认识”为主题的拓展性工作，并将这一工作内容作为反洗钱监管全球战略的一个组成部分。也正是出于这个战略发展考虑，FATF 于 1993 年 4 月在新加坡，1994 年 11 月至 12 月在马来西亚的吉隆坡，两次举办专题研讨会，并且通过这些研讨会的召开，争取到亚太地区 16 个国家对《40 条建议》的承认。

②FATF 亚洲秘书处正式成立

为了使在亚太地区所取得的进展更具体和更有效，在澳大利亚的资助下，FATF 于 1995 年在澳大利亚的悉尼建立了直接归其管理的区域秘书处，并正式给这个秘书处命名为：“反洗钱金融行动特别工作组亚洲秘书处”（The FATF Asia Secretariat）。成立之初，FATF 为这个区域秘书处确定了非常具体的工作目标和任务，其具体内容规定是：加强与其他国际机构合作，并通过不间断努力在区域内强化提供反洗钱监管措施支撑。除此以外，FATF 还直接在其目标中明确了以下规划：

“其主要任务是争取在一个更为广泛的区域内承认实施反洗钱政策，积极推动和确保同意建立一个永久性区域反洗钱机构实体。”①

也就是说，FATF 建立“亚洲秘书处”的任务主要有两个：一是推动亚洲区域各国遵守并实施通行的反洗钱政策；二是为建立一个永久性区域性反洗钱组织做准备。

“反洗钱金融行动特别工作组亚洲秘书处”成立后，一共在亚洲

① APG. “ABOUT US/Establishment of the APG and Its Secretariat”［EB/OL］. http://www.apgml.org/about-us/page.aspx?p=91ce25ec-db8a-424c-9018-8bd1f6869162. 作者译.

区域内组织了四次大型活动，第一次和第二次为“洗钱类型研讨会”（Typologies Workshops），也叫“洗钱类型研究会议”，专门针对不同类型洗钱展开学术性讨论，并在会议上由专家组提交和宣读研究成果。FATF 在亚洲举办的这些专题会议，本质上就是为这样一些研究成果展示和宣传提供场所，而 FATF 亚洲秘书处则是为其提供会议服务的机构。这两次会议分别于 1995 年 10 月和 1996 年 11 月在香港举行。第三次大型活动被命名为“第三届亚洲反洗钱研讨会”（the Third Asia Money Laundering Symposium），于 1995 年 12 月在日本东京举行。

第四次大型活动（也是最后一次）于 1997 年 2 月在泰国的曼谷举行。对于 APG 亚洲秘书处来说，这是一次具有里程碑意义的活动，因为在这次大型活动中出现了两个转折：一是原先以“FATF 亚洲秘书处”名称中的“亚洲”为地域范围的政区界定，在这次会议上发生了改变。会议提议并且获得代表一直同意，“太平洋”区域概念被包含进亚洲政区范围内，并重新定义亚洲秘书处活动对象范围为“亚太”，FATF 亚洲秘书处以这个转变为前提，直接将第四次大型活动命名为“第四届亚太反洗钱研讨会”。二是在这次会议上，代表们一致表决通过了以“亚太”为地域范围界限，成立地区自治性反洗钱组织，即今天的 APG。

③亚太反洗钱组织秘书处

截至 1997 年 2 月，作为亚太反洗钱组织前身的“FATF 亚洲秘书处”，其作为 FATF 的直接管辖机构的非独立区域组织性质发生了改变。原“FATF 亚洲秘书处”工作团队，转而作为“亚太反洗钱组织”筹备组开展工作，而最早作为“FATF 亚洲秘书处”办公场所的办事处，转而成为“APG 秘书处”的办公场所，专门为亚太反洗钱组织提供服务。

APG 的办公地点继续保留在澳大利亚的悉尼，其经费来源也由过去的澳大利亚政府单一资助方式，转为共同经费制，即以成员国家人均 GDP 为基础，按照规定的计算方式缴纳。目前，APG 秘书处由 12 个秘书处自管职员和 1 个澳大利亚政府借调人员共 13 个职员队伍组成，岗位设置情况是：秘书长、助理秘书长各一人、首席执行官三名，技术援助和培训总监一名、执行官两名、负责技术援助、培训和合作支持的政策经理各一名、项目经理一名（澳大利亚借调）、执行助理和行政助理各一名。

秘书处为自己设置了共计 13 项职责。研究这 13 项职能，大致可分为 4 个方面的服务，即，主席服务、支持性服务（包括技术援助和培训）、会议服务和国际组织合作服务。

目前是由一名叫戈登·霍克的人任秘书长，此人分别在加拿大从事过法律工作并作为司法部反洗钱、反腐政策的主要负责人在新西兰政府工作过，对于刑法和国际法有专业的研究经历和工作经历。

APG 是最早实行共同主席制的区域性反洗钱组织，共同主席（Co－Chairs）也叫联合主席，是执行委员的最高权力层次。设置两位主席这样一种治理结构本质上跟 APG 沿革于“FATF 亚洲秘书处”，以及这个秘书处最早由澳大利亚政府资助有关。按照共同主席制规定，每一届任职均设置两位主席，一位来自东道国推荐，另一位则在成员国之间轮换。

（3）亚太反洗钱组织任务

根据 APG 官方文献“重要角色”介绍，有关亚太反洗钱组织的任务，基本可以划分为两个部分。

①主要任务

在亚太反洗钱组织的官方网站上，主要任务直接的英文表达是：“The APG has five important functions”，即亚太反洗钱组织在区域反洗钱方面主要发挥五个方面的重要作用，以下是我们直接翻译并引用如下：

• 通过强有力的相互评价体系，确保 APG 成员遵守打击洗钱、恐怖主义和武器扩散融资（AML/CFT）全球标准；

• 在亚太区域范围内，开展成员国之间、捐助机构之间的双边协调、技术援助和培训，促进 APG 成员更好地遵守打击洗钱、恐怖主义及武器扩散融资（AML/CFT）全球标准；

• 参与或与国际反洗钱网络进行合作：主要是参与 FATF 及其他地区反洗钱组织所开展的各项活动并与它们进行合作；

• 开展洗钱及恐怖融资（ML/FT）活动趋势分析，以及在更好地向 APG 成员提供系统性和其他相关风险及漏洞警示方面，开展方法研究和分析；

• 作为 FATF 的成员，参与 FATF 组织的各项活动，为发展打击洗钱、恐怖主义和武器扩散融资（AML/CFT）全球政策标准作出应有贡献。①

追溯了一下 APG 的官方文献进展，上面这五个目标表述始终没有发生改变，很显然，如果对这五个方面的重要作用进行大致划分，其任务范围集中反映在两个方面：一是发挥区域内组织成员国之间的反洗钱协调作用；二是对 FATF 标准的贯彻与实施进行维护性管理。

不过，研究 2012 年 6 月亚太反洗钱组织发布的《2012 ~ 2016 年 APG 战略规划》（*APG Strategic Plan* 2012 ~ 2016），有关 APG 的任务和目标表述还是有一些调整，我们翻译其中重要调整的部分如下：

“愿景：通过持续不间断工作，为减少亚太地区犯罪作出贡献；

任务：通过推动 APG 成员有效执行《反洗钱国际标准》，以及有效地参与打击洗钱、恐怖主义和武器扩散融资国际标准的制定过程，以实现对亚太地区的洗钱、恐怖主义和大规模杀伤性武器扩散

---

① APG. History and Background [EB/OL]. http://www.apgml.org. page. php. 作者译.

犯罪的有效打击”。[①]

上述 APG 的任务调整，并不是对早期确定的任务做重新定义，也不是对内容进行调整，而是在 2012 年 FATF 将原《40 +9 条建议》体系修订成为统一的《打击洗钱、恐怖主义及大规模武器扩散融资国际标准》后。原五项重要任务的有些内容，需要与 FATF 新的制度内容保持一致，也就是增加了针对大规模杀伤性武器扩散融资的打击。

②其他任务

“APG 还帮助其成员建立一个协调的国内可疑交易报告和调查系统，提高成员国调查和起诉洗钱和恐怖主义融资罪行的效能。”[②]

依据这段译文，我们认为 APG 的目标任务实际上还有一个次要层次定义。这个次要层次目标任务的定义与第一层次所不同的是，它不再限于成员单位（国家或独立司法管辖区）之间或为成员提供完全国际意义或国别意义和组织标准化的服务，而是对成员单位的内部反洗钱系统，有针对性地提供与反洗钱协作相关的技术支持与培训，而这在很大程度上是超出 FATF 组织工作原则的。这也是我们对 APG 相关文献进行深入分析、提炼的基础上得到的一个结论，即 APG 的工作机制存在超出 FATF 所明确工作机制和工作原则的成分。而这个部分表明，在 APG 组织范围内，其工作机制所表现出来的组织结构相对更加紧凑和紧密。并且从近年 APG 年会看，其相关主题均为“APG 年会及反洗钱援助与培训论坛”（APG Annual Meeting and TA&T Forum），2013 年 7 月在中国上海举行的第 16 届年会就是这个主题，2014 年 7 月在中国澳门召开的年会仍然确定的是这样一

① APG. APG Strategic Plan 2012 ~ 2016［EB/OL］. http://www. apgml. org/about – us/docu ments/default. aspx. Page 6. 作者译.

② APG. APG Strategic Plan 2012 ~ 2016［EB/OL］. http://www. apgml. org/about – us/docu ments/ default. aspx. Page 6. 作者译.

个主题。这种特殊情况表明，有关对成员国提供技术援助和培训，本质上就是亚太反洗钱组织的一个突出的工作内容。

(4) 中国与APG

中国与APG之间的关系，大致可以划分为“发起与退出”、“恢复与现状”两个时期

①发起与退出

我国是APG的13个发起国之一，我国政府参加了1997年在泰国曼谷举行的发起组建会议，但是，参与发起成立后不久，因为台湾地区以独立的成员单位与大陆同为APG创始成员单位，出于当时政治形势考虑，我国宣布退出该组织活动。2009年，经人民银行、外交部共同与APG秘书处多次磋商，终于在同年7月，APG同意恢复中国在APG的正式成员地位，并同时恢复了包括参加会议在内的各项正常活动。

②恢复与现状

对于中国来说，从恢复参加APG正常活动以来，最具有重要意义的是2013年7月15日，亚太反洗钱组织的第16届年会在上海开幕，这是中国作为成员国首次举办APG年会。这一届由我国承办的年会确定了以下6个方面的任务：

- APG结构与运作；
- 互评程序及现场访问成员安排；
- 国际合作执行问题及与此相关联的FATF国际合作审查小组相关工作；
- 为特定的亚太反洗钱组织成员和更广泛政策相关事务提供技术援助和培训；
- 新型和发展了的洗钱、恐怖主义及大规模杀伤性武器扩散融资类型研究；
- 对于个别成员，但同时对整体成员具有重要意义的特殊

问题。

根据会议安排，除上述 6 个方面的主要会议内容外，还对另外三个方面的内容进行了讨论：一是即将开始的 APG 第三轮互评工作安排；二是关于 FATF 发布的新“建议标准”和“评估方法”；三是在第二轮互评工作中未获通过，但在近期取得进展的国家的后续评估报告。①

根据 2010 年 7 月在新加坡召开的 APG 第 13 届年会会议讨论和通过的决议，中国于 2012 ~ 2014 年期间担任 APG 共同主席中的轮值主席，由中国人民银行反洗钱负责人代表国家出任这一职位。

尽管参与 APG 并不是我国参与国际反洗钱监管体系进展中最重要和最具有代表性的内容，但是，我们还是可以将我国参与 APG 活动的进展意义归结为以下两个方面：一是我们恢复在 APG 的相关活动后，使得我国与世界上所有在 FATF 具有成员地位的国家一样，形成了有层次的国际参与，既有近距离的区域性参与，也参与世界范围最具权威的反洗钱政策制定和与国际反洗钱活动，两个层次的参与，使得我国的反洗钱国际参与机制趋于完整和完善；二是从 2009 年我国恢复在 APG 的地位开始，到 2012 年我国出任共同主席，以及 2013 年 7 月承担年会，表明我国在 APG 的参与，已经完全恢复到了与创始成员地位相匹配的水平。

2. 欧亚反洗钱组织

欧亚反洗钱组织（EAG）与 APG 一样，也是区域性反洗钱组织之一，其全称是“欧亚反洗钱和反恐融资组织”。

（1）发起与宗旨

关于“欧亚反洗钱和反恐融资组织”的宏观背景方面的问题，重点介绍以下两个方面。

---

① APG. 16th APG Annual Meeting in Shanghai, China 15 – 19 July 2013 [EB/OL]. Http://www.apgml.org/about – us/ – news/details.aspx? pcpage = 1&n = 2.

①发起

我们这里同样引用 EAG 的自我介绍“EAG”，以反映这个 FATF 范式区域反洗钱组织的基本面：

“欧亚反洗钱和反恐融资组织是‘反洗钱金融行动特别工作组’范式区域性机构。于 2004 年成立，现为 FATF 会员”。

EAG 是由截至 2004 年欧亚地区还未加入 FATF 范式区域组织的国家创立的[①]。其创建的目的是：减轻国际恐怖主义威胁，确保这一地区国家金融体系充分透明度、可靠和安全，以及使这一地区国家融入国际反洗钱和打击恐怖融资（AML/CFT）体系，并发挥重要作用。该组织的创建恰逢其时，因为在这一地区发展和形成有效反洗钱系统的条件已经成熟。

建立 EAG 的倡议最早是由俄罗斯联邦反洗钱金融行动特别工作组 2003 年 10 月全会期间提出的。2004 年 2 月，在独联体国家、中国以及数个国际组织参加的独立体国家关于反洗钱和打击恐怖融资国际会议上，正式讨论了这一问题。

该倡议得到独联体国家外交部长会议的支持，并建议针对建立 FATF 范式区域机构，召开由有关国家参加的成立大会。

2004 年 10 月 6 日，在莫斯科举行了成立大会，六个创始国：白俄罗斯，哈萨克斯坦，中国，吉尔吉斯斯坦，俄罗斯和塔吉克斯坦出席了此次成立大会。在 2005 年和 2010 年期间，EAG 成员增加包括此前为观察员的乌兹别克斯坦，土库曼斯坦和印度。

“今天，EAG 集中了这一地区的 8 个成员国家，12 个国家级和 17 个国际组织级观察员。”

当然上述资料是一个没有及时更新的介绍文献，事实上，截至

① 按照 FATF 的成员政策规定：所有申请成为 FATF 成员的国家，首先必须是所在区域反洗钱组织的成员。而欧亚地区还有一部分国家，既不属于亚太区域概念，又因距离欧洲较为遥远而不归属于欧洲地区，所以，一直不是当时区域组织的吸收对象。

2014年5月，EAG正式成员国家已达到9个，同时还有包括意大利、英国、日本、德国、法国等在内的共计14个观察员国家；作为观察员的国际组织也从成立之初的17个上升到了18个。

②宗旨

关于EAG的目标、任务或宗旨，EAG的介绍性文献（*About EAG*）也做了非常详尽的介绍，并且与APG乃至其他区域性国际反洗钱组织差异不大。但由于相对而言，EAG是一个包含世界上版图最大，人口最多国家在内的地区性组织，而且成立时间较晚，所以有些表述与其他区域性组织仍然有所区别，比如强调要尽快融入国际反洗钱组织体系等，表明与成立较早的区域组织比较，其在运作的某些方面与国际反洗钱领域还是存在某种差距。以下是我们引述的EAG自我介绍中的一段文字：

“EAG的首要目标是：确保反洗钱工作在区域层次能够有效整合和合作，并使EAG成员国有效执行反洗钱金融行动特别工作组‘建议’和其他相关国际组织的反洗钱和打击恐怖主义融资标准，从而融入国际反洗钱和打击恐怖主义融资体系，并成为其一个组成部分。

EAG主要任务：

- 为成员国实施FATF《40条建议》和《9条特别建议》提供援助；
- 发展和实施针对洗钱及恐怖主义融资犯罪的联合打击行动；
- 开展实施FATF《40条建议》和《9条特别建议》基础上的成员国互评，包括在反洗钱及打击恐怖融资范围内的立法及其他措施的有效性评估；
- 就国际合作以及与专业国际组织、机构和有关国家开展的技术援助进行协调；
- 分析洗钱和恐怖融资趋势（类型学）就打击具有区域特性的

此类罪行最佳实践进行交流。”①

上述EAG的自我介绍，遵循了所谓“FATF范式”原则，即：一是强调执行FATF的核心制度《40+9条建议》（《反洗钱国际标准》）；二是通过遵循FATF的“互评程序”，确保其组织内部原则与FATF的一致性。

（2）特殊组织背景

作为同样横跨洲界的区域性国际反洗钱组织，EAG也有一些与APG等其他区域组织不同的方面，对于EAG来说，最为突出或者说有显著区别的特点主要表现在其特殊的组织背景和渊源。

①与“独联体”渊源

独联体是“独立国家联合体”的简称，英文为“Commonwealth of Independent States”，简写为“CIS”，而EAG正好就是一个以独联体国家为核心的FATF范式区域机构。到20世纪末的时候，独联体国家其所处地区，成为FATF范式区域机制全球分布明显缺失的地区。

造成反洗钱全球体系的这一国际分布缺位的原因，实际与前苏联解体后，以俄罗斯为核心的独联体国家在国际政治意识上与西方国家有显著分歧有关。尽管前苏联解体，新俄罗斯建立，但是从根本上脱离由列宁、斯大林时期形成的国家政治意识形态，是需要一个过程的。也就是在这个过程中，以俄罗斯为核心的独联体国家与西方国际政治意识的差距成为一个较为突出的问题。前苏联解体后，除西部小国倾向于融入欧洲外，而位于中亚部分的数个国家，与解体后的俄罗斯形成了以俄罗斯为中心的所谓独联体。独联体也并不具有完全的意识形态统一内涵，尤其是在俄罗斯逐步市场化发展后。在这样的情况下，洗钱犯罪作为与国际政治意识形态不直接关联，

① EAG. About EAG［EB/OL］. http://www.eurasiangroup.org/about_EAG_main. 作者译.

而与国家的经济市场化水平和开放程度相关联的问题，在这一地区逐渐形成了共同性的社会治理问题，在这样一种形势发展下，国际反洗钱体系在这一区域的显著缺位，必然成为国际社会需要解决的问题，EAG 也就是在这样的形势下，于2004 年成立。当然，这个组织的形成以独联体国家的领头国——俄罗斯作为发起国，也是一个必然的结果。

有关这个组织的发起，在 FATF 的文献中也有同样的表述："EAG 是在俄罗斯联邦的倡议下，于2004 年10 月6 日在莫斯科召开首次会议时决定成立的。该组织成立得到了反洗钱和打击恐怖融资金融行动特别工作组（FATF）、国际货币基金组织（IMF）、世界银行（WB）和其他一些国家的支持。EAG 是 FATF 范式区域机构（FSRBs），并于2010 年6 月成为 FATF 的协会成员。"①

从发起当初的成员构成看，总共6 个发起建立国家，除中国外，另五个均为独联体成员国家。

②与"上合组织"（SCO）渊源

上海合作组织简称"上合组织"，英文全称为"The Shanghai Cooperation Organization"，英文简写为"SCO"。根据相关文献反映，有关 EAG 成立的另一政治背景应该是："欧亚反洗钱及反恐融资组织是依据于中国、俄罗斯、哈萨克斯坦、塔吉克斯坦、吉尔吉斯斯坦、白俄罗斯六个国家于2004 年10 月6 日签署的《关于建立欧亚反洗钱及反恐怖融资组织宣言》（*Declaration on the establishment of the Eurasian group on combating money laundering and financing of terrorism*，简称'莫斯科宣言'）发起成立的"。也就是说，这个组织的产生，实际与发端于1996 年4 月"上海五国会晤机制"、正式成立于2001 年6 月的"上海合作组织"有着密切的关系。上海合作组织成立后，

① EAG. Background on the EAG [EB/OL]. http://www.fatf-gafi.org/document/. 作者译.

针对洗钱犯罪及恐怖主义活动等国际问题签署过一个重要公约，即，2001 年 9 月由中国、俄罗斯、哈萨克斯坦、塔吉克斯坦、乌兹别克斯坦五国共同签署的《打击恐怖主义、分裂主义和极端主义上海公约》（*The Shanghai Convention on combating terrorism, separatism and extremism*）。这个公约的签署，实际上为 EAG 的产生提供了理论和相关政策准备。并且，从 EAG 所公开的法律依据文献列表中，属于公约类法理依据的文献列表中，上海合作组织的《打击恐怖主义、分裂主义和极端主义上海公约》成为与联合国公约具有同等地位的反洗钱法理依据文献。这种属于区域性而非联合国体系的政治团体宣言或公约类文献作为反洗钱体系的立法依据，这显然在其他 FATF 范式区域性组织中是没有的，而 EAG 是唯一这样做的。这也从一个方面反映了 EAG 与上海合作组织的特殊渊源。

（3）组织体系

有关 EAG 的组织体系及其相关的决策和执行功能，我们主要分为以下几方面来做介绍和分析。

①组织架构

图 3－3 是 EAG 公布的一个反映其内部组织结构的组织架构图。分析图 3－3 可知，EAG 设置的是一个与 APG 有显著区别的管理架构，APG 的组织管理架构设置，是在全体会议之下设置两个平行决策层次，即共同主席和督导委员会，其主要职责被确定为：规制建设与团队组织。而在相关决策执行运作层面上真正发挥实践主导作用或中枢作用的，应该是“亚太反洗钱组织秘书处（APG Secretariat）”。而 EAG 的管理架构在决策执行层面上的设置则是完全不同的，真正发挥运行核心效能的是按专业设置的工作组（Working Gruop）。而这个设置与 FATF 的设置有相似和相近之处。

②决策执行层职位及其决定

如前所述，APG 的最高决策机构“全体会议”之下，还有一个

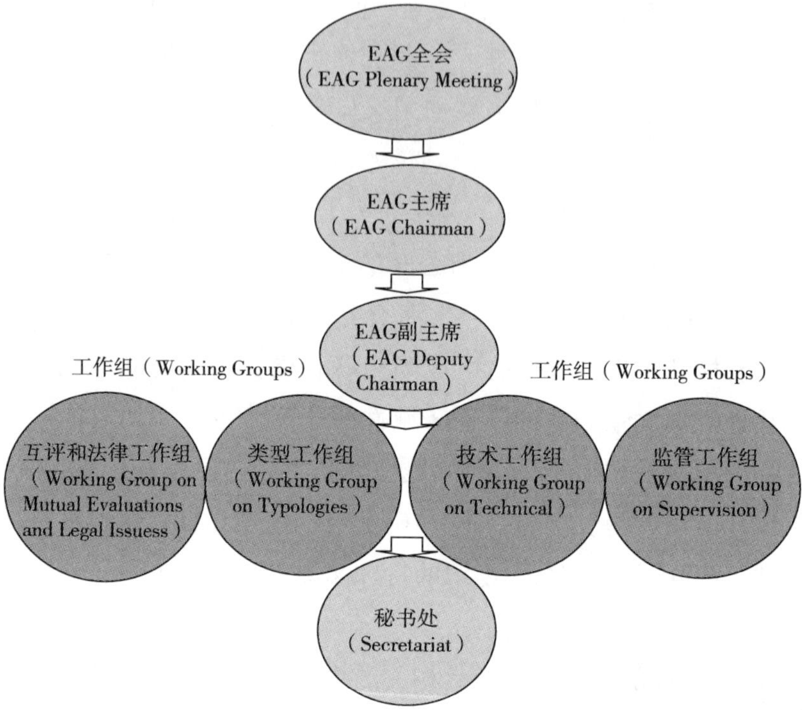

资料来源：http：//www. eurasiangroup. org/structure. php.

图 3－3　欧亚反洗钱和反恐融资组织的架构图

决策执行层次，即“共同主席（Co－chairman）”，也有文献将其称为“联席主席”，这个所谓“共同主席”的任职程序或者叫任命程序，遵循东道国推荐和派遣与成员国轮换制相结合的方式，即其中一个主席职位是由东道国推荐派遣，然后由 APG 全体会议按程序任命，而另一个主席职位则按照轮换制，两年一任期在非东道主成员国之间轮换。

与 APG 比较，EAG 决策执行管理层次采取了相同而又有所区别的框架结构和决定程序。

首先，“欧亚反洗钱和反恐融资组织”不像“亚太反洗钱组织”那样，实行共同主席制（Co－chairman），也不像其他如“加勒比海反洗钱组织”那样，实行由各成员国派出代表，并由这些代表平行构成该组织的理事会（the Council of Authorities），而是按照一般组织模式实行主席（Chairman）和副主席（Deputy Chairman）制；

其次，虽然我们没有看到创立“欧亚反洗钱和反恐融资组织”之初的组织文献关于决策层的组织法或相关规定，但是，我们分析目前的实际情况可知，“欧亚反洗钱和反恐融资组织”的主席职位，原则上是由东道国委派，而副主席实行按照两年一期轮换方式在成员国间产生。

下面的表3－7，总结了历年主席和副主席的出任情况。依据此表我们可以看到两点：一是与APG比较，其差别主要体现在实行主席和副主席制，而不实行共同主席制，但同时也有所相同的是，EAG借鉴了APG的体制，主席由东道国委派，之所以说这完全是一种借鉴，是因为按照APG的所谓共同主席制规定，其中一位主席是由东道国委派。不过，APG形成这一体制是有其特殊历史渊源的，因为其前身——“FATF亚洲秘书处”不仅设在澳大利亚，而且是由澳大利亚政府资助的，而EAG并没有这样特殊的历史原因。二是东道国委派主席制从2013年后开始发生改变。因为第五任主席已不再是东道国俄罗斯人，而是来自于第二批获得成员国地位的国家：印度。2013年5月，EAG在白俄罗斯首都明斯克举行了第18届全会，在这次会议上，EAG全体会议一致通过决议，决定对主席体制作出调整：

“全会参会人员听取了本年度关于改变主席体制的汇报……”①

上面这句话表明，EAG组织架构中的决策执行层组织结构已经开始发生改变。这个改变实际反映了这样一种符合于FATF和FATF

---

① EAG. Public statement on the results of the XⅧ EAC Plenary Meeting［EB/OL］. http：//www. eurasiangroup. org/detail/news1/the_ 18th_ eag_ plenary_ meeting_ public_ statement/. 作者译.

范式区域组织本质的客观要求，那就是：作为FATF范式区域反洗钱组织，均应建立会员国平等参与决策的决策机制和与这个决策机制相适应的组织架构。

表3－7　　　　历年主席和副主席的出任情况

任期	主席（Chairman）		副主席（Deputy Chairman）	
	姓名	国籍	姓名	国籍
2005～2007	V. A・朱布科夫（V. A. Zubkov）	俄罗斯		
2007～2009	奥列格・马尔科夫 Oleg. Markov	俄罗斯	塔吉金・卡琳贝托娃 Tajikan. Kalimbetova	吉尔吉斯斯坦
2009～2011	奥列格・马尔科夫 Oleg・Markov	俄罗斯	瓦列里・亚诺谢维奇（Valery. Yaroshevsky）	白俄罗斯
2011～2013	尤里・契哈琴（Yury. Chikhanchin）	俄罗斯	刘铮鸣（Liu Zhengming）	中国
2013～2015	K. P. 克里斯南 K. P. Krishnan	印度	沙克提甘达・达斯（Shaktikanta. Das）	印度

资料来源：http：//www. eurasiangroup. org/history_ mission. php.

②执行层共同主席制（联席主席）

查阅EAG官方文献，EAG在2010年前并不实行年报文献制，而是实行“全体会议公开声明制”。自EAG发起成立以来，共计公开发布了19期《全体会议公开声明》，这里，我们直接引用“第二届EAG全体会议公开声明（*Public statement on the results of the II EAG plenary meeting*（*April* 12－13，2005））”的第二段话如下：

“成员国批准了欧亚反洗钱和反恐融资组织工作组共同主席（Co－Chairpersons）职位候选人名单，这个候选人名单是2005年3月4日至5日欧亚反洗钱和反恐融资组织召开‘工作组会议（Working Group Meetings）’ 期间由工作组成员提名产生。”①

这就是说，在 EAG 内部组织结构中，作为执行层最为核心组织设计的“工作组”，采取的是共同主席制（Co – chairperson）。这样的设计虽然有借鉴 APG 的成分，但是，由于其并不属于决策执行层面，而是属于执行层面，因而反映在这样一级国际机构的治理机制上的差别还是相对显著的。

表 3 – 8　　　　EAG 四个工作组目前的任职情况

工作组	共同主席（1）（co – chairpserson Ⅰ）		共同主席（2）（co – chairpserson Ⅱ）	
	姓名	国籍	姓名	国籍
互评和法律工作组（Working Group on Mutual Evaluations and Legal Issues）	娜娃蒂里娅（P. Livadniy）	俄罗斯（Russia）	刘铮鸣（Liu Zhengming）	中国（China）
类型研究工作组（Working Group on Typologies）	沃列维奇（E. Voluevich）	俄罗斯（Russia）	费谢琴科（A. Feshchenko）	乌克兰（Ukraine）
技术援助工作组（Working Group on Technical Assistance）	莫丽娅（S. Smolyar）	俄罗斯（Russia）	伊格巴娃（A. Igembaev）	哈萨克斯坦（Kazakhstan）
监管工作组（Working Group on Supervision）	阿塔洛娃（T. Artamonova）	俄罗斯（Russia）	卡蒂吉娜娃（Sh. Khadjimuratov）	乌兹别克斯坦（Uzbekistan）

资料来源：http：//www. eurasiangroup. org/history_ mission. php.

表 3 – 8 是 EAG 四个工作组目前的任职情况。从这个表我们可

① EAG. Public statement on the results of the II EAG Plenary Meeting［EB/OL］. http：//eurasiangroup. org/files/documents/eag/public_ statements/02_ public_ statement_ en. pdf. 作者译.

以清楚地看到，EAG 在“工作组”共同主席设计问题上，完全借鉴了 APG 的东道国委派出任其中一席，与成员国共同分享另外一席的体制。

（4）中国与欧亚反洗钱组织

中国与 EAG 的关系主要体现在以下几个方面：

① 创始成员国地位

中国是 EAG 的创始成员国，而且这个创始成员国地位与 APG 是具有不同意义的。这个不同意义主要基于两个方面的基本现实。首先，对于 APG，中国虽然也是发起国家，具有与创始国同样的意义，但是与 16 个发起国家相比较，中国和其他 16 个发起国家一样，仅仅是一个平等的发起成员。但是，在 EAG 是有所不同的是，中国历史渊源上与前苏联以及后来的独联体国家，在国家意识形态上有着更为特殊的渊源关系，也正是由于这个政治渊源，造就中国以上海合作组织为外交政治纽带，形成中国在 EAG 中具有更加突出的创始国地位。其次，中国在 EAG，没有出现过像在 APG 那样中途退出的历史，在参与常规活动、相关核心政策制定方面，中国与 EAG 的创建历史一致，保持了连续性。

②遵守和执行与 FATF 相同的互评程序

中国在 FATF 所需遵守的后续评估程序，以及在反恐融资方面的效率评估等，同样也被纳入了作为 EAG 成员所应遵行的相关程序和准则，比如，中国在 2007 年获得 FATF 正式成员地位后，被要求遵守增强型后续评估程序（增强型随访报告程序）。根据《EAG 第九次全体会议公开声明》（*Public statement on the results of the IX EAG plenary meeting*）反映，中国向 FATF 提交的关于增强型随访报告（增强型后续评估程序）的同时，也将该报告提交给了 EAG，并且在第九次全体会议上获得通过，并作为解除增强型随访报告程序的依据①。再如，有关 FATF 在解除我国增强型后续评估程序，转而遵守定期随访程序后，要求中国加强反恐立法的问题，同样也体现在 EAG 对中国的后续评估与评价相关内容里②。

③承办会议

根据 EAG 会制规定，每年两次召开全体会议，其中，年中一次为全体会议与工作组会议合并召开。自 EAG 成立以来，相继于 2005 年 4 月、2007 年 12 月和 2009 年 12 月，在我国上海、海南三亚和广西桂林成功举办了 EAG 第二届、第七届和第十届全体会议。

中国除在 2010 年派人员轮值出任了 EAG 的副主席外，现在还派人员出任“互评和法律工作组（WGMELI）”两个共同主席职位中的一个职位。

三、国内反洗钱实践及其进展

在国内，反洗钱仅仅是在一个非常小的专业领域内为专业人士所知的问题，并且长期维持着这样一种冷僻状态。在绝大多数国民

① EAG. Public statement on the results of the IX EAG plenary meeting (December 16 - 19, 2008) [R]. The Eurasian Group on Combating Money Laundering and Financing of Terrorism, 2008. 原文为“The participants of the 9th EAG Plenary approved the follow - up reports of Kyrgyzstan and China on progress in developing their national AML/CFT systems. As a result these countries were taken off enhanced follow - up.”

② EAG. Public statement on the results of the IX EAG plenary meeting (December 16 - 19, 2008) [R]. The Eurasian Group on Combating Money Laundering and Financing of Terrorism, 2008. 原文为“The People's Republic of China has been continuously enhancing AML/CFT legislation and law enforcement practice according to the recommendations of the FATF/EAG mutual evaluation. Concrete steps were taken to address deficiencies in criminalization of TF, and enhance the implementation of more efficient preventive and regulatory measures in the financial sector. The EAG also recognizes significant progress made in enhancing the effectiveness of criminal prosecution and supervisory regime.”

的意识中，洗钱犯罪只是一种概念存在，至于说到反洗钱实践上，则更加显得具有专业的特性。从现阶段的实际情况看，除了在法律领域的一个部分和金融领域的管理层，洗钱犯罪及反洗钱已成为职业关注的问题外，就全社会而言，反洗钱仍然是一个相当冷僻和少为人知的问题。所以在我国，真正要使洗钱及其治理成为一个像发达国家那样全民教育内涵的社会治理概念，应该还需要一个很长的历史过程。

在这样一个背景下讨论国内反洗钱监管实践问题，理论界和社会实践层面均会面对不同的困境。对于理论界来说，国内文献资源的显著局限会成为一个明显的困境。在国内，能公开和正式看到的权威文献，就是人民银行每年出版的《中国反洗钱报告》，但是，研究这个报告的内容和体裁，我们可以很清晰地看到，这仅仅是一个基于作为国家行政部门职责而产生的“总结性”、“成就汇报性”工作报告，而并非面对全民和社会的平民化阅读性文献，其立足点并不是在全社会治理层面，而仅仅是部门或领域工作职责的履职效果。而对于实践研究来说，更是如此。2010 年 FATF 通过其《GTA 框架》提出了关于洗钱犯罪社会性威胁与危害的国民教育宣传工程，如果针对这个来讨论国内的反洗钱实践，那么由文献困境所造成的研究困难更是可想而知。

为了能够从治理视角和从整体轮廓上，厘清自 2004 年人民银行正式接替公安部而成为国家反洗钱监管主导部门以来，国内反洗钱司法及金融领域监管为主导的反洗钱监管实践的实际情况，并在此基础上，客观看待我们在司法和监管两个实践领域所取得的进展，我们利用有限的文献资料具体分析如下。

（一）司法实践及其进展

本书第一篇研究并分析了我国洗钱刑事定罪立法及监管立法的

进展和过程，从这些分析可知，我国的反洗钱刑事立法进程要远远早于国内洗钱刑治领域的司法实践，原因就如我们前述所分析到的那样，因为我国的洗钱刑事定罪立法的最早动因并不在于国内的司法实践需要，而是跟我国改革开放，尤其是我国参与缔结相关国际公约有关。所以，在国内司法实践方面主要有两大特点：一是资料以及实质性工作内容的文献反映极其有限，而且只有很少的审判案例，案例发生的时间也较晚；二是司法实践与刑事定罪立法之间有着完全不同的进展过程，这就是刑事定罪立法起因于外部带动，而司法实践则主要以国内监管引导为动因。也是出于这样一种现实，有关国内司法实践的进展，将主要结合其与监管进展之间的关系来展开分析。

1. 司法与监管协调机制

由于洗钱犯罪有着非常特殊的犯罪特性，正如我们前面所提到的两个方面：一是与上游犯罪之间的“反哺”关系，并由这个“反哺”关系而形成洗钱与其上游犯罪“共生共荣”关系；二是洗钱犯罪与金融系统和技术滥用有高度依存关系。从司法实践的角度，基于后一点来分析洗钱犯罪的刑治是否有效，很大的关系在于司法实践中对金融监管技术应用分享机制的效率。而这就需要司法、刑事侦察、监管调查之间能够有效协调和共享信息。从这样一个角度看，我们将司法与监管之间的协调作为司法实践的第一内容来考虑。

正如我们在前面分析国际反洗钱监管进展与深化中所提到的，有关协调机制在一国洗钱治理体系中的重要意义，在国际反洗钱制度体系的进展与深化中的重要性已经日益突出起来，尤其是2012年FATF修订后的最新版建议标准《反洗钱国际标准》，甚至把一国国内反洗钱协调机制问题放在了一个相对重要的位置。这里我们引述《反洗钱国际标准》第一部分：“反洗钱及打击恐怖融资政策和协调（A. AML/CFT Policies and Coordination）”之下的第2条“国家合作与协调”内容如下：

“各国应该有国家反洗钱和反恐融资政策，并且应通过：风险提示、定期检查、机构授权、建立协调机制或建立其他机制以展示和表述这些政策。

各国应确保政策制定者、金融情报机构（FIU）、执法机关、监管部门以及其他有关主管部门，在政策制定和业务层面上，建立起能使上述各部门，包括国内其他与政策制定和政策执行和打击洗钱、恐怖主义融资和大规模杀伤性武器扩散的融资部门之间有效适用的合作机制。”①

早期，FATF 的制度体系有关合作和协作问题，更多重视国家或独立司法管辖主体之间的合作与协作，很少涉及各国国内的协调与合作，但是从最新建议标准的上述内容看，很显然，FATF 大幅度提高了国内协调机制在整个制度机制中的重要程度。

我国对这方面工作的认识以及工作启动是相对较早的，正如我们在第二部分中所分析的那样，从《反洗钱部际联席会议制度》开始，国内反洗钱组织体系设计就着手建立主要涉及司法和监管两个领域的国内反洗钱协作机制。但是，现实的问题是，这样的认识长期停留在政策或决策层面上，而且“会议体制”并不是立法授权下的职责体系协作机制关系，而只是一种会议协商体制，对于反洗钱实践层面的协作来说，这样的协作制度设计是不具有可操作性的。因此，曾经试图比照中央层面的决策协作，将同样的体裁移植到实践层面的尝试，即，在地方各级政府层面“依样画葫芦”，建立所谓“联席会议制”，最终成为一个没有任何实质意义和流于形式的协作制度设计。

此外，理论上讲，“反洗钱工作部际联席会议办公室”是一个实

---

① FATF. International Standards on Combating Money Laundering and the Financing of Terrorism & Proliferation [R]. Financial Action Task Force on Money Laundering, 2012, Page11. 作者译.

践层面具有相对实质意义的协作载体，但是，由于除人民银行因为召集人地位和中央银行法授权而具有明确职责规范外，其他在这个平台上的协作单位，在操作层面上并没有形成成型的职责规范，所以，这个具有一定操作或实践意义的协作平台，只能停留在一种非规则信息共享和通报、磋商的集合机构的形式上，仍然不是实践和规范运作层面上，依据组织法和授权形成展开工作的协作机制关系。在这样的情况下，从司法实践来考虑，由金融系统提供刑事司法协作缺少规则的问题，很自然也就成为国内反洗钱协作机制的显著缺陷。

从文献反映上看，从2004年以来，出于司法实践基础上的真正在制度机制意义上的进展主要有两个方面：

（1）行政调查与刑事侦察

2005年3月，公安部和中国人民银行联合发布了《公安部、中国人民银行关于可疑交易线索核查合作规定》，这是在洗钱治理问题上，两个前后主导部门之间依据立法授予自身的行政管辖权而建立起来的、以司法实践为基础的协调或合作性规制的唯一典范。虽然这并不是立法条文，而仅仅是两个部门间的行政性文件，但在我们国家，即使是作为国家刑事侦察主管部门和兼有反洗钱主导地位的金融监管部门（当时监管与央行职责还未分离）之间的行政性规定，同样具有与法律条文等同的执行效力。

从背景分析，这个协调制度发布的初衷或许并非主动而为，更不是一个既定的整体协作制度设计的一个组成部分，而是出于规范金融系统不规则的可疑线索移交，引致刑事侦察部门大规模无效劳动。但是，这个无意中产生的协作规范，从操作上解决了两个主要部门之间的联络协调、案件联合督办和情报会商问题，从司法实践上看，作为人民银行的预防性监管所产生的专业信息情报，对于司法与刑事侦察的实践来说具有非常现实的效率促进作用，它使洗钱刑事侦察在线索和证据方面获得单独办案所没有的效率。

在没有联合发文之前，信息共享是反洗钱协调机构的基础，但是我国的反洗钱治理事业起步初期，刑事信息与金融信息是彼此分离的，至少是不能按照规则进行分享和传输的。即使是现在，金融信息可以通过金融情报机构规则地向刑事部门传输，但是刑事部门的信息对金融监管部门的共享支持，却是没有规范的。所以有了人民银行与公安部之间的这个部门行政规定，无论其实际执行效果如何，但至少向洗钱治理领域发出了一个重要的信号，那就是洗钱刑治与监管作为一项重要的社会治理事业的两个有机部分，合作与协调是司法实践和监管实践所必须解决、同时也是可以解决的问题。

（2）机构派驻与线索核查

2005 年 12 月，在上述刑事司法与金融监管实现三个具体内容共享的基础上，为了使协作获得具体的组织形式，公安部针对提高刑事司法实践的效率和准确性，尤其是能够真正有效利用来自于金融系统的监管信息，两个部门协调决定，由公安部向人民银行派驻联合员，并在人民银行设立联络办公室，作为双方会商和协作的具体组织形式。双方统一将会商和协作事宜放置在这个派出机构，加速了信息在双方之间流转，对提高司法实践的成效无疑是具有重要作用的。

上述刑事侦察机构与反洗钱监管机构之间的合作与协调，是目前为止国内所谓“反洗钱协作机制”的一个典范。我们研究了 2005 年两个主导部门的联合发文：《公安部、中国人民银行关于可疑交易线索核查合作规定》的相关内容，全文分为 5 章、23 条，除去行政规章文献固定内容，如：原则、附录外，真正表述合作与协调规范的共有 16 条，再剔除其中明确双方合作的具体形式和连接方式的“协调机制”和“其他事项”共 7 条规范性表述外，真正具有协作内涵的共有 9 条，分析这 9 条内容所反映的主次关系，从权责关系对比看，非常明确地反映了一个主题：这个合作与协作性规定集中表现为监管对司法的配合，以刑事侦察为例，文件所提出的主要内容是：要求监管主导部门在信息传输以及犯罪侦察专业协助方面为公安部门提供支持。这里我们引用文件的第十条如下：

“第十条　反洗钱局可将符合下列条件之一以及经过情报会商确定的可疑交易线索及时移送经侦局：

（一）涉及金额在4000万元人民币或500万美元以上的可疑交易线索；

（二）涉及境外、涉嫌恐怖融资等可疑交易线索；

（三）其他认为需要移送经侦查局的可疑交易线索。”

第十条所要表达的核心意思非常清楚，即规定作为反洗钱监管主导机构的人民银行，有向作为司法主导机构公安部门移送相关信息的义务。其实在这个规定的“总则”四条中，规定部门义务的第三条，就是建立在监管主管机构的义务基础上的：

“第三条　中国人民银行负责将金融机构报送的涉嫌洗钱等犯罪可疑交易线索按有关程序及时移送公安机关。协助公安机关办理洗钱等刑事案件调查中属中国人民银行职责的有关事项。”①

整个规定中，明确作为刑治主导部门的义务的主要有两条，即第十二条和第十七条，具体规定了公安部门的两条义务：一是向人民银行反馈可疑线索的核查结果（第十二条）；二是将洗钱案件办理中涉及金融监管的问题反馈给人民银行（第十七条），其表述是：

“公安机关可将案件办理中发现的反洗钱监管领域存在的问题通报中国人民银行，提出完善反洗钱监管、防范洗钱风险的建议。”

很显然，除了第十二条移交线索审查反馈有规范的形式外，第十七条，不属于固定反馈形式，而且是出于公安部门在案件办理中认为属于监管领域有必要完善和改进的问题。所以，这个属于司法

① 中国人民银行办公厅．公安部、中国人民银行关于可疑交易线索核查工作的合作规定［EB/OL］．http：//www. pbc. gov. cn/publish/bangongting/82/1695/16951/16951_ . html.

和监管两个主导部门的第一个也是唯一一个合作与协调机制性文件，基本反映的是司法实践对监管部门提供配合和支持的宗旨要求。

从刑事与监管之间协作机制均衡来看，由于这个协作性文件，没有对刑治主导部门向监管部门信息回流做出规定，使得这样一个规范化协调制度多多少少存在着制度性瑕疵。而事实上，这一不均衡现实，我们通过阅研中国人民银行唯一公开文献《中国反洗钱报告》的信息构成同样可以看到。监管信息相对完整、饱满、连续，而刑治信息则反映为不完整、零散和文献信息结构不连续，这也是历年《中国反洗钱报告》的共同特点。有关这一点，我们在后面还会作具体分析。

2. 洗钱犯罪治理主要进展

我国洗钱犯罪刑治信息资料的残漏和不完整，实际已经渐渐突出表现为我国整个反洗钱信息系统的一个非常明显的缺陷，这不仅是反洗钱的社会教育意义和提升国民对反洗钱重要意义理解的缺陷，而且也是洗钱犯罪和反洗钱监管研究领域的一个缺陷。

（1）总体信息分析

截至2014年，中国启动反洗钱工作已历时13年，即使我们将公安部部长作为反洗钱部际联席会议召集人的一年多时间不算，那么，2002年下半年，中国人民银行作为联席会议召集人以来，中国反洗钱工作转向监管与刑治并举以来的时间也有12年之久，但是，就文献资料而言，即使是经历了整整12年时间，可供学术和实践领域开展反洗钱理论和政策研究的权威文献，仍然只有《中国反洗钱报告》。由于，反洗钱权威部门并没有更多的反洗钱文献和统计信息可资利用，所以，关于我国的反洗钱司法实践进展与深化，也只能从这样一个有限的文献载体上获取信息来加以研究和分析。

根据我们对历年《中国反洗钱报告》所载的不连续，也并没有相对固定统计口径和统计规范的数据摘录和整理，刑治进展与深化的数据可以利用的主要有两类：一类是国内以洗钱罪起诉的案件总量；另一类则是刑事司法境外合作案例总量。

①刑事案件总体情况分析

中国人民银行正式发布的《中国反洗钱报告：2012 年》是唯一一次较为全面公布我国自 2003 年以来以刑事案件起诉为标准的洗钱刑治情况统计数据，尽管仍然存在数据不连贯问题，尤其是存在着一些统计分析表述重复的问题，但是作为趋势理解而不是精确统计数据分析，我们还是可以通过对这些数据的整理，了解反洗钱刑事司法大致的进展情况。

表 3－9　2003 年至 2013 年我国洗钱及洗钱刑事案件进展情况

年份	依据《刑法》第三百一十二条提起公诉		依据《刑法》第三百四十九条提起公诉		依据《刑法》第一百九十一条提起公诉		第一百九十一条与第三百一十二条对比	
	件	人	件	人	件	人	件（%）	人（%）
2003	4488	15747	28	67	0	0		
2004	5290	18436	23	63	3	4	0. 0005	0. 0002
2005	6411	23003	25	63	1	3	0. 00001	0. 0001
2006	7553	27210	20	81	0	0		
2007	8695	31998	38	88	2	6	0. 0002	0. 0001
2008	11818	38855	31	127	3	3	0. 0002	0. 00007
2009	11794	35816	34	114	2	6	0. 0001	0. 0001
2010	12666	36988	34	117	6	10	0. 0004	0. 0002
2011	11711	34931	28	119	7	11	0. 0006	0. 0003
2012	11113	33659	44	146	8	16	0. 0007	0. 0004
2013	9388	11490	34	112	8	16	0. 0009	0. 0014

资料来源：《中国反洗钱报告》（2003～2013 年）。

为了能够从学术研究而不仅仅是从主管机构“工作成绩汇报”的角度来看待国家洗钱刑治的进展与深化，我们依据之前对 1997 年《刑法》有关洗钱犯罪条款所作的主要洗钱刑治条款不同相关程度分析，对《中国反洗钱报告》所公布的类似统计表进行相应调整和整理，并将调整和整理后的数据制作成为新的统计表。上述表3－9，就是经过重新整理后的2003年至2013年我国洗钱及洗钱相关刑事案件的进展情况。针对表3－9中的数据，我们可以对我国有关洗钱犯罪的刑治总体情况做如下分析。

首先，历史纵比进展显著。如果仅仅以历史时间线索进行纵比，并以2008年为阶段起点（我国正式获得FATF成员地位的第二年）那么，以《刑法》第一百九十一条起诉为例，其进展情况是：2012年起诉案件比2008年增加了5件，增长166.7%（而以《刑法》第三百一十二条起诉的案件在五年当中几乎没有增长）。如果这个纵比分析就是我国的洗钱刑治现实，那么，中国的洗钱刑治水平提高还是显著的。但是，从与国家的开放速度和市场经济发展水平，以及这一发展水平必然带来洗钱犯罪案发增长的现实情况比，以如此少的洗钱起诉案件来解释国内洗钱刑治水平提高，显然是值得商榷的。

其次，洗钱专门条款与非专门刑法条款起诉不成比例。这个表所载统计数据直观地告诉了我们一个极其不对称的现实：以《刑法》第三百一十二条提起公诉的案件，与以第一百九十一条提起公诉案件之间，完全不成比例，也就是说，依据洗钱专门条款起诉的案件极少，而统计在这样一个有关洗钱犯罪起诉的案件统计表中的起诉案件，主要是由非专门洗钱刑法条款起诉形成，而且专门条款与非专门条款起诉案件比例小到了万分之几！

有关1997年《刑法》中与洗钱犯罪相关条款的洗钱惩治特性问题，我们在之前已做过分析。《刑法》第三百一十二条并非洗钱犯罪专门条款，仅仅是属于洗钱犯罪相关条款，原因有两个：一是我国关于洗钱上游犯罪范围定义还不属于“泛化层次”定义的国家，上游犯罪是有明确指定的，而第三百一十二条所涉及的资产非法处置涵盖所有犯罪。此外，从洗钱的最典型意义看，所谓洗钱，就是要将犯罪所得的"脏钱"性质改变成为"合法收入"，而第三百一十二条泛指对犯罪经济来源隐瞒行为，包括物理隐瞒。二是1997年《刑法》第三百一十二条的相关内容，事实上就是1979年《刑法》第一百七十二条的内容，但我们知道，1979年中国的历史和社会现状是没有洗钱犯罪社会基础的。

所有这些都证明，真正能够代表中国洗钱刑治水平的，应该是依据于1997年《刑法》第一百九十一条提起诉讼的案件总量和案件水平。而从表3－9看，2012年全国以《刑法》第一百九十一条起诉的案件仅为8件，是第三百一十二条的万分之四。

②司法实践国际合作情况

基于洗钱犯罪的特性，和从FATF通过反洗钱建议标准的达标互评所反映其对各成员国的几个方面基本要求来看，任何一个成员国对洗钱犯罪实施刑治的司法实践，均应该包括国际合作和国际参与。其实，就我国的反洗钱实际发展而言，包括司法和刑事双边合作等在内的国际洗钱刑治领域参与，实际要早于国内反洗钱监管实践。有关这一点，我们在前面关于反洗钱"立法被带动"分析中实际也间接地反映了这一现实。但是，从发展的水平看，我国在这一领域的进展应该是相对缓慢的，有关这一基本历史判断，我们可以通过对表3－10所列统计数据变化的分析得到证实。

表3－10　　我国与国际洗钱刑治领域的合作进展

年份	与中国签署司法协助合约国家（个）	国外发来司法协助请求（起）	其中：涉及洗钱	向国外发出司法协助请求（起）	其中：涉及洗钱	国际警务合作（起）
2004	32					300多
2005	37					200
2006	40	6		1	1	300
2007	43	62	2	6		40
2008	47	95	10	10		40

续表

年份	与中国签署司法协助合约国家（个）	国外发来司法协助请求（起）	其中：涉及洗钱	向国外发出司法协助请求（起）	其中：涉及洗钱	国际警务合作（起）
2009						
2010	51					330
2011	58		14		2	320
2012	64					320

注：国际警务合作数据问题：

①2005 年的表述是："我国警方收到来自国外的警务协助"，数据很难推定。

②2006 年的表述与 2004 年重复，数据很难推定。

③2011 年与 2012 年表述高度雷同，数据很难推定。

资料来源：《中国反洗钱报告》（2004～2012 年）。

表 3－10 是通过对 2004 年至 2012 年《中国反洗钱报告》数据摘录后，制作的一张统计表。根据表中数据，我们可针对国际合作进展问题分别做两个方面的分析。

第一，关于司法协助。受限于资料的不系统，表 3－10 前五栏数据系依据当年年报公布的数据人为相加而成的，由于不是出于连续权威统计，可能存在口径误差。这里我们引用《中国反洗钱报告 2012 年》有关这方面的表述：

"司法部是代表中国政府对外缔结 46 项双边刑事司法协助条约和《联合国打击跨国有组织犯罪公约》等多边公约的中方中央机关，积极开展反洗钱刑事司法协助合作。"

如果 2012 年这个披露属实，则告诉我们两个现实问题：一是从 2004 年以来的 8 年时间，司法部代表国家签署的司法和刑事协助合约国家，共增加了 14 个，增长 43.7%，这个增长速度应该还是与我国在这一领域的国内现实相匹配的；二是这个披露与 2008 年《中国反洗钱报告》所披露的 47 个相比，反而下降了一个。这种情况当然也有可能发生，比如有一个国家退出协议，但是，从一般变化趋势看，它完全可能反映的是一个不真实的现实。反之，如果表3－10依据《中国反洗钱报告》描述性数据叠加形成的数据（加框）符合中国的现实情况，那么，我国与相关国家签署司法协助合约数据又是逐年增加的，到2012年达到64个，与2004年相比，增加了一倍。

此外，从零星和不完整的“发起司法协助请求”的情况看，也有两个特点：一是来自国外的司法协助相对多，而我国发出的司法协助请求相对少，甚至微乎其微；二是与洗钱犯罪相关的请求较少，而我国发起的与洗钱犯罪相关的司法请求更少，这是一个极其不对称的情况。

分析表3－10五栏数据，还可以从宏观面做出两个基本判断：一是由于这是一个非完整统计表，并且相关数据并不来自正规的统计制度，而主要来自文献摘录，数据所反映的我国参与国际洗钱犯罪司法协作的进展情况，与中国的经济发展、开放程度是不相称的；二是《中国反洗钱报告》作为反映中国反洗钱进展与深化的权威文献，刑治方面的数据具有显著随机性。关于这一点，作为文献主管机构的人民银行有可能是出于信息来源局限，但也有可能是自身对刑治领域的信息管理没有建立相应的统计规范。比如从表中数据可看到，2009年《中国反洗钱报告》甚至直接漏掉相关数据反映，所有这些都造成了信息的低可用性。

第二，关于警务合作。司法实践的国际部分还包括警务合作，从《中国反洗钱报告》公布的情况看，数据残缺重复的情况严重。首先是表述重复或相同的就有两处：一处是2004年《中国反洗钱报告》与2006年《中国反洗钱报告》有关表述完全相同：

“在警务合作方面，中国先后与40多个国家签署了70多个有关警务合作和打击犯罪方面的合作协议、谅解备忘录和纪要；与美国、加拿大、泰国等5个国家互派警务联系官。1998年以来，中国警方协助国（境）外执法部门调查洗钱犯罪线索300余件，调查涉恐资金线索20余件，并多次协助美国、英国、加拿大等国执法部门来我国进行洗钱犯罪的调查取证工作。”①

上述这段话的后半部分也就是加着重号部分，在2006年《中国反洗钱报告》作了一字不差的相同的表述②。此外，这一表述与2005年《中国反洗钱报告》的以下表述：“……2002年以来，中国警方收到国（境）外警方请求调查洗钱和恐怖犯罪线索300余件，其中恐怖融资犯罪线索20余件……”③ 也存在着界限不清的问题。

另一处重复的情况出现在2011年与2012年《中国反洗钱报告》。2012年《中国反洗钱报告》的相关信息公布是：

“……公安部全年协助境外警方调查320起涉嫌洗钱等经济犯罪案件。”④

而同样的内容一字不差地可以从2011年《中国反洗钱报告》文本里找到。

（2）第一起案件

根据文献反映，中国第一起以洗钱犯罪名义起诉，也就是依据1997年《刑法》第一百九十一条起诉的案件，发生在2004年3月广州市海珠区人民法院所审理和判决的一个案件。即“汪照洗钱犯罪案”：

①案件

为了忠于权威部门对原案件的介绍，避免因为研究报告不必要文字转换影响其准确性，这里我们直接引用《中国反洗钱报告》相

---

① 中国人民银行反洗钱局.2004年中国反洗钱报告［M］.北京：中国金融出版社，2005，第26页.

② 中国人民银行反洗钱局.2006年中国反洗钱报告［M］.北京：中国金融出版社，2007，第64页.

③ 中国人民银行反洗钱局.2005年中国反洗钱报告［M］.北京：中国金融出版社，2006，第42页.

④ 中国人民银行反洗钱局.2012年中国反洗钱报告［M］.北京：中国金融出版社，2013，第9页.

关内容。

"汪照，男，1963年8月出生，江苏省南京市人，住广州市海珠区，有犯罪前科。

2001年底，汪照与区丽儿（另案处理）相识。汪照明知其弟区伟能（另案处理）从事毒品犯罪并企图将违法所得转为合法收入的情况下，于2002年8月帮助二区以520万元港元（其中大部分为区伟能毒品犯罪所得），购得广州百叶林木有限公司60%的股权，并协助区伟能运送毒资作为转让款。此后，二区将该公司更名为广州市腾盛木业有限公司，区丽儿任公司法人代表，汪挂名出任该公司董事长，每月领取5000元人民币以上的工资，还收受了二区送给的ML320奔驰越野汽车一辆。该公司成立后，二区以经营木业为名，采取亏损账目的手段，将所获毒品犯罪所得转为合法收益。

2003年3月，广州市公安机关成功侦破此案。经依法移送起诉，广州市海珠区人民法院于2004年3月5日，以洗钱罪判处被告人汪照有期徒刑1年零6个月，并处罚金人民币27.5万元，没收违法所得的ML320奔驰越野汽车。"①

之所以要以此案件做典型分析，原因在于这一案件的起诉和审理对于我国洗钱刑治进展来说，是具有划时代意义的。它是我国1997年《刑法》正式写入专门性洗钱刑罚条款第一百九十一条事隔整整6年后，刑事司法界首次依据这一律法条款起诉和审理洗钱刑事案件。这一案件审理的重大历史象征意义在于，我国的洗钱刑治正式从定罪立法，仅仅以理论上的存在而长期处于没有司法实践的历史结束。

②典型性

这里我们所说典型性，是指作为我国洗钱刑事定罪首案的这一

① 中国人民银行反洗钱局.2004年中国反洗钱报告［M］.北京：中国金融出版社，2005，第20页.

案件，其洗钱犯罪内涵具有典型性，而这样一个典型性又主要反映在它所包含的两个重要清洗过程：一是通过将“脏钱”用于投资和注册成为企业的方式，获得洗钱的合法载体；二是通过对企业财务进行以洗钱为目的的人为处置（人为亏损经营），将“脏钱”清洗成为合法收入。

此外，之所以说此案典型，是因为它就是国际反洗钱领域里长期以来一直关注的典型传统洗钱犯罪。这一洗钱是以所谓毒品犯罪作为上游犯罪的，我们知道，联合国提供给各国立法的第一个与洗钱有关的公约，即1990年《维也纳公约》就是针对传统刑事犯罪—毒品犯罪而形成的，而作为毒资，其“脏钱”特性与其他刑事犯罪所产生的衍生经济犯罪所涉及的收入比较，更具有典型性和显著性。

（二）监管工作实践及其进展

在我国，依据《中华人民共和国反洗钱法》和《中华人民共和国中国人民银行法》，人民银行具有国家反洗钱主导部门地位。但是，从我国国家行政权力结构的现实情况看，人民银行反洗钱的主导地位体现，尤其是工作的常规性和效率性主要还是反映在金融行业。以下我们仍然利用唯一的官方文献《中国反洗钱报告》所公布的相关信息，对我国反洗钱监管实践做以下几个主要方面的进展分析。

1. 反洗钱现场检查

“反洗钱现场检查”是人民银行的一项常规性监管工作，根据此项工作命名我们很容易理解其实际工作内容，它就是人民银行针对金融机构执行国家相关反洗钱法律义务和人民银行反洗钱相关规定情况而进行的现场常规性检查。

检查的制度依据主要是人民银行发布的“两个办法，一个规

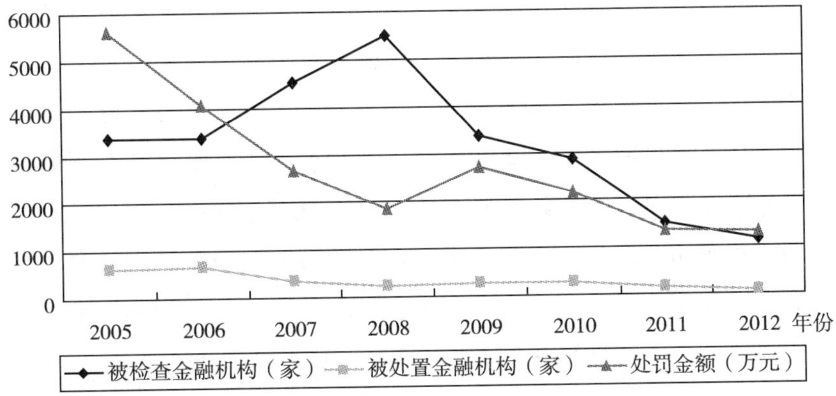

资料来源：《中国反洗钱报告》（2004～2012 年）。

图 3－4　人民银行系统对金融机构的检查量、处罚量及处罚金额

定”。这些人民银行发布的制度虽然只是行政规定，并不具有法律效力，但是，依据《中华人民共和国中国人民银行法》和《中华人民共和国反洗钱法》，这些行政管理规定在金融领域，尤其是传统银行业系统，本质上是具有与法律等同效力的制度规范。因此，每年对相关金融机构执行这些规定的情况进行检查，就成为直接由监管主导部门实施的一项重要反洗钱监管实践工作内容。尤其重要的是，依据于《中华人民共和国反洗钱法》赋予人民银行对违规者的处罚权，这种检查和检查后的相应处罚，对不能严格执行反洗钱相关规定的金融机构能够起到有效的警示作用。

我们摘录了在历年《中国反洗钱报告》中对这一工作所做年度总结时披露的数据，并将其汇总制作成图 3－4。

这是一个折线图，以时序为前提反映的发展趋势，图中所列的三大指标分别是：人民银行系统对金融机构的检查量、处罚量及处罚金额。从这三条趋势线看，它的变化反映了人民银行检查工作的两个时期或两个阶段，即“起步提高时期”和“逐步进入常规时期”。

从2004年到2008年我国正式加入FATF，这四年时间基本可以定义为“起步提高时期”。在这一时期，各金融机构对于执行反洗钱相关规定，处于一个逐步提高认识的阶段，而人民银行这一时期也依靠较大的检查覆盖面和较为严格的处罚手段，强化各金融机构对于反洗钱监管配合以及执行相关规定的严肃性认识。

而2008年至2012年我国被FATF批准解除定期后续评估程序这一时期，则应该是“逐步进入常规时期”。有关这一判断，我们可以从《中国第八次后续评估报告》的相关内容得到启发。我国从2008年后开始，解除遵守“增强型后续评估程序”，转而遵守“定期后续评估程序”。在此期间，我国一共向FATF提交过八次随访报告。根据对有关后续评估报告的规范内容分析，实际上这个过程对于中国国内的洗钱监管来说，是一个很好的自我教育和自我完善过程，这个过程使得中国的反洗钱监管工作迅速走向成熟。

在经历了“起步提高时期”并跨入“逐步进入常规时期”后，各金融机构在被检查和被处罚过程中，逐步提高了执行相关规定的自觉意识，而人民银行的检查规范也开始从FATF的评估程序中借鉴了大量非现场的有效检查和监管方法，并适时地减少了管理成本相对较高的现场检查，所以，从图3－4折线图看，2008年后，检查机构总数、处罚机构总数和处罚强度均开始逐步下降。三条折线，尤其是检查机构总量线与处罚强度线落差，2008年以前呈现为逐步扩大，而2008年后，呈现为逐步收窄，到2012年趋于接近。这表明，现场检查所暴露的问题下降速度快于检查覆盖面的收缩，从内涵上分析，表明金融机构执行反洗钱相关规定的自我意识有了显著提升。

根据2013年《中国反洗钱报告》反映，人民银行的现场检查机构总数出现进一步减少，仅为1146家，但是，因现场检查而接受处罚的金融机构数和被处罚金额有少量增加，这种检查变化趋于平衡的现实情况，除上述说到了原因外，还有另外两个方面的重要原因：

一是从 2008 年以后，反洗钱检查工作逐步由过去的人民银行一家，分散到多家金融监管机构，如保监会、证监会、银监会；二是反洗钱检查作为金融监管中的一项常规检查内容，已纳入到综合性监管检查内容之中，不再以单项检查或专项检查加以统计。比如，2013 年《中国反洗钱报告》关于证监会的反洗钱工作就作了如下有别于过去人民银行一家和专门性反洗钱现场检查的表述："2013 年，证监会及其派出机构共对 115 家证券公司、157 家期货公司及 400 家期货营业部进行了合规检查，此外，还组织各派出机构及行业协会对基金销售机构进行了 312 次现场检查，对证券期货经营机构执行反洗钱相关法律法规情况进行了督促检查。"

2. 反洗钱调查

发起反洗钱行政调查，是《中华人民共和国反洗钱法》第二十三条授予反洗钱主管部门的一项介于行政与执法之间的职能，也是作为国家监管主体机构的重要反洗钱监管实践工作内容之一。反映在金融情报上，它是金融信息工作的一种深化。当人民银行发现可疑交易线索，怀疑其具有洗钱犯罪可能性时，便可以发起此项调查。这项准刑侦性的调查工作，基本能够反映作为监管部门在与刑治司法打击洗钱犯罪层面上的一种关系构成，集中反映监管与司法之间的协同与配合效率。

在 2007 年《反洗钱法》正式发布实施前，人民银行作为特殊行业的监管机构，即使最高行政机构授予其主导反洗钱监管工作的地位，但可疑线索的一般性行为均涉及公民权利，作为非刑事侦察机构的人民银行，采取准刑事侦察行为是缺乏可靠法律依据的，所以，在《反洗钱法》没有在立法授权地位上作出明确规定前，人民银行并没有这一项职能。

（1）反洗钱调查情况统计

对于反洗钱调查，《中国反洗钱报告》同样没有按照统计规范对相关情况予以统计并公布，但我们通过对《中国反洗钱报告》描述性内容进行摘录和整理，制作了表3－11，借以反映自2008年以来，人民银行依法发起的反洗钱调查情况。

表3－11　　人民银行依法发起的反洗钱调查情况

	2007	2008	2009	2010	2011	2012
人民银行接收线索					8585	4800
针对线索（个）	1543	1392	1082	1038	1593	530
发起反洗钱调查次数	2052	4113	3149	3602	7803	2235
调查与线索之比	1.3:1	2.9:1	2.9:1	3.3:1	4.9:1	4.2:1

资料来源：《中国反洗钱报告》（2007～2012年）。

（2）反洗钱调查工作进展

分析表3－11，尽管数据并不具有完全的历史一致性和规范性，但是，6年时间的进展与深化还是明确和显著的，并且这种进展与深化，还体现了我国金融情报工作开始步入质量发展轨道。

①对主体金融情报处置趋于精细

从表3－11中关于可疑交易报告的处置来看，人民银行对所接收到的可疑线索的筛选保持了越来越审慎的态度，尤其是在2006年人民银行和公安部两家共同实行对可疑线索进行核查的制度之后。人民银行从过去大规模移交数据，转而有针对性地移交数据，并且，人民银行的反洗钱调查的线索针对性也不断趋于集中，这使我们看到了人民银行在可疑报告数据的处置方面，更加接近于“案件化”，而不是简单地以“线索化”去对待数据移交。线索的核查，对于提高反洗钱调查的针对性、可靠性和准确性，不仅在实践上是一个突出的进步，而且也是监管水平和质量提高的一个重要象征。

②对金融情报的筛查走向更加集中

从表3－11的最后一项对比数据可以看到，监管机构在金融情报处置上，尤其是可疑线索的筛查方面，表现出了更加审慎和科学的态度，这就是有意识地提高针对可疑线索而采取反洗钱调查的集中度。有关这一点，主要体现在基于线索认定或核查，对可疑程度较高的信息发起的调查次数逐年提高。如果比较 2012 年与 2007 年的数据，调查次数与针对线索的比例，整整提高了三倍，从 2007 年的 1. 3∶1 提高到 2012 年的 4. 2∶1。人民银行的反洗钱调查次数与可疑线索之间的比例提高，表明人民银行在提高可疑线索的准确性和可靠性方面，加大了人力和物力的投入，针对一个可疑线索进行反复多次的调查与核实，以确保可疑线索在转为刑事案件之前的各项前期认定更为可信，这无疑是提高反洗钱监管与刑事司法之间的连接效率的一个显著的进展。

3. 可疑线索移交

可疑交易线索移交，是与人民银行反洗钱调查工作紧密关联的一项工作。正如前述我们讨论到的那样，人民银行开展的反洗钱调查，是介于洗钱犯罪监管与洗钱刑事惩治之间的一项工作，一般基于对资金交易产生洗钱犯罪怀疑以后，而一旦调查确认可疑线索接近洗钱犯罪事实，人民银行就会按照与公安部门之间建立起来的既定协作机构，立即将调查结果和可疑线索一并移交给公安部门，由公安部门进行线索核查。这是一项由监管部门主动发起的监管工作内容，与由刑事部门案件引起的洗钱犯罪线索交由人民银行协查是有区别的。

图 3 –5 是我们根据反映在历年《中国反洗钱报告》中的相关数据，经整理后制作的折线图。这个图表上的两条折线出现了一次交叉，而这个点正好在 2006 年，在 2006 年以前，人民银行反洗钱调查次数小于线索移交的次数，这说明人民银行的反洗钱调查与线索移交是脱节的。一方面是人民银行针对其中部分线索进行调查，而调查结果与人民银行可疑线索移交没有关系。从 2006 年以后，人民银行进行反洗钱调查的次数，一直是超过于线索移交的，这一变化意味着人民银行形成移交的线索，一是经过其发起反洗钱调查确定

为可疑线索，二是经过审查核实后才形成移交。

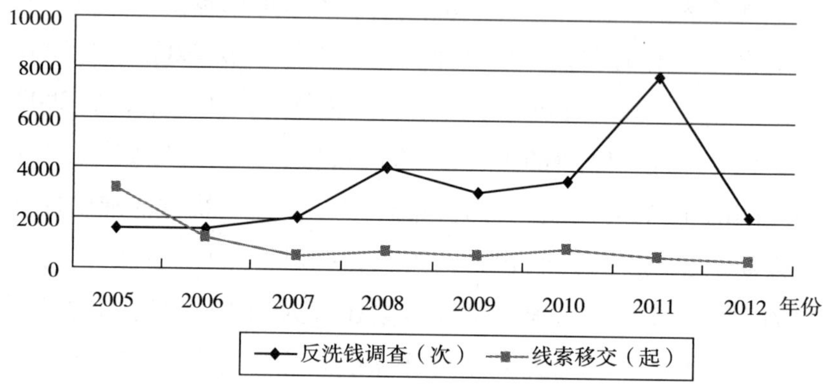

资料来源：《中国反洗钱报告》（2005～2012年）。

图3－5　历年反洗钱调查次数和线索移交情况

2006年这一交叉点，与2005年发布的《公安部、中国人民银行关于可疑交易线索核查工作的合作规定》有关。2005年，是人民银行案件移送数量远远大于反洗钱调查次数的一年，反洗钱调查次数为1614次，而向公安机关移送案件高达3195件，这表明由金融机构向公安部门报案的每一个可疑线索，可以是但也可以不是人民银行和外汇管理局的行政调查的结果。换句话说，也就是大量未经人民银行行政调查的可疑线索，以及大量经过行政调查但不管结论如何的线索，均被移送到了公安机关。

而从2005年文件发布后，人民银行的反洗钱行政调查数据与移交数据之间的对比关系反过来，这显然就是《公安部、中国人民银行关于可疑交易线索核查工作的合作规定》下发后所产生的制度性协作效果。以下我们列举《公安部、中国人民银行关于可疑交易线索核查工作的合作规定》的第十条和第十一条，条款很清楚地规定：可疑线索报送公安部门前，人民银行必须做两项工作：一是对线索移交的硬性条件进行初步筛查；二是依据第十一条如下内容做好工作："反洗钱局向经侦局移送可疑交易线索前，应调取相关账户（如涉及外汇交易，还应包括相应的外币账户）的交易材料，对账户及其交易的可疑点进行分析和研究，形成书面分析结论，并对账户开户人相关情况进行初步核查，掌握交易线索的背景情况。"人民银行对移交的可疑线索需要做细致的前期审查工作，而且这个审查工作需要以书面形式反映给公安部门。这不仅加大了作为线索移交部门的人民银行的工作量和复杂程度，而且也使人民银行线索移交成为两部门需要严格遵守的规范性协作内容，这就意味着人民银行作为线索移交部门，必须持有更审慎的态度和更科学严谨的工作方法。

4. 反洗钱宣传与培训

对于我们这样一个在洗钱治理方面起步较晚的国家，反洗钱宣传和培训应该是国内反洗钱实践的重要内容之一，并且在FATF战略计划中，培训始终是作为其重要工作来对待的。

（1）培训统计

从历年《中国反洗钱报告》反映的情况看，与"反洗钱宣传"相关的工作，一是具有临时性或"搞运动"的特性，二是没有规范的数据统计，所以，很难从实证数据分析来求证这一项工作的进展情况。因此，我们这里只能以反洗钱培训工作的相关统计来替代反映宣传与培训两个方面的工作进展情况。

表3－12　2005～2013年以培训主体划分为标识的培训情况

		2005	2006	2007	2008	2009	2010	2011	2012	2013
国内培训	万次	14066	1.7	6.3	5	5.7	—	—	—	—
	万人	43.6	65.3	338	800	300	—	—	14.5	—
国际培训	次	56	73	—	—	—	—	—	—	—
	人	198	249	—	—	—	—	—	—	—
合计	万次	1.4	1.7	—	—	—	—	—	—	—
	万人	43.6	65.3	—	—	—	—	—	—	—

资料来源：《中国反洗钱报告》（2004～2013年）。

表3-13　　2005~2013年人民银行反洗钱培训情况

		2005	2006	2007	2008	2009	2010	2011	2012	2013
国内培训	万次	0.15	0.19	0.19	0.22	0.29	—	—	—	26.5
	万人	3.92	5.88	9	10	13	—	—	14.5	—
国际培训	次	24	30	—	—	—	—	—	—	—
	人	66	86	—	—	—	—	—	—	—
合计	万次	0.156	0.191	—	—	—	—	—	—	—
	万人	3.9	6.07	—	—	—	—	—	14.5	—

资料来源：《中国反洗钱报告》（2004~2013年）。

表3-14　　2005~2013年被监管金融机构反洗钱培训情况

		2005	2006	2007	2008	2009	2010	2011	2012	2013
国内培训	万次	1.19	1.45	4.4	—	—	—	—	—	—
	万人	3.89	58.19	329	—	—	—	—	—	—
国际培训	次	24	37	—	—	—	—	—	—	—
	人	66	153	—	—	—	—	—	—	—
合计	万次	1.19	1.46	—	—	—	—	—	—	—
	万人	3.89	58.21	—	—	—	—	—	—	—

资料来源：《中国反洗钱报告》（2004~2013年）。

表3-15　　2005~2013年联席会议成员单位反洗钱培训情况

		2005	2006	2007	2008	2009	2010	2011	2012	2013
国内培训	万次	0.06	0.7	—	—	—	—	—	—	—
	万人	0.83	1.25	—	—	—	—	—	—	—
国际培训	次	0	6	—	—	—	—	—	—	—
	人	0	10	—	—	—	—	—	—	—
合计	万次	0.58	0.7	—	—	—	—	—	—	—
	万人	0.83	125	—	—	—	—	—	—	—

资料来源：《中国反洗钱报告》（2004~2013年）。

表3-12、表3-13、表3-14、表3-15，是根据历年《中国反洗钱报告》文献摘录，以培训主体划分为标识所作的统计表，尽管能够从其中看到显著的数据缺陷，但我们仍然力求从这些数据的分

析中，发现此项工作的大致进展。

（2）统计分析

由于数据残缺较多，而且也不系统，所以，我们这里所作的统计分析也不可能是一种规范的统计分析，而只是企图从有限的数据中发现进展与深化的某些迹象或可能存在。

①培训方式发生改变

表中的数据量和数据口径所经历的是一个从规范到不规范的过程，直到最后甚至不再进行规范统计。原因是什么呢？

反洗钱作为国家的一项事业，在其启动之初，培训及宣传是至关重要的，无论是出于培训反洗钱专职岗位人员技能，还是培训在第一线兼职的金融职业者，培训都是一项既包含技术提高内容，同时又具有宣传效应的重要工作。但是随着反洗钱工作的深入，尤其是培训宣传工作在金融系统推开，加上人民银行运用了现场检查及相应处罚手段，反洗钱意识在金融系统的贯彻和普及，已经逐渐转为常规问题而非重点问题。培训工作从普及性的教育，转向更专业的技能性培训，培训的内容和培训惠及的范围自然缩小，最后升华成为完全的反洗钱技能培训，当然，以我们国家现在的反洗钱国民意识水平，这样的培训调整是不是就真的与反洗钱实践相适应显然是值得商榷的。至少在反洗钱社会认识水平上和发展历史阶段的选择上，需要做出全面的评估和再评价。

②统计困境及其寓意

从上述四个表及表内数据变化我们可以看到，反洗钱事业在国家层面上，情报资料或统计规范存在着显著困境和问题。上述四个表反映出来的问题，与我们在前述关于刑事案件审判、起诉，以及国际司法实践参与合作成效等的统计数据所遇到的困境和问题是一样的。上述四个表最初规范统计包含人民银行、被监管机构、联席会议制度成员单位，统计要素上包括了国际培训和国内培训两个方面，但是这样的规范统计只坚持了两年。这很容易让理论界看到这样一个现实，即人民银行作为全国洗钱治理的主导机构，理论上应该是可以涵盖司法和监管两个部分的，但是，人民银行的主导权力内涵在这两个领域的体现是非均衡的，具体地说就是，人民银行在金融系统的主导权力的体现是充分的，而在司法领域，权力体现则是非常有限的，有关这一点，从上述统计表的三个阶段的衰减得到证明，所谓三阶段衰减，就是：

第一阶段：全覆盖统计；

第二阶段：从统计构成看不再标明机构标识，但“全国”和“人民银行统计”口径继续存在；

第三阶段：人民银行不再依照规范进行统计公布，改为事件描述。

这其实是整个反洗钱在统计实践上的一个普遍存在的问题。人民银行自身可以依靠其系统管理职能，保持反洗钱相关金融信息的规范统计，但是一旦超出这一范围进行规范统计，就明显存在着权力缺陷和局限性。原因主要来自体制，即人民银行是依靠“联席会议制度”来主导全国的反洗钱工作，而并非依赖于高于行政组织法的立法授权来主导全国反洗钱工作，“部际联席会议”本质上就是一种协商机构，而不是立法授权的权责机构。

上述所谓三阶段衰减的培训统计就是一种例证：一是人民银行并没有获得面向全国建立规范反洗钱统计制度的立法地位。尤其是没有获得授权面向司法和监管两个领域建立全口径的规范统计体系。在这样的情况下，以协商方式随意获得统计数据，其实践意义会大打折扣。当各部门并不是按照具有法律强度的规范和要求提供数据，而是随意给出数据时，从人民银行的角度看，这样的统计必要性也就不存在了，所以，人民银行最后放弃要求会议成员各单位向其报送培训规范统计数据就是完全可以据此推断的。二是对于国家反洗钱事业来说，除了金融情报系统外，全面、综合的统计信息处置和发布，究竟是不是具有必要性和必然性，包括人民银行在内的国家反洗钱主管机构，以及其他参与机构的认识是不充分和不统一的。

上述分析告诉我们，人民银行在非主流情报和非金融部门相关信息的反映和处理上，表现得不连续和零乱的主要原因，主要来自于国家反洗钱认识问题和统计信息处理制度立法授权缺陷问题。

有关监管实践问题，我们最后要强调的是，从国际与国内的反洗钱监管实践进展看，我国目前的进展和深化的速度实际上是要快于国际社会的，这一点可以从以下得到证实：我们仅仅花了不到三年的时间，就使我们的立法、刑事、监管体系、反恐政治承诺达到FATF所要求的基本水平；国内实践：从自身组织架构和制度架构的形成，到世界和区域两个层面的国际参与；从面对社会认识水平极度缺陷，以及金融系统和相关社会系统的配合执法义务淡漠，到人民银行政策和制度推行后的自觉意识形成，从刑事与监管两个部门开始以成文的协作规范解决两大领域协调与合作，到刑事与监管逐步参与跨国的反洗钱实践，等等，所有这些进展都反映了一个基本事实：我国反洗钱监管实践在经历近十年的发展期后，已基本跨入成熟期，即从过去以基础建设为主，开始转向高制度内涵和高技术内涵发展时期。

但是，与上述进展成绩并存的挑战也同时存在，而且有些挑战是滋生于我们的反洗钱制度机制和组织基础之上的。如果不追求立法、机制和制度上的深化与发展，这些问题完全有可能使得中国的反洗钱事业在基础建设与深化发展的临界点上长期徘徊。那么挑战所反映出来的困境主要有哪些呢?

第一，作为主导全国反洗钱的主管机构，无论是过去的公安部还是今天的人民银行，都应该获得明确的立法地位，而不是依靠于现行的所谓平行结构下的会议体制来实现。

第二，反洗钱既然是社会经济发展和对外开放的一个必然的社会性事业，那么，主导这一事业的机构，显然不能将自己的工作战略所体现的宗旨停留在部门意识上，但是从现在的一些基础工作上看，主导部门的“部门意识”仍然很突出，其对自身所主导的事业，仍然没有升华到全社会层面。关于如何搭建一个规范的统计信息平台，以满足国内反洗钱理论和实践两个领域对信息数据的基本要求，如何构建反洗钱国民教育体系和战略，以使洗钱犯罪识别成为国民生活的内容之一，所有这样一些工作既具有战略性，同时也具有基础性，而我国存在的缺陷长期不能得到解决，所揭示的是国家反洗钱事业内在动力严重不足。

第三，对于如何看待国际参与问题，从 1990 年签署《维也纳公约》以来，国内的两个体系，即司法和监管在国际参与上都表现为一种“跟随”状态。当然，这里有一个历史和发展背景差异问题，但是无论如何我们也应该看到：随着我国的经济发展水平与世界发展水平接近，这种“被动跟随”的状态将会逐渐无法适应我国在国际上参与的需要。面对现实，我们的政策调适能力、立法自我完善能力、理论研究能力、组织架构设计对国际国内两个领域进展与深化的适应能力，等等，都需要有一种战略预期和战略准备意识。只有这样，我们才能更快速地消化来自国际反洗钱领域的意识、技术和标准革命。

四、我国洗钱犯罪治理体系对策思考

上述三个方面，总体分析了我国监管体系进展中的三大内容，即：组织体系进展、制度体系进展和反洗钱实践进展。但是，如果做对策性思考，一是需要将着眼点从所谓监管体系放大至整个洗钱治理体系，二是需要根据对未来发展影响的重要性对上述三个方面内容进行主次区别分析。就洗钱治理体系整体而言，组织体系构造应该是决定整个洗钱治理体系进展的基础性问题，所以，我们这里单独针对我国洗钱治理组织体系存在的问题，以及解决这些问题的关键因素做一个简要的对策思考。

从社会学角度看，社会实践与社会治理构造的理论设计之间，必然存在着可容性差距问题，这就必然导致学术研究困境，这种困境的关键点正好是：理论所涉问题的深度总是会受限于不能放弃现实社会基础的某些特殊性。但是，就理论发展与实践发展的关联规律来看，理论先于社会实践而形成，也是社会发展之必然规律，所以，尽管可能因为种种客观局限存在而使得我们这里所做的对策思考无法深及与对策思考配套的实践模式设计，但是，我们认为，对策思考如果能解决一些现实存在、而且对未来发展具有决定作用的重要认识问题，那么，即使是这种对策思考在短期乃至一个时期内缺少实践的可能性，但是，这样的对策思考在理论启迪和为实践做准备方面，仍然是有进步意义的。

（一）对策思考的前提分析

所谓对策思考的前提分析，主要是从社会利益最大化出发来思考和认识洗钱犯罪治理特点。从洗钱犯罪的社会化特性看，对其进行治理的特性主要体现在以下两个方面：

1. 洗钱犯罪具有技术上的可预防性

这里所谓洗钱犯罪具有技术上的可预防性，就是指由于犯罪本身具有技术滥用特点，而使洗钱治理体系可以借助于技术对这种功能滥用进行事前控制，进而实现对犯罪的事前预防和控制。而且，从社会综合利益或宏观利益看，在同样的治理成本前提下，洗钱犯罪的预防，比之于实实在在见诸于量刑的法律惩治更具有使社会功利利益最大化的现实意义。洗钱犯罪治理所具有的这样一个现实，间接地或潜在地引发了一个事关洗钱犯罪治理体系构造的现实问题，即：在“依据于国家大法形成的事后惩治”与“依据于技术监管控制的事前预防”之间，也就是在有力的刑治与有效的监管之间，能否确立起一个统一的社会综合利益最大化目标，并以此作为整个洗钱治理的战略认识基础和在这个基础上来决策和思考我国的治理体系有机构造问题。

2. 洗钱犯罪具有显著的金融技术滥用依赖

金融技术的进步与洗钱犯罪的复杂性和隐蔽性之间具有内在共生性，有相辅相成的一面，同时也有相反相成的一面，即共生关系与相克关系并存。对于上述这种特殊的关系，我们可以这样来表述：在现代金融条件下，金融技术的飞速发展，一方面为洗钱犯罪提供了范围、速度、隐蔽性等洗钱环境方面的更大便利性；而另一方面，金融技术的显著进步，也为洗钱治理部门利用金融技术飞速发展提高反洗钱效率提供了同样的便利性：资金监控的范围更大、对洗钱犯罪的预防反应速度会更快，对洗钱隐蔽性的披露也因为电子化和网络化而变得更方便，这实际也就为监控、跟踪、制衡、遏止洗钱犯罪提供了更为方便和快捷的手段。因此，金融领域作为洗钱犯罪社会化治理的一个重要领域，其治理资源、手段除在客观上具有与法律资源同等重要性外，还有刑治所不及的复杂行为内涵、复杂经济背景和复杂技术问题。本质上，这样的问题与国际上存在的问题并无二致，但是，由于我国的社会治理结构的种种特殊性，这样的一种复杂结构既然上升为社会综合利益问题，那么，学术界针对我国洗钱刑事定罪体系与反洗钱监管体系进行对策思考时，是不能完全按照与国际常规一致的思想方法来进行思考，而是不可避免地要把复杂的结构性分析和判断，放置在我国特殊的社会结构和体系之上来思考。

（二）洗钱治理体系对策思考的“思考”

就我们前述对于国际与国内的反洗钱治理体系理论和实践所做的分析来看，有关洗钱治理体系的思考有以下两个方面是我们不能回避的。

1. 社会综合背景思考

正如前面所说，就我国的现实情况看，有关我国洗钱刑事定罪立法问题的思考，完全不在于独立地对哪一个单一问题的构思。按照洗钱犯罪所具有的、也是一般刑事犯罪所没有的特性而言，刑治体系构造与监管体系构造客观上应该是一个统一的体系。这样的问题在完全以法制或者说以法律为最高和最具有权威特质的管理工具来管理社会的发达国家，应该不是突出问题，因为包括政府组建与官僚体系组成在内的一切社会管理的权力构造，均被置于法律尊严不可被逾越的社会治理认识基础之上。所以，刑治构造与监管构造可以在这样一个统一的社会认识结构和社会治理结构基础上形成协调。但是在我国，洗钱治理的权责构造所背靠的宏观社会结构，并不是一个与国际上其他国家有完全或显著相似性和共同性的宏观结构。也正是因为这个背景的存在，我们在洗钱刑治与监管的构造上，除以法学理论和一般社会学理论为依据外，其实应该还有比前两者更重要的思考依据，那就是：必须让一切对策性思考不脱离于我国的社会宏观结构的体制特殊性上。具体而言，就是洗钱治理的权责构造，必须面对与社会行政权力结构相适应的现实问题。这或许也就是目前乃至今后一个很长的时期，我国的洗钱治理体系只能是一个以“反洗钱工作部际联席会议”来体现的平行协商体制，而不可能是一个可以各自按照法律授权来行使权力和承担责任的权责体系的根本原因。

2. 监管与刑治协调思考

从洗钱犯罪的预防技术和预防机制社会化来考思考洗钱犯罪治理的效率问题，金融领域的监管环境，尤其是：是否能够依法而不是完全依据于主导机构自身具有的行业监管权力来形成法律权责体系，是最为重要的一个治理构造环节。从目前国内的情况来看，从2007年《反洗钱法》公布以来，金融领域的反洗钱监管机制建设进展较快，而且，从我们所做的分析来看，在“部际联席会议”协商体系所反映的综合治理现状中，金融监管也是最为有效的。从整个社会视角看，金融体系实际也成为反洗钱常规性执行体系中最具有实体感的部分。但是，我们也要看到这个问题的另一面：除司法部门可依据于《刑法》第一百九十一条进行定罪这一点具有实质性治理意义外，而其他所涉及的共计22个与洗钱治理相关的政府部门，并没有形成具有刚性约束的权责关系，这应该是我国洗钱犯罪治理体系存在的显著缺陷之一。除此之外，我们还应该看到的另一个显著缺陷则是，我国自启动反洗钱工作以来就反映突出、同时也是2012年FATF通过修订后《反洗钱国际标准》向成员国家警示的重要问题之一——司法与监管协调机制构造问题。

结合我们在前面所做的“社会综合背景”思考来分析可知，监管体系的立法地位和司法与监管的协调机制构造这两大缺陷，实际都与我国社会整体权力结构安排，尤其是政府行政权力与法律所表达的社会权力之间的关系构成有直接的关系。当然，其中有些问题是由社会或国家根本特性所决定的，在这些根本特性不可改变的前提下，那么，洗钱治理体系问题的对策思考，不可避免地要面对某种内在悖论，面对这样的内在悖论，如果我们脱离现实，就理论而理论来讨论洗钱治理体系的构造问题，我们完全可以画出一幅完美无缺的洗钱治理逻辑结构图，但是，如果要将对策思考建立在体制设计必须具备实践特性之上，显然，因为内在悖论的存在，必然使这样的对策思考是艰难和痛苦的。

（三）洗钱治理体系的对策思考

根据国际比较分析可知，如果从洗钱治理的社会综合功利来看，世界上最有效的洗钱治理体系当然是美国，因为，除了其立法体系相对完备外，更重要的是，司法与监管均建立在一个“立法和法律至高”的社会化统一认识的基础上，所有的行政权力机构和司法审判机构，均不能逾越这一至高原则。同样的，因为这样一种至高而不可逾越的共同原则存在，使得所有处在洗钱犯罪治理领域的立法、司法、监管以及社会化的法律责任机构，很容易在共同的“至高不可逾越”社会权责临界点约束之内，形成“自身”、“自身”与“他人”均可用权责定义来进行有机连接的职责体系。

对于我国来说，重要的对策问题并不在执行和操作层面上，重要的问题在于国家洗钱战略制定方面，必须要考虑如何在社会整体治理权力结构现实的基础上，解决洗钱治理制度体系的权责结构问题，而也正是因为这样的问题植根于我国特殊的宏观社会构造的土壤中，所以，它又不是可以由一个单一成型的体系构造就能一举解决的问题。也正是因为这个客观现实，在这里，我们只能就对策必须要思考的战略性认识，提出以下必须要解决的两大问题。

1. 让洗钱治理的权责体系获得法定形式

目前，我们所建立的是一个完全体现“平行协商”的、国家行政部门间常规关联关系的所谓“部际联席会议体系”。具体说，就是依据于参与国家洗钱治理的政府部门既有行政权力进行平行协商和协调的洗钱治埋决策体系。这样一种平行协商体制的运作结果必然是：洗钱治理效率无法获得明确的权责释义。这一问题也是我们在后面会分析到的问题。所以，叫不叫做“反洗钱工作部际联席会议”不是本质性问题，而本质性问题是要使这个“反洗钱工作部际联席会议”体系或制度能够在实践运作体制上获得权责定义，而且这样的权责定义不能来自于它们各自原有的平行行政权力，而应该产生于立法定义。这里我们可以做进一步强调的是：尽管目前乃至一个较长的时期，国家的各项管理权力还无法体现于一个完全的法制社会权力设计之下，但是基于洗钱治理的特殊需要，通过相关法律修正方式，使各参与单位的平等行政权力，在参与或履行洗钱治理责任这一个特定专业治理领域里，获得立法所给予的特殊权责表达形式，即使不是从常规行政立法或《反洗钱法》中获得，但如果能从国家洗钱治理战略立法之下获得各参与洗钱的部门相应责任法律表达形式，那么，这个权责体现形式，也应该比国务院临时性行政授权更具有权责约束刚性。

2. 洗钱治理主导部门地位应该体现为法律授权下的责权管理

反洗钱主导部门作为国家“反洗钱战略”的执行者，无论是现在的中国人民银行，还是今后依据形势发展而回到具有社会综合执法权力的部门（或者像英国那样，由对其他政府管理部门具有某种潜在影响力和约束能力的财政部来充当主导者），但是在权责管理上，都应该解决目前主导部门依赖于“平行协商”来反映其主导地位的尴尬现实，无论是不是继续以所谓“反洗钱工作部际联席会议”来组合各种与洗钱治理有关的行政和执法权力，但必须要解决一个实质性的反洗钱战略内部治理问题，那就是如何使战略主导者依法获得对整个洗钱治理领域的权责管理和效率考核地位。

我们认为，最好也是最符合国际惯例，并且也符合我国自十八大以来关于“建立法制社会”的国家战略调整趋势的对策是：使战略主导部门不仅仅是可以依据于某一个专业的行政权力来主导整个洗钱治理，而是可以依据于一个综合社会意义的立法来主导整个洗钱治理战略的实施和具体制度的推进。具体来说，现有的也是唯一的一部《中华人民共和国反洗钱法》，过度体现金融领域针对性或专业针对性，存在着洗钱监管立法的社会性偏离的问题。其实，这样的问题，我们通过对英国《反洗钱条例》与《欧洲议会和欧盟理事会反洗钱指令》之间的关系进展分析，以及从美国的成体系监管立法就可以看到，所有具备预防洗钱犯罪的监管立法，虽然行为定义上具有金融行业针对性，但是立法宗旨与视角却是社会化的。从这样一个现实来对比分析我们国家的情况，应该说也正是因为这个立法偏离，才使得现有《反洗钱法》存在着一定的社会综合管理特性缺失。洗钱治理是一个社会综合治理与管理的范畴，不能等同于金融业监管，而金融监管仅仅是行业管理。洗钱治理对金融的依重，不能理解为综合意义上的立法倾斜，而只是依据于犯罪具有金融技术依赖性，而在洗钱治理的技术监管行为层面上，体现对金融的倾斜。所以，作为国家最高治理形式体现的立法来说，需要把握综合治理的平衡权责结构与特殊技术倾斜之间的主次关系问题，也正是基于这一点，国家应该考虑修正 2007 年《中华人民共和国反洗钱法》，并通过这个立法修正，一是更多反映金融领域监管与司法之间的有机构成与设计的基本原则，而不是过多强调单向和单一金融监管行为；二是要通过立法授权，使反洗钱主导部门在洗钱治理问题上不再有过多地体现专业领域特征，而是将反洗钱战略主导者置于社会综合治理者的地位。具体来说，就是主导部门的权力要集中体现为三个层次的立法授权：一是对金融领域具有的洗钱治理法律地位（不依赖于其具有的行业监管地位）；二是能够依据法律对整个社会领域采取和实施洗钱治理措施的权力；三是能够依据法律授权，对所有参与这个“反洗钱工作部际联席会议”的成员机构（无论其行政权力大小）进行权责管理。也就是说，所有“反洗钱工作部际联席会议体系”内的成员单位作为明确的责任主体，无论其行政级别如何，但在“履行洗钱治理法律责任”问题上，均等同于或者说就是反洗钱战略主导部门的“准执行机构”。

当然，社会管理理念逐步走向以法制为基本形式，一切行政权力必须立足于法律所给予的权责定义，如果这真的就是中国社会发展的未来方向，那么，在洗钱治理制度设计上，相对先进的西方国家在立法与监管体系整体化构成方面的某些做法，可为我国所借鉴。但就目前而言，我国立法与监管体系构造、洗钱治理战略对策性改进的宏观背景和基础方面，还无法与发达国家等同，借鉴当然也就是相当受限的。但是，我们进行一些与治理效率密切关联的对策性调整，应该是完全可以做到的，也就是说，在洗钱治理的实践框架设计上，完全可以通过局部调整，以解决前述我们提到的两个直接影响国内洗钱治理效率提高的问题。

第四篇　金融情报体系进展与深化

引　言

对于洗钱治理来说，金融情报属于非常重要的一个功能领域。有关这一点，从金融情报工作在反洗钱金融行动特别工作组（FATF）的制度体系中地位越来越突出可以反映出来。当然，也可以从金融情报国际组织埃格蒙特集团自身的进展与深化的客观历史过程中看到，金融情报工作变得日益重要起来。

国际金融情报领域包括动因、机制和关系结构的进展与深化，客观上揭示了反洗钱领域的一个具有深远意义的发展问题：任何一个国家，其反洗钱组织体系和制度体系发展达到某个水平后，金融情报信息系统的效率，将会上升成为决定整个洗钱治理体系效率提高的关键。

我国从2004年启动申请加入FATF的工作开始，就根据FATF核心制度体系关于金融情报工作的要求，搭建属于中国的金融情报机构——“中国反洗钱监测分析中心（China Anti-Money Lanounder-ing Monitor & Anlysis Center，CALMAC）”。这个金融情报机构建立后，在金融情报的相关基础工作，尤其是高技术下的金融信息搜集、分析传输、情报渠道和情报规范建立，以及整合金融系统的金融情报意识培育方面取得了显著进展。但是，我国所取得的进展和成绩，是否与国际相同领域的进展与深化具有等同性呢？金融情报工作效率是否真的与中国反洗钱需要相匹配呢？这是需要进行国际国内比较研究、并在深入研究基础上作出客观评价的问题。

就国内而论，它关系到两个方面的问题：一是现有的金融情报工作，是否能够为我国现有的反洗钱体系，尤其是国内刑治和监管两个领域的实践需要提供有力的支撑。二是依据国际金融情报工作的一般标准，以战略的眼光审视我国金融情报工作如下一些基础问题：情报制度基础建设，情报工作立法，情报工作理论等，是否客观反映我国未来在这一领域的发展需要。

就国际而言，金融情报工作利益最大化是建立在“网络化”和“交换”基础上的，加之国际金融情报体系在世界范围内形成的既定格局已为世界所认同，就中国来说，金融情报工作进展与深化的客观参照标准，不可避免地要考虑与国际金融情报现状和发展相适应的问题，具体说应该是两个方面：一是金融情报工作与中国在国际反洗钱监管领域参与的广度和深化是否适应；二是是否有效地利用国际网络化和信息交换利益最大化来实现提升我国金融情报效率的目标。

第一部分　国际金融情报体系进展

世界各国的金融情报机构（FIU）虽然名称有所不同，但是其功能、组织机构和制度体系的内涵大同小异。而对于任何一个国家来说，金融情报机构的作用，主要有两个关联：一是国内反洗钱事业在国内整体社会治理事业中的强度；二是国家在国际经济和国际政治事务上的参与程度。也正是基于这一现实，研究国际金融情报体系，则不可避免地要将着眼点放在两个方向上：一是“金融情报机构集团”，即“埃格蒙特集团”的进展与深化。因为自 1995 年世界产生这一国际组织以来，国际领域有关金融情报工作的规范、标准、政策乃至全球效率，都与这个组织的进展与深化息息相关。二是 FATF 的组织体系和制度体系对金融情报效率要求的进展与深化。

一、埃格蒙特集团创立

“埃格蒙特集团”是“金融情报机构埃格蒙特集团”的简称，英文全称为：“the Egmont Group of Financial Intelligence Units”，英文简写为“the Egmont Group ”。它是由各国金融情报机构（FIUs）联合组建的国际合作组织，是目前国际上开展金融情报信息合作的最大和最权威、同时也是得到 FATF 及 FATF 区域机构认可的国家间金融情报交换的国际合作体。为了能够较为全面地了解这一权威国际金融情报机构集团的历史演变和进展情况，以下我们对这一国际机构做一个较详尽的介绍和分析。

（一）组织创立与内涵更新

埃格蒙特集团的创立与 FATF 的创立是完全不同的，它不是在某个国际组织的一个附属议题之下而产生的国际组织，而是一些有着前瞻意识的金融情报领域的专家智慧的结晶。

1. 关于“创立介绍”文献

有关对这一国际组织的成立，我们这里不妨直接引用埃格蒙特集团 2009 年和 2013 年两次更新后的介绍文献——*About Egmont*，原文如下：

“基于发展网络化合作所固有的好处，1995 年，一批金融情报机构在布鲁塞尔埃格蒙特的艾伦伯格宫举行会议，决定建立一个以促进国际合作为目标的非官方组织。即现在被称为‘埃格蒙特集团’的组织。参加这一集团的金融情报机构定期召开会议寻求合作途径，特别是信息交流、培训和专业知识共享方面的合作途径。”①

这个关于创立的文献介绍，印证了我们上述所说的：它基本是一批有着前瞻和战略意识的金融情报专家的智慧结晶。正是这些专家敏锐地看到金融情报对于国际反洗钱的重要性，以及金融情报国际合作的必要性，才倡导发起建立了国际金融情报集团。

2. 组织内涵更新

这里我们针对埃格蒙特集团的创立文献，进行两个版本比较，借以了解埃格蒙特集团作为一个特殊国际组织的内涵进展与深化。上述关于埃格蒙特集团创立的介绍性文献，是摘录自《2007～2008年埃格蒙特集团年报》，这个介绍文献作为宗旨表述，与埃格蒙特集团创立之初衷是完全一致的。

但是，2013年，埃格蒙特集团更新了其创立文献介绍，并在这次文献更新中，向世界宣布这个集团组织宗旨的一些微妙变化。以下，我们引述2013年更新后的介绍埃格蒙特集团创立的介绍文献。

“基于在打击洗钱和恐怖主义融资方面开展国际合作具有重要的意义，一批金融情报机构（FIU）在布鲁塞尔埃格蒙特的艾伦伯格宫举行会议，决定建立一个非官方金融情报机构网络以推动国际合作，即现在被称为‘金融情报机构埃格蒙特集团’。埃格蒙特集团定期组织金融情报机构召开会议，以寻求促进金融情报机构发展和合作的途径，尤其是信息交流、培训和专业知识共享等领域的合作途径。”②

2013年更新后的创立介绍文献，加着重号部分是与前述引自

① Egmont. Egmont Group Annual Report：2007～2008［R］. The Egmont Group of Financial Intelligence Units，2009，作者译.

② Egmont. About［EB/OL］. http：//www.egmontgroup.org/about. 作者译.

2007～2008 年年报表述之间的变化部分。从这个表述中，我们可以体会到埃格蒙特集团的以下变化。

（1）加强了集团创建宗旨与国际反洗钱的关联

1995 年，一些从事金融情报工作的专家与其所在情报机构提议并发起创立这一集团时，在宗旨上只是反映了单一寻求国际合作好处，并以此作为这个非官方国际组织的一个目标追求。但是，从 2013 年新的创立文献看，埃格蒙特集团已经把创立之初的宗旨，即所谓“国际合作好处”的内涵，直接与国际反洗钱的主要内容绑定在了一起。

（2）提出了推动金融情报机构发展的整体化的设想

在集团的组织体系上，埃格蒙特集团创立之初基本尊重：“金融情报机构作为各国自己的事”这一基本组织原则，集团只是提供合作或者说以金融情报交换为内容的合作平台，并不主导和代表这一领域制定规划，更不规定金融情报机构体系自身的规范发展。但是，在 2013 年更新后的表述中，埃格蒙特集团提出了以谋求金融情报机构自身发展作为集团自身的发展宗旨之一。也就是说，埃格蒙特集团在全球金融情报体系发展上从过去不主动作为，转向自主意识下的有序发展，而在各国金融情报机构规范方面，逐步要贯彻由集团推行的一些标准和要求。这一点我们通过对 2008 年埃格蒙特集团文献关于“全球战略”的提法上也可得到印证。

（二）目标和任务

有关埃格蒙特集团的目标和任务，我们同样引用埃格蒙特集团的自我介绍文献 *About Egmont* 作为分析这一问题的原始文献依据。

1. 目标和任务

埃格蒙特集团为其自身确定了理论概述意义上的目标，同时也基于这个理论概述，确定了6个方面的具体任务和目标。以下是我们直接翻译引述的介绍性文献内容：

“埃格蒙特集团的目标和任务是：为世界各金融情报机构提供一个论坛，促进反洗钱和打击恐怖融资合作，并支持各国实施国内反洗钱计划。埃格蒙特集团所提供的支持包括：

（A）扩大信息交流并促进相互交换信息的国际合作制度化；

（B）通过提供培训和促进人员交流，提高金融情报机构工作人员的专业知识和能力，提升金融情报机构的效率；

（C）通过技术应用促进金融情报机构之间实现更好和更安全通讯，如对埃格蒙特安全网络（ESW）应用；

（D）推动成员金融情报机构业务部门之间加强协调和支持；

（E）促进实现金融情报机构的管理自主权；

（F）推动在已制定反洗钱/反恐融资战略的独立司法管辖区，或处于实施反洗钱/反恐融资计划早期阶段的区域建立金融情报机构”。①

分析和阅读上述翻译文献，有两点相当明确：一是这是一个经过更新后的目标任务表述，因为相关内容与埃格蒙特集团创立之初介绍性文献的内容并不匹配，但是却与2013年埃格蒙特集团更新后的组织宗旨高度一致。二是目标的理论概述可归纳为：“提供论坛”、“促进合作”和“提供支持”，定义集团面对金融情报机构成员要实现的目标具有宏观性。而6个方面的具体任务（或目标具体化）主要是针对集团本身的，是建立在“提供支持”这样一个基本点上的，这个任务目标层次的提出，使得埃格蒙特集团的组织内涵较之于创立之初，更具有实践意义和全球战略意义。

① Egmont. About［EB/OL］. http://www.egmontgroup.org/about. 作者译.

2. 宗旨声明

上述目标任务本质上是植根于埃格蒙特集团的《宗旨声明》（*Statement of Purpose*）的，或者说是《宗旨声明》的一个简化表述或归纳性表述。1997 年 6 月 24 日，也就是埃格蒙特集团成立后的第三年，埃格蒙特集团在西班牙马德里召开会议，在这次集团全体会议上，讨论并批准了埃格蒙特集团《宗旨声明》，通过并批准公布的《宗旨声明》，全面阐述了组建金融情报机构集团的实践背景、理论背景、现实意义和主要任务。此外，在马德里会议批准后，这个《宗旨声明》还经历了 2001 年 6 月 13 日海牙会议和 2003 年 7 月 23 日悉尼会议两次正式修订，最后在 2004 年 6 月 23 日根西岛会议上，形成正式单行文本。

2013 年，埃格蒙特集团组建以“完善和确保文献与 FATF 制度体系协同”为任务的“重要文献修订小组”，并通过这个小组的努力工作，制定了《金融情报机构埃格蒙特集团宪章》（*Egmont Group of Financial Intelligence Units Charter*），简称《埃格蒙特宪章》，并将这个《宗旨申明》放在了宪章的第二部分，分别以探索（finding）、坚信（convinced）、审慎（mindful）、认知（acknowledging）、认同（agreed）动词名词化表述，简要、精辟地描述了形成埃格蒙特集团目标和任务的理论和认识背景。

二、埃格蒙特集团成员

埃格蒙特集团组织体系进展，主要表现为成员扩张，但是，研究埃格蒙特集团的成员扩张，它并不像 FATF 那样，从一开始就有着明确的成员战略，而更多的是一个自然形成的过程。

（一）创始成员与成员概览

为了从成员发展来透视埃格蒙特集团组织体系的进展与深化，我们以历史脉络为主线来分析其成员的发展情况。

1. 创始成员

有关埃格蒙特集团的创始成员，这里，我们借用《埃格蒙特集团年报 2009 ~ 2010》专题："埃格蒙特集团十五年回顾"中的一段话，反映埃格蒙特集团发起成立的基本情况。[①]

"1995 年 6 月 9 日，24 个国家和 8 个国际组织的代表相聚在历史悠久的比利时首都布鲁塞尔的埃格蒙特艾伦伯格宫，讨论建立被称为'接收和披露者的机构'或'金融情报机构（FIU）'的专业反洗钱组织。"

以上是十五年前埃格蒙特集团会议第一份报告前言中的第一段话。从这份报告中我们很容易看到，埃格蒙特集团自创建以来的演变，就是从机构名称由"金融信息机构"更名为"金融情报机构"开始的。发展到今天，它已经成了埃格蒙特集团的代名词。

结合相关介绍文献来分析，事实上，1995 年在比利时的埃格蒙特出席创立大会的 24 个成员国中，真正以所谓金融情报机构出现会议的国家并不是 24 个。而被埃格蒙特集团称之为"基本成员（the Founding Members）"，同时也被誉为埃格蒙特集团"基石（the foundation cornerstones of the Egmont Group）"的金融情报机构或信息机构只有：美国、澳大利亚、奥地利、比利时、卢森堡、荷兰、挪威、摩纳哥、英国、西班牙、斯洛文尼亚、瑞典、法国这 13 个国家。此外还有：加拿大、捷克、芬兰、德国、希腊、冰岛、意大利、日本、

① Egmont. Egmont Group Annual Report: 2009 ~ 2010 [R]. The Egmont Group of Financial Intelligence Units, 2011. Page 4. 作者译.

新西兰、葡萄牙和瑞士，共计 11 个当时并没有正式建立金融情报机构的国家派代表出席了这次创立大会。所以，埃格蒙特集团的创始单位依据国家可划分为两类，一类为已经正式建立了金融情报机构，而另一类并没有正式建立金融情报机构的国家代表。这表明，在当时的历史条件下，金融情报机构的国际合作，除少数国家和少数专家外，在国际社会并未形成广泛共识。但是，在经历了近二十年的发展后，其所创立的组织形式和制度机制基本证明，1995 年的这一创举是有着历史预期和科学预见的。

这里有两个方面是值得我们注意的：一是依据埃格蒙特集团成立之初不成文的成员政策规定，其成员的基本属性并不像 FATF 那样，必须以独立司法管辖主体作为成员单位，而是只要满足埃格蒙特集团所公布的金融情报机构基本条件和要素，就可以独立作为机构主体申请加入。二是从文献分析看，在埃格蒙特集团成员地位内涵方面，关键的问题在于能否实现集团公布的《金融情报交换原则》。而这个所谓《金融情报交换原则》最重要的一点，就是要求作为成员资格的金融情报机构，在信息披露、传输和交换方面有极大的自主权力，并且，在集团内的信息交换地位定义，最基本的原则要求是各方必须接受关于成员间平衡交换的原则。三是由于其从一开始就强调其非官方属性，且专注于情报交换工作机制，注重于情报工作机制中的平等互惠合作原则，并使这一原则不因成员国家内部因素而受到干扰，对各情报机构名称等外在要素，埃格蒙特集团没有严格要求，所以，从现在的成员名单和名称看，各个国家并不统一。

2. 成员概览

为进一步了解埃格蒙特集团成员金融情报机构规模，及其在世界范围内的分布情况，我们根据文献分别按洲将埃格蒙特集团成员进行列表。

（1）欧洲

表4－1是截至2013年底时的欧洲金融情报机构成员单位一览表。在埃格蒙特集团成员分布中，欧洲是成员机构最多的洲，共计达到57个。之所以欧洲的成员机构规模最大，这应该与埃格蒙特集团的创立有着一定的因果关系。

首先，从地域上看，埃格蒙特集团的发起创立地比利时埃格蒙特本来就位于欧洲；

其次，从第一次大会的代表成员的洲际构成看，在24个创始成员国家中，有19个在欧洲，而在所谓13个埃格蒙特集团"基石"成员机构中，欧洲国家机构占到了11个。

表4－1　欧洲金融情报机构成员单位

编号	机构名称	国家
1	防止洗钱总局（GDPML）（General Directorate for the Prevention of Money Laundering）	阿尔巴尼亚（Albania）
2	洗钱预防局（Money Laundering Prevention Unit）	安道尔（Andorra）
3	金融监管中心（FMC）（Financial Monitoring Center）	亚美尼亚（Armenia）
4	联邦委员会（A－FIU）（Bundeskriminalamt）	奥地利（Austria）
5	阿塞拜疆共和国中央银行金融监测局（FMS）（Financial Monitoring Service under the Central Bank of the Republic of Azerbaijan）	阿塞拜疆（Azerbaijan）
6	金融监察中心（Financial Monitoring Centre）	白俄罗斯（Belarus）
7	金融信息处理局（Financial Information Processing Unit）	比利时（Belgium）
8	金融情报署（FID）（Financial Intelligence Department）	波黑（Bosnia& Herzegovina）
9	国家安全部金融情报局（FID）（Financial Intelligence Directorate of National Security Agency）	保加利亚（Bulgaria）
10	反洗钱局（AMLO）（Anti－Money Laundering Office）	克罗地亚（Croatia）
11	反洗钱局（MOKAS）（Unit for Combating Money Laundering）	塞浦路斯（Cyprus）
12	金融分析局（Financial Analytical Unit）	捷克共和国（Czech Republic）

续表

编号	机构名称	国家
13	国家严重经济罪/洗钱检察署（State Prosecutor for Serious Economic Crime / Money Laundering Secretariat）	丹麦（Denmark）
14	反洗钱信息局（Money Laundering Information Bureau）	爱沙尼亚（Estonia）
15	国家统计局金融调查和情报司（National Bureau of Investigation / Financial Intelligence Unit）	芬兰（Finland）
16	打击非法金融网络行动和金融情报处理局（TRACFIN）（Unit for Intelligence Processing and Action Against Illicit Financial Networks）	法国（France）
17	格鲁吉亚金融监测局（FMS）（Financial Monitoring Service of Georgia）	格鲁吉亚（Georgia）
18	金融情报机构（Financial Intelligence Unit）	德国（Germany）
19	直布罗陀金融情报局（GCID GFIU）（Gibraltar Financial Intelligence Unit）	直布罗陀（Gibraltar）
20	希腊反洗钱和打击恐怖主义融资委员会（HAMLC）（Hellenic Anti – Money Laundering and Anti – Terrorism Financing Commission）	希腊（Greece）
21	金融情报服务局（FIS）（Financial Intelligence Service ）	根西岛（Guernsey）
22	金融情报机构（AIF）（Financial Intelligence Authority ）	梵蒂冈（Vatican）
23	匈牙利海关中央刑事调查局及金融保卫和金融情报组（Central Criminal Investigations Bureau of the Hungarian Customs & Finance Guard Hungarian Financial Intelligence Unit）	匈牙利（Hungary）
24	冰岛经济和环境犯罪起诉调查局（RLS）（Unit of Investigation and Prosecution of Economic and Environmental Crime in Iceland）	（Iceland）冰岛
25	防欺诈调查局（MLIU）（Bureau of Fraud Investigation）	爱尔兰（Ireland）
26	金融重案组（FCU – IOM）（Financial Crime Unit）	马恩岛（Isle of Man）
27	以色列反洗钱管理局（IMPA）（Israel Money Laundering Prohibition Authority）	以色列（Israel）

续表

编号	机构名称	国家
28	金融情报机构（UIF）（Financial Intelligence Unit）	意大利（Italy）
29	金融犯罪联合组（Joint Financial Crimes Unit）	泽西岛（Jersey）
30	哈萨克斯坦金融监管局（KFM）（Kazakhstan Financial Monitoring）	哈萨克斯坦（Kazakhstan）
31	防止和控制犯罪活动收益洗钱服务局（Control Service – Office for Prevention of Laundering of Proceeds Derived from Criminal Activity）	拉脱维亚（Latvia）
32	金融信息局（ EFFI ）（Einheit für Finanzinformationen）	列支敦士登（ Liechtenstein）
33	立陶宛内政部金融犯罪调查处（ FCIS）（Financial Crime Investigation Service Under the Ministry of the Interior of the Republic of Lithuania）	立陶宛共和国（Lithuania）
34	金融情报局（FIU – LUX ）（Cellule de Renseignement Financier）	卢森堡（ Luxembourg）
35	洗钱防制局（ MLPD ）（Money Laundering Prevention Directorate）	马其顿（Macedonia）
36	金融情报分析组（Financial Intelligence Analysis Unit）	马耳他（Malta）
37	预防和控制洗钱办公室（Office for Prevention and Control of Money Laundering）	摩尔多瓦（Moldova）
38	金融网络信息和监测服务局（Service for Information and Monitoring of Financial Networks）	摩纳哥（Monaco）
39	资金的洗钱行为预防管理局（Administration for the Prevention of Money Laundering）	黑山（Montenegro）
40	金融情报局 –（ FIU – Holland）（Financial Intelligence Unit ）	荷兰（Netherlands）
41	国家经济和环境犯罪洗钱调查和起诉主管局（The National Authority for Investigation and Prosecution of Economic and Environmental Crime – The Money Laundering Unit）	挪威 Norway
42	金融信息督察总署（General Inspector of Financial Information）	波兰（Poland）
43	金融情报局（UIF）（Unidade de Informação Financeira ）	葡萄牙（Portugal）

续表

编号	机构名称	国家
44	国家预防和控制洗钱办公室（National Office for the Prevention and Control of Money Laundering）	罗马尼亚（Romania）
45	金融监管和监督服务局（FSFM）（Service for Financial Monitoring（FSFM）/ Rosfinmonitoring）	俄罗斯（Russia）
46	金融情报局（FIA）（Financial Intelligence Agency）	圣马力诺（San Marino）
47	预防洗钱管理局（Administration for the Prevention of Money Laundering）	塞尔维亚（Serbia）
48	防止有组织和洗钱犯罪办公室金融情报机构（Financial Intelligence Unit of the Bureau of Organised Crime）	斯洛伐克（Slovakia）
49	防制洗钱办公室（Office for Money Laundering Prevention）	斯洛文尼亚（Slovenia）
50	防止洗钱和金融违规委员会行政服务局（Executive Service of the Commission for the Prevention of Money Laundering and Monetary Infractions）	西班牙（Spain）
51	国家刑事情报局金融情报处（NFIS）（National Criminal Intelligence Service, Financial Unit）	瑞典（Sweden）
52	瑞士洗钱报告办公室（MROS）（Money Laundering Reporting Office – Switzerland）	瑞士（Switzerland）
53	金融监管局（FMD）（Financial Monitoring Department）	塔吉克斯坦（Tajikistan）
54	金融犯罪调查委员会（Financial Crimes Investigation Board）	土耳其（Turkey）
55	乌克兰国家委员会金融监察局（SCFM）（State Committee for Financial Monitoring of Ukraine）	乌克兰（Ukraine）
56	有组织严重犯罪署（SOCA）（Serious Organised Crime Agency）	英国（United Kingdom）
57	防止税收，货币和刑事犯罪收入合法化总检察长办公室（Department on struggle against tax, currency crimes and legalization of criminal incomes at the Prosecutor General's Office of the Republic of Uzbekistan）	乌兹别克斯坦（Uzbekistan）

资料来源：http：//www.egmontgroup.org/. 作者译。

（2）美洲

美洲是埃格蒙特集团成员机构占比第二大的洲，从表4－2所列成员机构看，机构总数达34个。美洲之所以成为第二大洲，应该与其发起创立有一定渊源关系。从发起创立之初的情况看，参加创立的美洲国家主要是北美两个国家，即美国和加拿大，但是，其中，美国的“金融犯罪执法网（FinCEN）”，作为埃格蒙特集团的“基石”成员机构，其在世界范围内属于成立最早、也最为典型的金融情报机构（我们从FinCEN文献：“History of Financial Crimes Enforcement Network”中了解到，美国金融情报机构成立于1990年[①]）。其对于所在洲和在埃格蒙特集团内的影响力都是较大的（埃格蒙特集团的案例网络就是参照FinCEN建立的），这应该是美洲成为埃格蒙特集团成员第二大洲的原因之一。比较于FATF，埃格蒙特集团有着不同的地域划分。FATF并不严格遵守世界政区意义上的关于“洲”的界限，所以，在泛美洲地区，FATF把南美划分成为了加勒比海地区和南美地区（北美两个国家归属APG）。而埃格蒙特集团则是基于泛美洲地域概念，将整个北美和南美统一划在一个区域范围内。

表4－2　埃格蒙特集团美洲成员机构

编号	机构名称	国家或地区
1	洗钱报告管理局（MLRA）（Money Laundering Reporting Authority）	安圭拉（Anguilla）
2	国家毒品和洗钱防制策略办公室（Office of National Drug and Money Laundering Control Policy）	安提瓜（Antigua，W. I.）
3	金融情报局（UIF）（Unidad de Informacíon Financiera）	阿根廷（Argentina）
4	阿鲁巴金融情报局（FIU－Aruba）（Financial Intelligence Unit）	阿鲁巴（Aruba）

① FinCEN. History of Financial Crimes Enforcement Network［EB/OL］. http：//www. fincen. gov /about_ fincen/pdf/FincenOurStory. pdf. Page 3.

续表

编号	机构名称	国家或地区
5	皇家特克斯和凯科斯群岛警方金融犯罪组（FCU）(Royal Turks and Caicos Islands Police Force Financial Crime Unit)	特克斯和凯科斯群岛(Turks and Caicos Islands)
6	金融犯罪执法网（FinCEN ）（Financial Crimes Enforcement Network)	美国（United States)
7	信息和金融分析局（Information and Financial Analysis Unit)	乌拉圭（Uruguay)
8	国家金融情报局（UNIF）（Unidad Nacional de Inteligencia Financiera)	委内瑞拉（Venezuela)
9	金融情报局（FIU）（Financial Intelligence Unit)	巴哈马（Bahamas)
10	金融情报局（FIU）（Financial Intelligence Unit)	巴巴多斯（Barbados)
11	金融情报局（FIU）（Financial Intelligence Unit ）	伯利兹（Belize)
12	金融情报局（FIA）（Financial Intelligence Agency ）	百慕大（Bermuda)
13	金融调查局（FIU）（Financial Investigations Unit)	玻利维亚（Bolivia)
14	金融活动管制委员会（COAF）（Council for Financial Activities Control)	巴西（ Brazil)
15	金融调查局（FIA）（Financial Investigation Agency)	英属维京群岛（British Virgin Islands)
16	金融交易和报告分析中心（FINTRAC/CANAFE）（Financial Transactions and Reports Analysis Centre of Canada)	加拿大（Canada)
17	金融报告局（CAYFIN）（Financial Reporting Authority)	开曼群岛（ Cayman Islands)
18	金融分析局（UAF）（Unidad de Análisis Financiero ）	智利（Chile)
19	金融信息分析局（UIAF）（Unidad de Informacion y Analisis Financiero)	哥伦比亚（ Colombia)
20	哥斯达黎加毒品管制局（ICD）（Instituto Costarricense sobre Drogas)	哥斯达黎加（Costa Rica)
21	可疑交易报告中心（FIU）（Unusual Transactions Reporting Centre)	库拉索（Curacao)
22	金融情报局（Financial Intelligence Unit)	多米尼加（Dominica)

续表

编号	机构名称	国家或地区
23	金融调查局（Unidad de Investigacion FinancieraEl）	萨尔瓦多（Salvador）
24	金融情报局（FIU）（Financial Intelligence Unit）	格林纳达（Grenada）
25	货币专项核查和核查局（IVE）（Intendencia de Verificación Especial（IVE）Special Verification Intendency）	危地马拉（Guatemala）
26	金融信息局（UIF）（Unidad de Informacion Financiera ）	洪都拉斯（Honduras）
27	金融情报局（Financial Intelligence Unit）	墨西哥（Mexico）
28	金融情报局（Unidad de Analisis Financiero）	巴拿马（Panama）
29	洗钱及资产管理秘书局（SEPRELAD）（FIU – Secretaria de Prevención de Lavado de Dinero o Bienes SEP）	巴拉圭（Paraguay）
30	秘鲁的金融情报局（Financial Intelligence Unit of Peru）	秘鲁（Peru）
31	金融情报局（Financial Intelligence Unit）	圣基茨和尼维斯（St. Kitts and Nevis）
32	金融情报局（Financial Intelligence Agency）	圣卢西亚（St. Lucia）
33	金融情报局（Financial Intelligence Unit）	圣文森特和格林纳（St. Vincent and the Grenadines）
34	金融情报局（FIU）（Financial Intelligence Unit）	特立尼达和多巴哥（Trinidad and Tobago）

资料来源：http：//www. egmontgroup. org/. 作者译.

（3）亚洲

表4－3是埃格蒙特集团亚洲成员机构一览表，共有23个金融情报机构成员。

表4－3　　埃格蒙特集团亚洲成员机构

编号	机构名称	国家或地区
1	阿富汗金融交易和报告分析中心（FinTRACA）（Financial Transactions and Reports Analysis Center of Afghanistan）	阿富汗（Afghanistan）
2	反洗钱局（AMLU）（Anti – Money Laundering Unit）	巴林（Bahrain）

续表

编号	机构名称	国家或地区
3	孟加拉国金融情报机构（Bangladesh Financial Intelligence Unit）	孟加拉国（Bangladesh）
4	联合金融情报机构（JFIU）（Joint Financial Intelligence Unit，香港机构当局中文翻译为“香港联合财务收报组”）	中国香港（Hong Kong）
5	印度金融情报机构（FIU – IND）（Financial Intelligence Unit – India）	印度（India）
6	印度尼西亚金融交易报告和分析中心（INTRAC）（Indonesian Financial Transaction Reports and Analysis Centre）	印度尼西亚（Indonesia）
7	日本金融情报中心（JAFIC）（Japan Financial Intelligence Center）	日本（Japan）
8	反洗钱和打击恐怖融资局（AMLU Jordan）（Anti Money Laundering and Counter Terrorist Financing Unit）	约旦（Jordan）
9	韩国金融情报机构（Korea Financial Intelligence Unit）	韩国（Korea）
10	吉尔吉斯斯坦共和国金融情报服务局（FIS）（Financial Intelligence Service of the Kyrgyz Republic）	吉尔吉斯斯坦共和国（Kyrgyz Republic）
11	反洗钱特别调查委员会（SIC）（Special Investigation Commission Fighting Money Laundering）	黎巴嫩（Lebanon）
12	金融情报办公室（GIF）（Financial Intelligence Office）	中国澳门（Macau）
13	马来西亚国家银行金融情报 th ，（UPWBNM）（Unit Perisikan Kewangan，Bank Negara Malaysia）	马来西亚（Malaysia）
14	蒙古金融信息局（Financial Information Unit of Mongolia）	蒙古（Mongolia）
15	反洗钱委员会（AML）（Anti Money Laundering Council）	菲律宾（Philippines）
16	卡塔尔金融信息局（QFIU）（Qatar Financial Information Unit）	卡塔尔（Qatar）
17	沙特阿拉伯金融调查局（Saudi Arabia Financial Investigation Unit）	沙特阿拉伯（Saudi Arabia）
18	可疑交易报告办公室（STRO）（Suspicious Transaction Reporting Office）	新加坡（Singapore）
19	金融情报机构（Financial Intelligence Unit）	斯里兰卡（Sri Lanka）

续表

编号	机构名称	国家或地区
20	打击洗钱及恐怖融资委员会（CMLC）（Combating Money Laundering and Terrorism Financing Commission）	叙利亚（Syria）
21	“反洗钱司”（AMLD）（Anti – Money Laundering Division）	中国台湾（Taiwan）
22	反洗钱局（AMLO）（Anti – Money Laundering Office）	泰国（Thailand）
23	反洗钱和可疑案件局（AMLSCU）（Anti Money Laundering and Suspicious Cases Unit）	阿拉伯联合酋长国（United Arab Emirates）

资料来源：http：//www. egmontgroup. org/. 作者译.

从埃格蒙特的成员发展进程分类比较看，亚洲是埃格蒙特集团成员机构发展较慢的地区之一。1995 年，埃格蒙特集团创立大会时，亚洲有日本出席，不过，仅仅是派代表参加，因为当时的日本，并没有正式建立金融情报机构。

（4）非洲

表 4 –4 是非洲埃格蒙特集团金融情报机构成员一览表，一共有 16 个成员机构。

表 4 –4　　　　埃格蒙特集团非洲成员机构

编号	机构名称	国家或地区
1	金融情报处置局（FIPU）（Financial Intelligence Processing Unit）	阿尔及利亚（Algeria）
2	布基纳法索国家金融信息处理局（CENTIF – BF），（The National Financial Information Processing Unit of Berkina Faso）	布基纳法索（Burkina Faso）
3	国家局金融调查局（NAFI），（National Agency for Financial Investigation）	喀麦隆（Cameroon）
4	科特迪瓦国家金融信息处理机构（CENTIF – CI），（National Unit for the Processing of Financial Information in Côte d'Ivoire ）	科特迪瓦（Côte d'Ivoire）
5	埃及反洗钱机构（EMLCU）（Egyptian Money Laundering Combating Unit）	埃及（Egypt）

续表

编号	机构名称	国家或地区
6	国家金融调查局（NAFI），（National Agency for Financial Investigation）	加蓬（Gabon）
7	金融情报机构（FIU – Malawi）（Financial Intelligence Unit）	马拉维（Malawi）
8	国家金融信息处理局（CENTIF – Mali）（Cellule National de Traitement des Informations Financières ）	马里（Mali）
9	金融情报机构（FIU）（Financial Intelligence Unit）	毛里求斯（Mauritius）
10	金融信息处理局（UTRF） –（Financial Information Processing Unit）	摩洛哥（Morocco）
11	尼日利亚金融情报机构（NFIU）（Nigerian Financial Intelligence Unit）	尼日利亚（Nigeria）
12	国家金融情报处理机构（CENTIFSENEGAL）（ National Financial Intelligence Processing Unit ）	塞内加尔（Senegal）
13	塞舌尔金融情报机构（FIU）（Seychelles FIU）	塞舌尔（Seychelles）
14	金融情报中心（FIC）（Financial Intelligence Centre）	南非（South Africa）
15	多哥金融情报机构（CENTIF Togo）（Togo Financial Intelligence Unit）	多哥（Togo）
16	突尼斯金融分析委员会（CTAF）（Tunisian Financial Analysis Committee ）	突尼斯（Tunisia）

资料来源：http：//www. egmontgroup. org/. 作者译.

非洲是埃格蒙特集团成员发展起步较晚的洲。一方面是因为埃格蒙特集团的历史渊源与非洲相去较远，另一方面也跟非洲的经济金融发展水平较低有关。

（5）大洋洲

表4 –5 是大洋洲埃格蒙特集团成员机构一览表。直观比较起来，大洋洲的成员金融情报机构总数是最少的，总共只有9 个。但是，这个情况并不代表大洋洲在埃格蒙特集团的影响力低于其他洲。

表 4 -5　　埃格蒙特集团大洋洲成员机构

编号	机构名称	国家或地区
1	澳大利亚交易报告和分析中心（AUSTRAC）（Australian Transaction Report & Analysis Centre）	澳大利亚（Australia）
2	库克群岛金融情报局（CIFIU）（Cook Islands Financial Intelligence Unit）	库克群岛（Cook Islands）
3	斐济储蓄银行金融情报处（Financial Intelligence Unit, Reserve Bank of Fiji）	斐济（Fiji）
4	国内金融情报局（DFIU）（Domestic Financial Intelligence Unit ）	马绍尔群岛（Marshall Islands）
5	新西兰警方金融情报组（NZ Police Financial Intelligence Unit）	新西兰（New Zealand）
6	纽埃岛金融情报局（Niue Financial Intelligence Unit）	纽埃（Niue）
7	萨摩亚群岛金融情报局（SFIU）（Samoa Financial Intelligence Unit）	萨摩亚（Samoa）
8	所罗门群岛金融情报局（SIFIU）（Solomon Islands Financial Intelligence Unit）	所罗门群岛（Solomon Islands）
9	金融情报局（FIU）（Financial Intelligence Unit）	瓦努阿图（Vanuatu）

资料来源：http：//www.egmontgroup.org/. 作者译.

从埃格蒙特集团创立之初的情况看，大洋洲和美洲一样，有两个国家出席了创立大会，一个是澳大利亚，一个是新西兰，其中，新西兰由于当时还没有成立金融情报机构，而只是派代表参加会议。我们这里要强调的是澳大利亚在埃格蒙特集团的影响力或地位，因为“澳大利亚交易报告和分析中心（AUSTRAC）”也是埃格蒙特集团 13 个“基石”成员机构之一，并且，我们从澳大利亚金融情报机构，即 AUSTRAC 文献“AUSTRAC Overview”中的以下一段话可以知道，澳大利亚金融情报机构成立的时间，甚至早于美国的金融情报机构“金融犯罪执法网”成立的时间：

“澳大利亚交易报告和分析中心依据 1988 年确定为总检察长法

定权力的《金融交易报告法》于1989年成立”。[①]

从上述各表我们看到，分布于各洲的埃格蒙特集团成员金融情报机构，其名称五花八门，并且这些情报机构在其国内还有着不同的权力内涵，比如，美国金融犯罪执法网，隶属于美国财政部，依据相关反洗钱法案，这个机构甚至有着相当明确的执法权。有关埃格蒙特集团为什么不要求其成员金融情报机构名称统一和规范，我们引述埃格蒙特集团的一段文字如下：

“只要埃格蒙特集团所明确的一系列核心功能和作用得到坚持和发挥，并且能带来推动不同类型机构在国际范围共同努力工作的凝聚力量，埃格蒙特集团将接收一切类型的金融情报机构。有关这一体现在《埃格蒙特集团宪章》中关于金融情报机构的定义，于1996年意大利罗马首脑会议获得批准，以后，又于2004年6月根西岛圣彼得港（St. Peter Port）会议修订。”[②]

（二）成员地域分布

有关埃格蒙特集团成员的地域分布及其结构，我们主要做两个方面的结构对比分析，一是分析各大洲成员金融情报机构在埃格蒙特集团的对比情况，反映埃格蒙特集团成员机构在各大洲的分布均衡水平；二是分析埃格蒙特集团各大洲成员机构与各大洲政区内独立司法管辖主体数量之间的对比情况，并以此来判断埃格蒙特集团在各大洲的覆盖水平。

1. 各大洲成员分布结构

---

① AUSTRAC. AUSTRAC Overview［EB/OL］. http：//www. austrac. gov. au/files/overview_brchr. pdf. 原文为“……AUSTRAC was established in 1989 under the Financial Transaction Reports Act 1988（FTR Act）as a statutory authority within the Attorney – General's portfolio.”作者译.

② Egmont. Egmont Group Annual Report：2009 ~ 2010［R］. The Egmont Group of Financial Intelligence Units，2011，Page7. 作者译.

图4－1是根据各大洲金融情报机构成员数量制作的结构图。我们之所以要做这样的分析，是因为在众多反洗钱或与反洗钱有关的国际组织中，埃格蒙特集团的区域战略更多的是体现在洲际发展战略上。

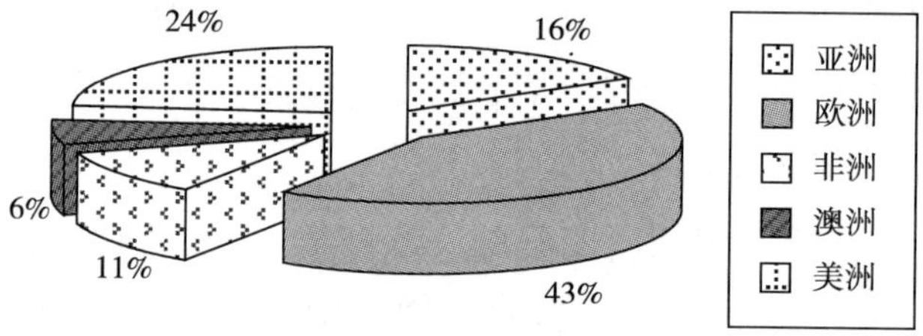

资料来源：http：//www. egmontgroup. org/. 作者翻译和整理。

图4－1　各大洲埃格蒙特集团的成员占比

从图4－1可知，埃格蒙特集团的金融情报机构成员占比最大的是欧洲和美洲，分别占到141个成员机构的43%和24%。亚洲为16%，排在第三位，以后依次是非洲和澳洲，分别为11%和6%。

正如我们在前面排列各大洲成员时所分布的那样，埃格蒙特集团成员机构的洲际分布现状，既符合埃格蒙特集团创建的历史渊源，也与世界经济发展水平的分布结构具有一致性。但是，这一分析仅仅只反映各大洲成员机构在埃格蒙特集团内部的占比情况，作为一个成员一票的全体会议体制的国际机构，这样的分析只反映各大洲在埃格蒙特集团的表决能力的对比，但并不精确反映埃格蒙特集团在各大洲的影响能力。而要说明这一点，需要通过对埃格蒙特集团成员机构在各大洲政区内的机构数量与该洲的国家和独立司法管辖主体总数之间的对比关系分析来加以反映。

2. 各大洲成员覆盖情况

上述埃格蒙特集团的成员洲际分布，反映的是埃格蒙特集团成员战略在各洲的发展水平对比，但不能直观反映各洲成员金融情报机构对所在洲政区内的覆盖水平。

图 4－2 是成员金融情报机构与各大洲政区内独立司法管辖主体之间的对比情况，以覆盖率来表示，即各大洲成员金融情报机构总数分别与所在洲政区内国家（独立司法管辖区）总数相除所求得的百分比①。虽然可能因为政区内的独立司法管辖统计并不精确，数据上会有一些微小差距，但这不会影响我们从宏观层面上判断埃格蒙特集团在各大洲的覆盖水平。

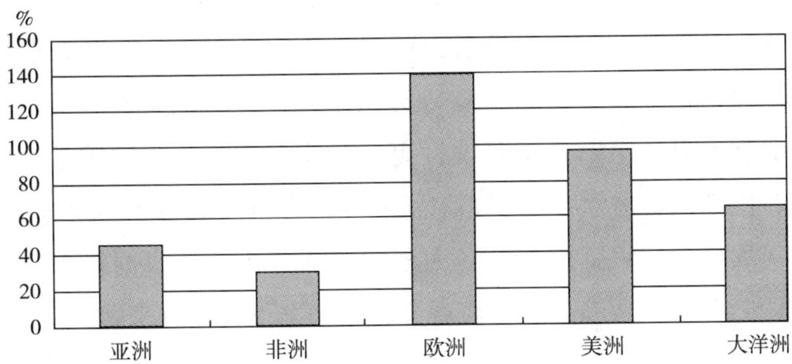

资料来源：http：//www. egmontgroup. org/.

图 4－2　埃格蒙特集团在各大洲的覆盖水平

从图 4－2 我们可以看到，截至 2013 年底，埃格蒙特集团的成员机构在各大洲的覆盖情况是：

欧洲最高，达到 139%，也就是说，加入埃格蒙特集团的欧洲金融情报机构并不完全是以“国家”为单位，可能出现一个国家多个金融情报机构加入埃格蒙特集团。只要金融情报机构的归属主体能够达到独立司法管辖主体的基本政治内涵，比如英国海外属地根西岛。

美洲次之，达到 79%，也就是说在美洲，绝对比重的国家或独立司法管辖主体的金融情报机构，都已加入了埃格蒙特集团。

① 世界政区资料来源：马金祥．世界地图册［M］．北京：中国地图出版社，2004.

排在第三的是大洋洲，根据大洋洲的情况做具体分析，其真实覆盖水平实际要比表示出来的还要大。因为在澳洲的24个独立司法管辖体中，剔除美属、英属、法属、新属领地外，实际只有14个独立国家或独立司法主体，如果我们再剔除土地在一万平方公里以下、人口在10万以下，经济规模太小，不足以构成金融情报主体的国家和司法主体（剩下12个）后，埃格蒙特集团在大洋洲的覆盖率应该可以与欧洲相等，至少可以与美洲等量齐观。

亚洲的覆盖水平相对较低，仅仅比非洲高一点，这跟亚洲国家的国际参与水平以及在埃格蒙特集团发起创立时的参与有关。如果不计算在世界政区图中不具统计可比的中国澳门、中国香港、中国台湾，则政区覆盖水平还要相对低一些，完全可能与非洲接近。

对埃格蒙特集团成员在各大洲的覆盖分析，是我们对未来金融情报国际合作发展趋势进行客观分析的一个重要信息来源。

（三）成员类型结构

前面已经提到，埃格蒙特集团对其成员机构的组织性质和组织形式要求，并不像大多数以标准国家或独立司法管辖主体为成员的国际组织那样严格，所以，加入到埃格蒙特集团的金融情报机构类型并不统一，依据埃格蒙特集团文献划分，大致分为四种。图4－3就是这四种类型机构的结构状况图。

以下我们根据埃格蒙特集团依据体制特性所做的四个成员类型划分，及其对各种类型成员的定性解释，做简要介绍。

1. 行政模式（The Administrative Model）

这一类成员机构，我们将英文原文翻译过来，可称之为“行政型金融情报机构（Administrative FIUs）”。根据埃格蒙特集团文献解释：“这种模式的金融情报中心分为两种情况，一种是依附于或归属

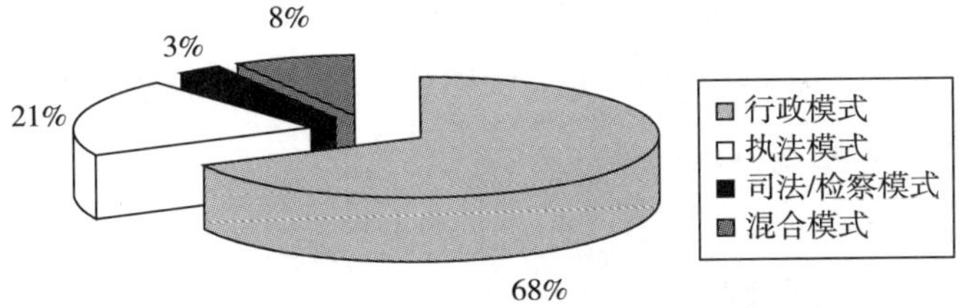

资料来源：Egmont group Annual Report May 2007 – June 2008. http：//www. egmontgroup. org/.

图 4 –3 埃格蒙特集团四种类型机构的结构状况

于一个权威监管机构，如中央银行或金融监管当局，另一种是作独立行政管理部门。”这一模式的金融情报成员在埃格蒙特集团成员中占有绝大多数，根据 2012 年的成员单位统计分布，这一模式的金融情报中心（FIU）成员总数为 89 个，占整个成员单位的比重达 67. 9%。

2. 执法模式（The Law Enforcement Model）

翻译埃格蒙特的概念解释，这一模式下的金融情报可称之为“执法型金融情报机构（Law Enforcement FIUs）”，根据其解释：它依附于国家警察机构，既有作为一般性警察机构的，也有作为特殊警察机构的。2012 年，在埃格蒙特集团内这样的执法模式的金融情报中心共有 28 个，占成员总数的比重为 21. 4%。

3. 司法或检察模式（The Judicial or Prosecutorial Model）

这一模式下，金融情报机构被称为司法/检察型金融情报机构（Judicial or Prosecutorial FIUs），其机构定义是：“它们隶属于司法机构或检察当局”。2012 年，这类成员单位为 4 个，占成员单位总数的 3%。

4. 混合模式（The Bybrid/Mixed model）

埃格蒙特集团将这类机构称为：“混合型金融情报机构（Hybrid FIUs）”，对这一类型机构埃格蒙特的文献解释是：“正如其名字所表示的那样，这一模式的金融情报机构是上述三种模式组合而成。”[①] 2012 年埃格蒙特集团显示，这一类型的金融情报机构共有 10 个，占成员总量的比重为 7.6%。

（四）成员发展

对于埃格蒙特集团这样一个奠基于网络合作基础上的国际组织，成员发展是组织体系发展的重要内容。

1. 发展趋势

图 4 -4 是我们摘录自埃格蒙特集团历年《埃格蒙特集团年报》有关成员金融情报机构的统计数据，并根据这些数据汇总制作的埃格蒙特集团成员发展情况的柱状图，它主要反映从 1995 年发起建立到 2013 年年底的成员机构的规模发展情况。分析这个图可知，自 1995 年成立以来，埃格蒙特集团成员增加速度是相当迅速的，以 24 个发起创立成员为基数计算，18 年时间，成员金融情报机构总数总体增长了近 5 倍，如果我们以所谓“基石成员（the foundation cornerstones)”来计算，则 18 年时间增长了 10 倍还多。

2. 发展趋势分析

根据图 4 -4 我们还可以将其成员扩张大致划分成这样几个阶段或时期：

（1）第一快速发展时期

第一快速发展时期的时间区间是 1995 年发起创立至 1999 年。这 4 年时间属于埃格蒙特集团发起创立不久的时期，也正是因为是集团发起创立的第一时期，所以成员单位扩展速度相对较快成为这

① Egmont. Egmont Group Annual Report：2006 ~ 2007［R］. The Egmont Group of Financial Intelligence Units，2009. page8；Egmont. Egmont Group Annual Report：2011 ~ 2012［R］. The Egmont Group of Financial Intelligence Units，2013. Page 44. 作者译.

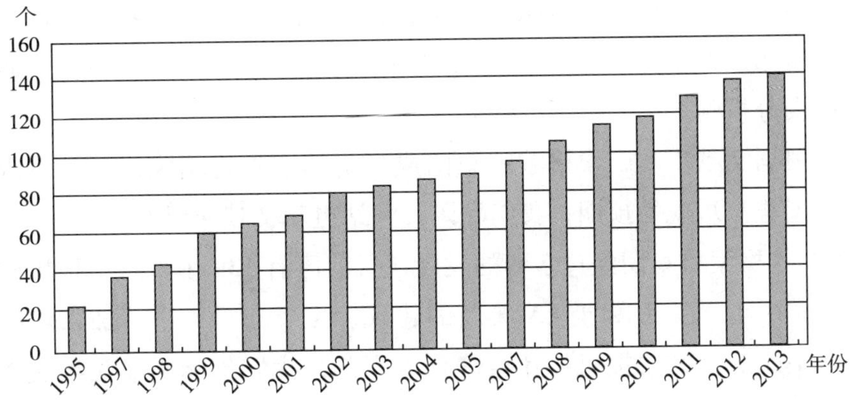

资料来源：Egmont. Egmont Group Annual Report：2009～2013. http：//egmont group. org/.

图4－4　埃格蒙特集团成员机构的规模发展情况

一时期集团组织发展的突出反映，成员机构从发起创立的24个迅速增加到了60个，增加近两倍。

（2）发展速度减缓时期

这一时期主要指1999年至2003年期间。在这4年中，成员增长了20个，从增长速度上看，明显放缓，4年时间仅增长30%，增长速度仅仅是前4年的六分之一。

（3）低速发展时期

所谓低速发展时期主要指2003年至2007年的三年时期。在这三年中，成员机构增长仅为14个，年均增加不到5个。

（4）第二快速发展时期

从2007年开始一直到2013年，埃格蒙特集团开始经历第二个快速发展时期。五年多一点的时间成员机构增加了42个，增长43.9%，五年时间成员机构增加总数，相当于1999年到2008年近十年发展时间中增加的成员数。根据边际增速递减规律，在覆盖面达到相当水平后，增长要取得快速度其难度会高于起步时期，但埃格蒙特集团的组织发展后期，似乎并没有受到递减规律的束缚，保持了较高的增长速度。究其原因，这跟埃格蒙特集团2008年底多伦多会议所作出的战略调整有着密切的关系，有关这一点我们在后续研究中会分析到。

根据文献反映，埃格蒙特集团成员仍然在稳定增加，而且对未来做了非常乐观的预期，我们翻译其网站更新文献介绍如下：

“埃格蒙特集团经过多年的发展，目前已有139个金融情报机构会员。并且，在2012年FATF新的建议标准发布后，申请加入埃格蒙特集团的金融情报机构还会增加，因此，我们预计未来几年埃格蒙特网络所涵盖的金融情报机构将进一步持续扩大。”①

三、埃格蒙特集团组织结构

埃格蒙特集团的组织体系，与大多数经济类国际组织有着相当近似的结构安排，但是在一些与其所针对领域特性相关的方面，也体现其自身的特殊性。

（一）组织架构及其比较

查阅埃格蒙特集团的历史文献，从1995年成立一直到2007年，集团一直没有在其公开文献上反映其内部组织架构。值得我们注意的是，从2007年后，一直到2013年，埃格蒙特集团文献在组织结构问题上，出现了与前期历史截然不同的反映，除正式公布其组织架构外，还密集反映其治理结构的调整。

---

① Egmont Group. About［EB/OL］. http://www.egmontgroup.org/about. 作者译，上述为2013年6月统计，而到2013年底为141个成员单位，而到2014年底成员数已达到147个。

1. 组织架构图

正如我们前面所介绍的那样，2007 年，埃格蒙特集团第一次正式发布其内部组织架构，以后经历了三年时间的调整和改革，在 2010 年，埃格蒙特集团第二次发布其内部组织架构图。以下我们分别就这两个组织架构图进行比较分析。

（1）2007 年组织架构图

图 4－5 ①是埃格蒙特集团于 2007 年正式公布的组织架构图，这个组织架构图相对简单，总的来看，这个图似乎仅仅只是反映埃格蒙特集团内部功能划分的一个运作图，而在反映其作为一个国际组织的治理结构方面的内容相对简单，所以，我们也可以说，这只是一个在情报工作国际合作基础上，体现集团总部内各种主要职责单元的结构状况图。

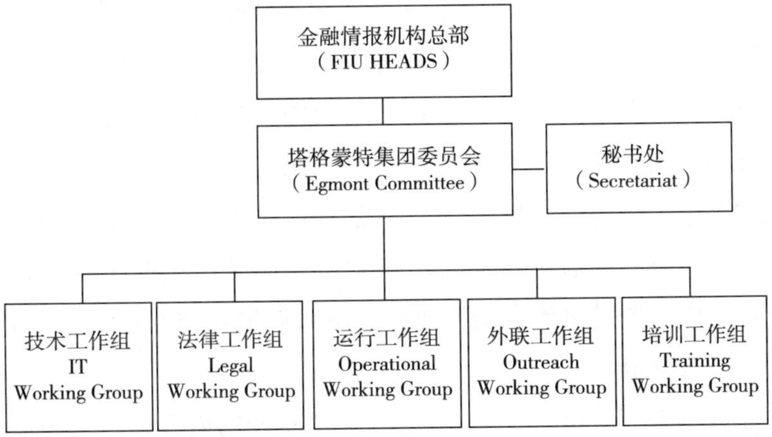

资料来源：Egmont. Egmont Group Annual Report：2007－2008［R］. The Egmont Group of Financial Intelligence Units，2009.

图 4－5　埃格蒙特集团 2007 年正式公布的组织架构图

① Egmont. Egmont Group Annual Report：2007～2008［R］. The Egmont Group of Financial Intelligence Units，2009，Page 10. 作者译.

但是，我们这里要强调的是，这样一个组织结构符合埃格蒙特集团建立之初所确立的与其成员机构之间的关系构成，也符合最初确定的埃格蒙特集团的宏观定位，即，仅仅是在成员金融情报机构的情报合作方面提供支持，包括合作规范制定和相关技术支持，尤其是具有相当保密水平的网络合作支持。早期的埃格蒙特集团与其成员机构之间的关系构成是相对自由和松散的，当然，这也与埃格蒙特集团成立之初不明确或说相对消极的全球发展战略相匹配。

（2）2011 年调整后组织架构

图 4－6 是埃格蒙特集团于 2011 年重新发布的组织架构图。直观地看，这样一个架构设计，有两点是非常清晰的：首先，与 2007 年第一次公布的组织架构图相比，2011 年这一次所公布的组织架构图，具有相当的复杂性和逻辑特性。其次，2011 年的组织架构图，已经不是一个简单的内部工作职责或功能分布的结构图，它在体现治理结构权力分配方面，在反映集团新的战略之下管理强度和管理视野方面，以及在向世界展示其推动金融情报国际合作功能发挥的远景规划方面，都具备了精细和科学的设计内涵。

有关这一结构图所反映的埃格蒙特集团进展与深化更为详尽的内容方面，我们将通过后面与埃格蒙特集团其他相关文献、相关活动及其变化，通过多因素结合比较分析来做进一步的介绍。

2. 比较分析

针对图 4－5，我们结合图 4－6 与之不同的内容和逻辑构造，进行两个层次的比较分析。

（1）决策层变化

就两个组织架构图的决策层面来比较，2007 年组织架构图是相对简单的，相对于这种简单的上层设计，2011 年的组织架构图主要体现了以下两个方面的重要变化。

①“金融情报机构总部”与“集团理事会”

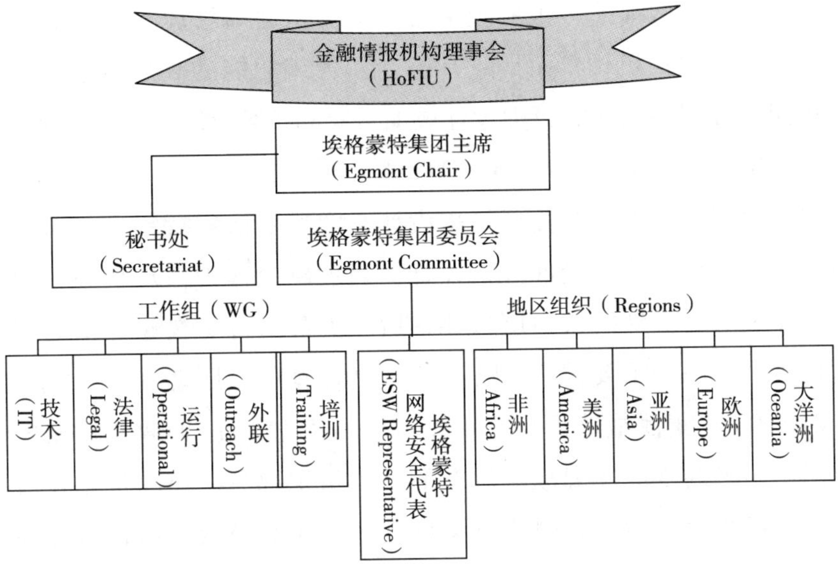

资料来源：Egmont. Egmont Group Annual Report：2011～2012［R］. The Egmont Group of Financial Intelligence Units，2011. Page 8.

图4－6　埃格蒙特集团于2010年重新发布的新的组织架构图

2007年的组织架构图中的最顶层权力体现是“金融情报机构总部（FIU HEADS）”。很显然的是，以“总部”来表达集团的最高层面，并不是一种治理结构内涵的表述，在含义上更近似于成员金融情报机构的“俱乐部”。应该说，以“集团总部”来反映集团的最高机构，同样是与早期埃格蒙特集团在成员机构关系方面采取相对松散的定位有关。2011年的组织架构图，集团高层机构的名称变为“集团理事会（HoFIU）”。这个变化是一个相对本质性的变化，因为“集团理事会”是一个治理结构表述。事实上，集团理事会并不是2011年才产生的，应该一直存在，但是，埃格蒙特集团并没有将其当作一个最高的权力机构反映在组织架构图里。而似乎仅仅是一个远离实际管理与控制的权力存在，所以，我们说2011年的这一变化，实际上预示了埃格蒙特集团在治理上的一个战略转变，由各成员金融情报机构推选产生的理事会，不再是远离管理和控制的“俱乐部”式的决策机构，而是兼具控制和管理职能的高层机构，这使得集团的最高层机构的权力设计更加紧凑和符合管理与控制需要。

②增加集团主席（Egmont Chair）

按照国际组织常规治理结构设计，增加埃格蒙特集团主席这应该是一个与集团理事会匹配的设计。当理事会作为治理最高权力出现，体现战略决策的权力层次存在后，决策执行层次作为最高层次责任主体的一个重要体现，必须体现责任集中、明确和可追溯。结合对2008年集团战略调整看，设置集团主席也是2008年埃格蒙特集团所明确的全球发展战略调整的一个组织部分。集团过去在成员发展方面相对滞后，集团成员关系构成也相对松散，这种状况与新的战略调整不相适应，而要解决这两个方面的问题，必须要有相应的决策执行责任的集中和主体可追溯，而这也就是产生集团主席这一高层权力设计的原因之一。

（2）执行层变化

相对于2007年的组织架构表述，执行层也发生了两个方面的重大调整和改变。

①地区小组（Regions）

在2007年的组织架构图中，没有地区小组。在2010年的架构图将新成立的地区小组加了进来，并成为与原来的工作组平行的组织机构要素。从这样一个变化，我们更加能够看到，自2008年战略调整以来，埃格蒙特集团开始转向全球范围的成员扩张战略。有关这方面的具体内容，下面我们还会分析到。

②网络安全代表（ESW Representative）

网络安全代表全称为“埃格蒙特集团网络安全代表”，这是一个属于埃格蒙特集团所独有的内部机构设置，原因是因为埃格蒙特集团的情报合作基础平台就是互联网络，而在这个平台上的情报交流，网络安全是至关重要的。以下我们引述和翻译埃格蒙特集团相关文献来了解这个所谓“埃格蒙特集团安全网络代表”的成立背景情况：

“这是一个 1995 年由美国‘金融犯罪执法网（FinCEN）’与比利时、法国、荷兰和斯洛文尼亚金融情报机构共同发起的一项对通过互联网通信实施加密的提案；并在法国、荷兰和斯洛文尼亚成功通过测试后作为新的埃格蒙特安全网络（ESW），于 1996 年 4 月在埃格蒙特集团美国旧金山全会上获得一致通过。以后于 1997 年 2 月，美国、比利时、荷兰、英国和法国（按顺序连接）五国用一个星期的时间，以此建立起了第一个五国安全网络（ESW）连接。”①

（二）组织架构调整与埃格蒙特未来发展

为了进一步深入了解调整与变革内涵两个方面的进展，我们就 2010 年埃格蒙特集团组织架构调整对未来发展影响进行以下分析。

1. 组织架构调整与埃格蒙特集团新的发展战略实现

根据埃格蒙特集团相关文献，2008 年 10 月 20 日，埃格蒙特集团委员会在加拿大多伦多举行了一次专题会议，这次会议拟定的专题，就是讨论对埃格蒙特集团的第一个三年至五年的发展战略计划，并且请了著名的曼切斯特财务咨询公司对此次战略计划制定进行指导。埃格蒙特集团之所以进行这样一次战略计划讨论，其目的在于通过针对一个相对中长期的时间区间的战略计划讨论，来体现和反映近年来全球反洗钱形势和埃格蒙特集团内部发生的各种变化，并通过战略计划调整，达到更加简洁地向集团的利益各方阐明埃格蒙特集团的使命和发展方向。

---

① Egmont. Egmont Group Annual Report：2009～2010［R］. The Egmont Group of Financial Intelligence Units，2011，Page 6. 作者译.

这次会议在重申埃格蒙特集团的目标、任务后，做出了两个共识性决定：一是大会重申：集团从一开始所确立的使命、宪章、政策，仍然能够适应变化了的国际反洗钱和打击恐怖融资的形势需要；二是在原有集团战略指导思想基础上提出：在未来3年至5年时间内，埃格蒙特集团应集中在六个主要工作领域取得进展和成就，其中第1个和第2个方面最为重要，同时也是得到一致强调的战略发展内容。

"a. 建立一个更为强大的金融情报机构国际网络；b. 为信息国际交流的有效性提供保障。"①

上述这两个方面的发展战略任务内容，本质上就是对全球网络范围的再强化，这相当于从战略思想定位上，改变或者说扬弃了集团从成立以来，理论上一直强调在既定政策下自律与自愿和更多重视总部自身管理的发展思路。从强调为国际金融情报合作提供效率保障出发，考虑强化埃格蒙特集团的全球网络建设，而这个网络建设，既包括技术的，同时也包括组织机构的。由此，集团的最高层决策管理的视野，也从过去强调集团本身在政策、规则方面的作用，转为强调集团的全球管理视野和主动扩张的发展思想。埃格蒙特集团的组织架构调整就是在这一战略调整之下启动形成的。其中强化地区小组的建设，并将其放置在组织架构中作为与工作组平行职能机构，这就是这种全球战略的最集中体现。

2. 集团主席设置

正如前面我们说到的那样，集团主席是一个与集团理事会设置相匹配的治理结构设计。当理事会不走向管理前台，或者说集团理事会作为集团的一个纯粹的平行推举体制下的集合并不直接参与集团管理的前提下，集团自身管理工作所包含的权责关系也就不会成

---

① Egmont. Egmont Group Annual Report: 2008 ~ 2009 [R]. The Egmont Group of Financial Intelligence Units, 2010, Page 17. 作者译.

为集团突出的因素，在这样一种情况下，“埃格蒙特集团委员会（EC）”作为内部管理机构和成员金融情报机构意见的集中体现，是能够适应管理需要的。但是，新提出的战略是全球视野的，它要求有一个强有力的权责表述，而且按照西方组织构成的一般规律，这个最高权责主体应该是一个具体的责任人，以保证权责后果可追溯，而这个责任人就是“集团主席”。有关这一点我们可以从埃格蒙特集团组织法所给定的集团主席相关权责表述清楚地看到。

“B. 主席，角色及职能

（a）对埃格蒙特集团重大问题负责，包括埃格蒙特集团战略规划，以及在金融情报机构理事会（HoFIU）层面的协商和协调。

（b）建立埃格蒙特集团内部共识。

（c）确保以适时方式向成员机构通报影响埃格蒙特集团发展的重要信息。

（d）监督执行秘书的工作。

（e）就秘书处的运作提供指导。

（f）代表埃格蒙特集团联系外部合作伙伴和应邀出席国际论坛。

（g）负责主持：全体会议、金融情报机构理事会（HoFIU）会议以及埃格蒙特委员会会议（作为埃格蒙特委员会主席更多职责，请看第6.3节‘埃格蒙特委员会’）。

（h）代表埃格蒙特集团负责必要礼仪工作。”①

与过去没有主席一职设计、集团管理职能责集中于埃格蒙特集团委员会时的情况相比，上述8项职能的内容除第7项关于会议主持职责中后两项属于集团总部本身的职责内容外，其他的职责全部属于全球意义上的整个集团工作。

3. 埃格蒙特集团委员会

---

① Egmont. Egmont Group Annual Report：2012～2013［R］. The Egmont Group of Financial Intelligence Units，2014，Page 17－18. 作者译.

与2007年比较，在2010年的组织架构图的高层机构中，职责内涵变化最大的是埃格蒙特委员会（EC），而埃格蒙特委员会的职责变化，也从一个重要的方面反映了埃格蒙特集团的战略调整。

（1）职责定位调整

埃格蒙特集团历史文献并没有看到正式的埃格蒙特委员会职能定位，而且对集团内部的所有机构进行正式职责描述，也是2009年后的事，关于埃格蒙特委员会的正式职责定义，主要有2009年和2012年两次。所以，我们认为《埃格蒙特年报：2009～2010年》有关埃格蒙特委员会的相关内容表述，是首次正式从职责和权力意义上定义这一高层管理机构。如果我们以2010年组织架构调整作为2008年提出3～5年战略计后，集团战略调整实质性启动的时间起点，则比较2009年与2012年两次埃格蒙特委员会职责定义，我们可从中看到集团战略调整的显著反映。以下是2009年给出的“埃格蒙特委员会”职责定义：

“埃格蒙特委员会（EC）：埃格蒙特委员会充当金融情报机构理事会（HoFIUs）和工作组的磋商和协调机制。埃格蒙特委员会由常务委员和地区委员共同构成，主席和副主席各一名，并分别从上述委员中选出。埃格蒙特集团委员会的主要职能包括：为埃格蒙特集团开展的一系列活动提供协助：从内部协调和管理咨询到参与其他国际论坛活动。埃格蒙特委员会还负责艾格蒙特集团秘书处的工作。”

很显然，这个职责定义，除了代表集团出席其他国际论坛活动这一项之外，基本体现的是集团总部本身的管理和协调。但是在新职责定位中，上述职责发生了明显改变。

以下我们引用2012年埃格蒙特集团文献关于该委员会的新的职责定位：

“A. 委员会——基本职责

埃格蒙特委员会要确保金融情报机构理事会（HoFIU）确定的

任务得到实现。埃格蒙特委员会是一个由金融情报机构理事会（HoFIU）特别授权，负责在各工作组和各区域小组间进行协商和协调的实体。埃格蒙特委员会监督埃格蒙特集团的各项举措的实施，并为集团主席、工作组、区域小组和秘书处提供一般性指导。埃格蒙特委员会负责确保埃格蒙特集团纵向和横向的协调，并使其与埃格蒙特金融情报机构理事会（HoFIU）的任务一致。”①

比较2009年关于埃格蒙特委员会的定位与职责，这个基本职责定义出于战略调整而发生的内涵改变，归纳起来主要体现在两个方面：

①内部协调功能淡化

根据新的职责定位，埃格蒙特集团委员会不再仅仅是一个协调机构，而是在埃格蒙特集团最高权力机构——理事会所确定的目标和任务实现方面，承担相应职责的机构。有关这一点，可以从以下两点得到肯定：

首先，委员会是得到了理事会特别授权的协调机构。

其次，在这个职责定义的后半段，对委员会的有关协调职责作了更为明细的描述，比如为主席、工作组、区域小组、秘书处提供一般性指导，而埃格蒙特集团理事会所确定的目标是全球的，不限于诸如集团财务预算管理等方面的内部职责。

②职责范围扩展

从职责定义看，委员会的职责范围不再限于集团总部本身，有关这一点，同样可以从两个方面看到：

首先，过去只是提及理事会和工作组之间的协调，而现在提及了与有关区域小组之间的协调。

其次，基本职责的后一句话明确了委员会有“横向”和“纵

---

① Egmont. Egmont Group Annual Report：2012～2013［R］. The Egmont Group of Financial Intelligence Units，2014，Page 37－38. 作者译.

向”两方面的协调职责，而纵向协调显然也是超出于集团总部本身的。所有这些都表明，委员会的工作着眼点已触及全球范围。

除了上面这个基本职责表述外，有关埃格蒙特集团委员会的基本职责适应集团发展战略调整而发生改变的事实，还可以从埃格蒙特集团文献中所明确的“委员会：作用与功能（The Committee—Roles and functions）①”，以及在这一条中所提及的共 17 项具体职责中看到。比如，其具体工作职责的第 4、第 5、第 7、第 9、第 14、第 15 和第 17 项，这些具体的工作职责基本体现的是：为埃格蒙特集团理事会所确定的集团工作目标和任务，提供保障性、监督性和协调性服务 。

（2）委员会构成调整

埃格蒙特集团战略调整变化的另一项重要内容，是埃格蒙特集团对埃格蒙特集团委员会构成所进行的调整。埃格蒙特集团委员会（EC），作为埃格蒙特集团总部具有关键作用的决策执行机构，其成员构成的变动，实际反映在执行决策这一层面上的表决力量对比的变动。所以，结合 2010 年后埃格蒙特集团的战略调整分析，我们从这个委员会的成员构成调整，同样可以看到这样的调整和改变，本身就是埃格蒙特集团战略调整的一个组成部分。

表 4－6　　2007 年埃格蒙特集团委员会成员构成②

成员构成（membership）	出任职位成员所在机构（国家）[agency（Jurisdictions）]
埃格蒙特集团委员会主任：由培训工作组首席执行出任（常任职位）[Chair, Egmont Committee: Chair, Training Working Group（Permanent）]	澳大利亚交易报告和分析中心（澳大利亚金融情报中心）[AUSTRAC（Australia）]

① Egmont. Egmont Group Annual Report: 2012 ~ 2013 [R]. The Egmont Group of Financial Intelligence Units, 2014, Page 38. 作者译.

② Egmont. Egmont Group Annual Report: 2007 ~ 2008 [R]. The Egmont Group of Financial Intelligence Units, 2009, Page 11. 作者译.

续表

成员构成（membership）	出任职位成员所在机构（国家）［agency（Jurisdictions）］
埃格蒙特集团委员会联席副主任：由法律工作组首席执行出任（常任职位）［Co－Vice Chair，Egmont Committee：Chair，Legal Working Group（Permanent）］	金融信息处理机构（比利时金融情报中心）［CTIF－CFI（Belgium）］
埃格蒙特集团委员会联席副主任：由美洲地区代表出任［Co－Vice Chair，Egmont Committee：Regional Representative，Americas（un－permanent）］	巴哈马金融情报机构［FIU（Bahamas）］
IT工作组首席执行出任（常任职位）［Chair，IT Working Group（Permanent）］	金融情报分析机构（智利金融情报机构）UAF（Chile）
外联工作组首席执行（常任职位）［Chair，Outreach Working Group（Permanent）］	防止洗钱和金融违规委员会所属行政服务（西班牙金融情报机构）［SEPBLAC（Spain）］
运行工作组首席执行责任（常任职位）［Chair，Operational Working Group（Permanent）］	金融信息机构（列支敦士敦金融情报机构）［EFFI（Liechtenstein）］
欧洲地区代表（Regional Representative，Europe）	反洗钱机构（塞浦路斯金融情报机构）［MOKAS（Cyprus）］
亚洲地区代表（Regional Representative，Asia）	马来西亚国家银行（马来西亚金融情报机构）［UPWBNM（Malaysia）］
非洲地区代表（Regional Representative，Africa）	毛里求斯金融情报机构［FIU（Mauritius）］
美洲地区代表（Regional Representative，Americas）	墨西哥金融情报机构［UIF（Mexico）］
大洋洲地区代表（Regional Representative，Oceania）	新西兰警方金融情报机构（新西兰金融情报机构）［NZ Police FIU（New Zealand）］
欧洲地区代表（Regional Representative，Europe）	情报处理和禁止非法金融网络行动工作组（法国金融情报机构）［TRACFIN（France）］
埃格蒙特集团网络安全东道主代表（Representative，Host of Egmont Secure Web）	金融犯罪执法网（美国金融情报机构）［FinCEN（USA）］
埃格蒙特集团秘书处（Egmont Secretariat）	执行秘书长（Executive Secretary）

资料来源：Egmont. Egmont Group Annual Report：2006～2007［R］. http：//www.egmontgroup.org/.

表 4-7　　2010 年后埃格蒙特集团委员会成员构成①

成员构成（membership）	出任成员所在机构（国家）[agency（Jurisdictions）]
埃格蒙特集团委员会主任（Chair，Egmont Group）	金融信息处理机构（比利时金融情报中心）（CTIF – CFI Belgium）
埃格蒙特集团委员会共同副主任：运行工作组首席执行（Co Vice Chair Chair Operational WG）	金融信息机构（列支敦士敦金融情报机构）（EFFI Liechtenstein）
埃格蒙特集团委员会共同副主席（Co Vice Chair）	空缺职位（Vacant）
培训工作组共同首席执行（Co – Chair，TWG）	英国根西岛融情报服务局（FIS Guernsey）
培训工作组共同首席执行（Co – Chair，TWG）	金融信息机构（列支敦士敦金融情报机构）（EFFI Liechtenstein）
常任职位——法律工作组首席执行（Permanent – Chair，LWG）	意大利金融情报机构（UIF Italy）
常任职位——信息技术工作组首席执行（Permanent – Chair，IT WG）	荷兰金融情报机构（FIU – NL，Netherlands）
常任职位——外联工作组首席执行（Permanent – Chair，Outreach WG）	防止洗钱和金融违规委员会所属行政服务（西班牙金融情报机构）SEPBLAC（Spain）
美洲地区小组（Regional Americas）	百慕大金融情报机构（FIA Bermuda）
美洲地区小组（Regional Americas）	墨西哥金融情报机构（FIU – Mexico）
亚洲地区小组（Regional Asia）	印度金融情报机构（FIU – IND India）
亚洲地区小组（Regional Asia）	卡塔尔金融情报机构（QFIU Qatar）
非洲地区小组（Regional Africa）	毛里求斯金融情报机构（FIU Mauritius）
欧洲地区小组（Regional Europe）	情报处理和禁止非法金融网络行动工作组（法国金融情报机构）（TRACFIN France）
欧洲地区小组（Regional Europe）	乌克兰国家金融监管委员会（乌克兰金融情报机构）（SCFM Ukraine）

① Egmont. Egmont Group Annual Report：2007～2008［R］. The Egmont Group of Financial Intelligence Units，2011，Page 11. 作者译.

续表

成员构成 （membership）	出任成员所在机构（国家） ［agency（Jurisdictions）］
欧洲地区小组（Regional Europe）	德国金融情报机构（FIU – Germany）
大洋洲地区小组（Regional Oceania）	澳大利亚交易报告和分析中心（澳大利亚金融情报中心）（AUSTRAC Australia）
埃格蒙特集团网络安全代表 （ESW – Representative）	金融犯罪执法网（美国金融情报机构）（FinCEN USA）
埃格蒙特集团秘书处（Egmont Secretariat）	执行秘书长（Executive Secretary）

资料来源：Egmont. Egmont Group Annual Report：2009 ~ 2010［R］. http：//www. egmontgroup. org/.

表4－6是2007年未调整前的埃格蒙特委员会的成员构成，而表4－7则是2009年下半年调整后的委员会成员构成。

从表4－6看，在2007年埃格蒙特委员会的成员构成中，五个在委员会中具有领导地位的常任职位，即一个主任、两个联席副主任（或共同副主任）和另两个不通过任何程序选举或推举的常任职位，全部由集团所在的五个工作组的首席执行官来出任。这是一个典型的以集团自身管理为重心的委员会构成，这个构成显然是与2008年全球发展战略计划提出来之前的埃格蒙特集团发展宗旨是相适应的。

再从表4－7看，经历2009年底调整后的新的委员会成员构成向我们展示了两个方面的重要变化。

①减少了集团本身占有常任职位的职数

过去不通过推举和选举程序的五个常任职位减少到三个，这三个职位仍然维持固定由法律工作组（LW）、外联工作组OW）和信息技术工作组（IW）的首席执行官来出任。而其他包括主任、联席主任在内的职位，均不固定其人员出处，而是根据修改后新的人员任职程序，可以从任何一个部门、地区推举和推选。这就说明，在委员会这样一种以集团和区域共同构成的权力机构中，过去是集团占据完全主导地位，而为了适应全球化战略，强调集团工作向地区倾斜，因为减少了集团固定的常任职位占有，增加了地区对集团职位的占有。

②委员会中地区成员由“洲（地区）代表”改为“洲（地区）小组”

2009年组织架构调整后，埃格蒙特委员会地区成员不再以“洲（地区）代表（Regional Representative）”作为成员名称，而是去掉了“代表”一词，直接以“洲地区小组”出任。本质上有可能还是那样一些人作为埃格蒙特委员会成员，但是以“洲代表”出任委员会成员和以“洲小组”出任委员会成员所不同的是，后者反映的是埃格蒙特集团强化了对各洲的金融情报机构的发展管理。

③地区在委员会中的成员增加

按照西方组织法惯例，各洲在埃格蒙特委员会的成员位置，是根据各洲的成员机构规模来确定。埃格蒙特集团的具体规定是1～19个成员规模的洲，可推举1名代表；20～39个成员洲，可推举2名代表，成员金融情报机构达到40个以上规模的洲，可推荐3名代表[①]。2007年后，增长较快的是欧洲、美洲和亚洲，均达到所规定出任位置成员新的级别，所以，在新的委员会成员中，来自于区域的成员位置共增加了三名，即亚洲、欧洲、美洲各增加一名，这使得区域成员在埃格蒙特委员会的总成员数由2007年的6名上升到9名，如果我们视每个成员为一张对决策产生作用的等值选票，那么，在埃格蒙特集团委员会的决策结构分配中，代表区域的决策占比，由过去的43%上升到现在的47%，已接近半数。

4. “洲代表”与“洲小组”

针对新的架构图，结合埃格蒙特委员会成员变化分析，在新的

① Egmont. Egmont Group Annual Report：2009～2010［R］. The Egmont Group of Financial Intelligence Units，2011，Page 27. 作者译.

发展战略框架中，各洲（地区）参与到集团发展管理的主体可分为两个层面。

（1）“洲代表”（Regional Representatives）

“洲代表”，主要是指以埃格蒙特委员会成员的身份，参与到埃格蒙特集团决策执行层面的管理。上述介绍中已经说到，2009 年调整后的埃格蒙特委员会作为决策服务机构，其管理权力得到了拓展与强化，洲为单位的地区代表出任这个委员会成员，本质上就是参与集团的决策管理。这个身份在 2007 年以前就存在，但 2007 年以前的埃格蒙特委员会职能定位，主要反映的是集团自身管理，并不具有对全球战略服务的意义，所以对这些“洲代表”也没有专门进行职责定位。

2008 年战略调整以后，随着埃格蒙特委员会的职能调整，“洲代表”才开始有了正式的职能定位，下面是埃格蒙特集团文献所给定的埃格蒙特委员会“洲代表”三项职能：

“地区（洲）代表：定位及职能：

（A）作为地区小组意见的代表者，通过沟通和参与埃格蒙特集团委员会讨论和决策，反映所在地区的意见和利益。

（B）积极主动和适时地向所在地区小组通报埃格蒙特集团信息和相关成果。

（C）负责向埃格蒙特委员会不断更新所在地区小组成员机构如下信息：发现问题、当前现存的问题和需要关注的问题。”①

由上面这个专门针对埃格蒙特委员会“洲代表”职能定义，我们可以清晰地看到两点：一是这些代表过去是由各大洲的金融情报机构直接推荐，现在变为由“洲（地区）小组”委派；二是由于埃格蒙特委员会有了新的职能定位（战略决策服务机构），“洲代表”

① Egmont. Egmont Group Annual Report：2012～2013［R］. The Egmont Group of Financial Intelligence Units，2014，Page 40. 作者译.

作为委员会管理的构成部分，除了参与委员会日常管理外，还要直接负责委员会与“洲（地区）小组”之间的重大信息沟通。

（2）“洲（地区）小组”

“洲（地区）小组”，主要是指经历2009年调整后，埃格蒙特集团新建立的以洲为范围的地区小组，它对整个金融情报工作的参与，主要体现在执行层面，功能的强度上与集团的工作组（WG）平行。埃格蒙特集团成立“洲（地区）小组”，同样体现的是集团对全球战略中的机构发展的重视，即重视各洲的金融情报工作。从表4－7可知，各“洲（地区）小组（Regional Group）”作为集团组织结构的组成部分，有与集团工作组并行职能定位。这里我们引述埃格蒙特集团文献给定的“洲（地区）小组”的职责定位如下：

“地区小组——原则

为了实现发展、合作和专业共享，埃格蒙特集团建立了地区小组。地区小组依据地理分布而建，并且是由其相应在埃格蒙特委员会中的地区成员派代表出任。埃格蒙特集团的每一个成员都应归属相应地区小组，成为这个组的组员。

地区小组，由金融情报机构成员的首脑或他们指定的代表来出任，参加埃格蒙特集团周会议和年度全体会议，集团鼓励地区小组在可能的情况就地区问题和活动开展合作。”

在上述所谓“原则”交待之后，埃格蒙特集团还为地区小组确定了以下具体职责：

“地区小组——定位及职能

（A）积极配合、沟通，支持埃格蒙特集团各工作组的工作。

（B）起草埃格蒙特理事会（HoFIU）认可的地区发展规划。

（C）为所在地区非埃格蒙特金融情报机构加入埃格蒙特集团提供支持和资助。

（D）推动地区小组成员开展包括类型研究、运营和战略项目的合作。

（E）代表所在地区就与埃格蒙特理事会和埃格蒙特委员会（CE）有关的具体问题提出建议。

（F）就所代表地区的发展问题定期提出新的建议。

（G）主动陈述和解释埃格蒙特委员会提出的问题。

（H）以实用和适当的工作方式，协助地区代表统筹安排年度地区小组会议和其他会议，并积极参与和为会议召开做出努力。

（I）在创新和项目合作方面与秘书处合作。"

这是一个非常全面的职责表述，地区小组在集团内部要在纵横两个方面发生多重工作关系，包括：地区战略上与理事会（B），常规工作上与埃格蒙特委员会（E、G），专业问题沟通方面与集团秘书处（H、I）。

其中体现新的埃格蒙特集团全球发展战略和工作职责主要有："B"和"C"项，B 项职责的内涵很清楚，就是要从战略层面上确保地区（洲）的发展与全球发展战略的一致性。C 项工作职责目的很明确，就是将地区扩展工作的任务加载到了地区小组的身上，这样使得地区扩展工作职责更加具体化。

当然，地区小组还有它的另外一项重要的职责，就是推举地区代表。有关这一点，埃格蒙特集团文献做了如下规定：

"地区小组的成员要负责按照埃格蒙特委员会和地区小组的内部程序选择其地区代表。遴选过程应在地区小组职位可在地区内所有金融情报机构代表之间轮换，与可针对洲的一些具有代表性地位的金融情报机构灵活掌握之间保持平衡。

地区（洲）代表由集团理事会（HoFIU）批准。地区代表任期两年并可延长两年任期，但延长任期必须是特殊情况需要，而且要得到集团理事会（HoFIU）批准。”①

（三）与FATF比较

基于埃格蒙特集团与FATF同为世界上两个重要的反洗钱国际组织，我们这里有必要就这两个组织的构架及其变化做一个比较分析：

1. FATF组织架构及其调整

无独有偶的是，与埃格蒙特集团一样，FATF的组织架构也在差不多的时间内经历了一次调整，尽管FATF的组织架构调整并不像埃格蒙特集团那样显著，但是，从发展阶段分析，结合近三年内FATF发展的特点，这样的调整同样是值得我们注意的，以下我们对FATF的这两次调整进行对比。

（1）2009年架构图

图4－7是FATF 2009年，也是发布在2010年组织架构调整之前的组织架构图。

由组织架构图可知，FATF与像联合国那样的国际组织一样，是以全体会议（Plennary）为最高权力机构。这样一个通过全会方式讨论决定组织原则、战略、制度的最高权力机构，在埃格蒙特集团也是同样存在的，只不过它是按照一般非官方组织形式，以“金融情报机构理事会（HoFIU）”来反映这种最高权力机构。

在FATF这样的以独立司法管辖权为成员单位的国际组织，似乎必须要将“全体会议”这样一个最高决策机构在组织架构中凸显出来，而在埃格蒙特集团，由于其成员机构主体并非严格意义上的独

① Egmont. Egmont Group Annual Report：2012～2013［R］. The Egmont Group of Financial Intelligence Units，2014，Page 43. 作者译.

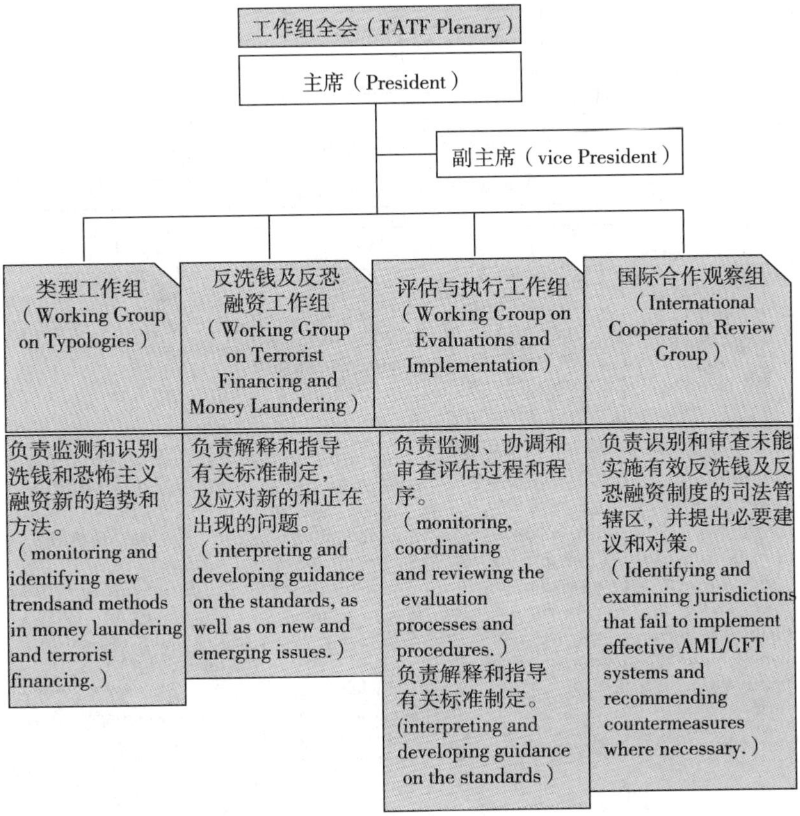

资料来源：Financial Action Task Force Annual Report 2008～2009［R］. Page 8. http：//fatf－gafi org/. 作者译.

图 4－7　2010 年前 FATF 组织架构图

立司法管辖主体，在以运作为宗旨的组织架构中，似乎就可以被忽略。

（2）2010 年调整

2010 年新一任 FATF 主席保罗·瓦兰德瑞上任，在他上任后，FATF 的组织架构发生了改变。图 4－8 是我们引用并翻译后的 2010 年 FATF 组织架构。

比较两个架构图后可以看到，FATF 组织架构经 2010 年调整后，

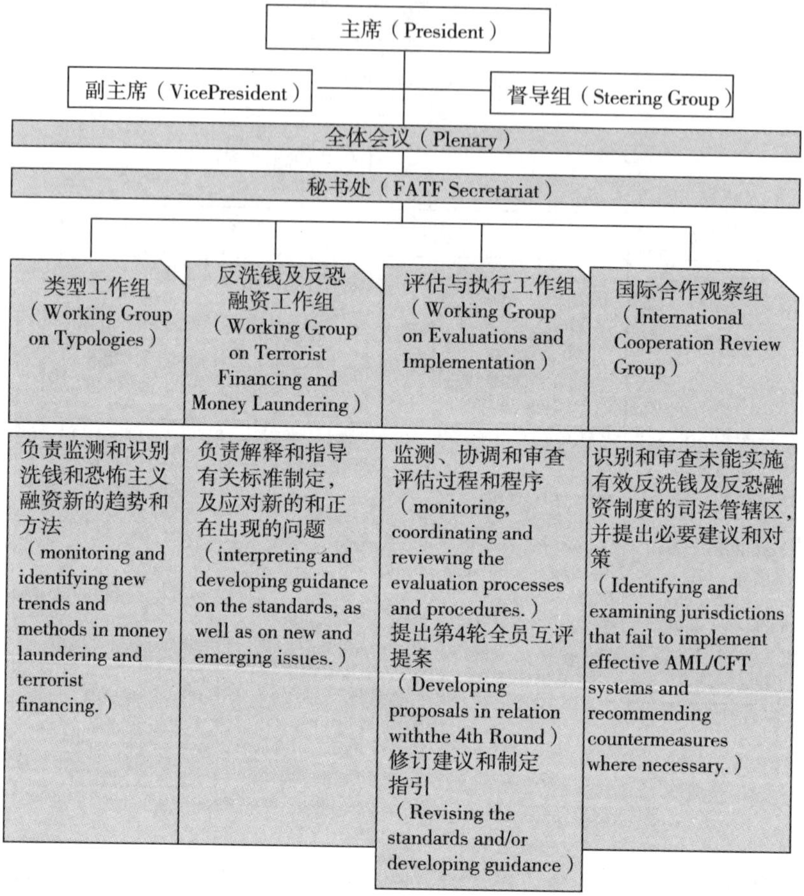

资料来源：Financial Action Task Force Annual Report 2009～2010［R］. Page 13. http：//fatf－gafi org/. 作者译.

图4－8　2010年后FATF组织架构图

其高层设计上发生了较大的改变，那就是“FATF全体会议（FATF Plenary）”作为权力的顶层设计，被置于主席，甚至副主席和新增加的督导组之下。按常规理解，这一改变似乎不符合国际组织的一般治理结构规则。为了弄清楚这一调整的本质意义，我们将FATF对其组织框架调整后的“全体会议（Plenary）”职能定位解释翻译如下：

“反洗钱金融行动特别工作组全体会议（FATF Plenary）是反洗钱金融行动特别工作组的决策机构，但它要负责监督四个工作组的具有特定任务性质的工作，在范围上涵盖从新生威胁识别到对国家层面实施反洗钱和反恐融资体系进行评估……。”①

上述解释实际告诉我们，新的FATF组织架构图对FATF全体会议的职责进行了“双重”定义，即在全体会议的决策权力之外，规定了它的另一重具体的管理职责，但这个职责不是常规性管理工作职责，是要监管工作组完成“特定任务”性质的工作，而这个特定任务又与国际范围内新威胁有关，这个变化的意义在于：将决策与世界范围内新发生的洗钱问题直接联系在一起。这一改变，与埃格蒙特集团委员会的职责调整有相近之处。当然，这里要加以区别的是，早期埃格蒙特集团的组织架构设计并不体现决策职责，这一特点是由其组织性质所决定的，而FATF调整其决策组织功能，仅仅是出于体现战略决策对新问题的敏感性的考虑而形成的，其决策特性并没有发生改变。

FATF组织架构的第二个变化，就是在这个架构中突出了秘书处（Secretariat）的功能定位。这个设置调整，也体现了FATF的组织架构设计与埃格蒙特集团乃至其他同类机构如FATF范式区域机构APG、EAG等趋于统一的趋势。本质上，秘书处在任何一级国际组织中的作用都是非常重要的，FATF也不会例外。

2. 比较

以下我们对上述FATF的组织架构变化与埃格蒙特集团的组织架构变化作一简单比较。

（1）体现了不同的全球发展模式

调整后的埃格蒙特集团组织架构，突出了地区组织机构在集团

① FATF. Financial Action Task Force Annual Report：2009～2010［R］. Financial Action Task Force on Money Laundering，2013. Page 12. 作者译.

的位置，而这个调整与其2008年后更加注重全球发展的战略调整是一致的。

FATF从一开始就非常重视其全球发展战略，但是，在组织体系上它却采取了一种“非紧凑”形式，原因我们在前面已经作过分析，FATF从一开始就为其组织制定了非常严格的准入条件，即“成员政策”，根据所定成员政策，世界上能达到其政策要求的国家和独立司法主体并不多，有些条件甚至是由国家天然条件所决定，比如要求成员国的金融体系在国际金融领域要有一定的影响力，很显然，这就会受到国家经济规模的限制。也正是因为这样一种原因，FATF采取发展“FATF范式区域机构”的方式来实现自己的全球战略。在这样的区域发展战略构思之下，所有达不到FATF成员政策要求的国家，可以自由地参加准入条件相对不严格的区域组织，而对于FATF来说，对区域范式组织只有一个最基本的要求要达到，那就是区域组织的成员必须承认和遵守FATF的建议标准，各国只要达到这一要求就可以作为成员参加相关会议和活动。

与之不同的是，埃格蒙特集团在区域发展上经历了两个时期，从成立之初到2008年战略调整，埃格蒙特集团没有明确的区域发展战略，各洲金融机构以独立成员加入集团。2008年调整后，埃格蒙特集团建立地区（洲）小组，开始强化在各大洲的发展，但是由于其并不要求成员机构必须是国家概念，集团对机构并不要求有严格政治承诺，只强调对情报交换原则的认同。在这样的情况下大多数国家承认情报交换原则就只是一个操作性问题，而不涉及政治承诺层面的问题，所以，其由“地区代表制”向“地区小组制”转变，并延续其紧凑的区域发展组织形式并不存在成员政策冲突问题。

（2）网络安全具有特殊的重要性

与FATF组织架构的另一个显著区别是：网络安全（Egmont’s Secure Web system（ESW））在埃格蒙特集团组织架构中具有突出的

位置。这是 FATF 组织架构设计中所没有的，这样的设计同时也表明，埃格蒙特集团在国际反洗钱领域更具有技术特性，当然，这一点也与其工作组设计中专门设置了信息工作组（IT Working Group）是相吻合的。根据其文献介绍，有关这个位于地区组织和工作组之间的“网络安全代表”，是一组对各成员金融情报机构使用网络，包括使用普通邮件系统传输信息、埃格蒙特集团自身网络入口安全等，进行独立监督检查的技术类监管人员。埃格蒙特集团安全网络还包括对特殊网络运用实行“许可”的制度。而网络安全代表也是行使这种审批权的技术监管人员。当然，这一设计本质上与其组织创立之初的宗旨是分不开的，网络本身就是金融情报合作的载体。

（3）不同的工作组设置

埃格蒙特集团的工作组设置，既体现了与其他反洗钱国际组织较高的一致性或相似性，如法律、培训等，但也有与自身高技术特性相匹配的特殊设计。

根据 FATF 历史文献反映，FATF 于 1991 年成立了三个工作组，但没有直接以工作组的职责内容来对工作组加以冠名：而是标以“第一工作组：（Working Group Ⅰ：Legal Issues）、第二工作组：（Working Group Ⅱ：Financial Matters）、第三工作组：（Working Group Ⅲ：International Relations）”①。第一个工作组后面用括号备注了相应的职责内涵，这里需要提出来说明的是，后来演变成为独立工作组的工作职责“类型工作组”和“培训工作组”其工作内容在早期就有，前者是由第一工作组，即法律问题工作组（Legal Issues）和第二工作组，即金融事务工作组（Financial Matters）共同完成，而培训工作是由第三工作组，即国际关系工作组（International Relations）

① FATF. Annual Report：1991 ~ 1992［R］. Financial Action Task Force on Money Laundering，1993. Page 22. 作者译.

来完成。

一直到20世纪90年代末，工作组才划定成为今天的四个工作组，而组建之初所确定的主要工作内容，也主要是针对组织发展之初首先要解决的问题。与所有的组织流程再造工程一样，FATF组织结构调整，最终还是让位于洗钱犯罪形势变化，随着洗钱种类技术迅速发展，国际组织对成员执行国际标准的检查，以及为成员提供培训支撑变得更重要，于是有了2009年FATF公布的组织结构图中的新的工作组划分。

对于埃格蒙特集团来说，洗钱技术发展并不直接影响到埃格蒙特集团的现行运作机构，因为自20世纪末以来，新的金融技术发展，或者说金融现代化正好是在网络平台上开展的，而这种变化正好是埃格蒙特集团成立宗旨所指向的领域。对于拟加入埃格蒙特集团的金融情报机构来说，是否具备成员标准或遵循情报交换原则所要求的法律环境、网络运行维护与IT技术支持以及相关技术培训等，所有这些都是埃格蒙特集团永恒或者说不变的主题。所以，埃格蒙特集团由其工作对象的特殊性，决定它不会像FATF那样，因洗钱犯罪形势发展而在流程再造的基础上变动其组织架构，而恰好会因为技术在金融领域的发展变化而调整其处于操作层面的工作组组织结构。

四、埃格蒙特集团金融情报制度机制

埃格蒙特集团的制度机制体现在情报交换相关规定之上，而为了实现情报交换所要达到的主要目标，同时为这样的交换提供制度保障，埃格蒙特集团制定了一系列重要的制度性文献，并通过这些制度性文献，集中反映集团的发展目标和相应的运作规则。

在2013年前，埃格蒙特集团的金融情报机构制度体系主要由以下四个重要文献构成：

- 《埃格蒙特集团宪章》（*Egmont Group of Financial Intelligence Units Charter*）；
- 《埃格蒙特集团宗旨声明》（*Statement of Purpose of the Egmont Group of Financial Intelligence Units*）；
- 《埃格蒙特集团金融情报机构间信息交换原则》（*Egmont Group of Financial Intelligence Units Principles for Information Exchange Between Financial Intelligence Units*），以下简称《信息交换原则》；
- 《埃格蒙特集团金融情报机构成员申请程序规定》（*Procedure*）。

2013年，《埃格蒙特集团宪章》修订后，《埃格蒙特集团宗旨声明》并入《埃格蒙特集团宪章》，埃格蒙特集团的制度体系减少为三个主要制度性文献。这里要强调的是，文献个数虽然减少，而内容并没有减少，相反更加丰富。

（一）《埃格蒙特集团宪章》

《埃格蒙特集团宪章》，是金融情报集团的纲领性文献，最早于1996年在罗马会议上通过。2004年，根西岛会议对这一文献做了第一次修订。2013年7月，南非会议再次对之进行修订，并于会议后正式公布。目前埃格蒙特集团公布执行的就是南非会议第二次修订后形成的文献版本。

1. 《埃格蒙特集团宪章》构成

《埃格蒙特集团宪章》正文由以下几个主要部分组成：

- 前言（Preamble）；
- 定义（Definition）；

- 宗旨声明（Statement of Purpose）；
- 信息交换与国际合作（Information Exchange and Iternational Co－orperation）；
- 组织构成（Composition）；
- 会议制度（Particiption）；
- 管理结构（Structure）；
- 宪章规定执行（Complance with the Provisions set up thre Present Chart）；
- 修改或修订权（Amendents or Revisions）；
- 附件 A：FATF 第 29 条建议解释性说明（Appendix A：Interpretative Note to FATF Recommendaton 29）。

这就是埃格蒙特集团基本组织法文件，为了将讨论集中于其中有机部分，我们这里主要讨论该《宪章》具体制度内涵性的原则规范、各层级成员主体权责规范、部门（主要职责是在会议参与的划分上）和各管理层级的权责定义。

2. 主要部分释义

（1）金融情报机构定义（Definitions）

根据埃格蒙特集团的发展宗旨，其对加入埃格蒙特集团的金融情报机构类型并不做限制，但是，无论什么样的金融情报机构，都必须满足埃格蒙特集团宪章所提出的金融情报机构如下定义：

“金融情报机构（FIU）的定义在 FATF 建议和有关金融情报机构‘注释（第 29 条建议）’已有明确表述。

各国应建立金融情报机构，并使之作为接收和分析如下信息的国家中心：

（a）可疑交易报告；和

（b）与洗钱、上游犯罪和恐怖主义融资相关的其他信息，以及分发上述信息的分析结果。”①

有关这一最新金融情报机构定义，我们可以与2004年埃格蒙特集团所通过的定义进行比较。以下是埃格蒙特集团于2004年6月通过的金融情报机构定义：

“2004年6月，埃格蒙特集团通过金融情报机构如下定义：

金融情报机构是负责接收（允许情况下可提出请求）、分析和向主管部门分发和披露如下金融信息的中心和国家机构：

（a）与犯罪和潜在恐怖主义融资有关的可疑收益。或

（b）国家反洗钱和打击恐怖融资法律法规所要求的信息。”②

比较上述两个不同时期的“金融情报机构”定义内容，有两点是可以认识到的：

①定义趋于全面和明确

2004年的定义，对于金融情报机构的信息收集对象有限定性表述，这是由于在当时条件下，世界各国关于“可疑交易报告（STR）”并没有形成规范，因此，在信息的种类上，反映出了埃格蒙特集团较高的指定性，而这个指定性一定程度上限定了金融情报范围。

但新的定义取消了这种指定，而采用了泛指的“可疑交易报告”，这使“可疑交易报告”有更广泛的适应性。此外，新的定义强调：“各国应该建立金融情报中心”，而且是作为参加埃格蒙特集团的金融情报机构的限定性或前提性要求，而这在2004年的定义中是没有的。此外，2004年定义对两类情报的分类中间连接是用“或（or）”，表明金融情报机构在信息交换种类分类中，只要达到其中一

① Egmont. Egmont Group of Financial Intelligence Units Charter [R]. The Egmont Group of Financial Intelligence Units, 2013. Page 4. 作者译.

② Egmont. Egmont Group Annual Report: 2007~2008 [R]. The Egmont Group of Financial Intelligence Units, 2009, Page 7. 作者译.

种，即符合金融情报机构定义，而在新的定义中，用了“和”（and），这表明，作为金融情报机构应该是具有交换上述两类信息的地位和能力，而不是其中的一种就可以定义为金融情报机构。

②明确了与FATF建议之间的关系

与2004年定义比较，最为显著的变化还在于，金融情报机构定义与FATF的权威制度性文件《反洗钱国际标准》建立起了制度依据或互为前提关系。这应该是一个重要的信号，它反映了一种制度标准协同的趋势，对未来FATF成员和埃格蒙特集团金融情报机构成员的发展，甚至对这两个权威国际反洗钱机构的发展都可能产生重大影响。

（2）宗旨申明（Statement of Purpose）

第一稿“宗旨声明”于2004年6月在根西岛会议上通过，原来的版本相对复杂，其中将金融情报机构、成员、观察员定义，统一写进了原《埃格蒙特集团宗旨声明》。新版《埃格蒙特集团宪章》，分别将上述不属于表达埃格蒙特集团目标、指导思想和组织原则的内容分离出去，形成现有的简要和直观表述，并与“定义”共同构成宪章内涵性或者说是思想性表述。

（3）权责机制（Composition、Particiption、Structure）

《埃格蒙特集团宪章》的第4、5、6部分，即组织构成（Composition）、会议制度（Particiption）、治理结构（Structure）属于《埃格蒙特集团宪章》的核心内容。组织构成部分，不仅定义了成员、观察员的参与会议要求，而且明确了这两个层次参与主体的权力和责任，而这部分内容原来是放置在“宗旨声明”中的，而比较之下，在《埃格蒙特集团宪章》中的表述更加规范和全面。会议制度部分，主要对作为成员机构、观察员机构、理事会成员、委员会各级机构，必须或应参加什么层次会议的规定，所以用“参加”词意显著的“Particiption”来表达。这一规定的目的在于规范集团各组成员和机构参与决策的权限。

作为机制性内容的第三部分是"管理结构"，某种意义上说，这也是埃格蒙特集团的治理结构。这一部分主要规定埃格蒙特集团组织架构中5个决策和管理层级各自的权责，这五个层次分别是：

- 集团理事会（HoFIU）
- 集团主席（The Chair of the Egmont Group）
- 埃格蒙特委员会（Egmont Committee）
- 工作组（Working Group）
- 地区小组（Regional Groop）
- 秘书处（Secretariat）

这是个非常正式的管理层级的权责定义，比修订之前更加规范和全面。

（二）《信息交换原则》

就埃格蒙特集团准入政策而言，《信息交换原则》，是埃格蒙特集团最为核心的文件，尤其是在这个核心制度文献中，规定了成员机构必须遵守严格的情报合作条件，而这正好成为像我们这样一些国家金融情报机构申请成其成员机构的根本性障碍。

1. 原则

《信息交换原则》最早于2001年6月在海牙会议上通过，最早的名称是《金融情报机构间洗钱及恐怖融资案件信息交换原则》（*Principles for Information Exchange Between Financial Intelligence Units for Money Laundering and Terrorism Financing Cases*），这个制度文献最早没有单独发布，而是作为《埃格蒙特集团宗旨声明》的附件随同发布的。

后经过修订，其标题变为《埃格蒙特集团金融情报机构间信息交换原则》，新标题实际上对该信息交换原则的适用范围做了限定，即在埃格蒙特集团成员金融情报机构范围，而像我们国家的“中国反洗钱信息监测和分析中心”这样一些非成员金融情报机构，则不在这个交换原则的适用范围内。

为了清晰了解这一核心制度的进展与深化，我们分别将原版《信息交换原则》的文献结构与经2013年7月修订后的信息交换原则文献结构做一个对比：

2001年版《信息交换原则》共分为五个部分13条，其五个部分结构如下：

A. 导言（Introduction）

B. 总体原则（General Framework）

C. 信息交换（Conditions for the Exchange of Information）

D. 信息使用（Permitted Uses of Information）

E. 保密—保护隐私（Confidentiality　Protection of Privacy）

2013年修订后的版本，分为三个大的部分共37条，虽然大的结构简化了，但内容却大大扩展了：

A. 导言（Introduction）

B. 总体原则（General Framework）

C. 国际合作（International Co – operation）

- 发出请求义务（Obligations for the FIU Making the Request）
- 接受请求义务（Obligations for the FIU Receiving the Request）
- 不合理或不适当的限制性条件和拒绝国际合作的情况（Unreasonable or unduly restrictive conditions and cases for refusal to international co – operation）
- 数据保护和保密（Data protection and confidentiality）
- 信息交换渠道（Channels for the exchange of information）

2. 进展释义

研究内容变化与扩充，结合文献结构调整，埃格蒙特集团这一核心制度文献的进展与深化主要体现在以下两个方面。

（1）语言规范水平提高

这里所说的文献语言规范提高，主要体现在文献摆脱第一版具有的“动员”或“号召”的语言表述方式。这样的表述与埃格蒙特集团成立之初，需要在原则认识水平方面附加上更多的动员氛围，尤其是让申请成员资格的金融情报机构积极地了解这一原则。2013年文献修订，埃格蒙特集团金融情报机构对国际金融情报合作原则认识水平已经显著提高，并且这种认识的一致性，尤其体现在已成规模的全球集团会员间。所以，埃格蒙特集团在文献修订的时候，对旧文献中已不合时宜的语言表述做了适时调整。

（2）建立与 FATF 关联

信息交换原则修订，同样采取了与 FATF 建议条款建立关联的方法，使其中部分内容与权威建议的内容形成有机连接。最典型的连接体现在新版《信息交换原则》第 3 条：

“埃格蒙特集团的成员应重申：接受反洗钱金融行动特别工作组（FATF）2012 年修订的建议标准和关于金融情报机构解释性说明（《建议》第 29 条）以及其他国际合作形式（《建议》第 40 条）。”①

结合《埃格蒙特集团宪章》相关内容和 FATF 制度内容关联来看，《信息交换原则》内容与 FATF 制度内容关联反映的是同样的发展趋势：两个世界上权威反洗钱国际组织正在有意识地推动两个集团的反洗钱制度机制协同和连接。

3. 情报工作线路图

① Egmont. Egmont Group of Financial Intelligence Unites Principles for Information Exchange between Financial Intelligence Units［R］. The Egmont Group of Financial Intelligence Units, 2013, Page 3. 作者译.

图4－9是埃格蒙特集团公布的标准金融情报机构的金融情报工作线路图。结合《埃格蒙特集团宪章》给定的金融情报机构定义分析，这个工作线路图本质上隐含了埃格蒙特集团对其成员金融情报机构的情报工作原则的基本要求。

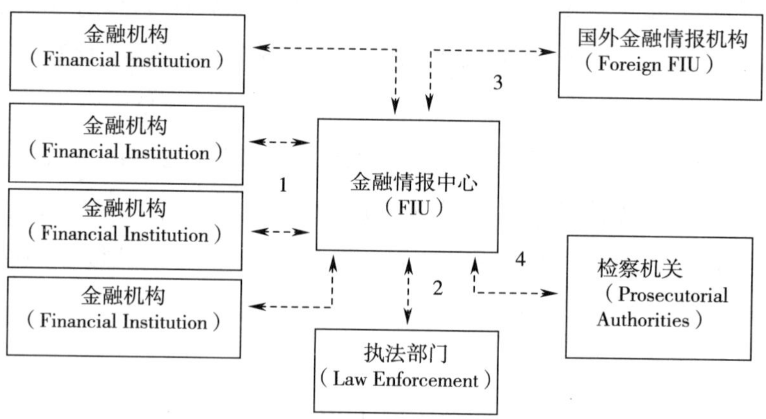

资料来源：Egmont. The Egmont Group Annual Report July 2008 ~ June 2009［R］，page11.

图4－9　埃格蒙特集团公布的金融情报机构情报工作线路图

其实，结合埃格蒙特集团的成员政策，我们可以从一个隐含的意义上理解这个情报工作线路图所体现的埃格蒙特集团的宗旨之一：任何一个标准的金融情报机构，其国内有制度性保障，必须满足这个工作线路图所标识的几个方面的金融情报功能得以实现。

以下我们针对图4－9做一些具体的分析。根据文献介绍，这个情报工作线路图可分为两个方向。

相对于国内而言，金融情报机构在信息交换和处置上，应具有三个维度的依法处置功能，即图中的“1”、“2”、“4”部分的信息线路功能，其具体内容如下：

线路1：传送给金融情报中心供披露（Disclosures transmitted to FIU）；

线路2：金融情报机构接收执法部门信息（FIU receives additional information from law enforcement)；

线路4：经过分析处理，移交检察机关采取行动（After analysis，FIU provides case to prosecutor for action）；

相对于国际而言，作为标准金融情报机构，要具备能够与其他金融情报机构自主平等交换信息的能力，其表述是：

线路3：与国外金融情报机构对等进行信息交换（Possible exchange with foreign counterpart FIU）。

（三）成员申请程序

成员申请程序（Procedure）作为埃格蒙特集团的组织程序规定，并没有正式地发布文献，但是考虑到这个程序反映的是埃格蒙特集团准入相关规定和步骤，所以我们从其网站公布中获取文献，并在翻译的基础上做简要介绍和分析。

1. 程序

根据文献规定，成员申请程序共分为八个步骤，我们将这八个步骤依序排列如下：

第一步：递交申请（Step 1：Submit Application）

第二步：保荐确认（Step 2：Identify Sponsor FIUs）

第三步：考察阶段（Step 3：Monitoring Phase）

第四步：现场访谈准备（Step 4：Preparation for the Onsite Visit）

第五步：终期现场访谈（Step5：Final Onsite Visit）

第六步：后续终期现场访谈结束后（Step 6：After the Final Onsite Visit）

第七步：邀请出席会议（Step 7：Invitation to the Applicant FIU to Attend the Egmont Plenary）

第八步：正式接收（Step 8：Acceptance by the Heads of FIUs）

任何金融情报机构申请成为埃格蒙特集团成员，都必须遵守或经历这八个步骤。结合FATF成员审查程序分析，对于申请成员资格的国家和机构来说，这八个步骤中最为重要的应该是第四步、第五步和第六步。因为第三步之前的步骤，一般情况下均为申请资料审查，而第四步到第六步，则要实地到申请国家进行资料核实和环境考察，这其中主要审查关于金融信息披露自由度对金融情报机构的地位的影响究竟如何。

2. 与FATF关联

2012年前，这个最早于20世纪90年代完成的“申请程序”，并没有与外部任何政策和制度关联，但是，我们发现，2013年，埃格蒙特集团网站对其所公布《成员申请程序》做了更新，并在更新中体现了其申请程序与反洗钱金融行动特别工组的关联：

“任何金融情报机构（FIU）都有资格申请成为埃格蒙特集团成员，只要它遵守反洗钱金融行动特别工作组（FATF）建议，并符合埃格蒙特集团金融情报机构定义。”①

因此，我们可以清楚地看到：埃格蒙特集团的主要或核心制度性文献：《埃格蒙特集团宪章》、《信息交换原则》、《成员申请程序》已全部与FATF制度机制关联或连接。

第二部分　我国金融情报工作进展

分析我国的金融情报工作体系，包括金融情报机构、金融情报工作和金融国情报工作机制，主要有两个方面的内容：一是将我国的金融情报工作进展放在国际金融情报体系进展的平台上去比较和

① Egmont. Procedure［EB/OL］. http：//www. egmontgroup. org/membership/procedure. 作者译.

分析，求证一个客观的结论；二是对我国金融情报工作现状与国内洗钱治理需要之间的关系做出客观评价。在本部分的上篇分析中，我们已经对国际金融情报体系进展的各个方面进行了较为全面、系统的研究，接下来的研究就是从工作和工作机制两个方面厘清国内现状，在比较国际进展的基础上，对我国的金融情报工作作出符合现实的评价。

一、前提分析

尽管我们在前面对国际同一领域的进展已经做了深入全面的分析，但为了能够在一个更广阔的视野下分析和研究我国金融情报工作的进展和现状，在分析我国的情况之前，仍然结合国际反洗钱领域相关政策、制度方面与我们所要进行的分析紧密相关的内容，做一个简要的前提分析。

（一）与 FATF 机制关联的金融情报工作

有关金融情报工作与 FATF 制度机制关联的问题，我们在前面已经分析了来自于埃格蒙特集团重要文献方面的连接问题，以下我们换一个分析视角，即从来自于 FATF 制度文献作关联分析。

1. 关于《FATF 成员政策》

《FATF 成员政策》（*FATF Membership Policy*）是 FATF 准入标准文献。尽管在 2003 版《40 条建议》中，与 FIU 直接关联的第 26 条，并不在准入条件所规定的成员国必须遵守的核心建议条款 CR 范围内，但是，我们却能从这一建议条款的相关内容，透析到一国金融情报组织体系与申请成为 FATF 成员国之间的内在关系连接。

根据FATF公布的“成员政策”，任何一个国家必须经过两个等级的成员申请标准或步骤：

第一级：“基本标准”（Step 1 – Fundamental criteria of membership）；

第二级：“技术及其他标准”（Step 2 – Technical and other criteria）

有关这两个等级申请标准的第一等级成员标准，我们在第二部分已做过详细分析，这里我们针对分析的是第二等级的成员标准。

第二等级标准分为以下三个次一级内容：

（a）申请国应提供政治承诺函（The country should provide a written commitment at the political level）；

（b）申请国应是FATF区域机构的正式和活跃的成员（The country should be a full and active member of a relevant FATF – style regional body）；

（c）主要条款合规水平必须是可接受的。

“（c）”这个次一级内容的标题是作者总结后加上去的（原文有内容但没有给予相应的标题），为了清楚地了解这一次级标准的具体内容，我们将标题下原文翻译引述如下：

“整体互评需要达到令人满意的水平，特别是在应用《建议》处理：洗钱和恐怖融资犯罪（R. 1&SR. II）、冻结和没收（R. 3和SR. III），客户尽职调查（R. 5），保存记录（R. 10），可疑交易报告（建议13&SR. IV），金融监督（R. 23），以及国际合作（R. 35，R. 36，R. 40，SR. I&SR. V）的合规水平方面，必须是可接受的。”①

这个内容其实我们在第二部分分析2012年FATF的《中国反洗钱第八次后续评估报告》，已经做过具体分析，即申请成员国的国家，执行6条核心建议和8条重要建议的合规水平必须达到“基本

① FATF. FATF Membership Policy［EB/OL］. http：//www. fatf – gafi. org/pages/aboutus / membersandobservers/fatf – membershippolicy. html. 作者译.

达标”以上。上述列举的便是《40 条建议》第 1、第 3、第 5、第 10、第 13、第 23、第 35、第 36、第 40 条，及《9 条特别建议》第 I、第 II、第 III、第 IV、第 V 条。

2. 《成员政策》与《40 条建议》

上述《成员政策》文献告诉我们：《40 条建议》第 10 条（2012 年版《反洗钱国际标准》第 11 条）“保存交易记录”（record – keeping R. 10）和第 13 条（2012 年版《反洗钱国际标准》第 20 条），以及《9 条特别建议》第 4 条“可疑交易报告”（suspicious transaction reporting（R. 13 & SR. IV），本质上是与定义和说明金融情报机构工作的《40 条建议》第 26 条（简称“旧 26 条”），也就是 2012 年版《反洗钱国际标准》第 29 条（简称“新 29 条”）相互紧密关联的。

也就是说，如果没有“旧 26 条”（新 29 条）相关要求的实现，作为成员准入标准的核心条款：R. 10、R. 13、SR. IV 就无法得到满足。对此我们也就可以进一步说：一国要申请成为 FATF 成员，必须在满足上述三个核心条款要求的同时，关联地遵守与建立 FIU 相关的旧 26 条（新 29 条）。

（二）关联进展

2003 年《40 条建议》第 26 条（新 29 条），是陈述 FIU 的专门性建议条款。之所以说它是《建议》标准体系中的专门性条款，因为比较 1996 年版《40 条建议》，这一条款是 2003 年《40 条建议》修订后首次增加的条款。那么，2012 年版《反洗钱国际标准》在原有条款基础上究竟发生了哪些改变，这些改变的进展意义与 FATF 成员政策关系以及成员政策与金融情报工作的关系究竟如何呢？

1. 条款比较

到目前为止，涉及金融情报机构的建议条款其内容变化，主要发生于2012年的建议修订，以下我们分别就这两个版本的同一内容列举如下：

在2003年版《40条建议》中，作为新增内容的第26条内容如下：

“各国应建立一个金融情报中心，作为接收（如经允许，也可发出请求）、分析和分发可疑交易报告和其他潜在洗钱和恐怖融资情报的国家中心。金融情报中心应能直接或间接地、及时地获得所需的金融、行政和执法方面的信息，以确保其履行包括分析可疑交易报告在内的职能。①”

而同一内容，经过2012年修订后列为《反洗钱国际标准》第29条，其原文内容如下：

“各国应建立金融情报机构（FIU），作为国家级中心，它要负责接收、分析：（a）可疑交易报告和（b）其他与洗钱、上游犯罪、恐怖融资有关的信息及分析结论与其他管理机构的共享。金融情报机构应该从报告机构获得额外信息，而且还应及时获得履行职责所需的金融、行政和执法信息。”②

2. 进展分析

比较上述不同建议版本中同一建议条款内容，其内容变化反映金融情报机构地位方面的进展与深化主要有以下三个方面：

（1）更加自然

对已为世界反洗钱领域所共同承认的金融情报机构，在情报收集、分析和分发权力的表述方面，趋于更加自然，在2003年版《40条建议》中括号部分对金融情报机构的被允许前提做了说明，但在

① 公安部经济犯罪侦查局（译）．反洗钱金融行动特别工作组（40条建议）［M］．北京：群众出版社，2003，第13页．

② FATF. The FATF Recommendations - 2012［R］. Financial Action Task Force on Money Laundering, 2012. Page 24. 作者译．

2012 年的条款中，却不再需要做任何前提表述。

（2）信息分类与分层次

经 2012 年修订后，这一建议条款对情报信息做了更为明确的分类，这个分类主要体现在两个方面：首先，基本明确了三个层次的信息获得，即报告机构按规定报送的信息；从报告机构获得规定报送信息以外的更多信息（额外信息）；履行其职责所需要的超出于报告机构范围的涉及金融、行政和执法信息，这个与埃格蒙特集团公布的金融情报机构信息工作线路图一致。其次，对第一层次信息，即规定报送机构应报送信息进行了以突出可疑交易报告为重点的信息划分，即在文中将除“（a）”以外的其他类情报信息，统一归入“（b）”，即其他信息。这样的信息在情报实践上更有利于金融情报机构区别履行职责的主体。

（3）协同（Synergism）

为了使人们能够更加直观地看到两个国际组织在近似或相同文献上的协同，我们不妨再次引用《埃格蒙特集团宪章》（*Egmont Chart*）关于金融情报机构的定义（Definition）如下：

“金融情报机构（FIU）的定义在 FATF 建议和有关金融情报机构‘注释（第 29 条建议）’中已有明确表述。

各国应建立金融情报机构，并使之成为接收和分析如下信息的国家中心：

（a）可疑交易报告；

（b）与洗钱、上游犯罪和恐怖主义融资相关的其他信息，以及分析上述信息的分析结果。”

比较之下，在情报分类方面，2012 年《反洗钱国际标准》第 29 条与上述这个定义完全相同。这就是说，两大国际组织各自在 2013 年对重要文献进行修订时实际进行了事前的协同配合，虽然表面体现为埃格蒙特集团对 2012 年《反洗钱国际标准》第 29 条的参照，但是，如果我们将埃格蒙特集团金融情报这一定义推回到2004年：

“2004年6月，埃格蒙特集团通过金融情报机构如下定义：

负责接收（并且在允许的情况下可提出请求）、分析和向主管部门分发和披露如下金融信息的中心和国家机构：

（1）与犯罪和潜在恐怖主义融资有关的可疑收益。或

（2）国家反洗钱和打击恐怖融资法律法规所要求的信息”

比较同一问题上的三个定义，以时间为顺序，则我们完全可以说，本质上是FATF在这一内容上向埃格蒙特集团标准靠近。

（三）《反洗钱国际标准》“第29条”

除上述我们比较了2012年修订后的《反洗钱国际标准》金融情报机构条款（简称“新29条”）与2003版《40条建议》同类条款第26条（简称“旧26条”）相关变化外，我们这里还需要提出一个更为重要的比较，即《反洗钱国际标准》—“第29条 解释性说明”与原《40条建议》“第26条解释性说明”之间的比较。

1.《40条建议》“第26条解释性说明”

2003年版《40条建议》针对主条款“第26条（R. 26）”，FATF文献增加了解释性说明“（Interpretative Notes：Recommendation 26）”，我们将该条款的解释性说明引述如下：

“如果某国已建立起金融情报中心，那么就应争取使其成为埃格蒙特集团的成员。各国应重视《埃格蒙特集团宗旨声明》及《金融情报中心关于洗钱案件情报交换原则》，这两份文件在金融情报中心的任务和功能方面提供了重要的指导，并规定了各国金融情报中心的交换机制。”①

① 公安部经济犯罪侦查局（译）．反洗钱金融行动特别工作组（40条建议）［M］．北京：群众出版社，2003，第32页．

2003年版《40条建议》第26条注释所提要求的核心思想非常明确，就是要求已建立金融情报中心的成员国家，应努力成为埃格蒙特集团成员，并遵守埃格蒙特集团两个核心制度文献：《宗旨声明》和《情报交换原则》。从语气上看，它似乎表达了对第26条建议的建议性要求更进一步的愿望。这体现了在十年前的2003年，FATF除了在核心建议条款和重要建议条款有着不可让步的严肃要求外，而对于类似于金融情报机构方面的内容，主要反映为劝诫、建议和倡导的姿态。

2. 《反洗钱国际标准》"第29条解释性说明"

2012年《反洗钱国际标准》同样对其专门性金融情报机构条款，即"新29条"进行了注释。这是一个完全不同于"旧26条"解释性说明的条款注释，由于文献过长，我们这里不直接引用，而就这一注释的主要方面做一个大致分析。

《反洗钱国际标准》"第29条解释性说明"一共分为八大部分、十四条。为了便于理解这个注释的主要方面，我们将这八个部分的标题列举如下：

A. 原则（General）

B. 职能（Functions）

C. 获取信息（Access To Information）

D. 信息安全和保密（Information Security And Confidentiality）

E. 业务独立性（Operational Independence）

F. 不当影响或干扰（Undue Influence Or Interference）

G. 埃格蒙特集团（Egmont Group）

H. 大额现金交易报告（Large Cash Transaction Reporting）[①]

这是一个非常详尽的建议条款注释，我们比对了2012年《反洗

---

① FATF. International Standards on Combating Money Laundering and the Financing of Terrorism & Proliferation [R]. Financial Action Task Force on Money Laundering, 2012. page 95－96.

钱国际标准》所有的建议条款注释，第29条建议的注释量几乎与注释最为详尽的第1条和第6条相当。以“旧26条”的“解释性说明（注释）”来比较，“新29条”的解释量超过“旧26条”解释性说明数倍还多。更重要的是，“新29条”解释性说明，其内容的完整性、指向的明确性、态度的鲜明性是“旧26条”解释性说明所无法比拟的。

3. “解释性说明”进展

与“旧26条”解释性说明相比较，“新29条”解释性说明内涵上的进展与深化，主要有以下几个方面：

（1）详尽性和可操作性

“新29条”建议解释性说明最显著的进展之一就是内容大幅度扩张，使得有关金融情报机构的内容表述更加详尽、务实和可操作。“新29条”解释性说明总共14条，对比发现，“旧26条”解释性说明的全部内容被归入“新29条”解释性说明中的第13条，也就是说，“新29条”解释性说明在“旧26条”解释性说明基础上扩展了13倍之多。由于这样的大幅度内容扩展，使得有关金融情报机构的具体职责、工作环境、工作要求、工作支撑的说明更加全面和详尽，这使得各成员国有了更加可操作、可细分的参照标准，当然同时也为FATF的互评机制，提供了更加可操作的标准体系和内容。

（2）提高了授权

“新29条”解释性说明在金融情报机构的建立要求，以及在国家反洗钱体系中的地位表述方面，显著增加了强度。从上述我们列举的“新29条”解释性说明八大部分的标题所展示的内容看，我们还可以进一步对这八大部分作逐一分析，首先，A、B、C三个部分，主要解释金融情报机构的职责和功能，但是在这些功能与职责解释中，实际隐含着对金融情报机构权限的强调，比如，关于金融情报机构从报告机构获得除规定信息以外的信息问题，其第5条表述如下：

“（5）除接受报告机构报送信息外（基于接收信息功能），金融情报机构应该能够从报告机构获得更多信息，并运用这些额外信息帮助其正确地进行分析。根据反洗钱金融行动特别工作组《40 条建议》相关条款（第 10、第 11 和第 22 条建议）规定，允许金融情报机构获取包括报告机构自己保存的信息。”①

这段话，除表达金融情报机构可额外获取信息外，还包括可从报送机构获得一些本来是报告机构按照《FATF 建议》中关于“保存交易记录”相关建议条款由其自身保存的记录。这说明 FATF 制度机制强化了金融情报机构对报送信息机构的深入程度。在 C 分部中，甚至将金融情报机构获取信息的范围做了明细划分，其中将信息的可获得范围，扩展到以有偿方式来有目标的获取商业信息及数据。

（3）国家权力支撑

解读“新 29 条”解释性说明的 E、F、G 三个分部的内容，FATF 制度机制对成员国金融情报机构履行职责，提出了两个方面的支撑要求，一是突出强调金融情报机构的独立性，二是提出了强化金融情报机构履行职责相关资源保障的要求。为印证这一点，我们直接引用解释性说明第 10 条：

“（10）金融情报机构应配备足够的财力、人力和技术资源，管理方式上应维护其自主性和独立性，保证其能够有效地履行职责。国家应制定相关制度，确保金融情报机构的工作人员具有高专业水准，包括保密、诚信和适当技能。”②

这是一个制度保障和独立性方面的原则性说明。有关金融情报

---

① FATF. International Standards on Combating Money Laundering and the Financing of Terrorism & Proliferation [R]. Financial Action Task Force on Money Laundering, 2012. Page 95. 作者译.

② FATF. International Standards on Combating Money Laundering and the Financing of Terrorism & Proliferation [R]. Financial Action Task Force on Money Laundering, 2012. Page 95. 作者译.

机构的独立性问题，《解释性说明》整整用了第8、第9、第10、第11共四个条款来加以强调。事实上“F”部分即“不正当干扰”，本质上也是在更大强度上要求各成员国确保金融情报机构的独立性。而有关资源支持保障方面，第8条甚至直接在国家制度层面上提出了：人力、财政、技术三个方面的要求。

2013年7月3日，新任FATF主席弗拉基米尔·涅契耶夫出席了埃格蒙特集团在南非太阳城召开的第21届全体会议，在这次会议上，涅契耶夫发表了题为“加强反洗钱金融行动特别工作组与埃格蒙特集团之间的协同（Enhancing the Synergy Between the FATF and the Egmont)”，我们注意到，在这个讲话的标题上没有使用惯用的“co－operation”，而是使用了“协同”、“配合”等有机构成词意更为显著的“synergy”。有关这一点，我们从近两年以来FATF与埃格蒙特集团之间互相引用文献和在一些准入限制设计上互为前提的进展来看，这个讲话本质上也并不是作为其个人的讲话，就是两个权威国际反洗钱组织之间的制度性默契。这里我们不妨翻译这个讲话的第二段如下：

“尽管我本人并不是以反洗钱金融行动特别工作组主席身份出席埃格蒙特集团会议的第一人，但我知道，这仍然是一个值得重视的事件，金融情报机构和埃格蒙特集团在世界打击洗钱和恐怖主义融资方面发挥着至关重要的作用，因此，参加埃格蒙特集团全会作为我履新FATF主席后的首次官方活动，对此我特感欣慰。”①

我们充分注意到，在这个讲话中提到，FATF新任主席参加的这次会议，并发表关于加强两个国际组织之间协同的讲话是一次官方活动。

归结起来，我们之所以在分析我国金融情报工作进展之前做这样一个前提分析，目的在于证明：对于我国未来金融情报工作和金

① Egmont. News & Events［EB/OL］. http：//www. egmontgroup. org/news－and－events/news /2013/7/16/enhancing－the－synergy－between－the－fatf－and－the－egmont. 作者译.

融情报制度体系形成而言，两个方面的现实问题必然影响到中国的国际参与进展：一是可以预计金融情报工作在未来FATF核心制度体系中的重要性将会不断提高，甚至还可进一步预计的是，虽然出于遵循原则稳定的考虑，FATF可能不会将新29条建议列入核心建议（CR）或重要建议（KR）。但是，完全可能采取其他的补充性规定，加大“新29条”在成员政策、全员互评中的评价成分。二是FATF与埃格蒙特集团之间在核心制度和相关标准上协同水平将会不断提高。这主要体现在一些重要的成员标准已互为依据，形成两大国际组织的核心制度互为前提。上述两个方面的现实，都将会成为影响加入埃格蒙特集团的重要因素。FATF第四轮评估即将开始，基于FATF成员资格管理属于动态形式，对于我们这样在后续评估程序解除问题上依赖于FATF全会运用“灵活掌握权”的成员国家，在第四轮全员互评中，一旦出现一些本质问题，这些问题有可能就会成为中国成员地位的一种挑战。

二、中国反洗钱监测分析中心

理论上，“中国反洗钱监测分析中心（China Anti - Money Laundring Minitor and Analysis Ctenter，CAMLMAC）”是我国的金融情报机构（FIU）。自2004年成立以来，CAMLMAC在金融系统大额交易和可疑交易报告的搜集和分析方面发挥了重要作用，尤其是2008年中国获得FATF正式成员地位以后，CAMLMAC在可疑交易报告分析信息技术应用方面进展非常显著，这个显著进展在我国金融信息效率方面，拉近了与国际金融情报先进国家之间的距离。

有关我国金融情报机构的进展与深化，是我国反洗钱理论领域很少有人涉及的问题。能够查阅到的相关文献，主要是CAMLMAC

及其主管机构人民银行对其自身的工作成绩的总结和评价，而这些成绩的总结和评价，大多是从金融信息的技术效率显著提高方面来分析的，很少有人从体制视角去看待我国金融信息在洗钱刑治监管领域的应用效率。当然，将这一问题放在我国洗钱治理体系与包括埃格蒙特制度体系在内国际反洗钱体系之间关系上来讨论更是鲜见。为了能在这一领域做一点有益的理论探索，我们这里将代表着国家金融情报机制的 CAMLMAC，视为国家反洗钱战略的一个重要组成部分，并对 CAMLMAC 的进展与深化进行分析。

（一）成立

CAMLMAC 成立于 2004 年，其建立的宏观背景与国家启动洗钱治理工程的大背景是一致的，尤其是与人民银行成为国家反洗钱主导部门以后的一系列反洗钱战略安排是一致的。

1. 成立

就 CAMLMAC 功能的理论描述而言，它无疑与国际上规范的 FIU 相同或相近，但是，CAMLMAC 作为中国特殊历史背景下并按照国际紧迫背景建立的情报机构也是有其特殊性的。以下我们直接引用 CAMLMAC 关于其机构成立和性质的如下介绍：

“中国反洗钱监测分析中心经中共中央编制委员会批准，于 2004 年 4 月 7 日正式成立。

中国反洗钱监测分析中心是中国人民银行总行直属的、不以营利为目的的独立的事业法人单位，是为人民银行履行组织协调国家反洗钱工作职责而设立的收集、分析、监测和提供反洗钱情报的专门机构。”

由上述关于机构性质的自我陈述，我们可以看到一些重要特性，而这些特性使之成为真正具有中国特色的 FIU。

2. 特殊的机构属性

根据其自我定义，CAMLMAC 的特殊属性主要反映在以下两个方面。

（1）机构属性定义变迁

2015 年 6 月，中国人民银行官网站更新了“反洗钱中心简介”而且这一次更新，突出了机构属性表述与国际上关于 FIU 定义之间接轨的需要，即表达机构成立的国内法律依据和国际法理依据，其具体表述如下：

“根据《中国人民银行法》第四条，中国人民银行指导、部署金融业反洗钱工作，负责反洗钱资金监测。

中国反洗钱监测分析中心（以下简称“反洗钱中心”）是中国政府根据联合国有关公约的原则和 FATF 建议以及中国国情建立的行政型国家金融情报机构（FIU），隶属于中央银行（中国人民银行），负责接收、分析和移送金融情报。

2006 年《中华人民共和国反洗钱法》第十条规定确立了反洗钱中心的法律地位：“国务院反洗钱行政主管部门设立反洗钱信息中心，负责大额交易和可疑交易报告的接收、分析，并按照规定向国务院反洗钱行政主管部门报告分析结果，履行国务院反洗钱行政主管部门规定的其他职责。”

但是，正如我们在前面引述 2015 年 6 月 10 日前中国人民银行网站公布的“CAMLMAC”简介一样，其形成与国际标准 FIU 定义明显反差主要体现在两个方面，首先，成立之初经历了一个非行政性的编制审批程序；其次，由于强调其为人民银行服务的特性，机构属性与国际标准的 FIU 相去甚远。

这里我们还需要强调的事实是：即使 2015 年 6 月 10 日中国人民银行网站公布了更新后“反洗钱中心简介”，但比较于埃格蒙特集团标准“FIU”定义，因为具功能定位上的特殊性存在，它仍然不是国际领域标准的 FIU 机构属性定义，这主要反映在机构属性定义中仍然突出了“CAMLMAC”对中央银行的依附性。也就是说，即使是以国际相关公约作为“CAMLMAC”建立和存在的法理依据，但其仍然在国内属于人民银行的内设部门，而并不是具有真正独立信息处置功能的国家级信息中心。

（2）机构归属的强限定性与功能限制

从国际金融情报机构或者说按照埃格蒙特集团关于FIU是“国家信息中心”来比较，CAMLMAC的自我功能或归属定义反映了一种“强限定性”。

①机构归属强限定性

上述引用CAMLMAC的自我定义即：“不以营利为目的的独立的事业法人单位”，从这个机构定性上看，CAMLMAC作为国家金融情报机构应该有某种独立性，毕竟它是一个事业法人单位，所谓法人，从性质上讲，就是指它是可以自行承担独立法律责任的实体。

但是，从其接下来对自我功能定位的表述来看，与标准的FIU功能定位却存在着显著差距，而这个差距就表现在其机构定性表述中，强化了自己服务归属或服务对象的指定性，即我们上述引用其机构成立介绍中的加着重号部分。机构归属和服务对象强限定性表明：本质上，CAMLMAC仍然是属于中国人民银行的一个内设的机构，并不是一个国家层面的、相对独立的“信息中心”。

②功能受限成为必然

机构归属强限定的直接结果就是功能上的限定性。这里我们以FATF和埃格蒙特集团对金融情报机构的功能定位为标准来对比，FATF于2012年发布《反洗钱国际标准》第29条（“旧26条”），在关于FIU功能定义上有如下表述：

“……金融情报中心应能直接或间接地、及时地获得金融、行政管理和执法方面的情报……”。

这就是说，所谓金融情报应该是广义的，是与洗钱相关的全部情报信息，至少应包括三个方面的信息，一是金融信息，并且是不仅仅限于人民银行或保监会和证监会三家金融监管机构监管范围内的典型金融信息，而是包括其他非银行金融机构和非金融企业财务在内的所有与洗钱犯罪相关的准金融信息。二是行政信息，这个信息指的是所有参与到洗钱治理领域的行政管理部门，如我国联席会议制度成员单位的专业行政监管部门：商务部、工商总局、税务总局等。三是执法信息。执法信息的范围也很明确，包括公安对刑事案件的侦察信息，司法部门的案件信息等。

我们依据 CAMLMAC 的归属机构人民银行的监管职能强度，将上述与国家反洗钱相关的三个方面的信息可获得强度作为一个等级划分，那么其现实情况如下：

- 最强可获得性：传统银行业信息（人民银行对传统银行具有直接的调控手段和职能）；
- 次强可获得性：非银行金融机构信息（人民银行与证券、保险、银行业三大监管机构有着监管或调控手段上的协作需要）；
- 强可获得性：非金融企业财务信息及其他与企业经营活动或财务活动相关的准金融信息（人民银行可通过对银行业的调控，通过监管银行一线前台机构，间接渗透）；
- 弱可获得性：行政信息（人民银行与其平行的国家行政监管部门之间没有信息分发的授权和规范，但可以通过联席会议不规则获得一定的信息）；
- 不可获得性：执法信息（人民银行对执法信息的获得没有得到立法授权，并且由于刑事信息具有特殊的保密本质，在没有立法授权和信息制度规范的前提下，获得信息也会造成信息安全责任缺失问题）。

③具体比较

以下，我们依据埃格蒙特集团公布的标准 FIU 金融信息工作线路图

（图4－9）所注明的4条工作线路，并以CAMLMAC职能定位和实践为前提，针对性地对CAMLMAC金融情报运作做一个比较分析。

“线路1”：接收金融机构信息。由于我国的特殊监管体制，以及人民银行的行政功能定位与反洗钱主导地位重叠，并形成管辖权力互为条件，所以，CAMLMAC这一部分处置功能相对完整和全面。

“线路2”：接受执法部门信息。国内没有制度规范，或者说综合的洗钱治理制度并没有规定执法部门有这样的义务。所以，现在即使有时候执法部门向人民银行非规则反馈执法信息。那也不是基于金融情报功能的，所以，CAMLMAC这一项功能极弱。FATF发布的《中国反洗钱第一次互评报告》第217条以下内容，也能从一个重要的方面证明上述结论：“据中国人民银行和公安部签订的《可疑交易调查协作规定》，中国人民银行（反洗钱监测分析中心和反洗钱局）职员不能自动访问由公安部掌握的任何信息，但可以向其发出要求获得执法信息的请求……”。①

“线路3”，国际情报合作。这是目前CAMLMAC可以有所作为但不能完整作为的一个方面。所谓“可以作为”是指可以通过协议方式，有选择性地与一些国家通过签署双边合作合约，体现有限度地金融情报合作。

但是，本质上，这不是埃格蒙特集团标准FIU金融信息工作“线路3”所规定的功能内涵。中国目前所采取的双边协议方式的情报合作，与埃格蒙特集团情报原则比较有两个本质上的区别：一是交换信息的内容可由一方选择性进行，无强制约束力，所以没有交

① FATF. First Mutual Evaluation Report on Anti－Money Laundering and Combating the Financing of Terrorism of People's Republic of China［R］. Financial Action Task Force on Money Laundering, 2007. Page 51. 原文为“According to the Cooperation Provisions on the Investigation of Suspicious Transactions signed by the PBC and the MPS, the PBC（CAMLMAC and AMLB）staff do not have automatic access to any information that is held by the MPS, but can request law enforcement information from it.”作者译.

换原则约束下的“义务”或“权力”内涵，二是信息交换是不规则的，具有偶然性和发起性。对于我们国家来说，它可能是有效的，但相对于全球化和规则化的网络合作而言，它是边缘的和不可比较的。

“线路4”，与执法部门之间的信息交换。对于CAMLMAC，这个功能存在，但与图4－9所明确的信息功能比较，有两点本质区别，首先，它是单方向的，主要体现在CAMLMAC向公安部门移交线索，这是有规则的信息移交，但不包含公安部门有规则地向CAMLMAC反馈执法信息。其次，CAMLMAC并不包含完整信息，原因在于我们目前的金融情报实行的“双轨体制”，有很大一部分功能主要由人民银行系统实现。

（二）授权表述和职责定位

CAMLMAC是一个“国内”特色的金融情报机构。而这个“国内”特色的本质反映就是有限情报授权。

1. 关于FIU的立法授权

从国内文献我们并没有查阅到有关作为机构的CAMLMAC和作为机构内容的金融情报工作立法授权。但是，我们可以从FATF文献中阅读到国内无法阅读到的文献，即2007年6月FATF正式发布的英文版《中华人民共和国第一次反洗钱及打击恐怖融资互评报告》(*First Mutual Evaluation Report on Anti－Money Laundering and Combating the Financial of Terrorism People's Republic of China*）以下简称《中国反洗钱第一次互评估报告》。

（1）关于机构立法授权

按照FATF关于互评报告体裁或内容的基本规定，《中国反洗钱第一次互评报告》陈述了我国FIU和金融情报工作的立法授权问题，对此，我们翻译和引述如下：

“中国的金融情报机构设在人民银行。中国人民银行反洗钱的作用和职能，包括其特定的金融情报机构功能，均得到《反洗钱法》的授权（第8条和第10条），而且根据这一法律授权，中国人民银行还制定了更为详尽的管理规定。金融情报机构的所有功能都必须按照反洗钱法律和有关规定，或者置于中国人民银行的有关运作规则之下。由于现有体制划分，金融情报机构的职责分别由中国人民银行内部的两个相对独立的部门，即反洗钱局（AMLB）和中国反洗钱监测分析中心（CAMLMAC）承担。”①

这个关于金融情报机构的立法授权定义很明确地指出两点：首先，CAMLMAC本质上就是人民银行的一个内部部门；其次，目前情况下，中国的金融情报工作实际是由人民银行内部的两个部门，即AMLB和CAMLMAC来承担的，也就是说，中国的金融情报体制是典型的“双轨制”。

（2）金融情报工作的立法授权表述

基于我国行政管理基本规则，金融情报工作作为国家信息工作的重要组成部分，其搜集、分析、分发和披露显然是应该得到相应的法律授权的，这一观念也许在中国国内并不明确或不为社会广泛知悉，但是，代表国家向FATF报送国家级文献，这一前提必须有所交待。这里，我们同样引述《中国反洗钱第一次互评报告》第186条内容的如下：

“中国的金融情报系统受到它的大小和现存体制和立法特点的影响。中国的法律赋予了公民、企业和政府机关向警察部门举报涉嫌犯罪的权利和义务，但这不能为强制性向金融情报机构报告可疑交

① FATF. First Mutual Evaluation Report on Anti – Money Laundering and Combating the Financing of Terrorism of People's Republic of China［R］. Financial Action Task Force on Money Laundering, 2007. Page 46. 作者译.

易提供直接的法律依据。因此，中国依据《反洗钱法》建立了可疑和大额交易报告制度，即《人民币大额和可疑交易报告管理办法（2003）》［RMB－LVT/STR规则］和行政规则《外汇资金大额和可疑交易报告管理办法（2003）》［FX－LVT/STR规则］……。"[①]

所谓关于国家公民基本义务，上述内容是完全可以被理解的。不过，我们可以引述《反洗钱法》的第十条如下内容：

"国务院反洗钱行政主管部门设立反洗钱信息中心，负责大额交易和可疑交易报告的接收、分析，并按照规定向国务院反洗钱行政主管部门报告分析结果，履行国务院反洗钱行政主管部门规定的其他职责。"

如果单一从《反洗钱法》看，上述这样一个金融情报工作授权与机构授权是一体的，但是这个授权的特点与前述我们说到的机构授权相同，仍然不是国家层面的，而是更多强调人民银行内部特性。前述文献分析已经介绍过，作为国家层面的情报中心，其信息处置功能实际还应该包括《反洗钱法》第十一条所包括的内容，但很明显的情况是，我们国家现行的行政运行与法律实施两者比较，行政结构所表现出的权力更为有效，所以，《反洗钱法》的第十一条，似乎并不能包括在CAMLMAC的职责和权力范围内，至少信息处置规范性制度中并没有包括对超出于金融范围的信息处置功能。

2. CAMLMAC的职责定位

为了能够更透彻地理解这一问题，我们不妨直接引用CAMLMAC在其网站公布的职责定位：

"中国反洗钱监测分析中心要依据相关法律，根据国家反洗钱工作的需要，不断提高对大额与可疑资金流动的监测分析水平。主要职责是：

① FATF. First Mutual Evaluation Report on Anti－Money Laundering and Combating the Financing of Terrorism of People's Republic of China［R］. Financial Action Task Force on Money Laundering, 2007. Page 45. 作者译.

（A）会同有关部门研究、制定大额与可疑资金交易信息报告标准。

（B）负责收集、整理并保存大额与可疑资金交易信息报告。

（C）负责研究、分析和甄别大额与可疑资金交易报告，配合有关行政执法部门进行调查。

（D）按照规定向有关部门移送、提供涉嫌洗钱犯罪的可疑报告及其分析结论。

（E）按照规定向有关部门提交大额支付信息。

（F）研究分析洗钱犯罪的方式、手段及发展趋势，为制定反洗钱政策提供依据。

（G）负责研究大额与可疑资金交易信息管理项目的业务需求，参与项目的开发，负责系统的运行和维护。

（H）根据授权，承担与国外金融情报机构的交流与合作工作，配合人民银行有关部门进行反洗钱领域的对外交往事宜。

（I）承办人民银行授权或交办的其他事项。”①

分析上述9项工作职责可知，CAMLMAC的功能发挥主要围绕大额和可疑交易报告，超出于这个范畴的只有H项，但是，仍然做了两点限制性交待：首先，需要得到授权；其次，它是基于配合人民银行其他与反洗钱相关的职能。其实我们从FATF和埃格蒙特集团统一的FIU定义看，国际信息交流应该是标准FIU信息工作线路的基本要素。所以，我们说这个职责定义仍然没有超出机构归属或机构服务对象的强限定性。

3. CAMLMAC定位再讨论

将CAMLMAC当作国际标准化FIU来看待，这里可以有一个重要的参照条件：我国至今仍然不是埃格蒙特集团成员，原因之一就是我们在有关情报国际交换方面的开放度不能满足埃格蒙特集团的

① 中国反洗钱监测分析中心．中心简介［EB/OL］．http：//www.camlmac.gov.cn/com/info.do？action=detail&id=183.

要求。在这样的一个现实前提下，CAMLMAC 的国际比较，主要体现在与埃格蒙特集团所制定的《金融情报交换原则》和《埃格蒙特集团宪章》中“金融情报机构定义”（Definitions）的适应问题上，以下我们进行三个方面的具体比较分析。

（1）国内地位

有关 CAMLMAC 的国内地位，我们除了从机构自我定性和职责分析进行求证外，还有一个更为客观的求证来自于国际相关文献。表 4－8 是《中国反洗钱第一次互评报告》关于金融情报及其机构的达标评估情况。

表 4－8　　金融情报及其机构的达标评估情况

	评价（Rating）	自我评估 2.5 节相关内容总体未达标主要因素（Summary of factors relevant to s. 2.5 underlying overall rating）
建议第 26 条（R.26）	基本达标（LC）	（a）效率：中国反洗钱监测分析中心和反洗钱局没有足够的人员配备来有效管理超大规模的可疑交易报告及其收到的其他报告（Effectiveness：The CAMLMAC/AMLB does not have sufficient staff to effectively manage the very high volume of STRs and other reports that it receives）； （b）中国反洗钱监测分析中心和反洗钱局未能（及时）获得其他机构的信息（The CAMLMAC/AMLB does not have（timely）access to other bodies'information）

资料来源：FATF. First Mumual Evaluation Report on Anti－Money Laundering and Combatin the Financing of Terrorism：People's Republic of China［R］，2007. page56. 作者译．

2007 年 6 月《中国反洗钱第一次互评报告》的达标依据是 2003 年版《40 条建议》，其中关于我国金融情报机构专门性建议条款第 26 条（R.26）的达标水平是基本达标（LC）。根据我们对与这个结论相关文献的分析，R.26 达标水平不能“完全达标（C）”的根本性原因有两个，而其中一个就是 CAMLMAC 没有获得其应有的国内地位。

表 4－8 是我们从《中国反洗钱第一次互评报告》中完整摘录下来的，按照一般原则要求，该表的第二栏归结了两个方面的原因，

这两个原因其实就是效率原因和信息地位（或授权）原因，而这两点都可归结为 CAMLMAC 的国内地位问题。

（2）在人民银行机构内地位

这里我们之所以还要强调“在人民银行机构内地位”，这主要是因为 CAMLMAC 作为反洗钱主管机构人民银行的内部机构，也并不是全方位处置金融情报的机构。

我国的金融情报体制实际是“双轨制”，有关这一点，我们可以翻译并引述《中国反洗钱第一次互评报告》第 189 条来加以证明：

“中国反洗钱监测分析中心（CAMLMAC）成立于 2004 年 4 月，其授权由人民银行以委托方式授予，所以与人民银行职责关联。中国反洗钱监测分析中心（CAMLMAC）专门从事数据收集，处理和分析。它的职责是接收和分析可疑交易报告（STR）和大额交易报告（LVTS），并充当与国外金融情报机构（第 10 条反洗钱法）进行交换的中心。反洗钱局（AMLB）成立于 2003 年 10 月，负责组织和协调中国的反洗钱事务，并进行行政调查、宣传和政策监督，决定是否要对可疑交易报告（STR）进行行政调查，是否按照《反洗钱法》第二十三至二十六条规定向公安部移交可疑交易报告。中国反洗钱监测分析中心（CAMLMAC）和反洗钱局（AMLB）共同开展大额交易（LVTS）和可疑交易报告（STR）的后续分析，而大部分非常规分析和案件移交职责是由反洗钱局来承担。这样一来，金融情报机构核心功能集中于人民银行（PBC）的两个业务机构，并形成由中国反洗钱监测分析中心（CAMLMAC）和反洗钱局（AMLB）的负责人各自向副行长报告的报告体制。”①

上面这段话的最后部分，或者说加着重号部分实际告诉我们两点：一是就信息处置尤其是可疑交易报告的处置权而言，AMLB 的

① FATF. First Mutual Evaluation Report on Anti – Money Laundering and Combating the Financing of Terrorism of People's Republic of China [R], 2007. Page 47. 作者译.

地位高于 CAMLMAC；二是中国的金融情报体制是由 CAMLMAC 和 AMLB 共同构成，即我们说的“双轨制”。

事实上，有关上面所求证的问题，我们从历年《中国反洗钱报告》中两套可疑交易报告移交体制，以及 CAMLMAC 仅仅是人民银行内部与反洗钱局平行的一个机构，可毫无疑问地得到如下结论：中国反洗钱监测分析中心（CAMLMAC）并不是国家信息中心，也更不是国际标准的金融情报机构（FIU）。

三、我国金融情报工作实践及其进展

就中国目前金融情报工作而言，具有相对专业水平的信息系统建设，应该是指银行业系统的本、外币大额及可疑交易信息的搜集、监测、分析系统和移交。而除银行业系统以外涉及洗钱犯罪的信息系统，较之于最早建立的银行业信息系统，还有显著差距。当然这里是指以专业金融机构的信息生成、整理、上报的自动化水平，而这个自动化水平的关键又是反洗钱所需要的交易记录，在设定的阈值范围内，能够通过其业务经营系统自动生成、统计整理，并自动与监管机构的系统连接传输上报。

我们暂且不具体和深入讨论人民银行各层级机构与所辖区域内金融机构之间所形成的横向可疑交易报告搜集、分析、上报制度体系，而专门讨论 CAMLMAC 和兼有 FIU 功能的 AMLB 在金融情报实践中所取得的进展。由于人民银行反洗钱局（AMLB）并没有直接的金融情报职责定位，我们这里比照 CAMLMAC 所具有的详细职责定义，集中分析和讨论人民银行内部两个机构履行金融情报工作实践及其进展。

按照人民银行主要文献《中国反洗钱报告》相关内容划分，我们将常规金融情报工作划分为以下四个部分来进行标准化比较分析：

- 大额和可疑交易信息搜集（金融情报机构的标准和基础性工作）；
- 反洗钱行政调查（以刑治为取向的监管工作）；
- 向有关部门移送和提供涉嫌洗钱犯罪的可疑报告及其分析结论（司法与监管协调与协作性工作）；
- 金融情报国际合作（国际金融情报工作网络参与性工作）。

关于分析的主要文献依据，除前面提到的历年《中国反洗钱报告》外，我们还将摘录2012年2月正式由FATF秘书处发布的《中国反洗钱互评报告——第八次后续评估报告》（*Mutual Evaluation 8th Follow – up Report Anti – Money Laundering and Combating the Financing of Terrorism – China*）相关内容（以下简称《中国第八次随访报告》）。

（一）大额和可疑交易报告

综合地看，作为金融情报最为基础性的工作，大额交易信息（LVT）搜集和可疑交易报告（STR）在近10年所取得的进展是显著的。当然，这里要强调的是，这两类信息的搜集、整理和分析工作，并不都是与国际标准接轨的。其中，大额交易报告属于我国反洗钱起步时期为实现初步金融情报搜集而开展的一项工作，而并不是国际标准金融情报工作。但为了全面反映我国反洗钱金融信息工作成效，我们这里仍然按照官方或权威部门的口径加以反映。但从有效信息看，我们着重从可疑交易报告的统计数据分析，来评析我国与国际标准接轨的金融情报工作及其进展。

1. 报告情况

表4–9是依据人民银行历年《中国反洗钱报告》的不完整信息汇编而成的统计表，反映了2004年到2012年间的本外币大额及可

疑交易报告信息量。

2. 报告情况分析

表4－9主要体现了金融信息搜集工作，表中数据信息虽然并不完整，但还是基本能够反映我国在金融情报基础工作方面所取得的进展。这种进展大致可划分为三个阶段：

（1）起步阶段

起步阶段主要指2004年至2007年。其特点可归结为三个方面：一是单一表现为传统银行机构上报数据；二是出于提高数据效率的第一需要，金融情报工作的重点在于解决信息技术在金融情报工作方面的应用问题；三是人民银行通过制定相关规定（“两个办法一个规定”）和推动反洗钱立法，逐步强化金融机构尤其是银行业金融机构上报金融情报的法律责任意识。

（2）扩大覆盖阶段

这个阶段主要指2007年至2009年。这4年的进展表现为扩大金融信息上报的覆盖面，尤其推动非银行金融机构信息数据的搜集与上报。从表4－9中的数据来看，这一阶段银行业金融机构的数据已经相对规范，而两大类非银行金融机构上报信息数据规范性和规律性相对较差。但这样的数据现实，符合金融机构的各自特征，两类非银行金融机构并不是主流社会结算机构，而只是针对非传统金融产品交易而发生的并不完全具有固定频率的支付行为。

表4－9　　**本外币大额及可疑交易报告**　　单位：万份、万笔

年份及报告类别		银行业	证券期货业	保险业	合计
2004	大额（LVT）	321.72			321.72
	可疑（STR）	1.07			1.07
2005	大额（LVT）	11135.26			11135.26
	可疑（STR）	227.23			227.23
2006	大额（LVT）	13423.59			13423.59
	可疑（STR）	576.18			576.18

续表

年份及报告类别		银行业	证券期货业	保险业	合计
2007	大额（LVT）	21000	27.95	1.14	21029.09
	可疑（STR）	645.01	3.47	0.41	648.49
2008	大额（LVT）	17672.98	41.00	2.50	17716.39
	可疑（STR）	6859.68	14.75	17.09	6891.52
2009	大额（LVT）	17764.72	30.05	0.88	17795.65
	可疑（STR）	4251.32	18.52	23.49	4293.33
2010	大额（LVT）	24000			24000
	可疑（STR）	6185.2	12.43	8.56	6205.99
2011	大额（LVT）	33521.77			33521.77
	可疑（STR）	5393.18	0.44	15.53	5409.15
2012	大额（LVT）	33800			33800
	可疑（STR）	2961.00	0.37	4.1	2965.47
2013	大额（LVT）				38100
	可疑（STR）		0.37	4.1	2453.10

资料来源：《中国反洗钱报告》（2004～2012 年）。

但是，尽管这样，其进展意义还是较大的，根据 2012 年 FATF《中国第八次随访报告》反映，对其中执行 2003 年版《40＋9 条建议》标准的第 23 条，关于“各国应确保金融机构受到充分的管理和监督，并有效地执行 FATF《40 条建议》……”恰好是我国在第一次互评报告后被评为“取得进步”的重要条款之一。在《中国反洗钱第一次互评报告》中，第 23 条建议，作为 FATF 确定的重要建议条款（KR）我国评为“部分达标（PC）”，而此条建议最重要评价内涵就是相关监管是否能够全面覆盖金融机构。显然，我们在 2007 年的时候，反洗钱监管只是在传统银行业机构展开，未涉及证券期货和保险行业，但是，在 2012 年 2 月的《中国第八次随访报告》中，第 23 条建议的执行水平进展显著，评估报告结论将我国从过去的“部分达标（PC）”，提升到了“基本达标（LC）”。这里我们直接引用《中国第八次随访报告》第131条，关于第23条建议后续评估的总体评价（Recommendation23, Overall Conclusion）：

"中国在强化执行第23条建议（R.23）方面取得的进步是显著的。自从现场评估以来，反洗钱及打击恐怖融资监管已扩展到证券业和保险业，主管当局已采取措施加强协调，人民银行与非银行金融监管领域的监管机构之间信息共享也得到加强。关于第23条建议（R.23）的后续评估，尽管还存在着基于纸质文件的非现场评估效率受限（或缺乏）这一唯一缺陷，但中国当局提供的资料表明：监管体系还是取得了一些积极的成果。总之，这些成果的取得，使中国有关第23条建议（R.23）的执行水平基本可以上升至'基本达标'（LC）的水平。"①

这个后续评诂结论的含义非常明确：尽管中国现在仍然在非银行金融机构的反洗钱监管中大量依赖非现场的纸质报告形式，使监管效率受到限制，但是中国在机构覆盖信息共享方面取得的进展是显著的，FATF最终还是同意将第23条建议的达标水平提升一个级别。

（3）质量发展阶段

这个阶段主要是指2010年以后，从表4-9中数据我们可以看到。对于大额交易报告（LVT），人民银行从2010年开始已经不再分类反映相关数据，其原因在于两点：一是大额交易报告在经历了6年时间的规范和技术更新后，实际已成为整个金融系统自觉化和自动化程度很高的数据信息；二是这个数据种类的功利目标主要是起到一个对洗钱企图的限制和威慑作用，而并不在于事中的阻止预防和事后的惩治作用，所以，一旦相关业务数据可以按照统计规范由业务系统自动生成，大额交易报告披露的重要性就会慢慢减弱。

① FATF. Mutual Evaluation 8th Follow - up Report on Anti - Money Laundering and Combating the Financing of Terrorism of People's Republic of China [R]. 2007. Page 31.

从2010年后，人民银行重点披露、公布和分析的是可疑交易报告（STR），这表明在人民银行主导下，工作重心开始向提升金融情报的精细水平和针对水平，不再以效率不高的海量数据作为金融情报工作效率的体现。当然，这也有两个原因：一是在国际金融情报领域，真正形成共识和标准的数据信息报告是可疑交易报告（STR），这一点各国相对统一；二是本质上，可疑交易报告的数据搜集、监测分析才是金融情报工作的核心，因为这个信息数据处在监管与司法临界点上，是将金融情报在反洗钱这一问题上加以社会化利用的关键。

（二）进展具体分析

作为金融情报的主体部分，大额和可疑交易报告的效率直接体现为金融情报工作效率，同时也是金融情报工作效率提高的标志。从我国的进展情况看，以下两个方面进展是显著的：

1. 情报搜集与传输

从我国2004年建立CAMLMAC以来，有关大额交易和可疑交易除了以立法或行政制度化推进外，一个重要的问题就是信息如何采集、如何传输，并如何由专业金融情报机构集中处置和分析。在经历了近十年的发展后，我国在这方面的进展是非常显著的。

（1）信息科技应用

信息科技，尤其是数据库技术在商业银行领域的广泛应用，这是20世纪90年代以来，国际银行业发展的一个典型标志。在进入21世纪后，我国的商业银行开始引进并学习西方现代银行这方面的经验，也进行数据大集中设计。数据库在商业银行得以逐步推广，使得CAMLMAC和AMLB可以在数据大集中的基础上，通过专门化的数据信息分析软件，迅速地从各商业银行的核心系统中获得金融机构相关数据。

（2）报告责任立法

2007 年我国《反洗钱法》正式公布实施后，各承担上报金融信息的机构，已不再是一般意义上的司法配合义务主体，而是明确的法律责任行为主体。这就是说，金融机构面对 CAMLMAC 和 AMLB 发布的数据报告制度，需要承担立法定义上的反洗钱监管行为服从。同时还要求商业金融机构在搭建自身的业务数据结构时，必须考虑其承担反洗钱法律责任的需要，包括经营前台的手工数据统计如何向业务系统自动信息搜集升级，以降低其金融情报数据责任所必须支持的法律责任成本。从理论上说，这个重要的进展表现在：金融情报的搜集与传输从过去“监管要求”前提下的行为约束，转变或升华为“立法要求”下的责任约束。

自 2005 年起，CAMLMAC 启动与各大商业银行的数据联网工作，经过 4 年时间的努力，到 2009 年，商业银行按规定向情报中心上报数据的覆盖水平已达到 100%。从现在的情况看，各商业银行数据大集中体制下，如果不包括数据的筛选分析，仅仅针对数据传输而言，几乎可以达到实时的水平。即使是没有达到实时的水平，相比较于 2004 年刚刚建立金融情报中心时大量通过人工统计方法上报数据来说，这个效率提升也是非常显著的。

2. 金融情报覆盖

从 2009 年开始，中国反洗钱监测分析中心接受数据的覆盖面，开始向证券、证券期货、保险、信托、金融资产管理公司、财务公司、金融租赁公司、汽车金融公司和货币经纪公司扩展。事实上，根据立法授权，在信息技术应用本身没有明确规范的情况下，信息数据覆盖的关键在于人民银行自身的数据制度扩展能力和数据处置能力是否能够触及上述各个领域。

对于商业银行类金融机构而言，存在大额交易和可疑交易两类数据的上报。对于大额交易来说，在信息监管机构所规定的限额水平之上，可以由商业银行的业务经营系统设定阈值，并由其业务系统自动生存。而可疑交易报告（STR）则需要做线索判断，不能由商业银行的业务系统自动生成，但是很显然，反洗钱最为有效的信息显然是后者，这种发展反映在信息数据的处置和报告制度结构的调整方面。有关这种变化，我们可以通过信息搜集和报告表的变化来反映。

3. 国际接轨

自美国"9·11"以来，打击恐怖主义成为国际社会的一个重要的主题，作为国际政治问题在金融和经济领域的反映，反恐融资也随之成为国际反洗钱领域的重要内容。也正是在这样一个国际背景下，2001年，FATF提出了《8条特别建议》（后扩充为9条），并且在成员政策的"核心建议条款（CR）"和"重要建议条款（KR）中，加入了反恐融资《9条特别建议》的内容。

作为成员政策刚性准入条件的核心建议和重要建议，实际上是FATF组织机制的核心中的核心，它的结构变动即条款结构变动本质上反映了FATF组织机制的重心的调整。就《40条建议》和《9条特别建议》中所包含6条核心建议和8条重要建议内容的权重情况看，《9条特别建议》的第2（SR. II）和第4条（SR. IV）归属于6条核心建议，占核心建议条款的权重为三分之一，而第1条（SR. I）、第3条（SR. III）和第5条（SR. V）归属于10条重要建议条款，权重也约占三分之一。

如果我们从《40条建议》和《9条特别建议》各自对核心建议与重要建议之和的贡献看，《9条特别建议》为5/6，比重达到83%，而《40条建议》为11/40，比重仅为28%。由此种情况，可以透析到这样一种潜在信号：国际反洗钱领域从2001年以后，反洗钱的重心开始向反恐融资倾斜，而且是一种非常显著的倾斜。在这种情况下，国内的反恐融资相关制度及工作进展，实际成为国内反洗钱体系与国际接轨的重要试金石。

为了能够直观反映从 2007 年我国获得 FATF 成员地位以来，金融情报工作及金融情报反映反恐融资方面所取得的进展，我们这里引用 FATF《中国第八次随访报告》的相关数据，并同时加上中国最新一期数据情况，直接列表如下。

表 4 - 10　2007 ~ 2011 年异常和可疑交易报告及涉嫌恐怖融资报告汇总

年份		2007	2008	2009	2010	2011
银行机构（Banking institutions）	异常及可疑交易报告（Total UTRs/STRs Filed）	6450106	68596792	42513169	61642091	53931825
	其中：涉恐可疑交易（Total FT related STRs）	1880	15061	5286	19822	
证券及期货机构（Securities & Futures Institutions）	异常及可疑交易报告（Total UTRs/STRs Filed）	34786	147482	185181	124288	24149
	其中：涉恐可疑交易（Total FT related STRs）	0	0	0	4	
保险机构（Insurance Institutions）	异常及可疑交易报告（Total UTRs/STRs Filed）	4139	200576	234876	85639	155252
	其中：涉恐可疑交易（Total UTRs/STRs Filed）	0	0	5	5	
金融机构总计（Gross of All Financial Institutions）	异常及可疑交易报告（Total UTRs/STRs Filed）	64891031	68944950	42933226	61852018	54111245
	其中：涉恐可疑交易（Total FT related STRs）	1880	15061	6291	19831	

资料来源：

①FATF. Mutual Evaluation 8th Follow - up Report Anti - Money Laundering and Combating the Financing of Terrorism China [R]. 2012.

②中国人民银行反洗钱局. 2011 年中国反洗钱报告 [M]. 北京：中国金融出版社，2012.

表 4 - 10 表明了中国金融情报工作的一个基本事实，那就是金融情报工作已按照国际规范进入了正常轨道，主要金融机构上报的信息要素，无论是机构种类还是数据种类都已基本达到规范要求。尤其是能够将涉及恐怖融资的金融情报数据加以单独反映，保证了

我国金融情报工作与国际反洗钱进展之间的相对匹配水平。

（三）相关问题

从2010年以后，我国的金融情报工作国际接轨步伐加快，具体体现就是我们在上面说到的，精细化处置金融情报工作，将数据信息的焦点放在了与国际数据信息规范一致的可疑交易报告上来，当然也包括加大反恐融资方面的信息反映。但是，与国际金融情报工作的进展相比，我们存在的问题还是很突出的。

1. 可疑交易报告的“趋势背离”

可疑交易报告是埃格蒙特集团金融信息的主体构成。2011年埃格蒙特集团对于可疑交易报告问题，专门发表了类型报告《企业范围内可疑报告共享：问题与方法》，在这个类型报告中，埃格蒙特集团强调了可疑交易报告在金融情报工作中的核心地位和重要作用，并且就企业组织范围内可疑交易报告与金融情报机构共享和方法进行了深入的研究。事实上，在FATF的核心制度文献中，直接强调的反洗钱核心信息也是可疑交易报告，并认为它的搜集、分析与传输情况一定程度上决定着一个国家金融情报机构的完善水平。

（1）可疑交易报告

出于分析的需要，以下我们直接引用2012年《中国反洗钱报告》所绘制的折线图如下：

作为可以量化的可疑交易报告搜集，图4－10所反映的总体趋势，呈现出了上升态势，但是，却存在着明显的波峰和低谷起伏，具有明显的正态分布式的图形表现。很显然的情况是，与经济发展和对外开放的现实情况比较，可疑交易报告数量的实际发展，与正态分布的图形是不相吻合的。从世界范围看，在洗钱犯罪形势日趋复杂、洗钱犯罪种类和地域都处在不断扩大的国际背景下，可疑交

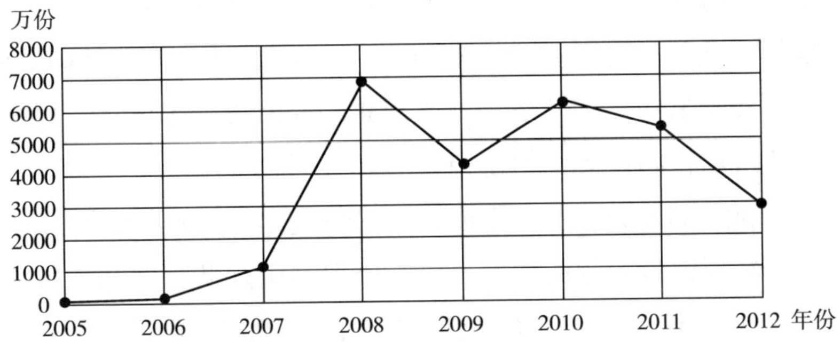

图 4－10　2005～2012 年金融业可疑交易报告接收量统计情况

易报告作为各国的金融情报工作主体，客观上应该是呈现出一个连续上升的趋势。

图 4－10 中数据趋势表明，从 2008 年后出现了两个高峰值和两个低谷值，2008 年和 2010 年为峰值期，而 2009 年和 2012 年出现低谷值，而且这种波动在图上反映得相当明显。我国的洗钱犯罪形势虽然可能没有国际上那样突出，尤其是在变化规律上，也许连续上升的趋势并不显著，但是在时间趋势上也不应该是正态分布的。作为反映洗钱形势发展的一个重要信息，可疑线索的数据和规模应该是与洗钱犯罪形势正向关联的，而作为反映发现洗钱犯罪线索的可疑交易报告，如果不能准确反映这样的客观趋势，则从理论上说明我们的金融情报工作存在与现实发展不相一致的问题。

从图 4－10 中趋势线看，2005 年到 2008 年，也就是我国获得 FATF 正式成员国地位前的 4 年时间，金融情报工作反映在可疑交易报告上是一个迅速上升态势，这与我国的金融信息工作的起步阶段的客观现实是一致的。尤其是反映在我国于 2007 年 6 月获得正式成员国地位后，为提高国内反洗钱在执行《40 条建议》核心条款和重要条款的达标水平，国内加大了金融领域的反洗钱监管力度，各金融机构遵守反洗钱监管相关规定的自觉性提高，并反映在可疑交易报告的提交上。因此，2008 年，各金融机构上报可疑交易报告的总量较2007年猛增了11倍！即使是剔除2007年数据不包含外汇可疑交易报告、证券机构数据[①]（证券机构2007年10月才开始向监测中心报告可疑交易报告）[②] 等不可比因素，2008年中国金融业的情报工作实践所取得的进展仍然是惊人的。

（2）从FATF类型研究进展看金融情报工作的不匹配性

从国际反洗钱领域的情况看，一个得到国际共识的基本事实是：新的洗钱技术类型发展，逐渐覆盖了所有上游犯罪所产生的收益。本书对FATF自1990年以来的共23份年报进行了专题分析，得出的结论是：反洗钱犯罪发展趋势的类型研究已成为FATF针对世界洗钱犯罪发展而开展的一项重要工作，而这项重要工作反映的情况是，洗钱种类更新和规模发展始终呈上升的态势，分析这些摘录和统计，我们能够看到在洗钱发展趋势及监管进展方面的如下现实情况：

①洗钱犯罪发展与FATF制度进展同步

类型工作（Typologiries Working）作为国际反洗钱理论进展的基础工作部分，其与洗钱犯罪形势发展紧密相关。历数23年来的情况，洗钱类型发展是迅猛的，最多的1994年和1995年，FATF通过其年报公布新的洗钱类型达10项之多。

②洗钱种类与技术发展同步

从我们所做的专题分析还可以清晰看到，23年时间的发展，FATF的类型报告所针对或者说所揭示的洗钱类型，已经达106项之多，即使是合并同一技术多次深化研究报告后，技术类型研究报告也高达70项。从这样的情况来看，洗钱技术类型的发展呈连续增长的态势是不言而喻的。

---

① 证券机构：3.47万份；保险机构：0.41万份。

② 中国人民银行反洗钱局.2007年中国反洗钱报告［M］.北京：中国金融出版社，2008，第21页.

（3）可疑交易报告“趋势背离”

我国金融情报工作在2005年至2012年之间的趋势线出现起伏，这不仅与国际洗钱犯罪和反洗钱监管的大趋势不相吻合，而且，从我国的对外开放、市场经济发展和金融技术创新的进展情况看，金融情报工作出现这样的起伏，显然也是值得深入讨论和分析的。

如果我们认定国内经济、金融与国际经济和金融发展速度处于同步，那么我们必然得出一个推断：国内的洗钱犯罪发展与世界比较，即使是在静态规模上有所区别，但在发展增速上也应该是同步的。因此，以可疑交易报告为代表的金融情报工作出现这样的情况，更多反映了国内金融情报工作的这样一个现实：我国以可疑交易报告为核心的金融情报制度机制并没有真正形成，金融机构的强制性可疑交易报告上报制度，也并没有真正表现为金融机构的必然行为，这必然导致可疑交易报告上报随意性，随意性也许就是形成金融情报工作与实际洗钱发展不相吻合的真正原因。

与上述我们分析的结论相反，从2008年以后，以趋势线反映的“可疑交易报告”出现了一个长达4年的起伏与总体下降并存的情况。研究国际相关权威资料发现，虽然作为世界权威金融情报合作机构的埃格蒙特集团和作为国际反洗钱监管权威机构的FATF，至今仍然未能对各国或世界金融情报进行数量统计（据1995年《FATF年报》反映，FATF曾经向会员国提出就洗钱犯罪进行量化统计的问题），但是我们可以从这两个权威机构的历史文献资料做以下间接推论：自1990年（FATF）成立以来的23年时间中，世界的洗钱犯罪与洗钱犯罪治理之间，呈现的是一种“魔高一尺，道高一丈”的发展态势。甚至从2001年美国“9·11”事件后，世界范围内的洗钱犯罪呈现发展加速的态势。

我们还可以从一个侧面证明的是，在23年时间中，不仅新的洗钱犯罪因为现代金融技术滥用而呈迅速增长的态势，而且以毒品、跨境有组织犯罪、腐败等这样一些传统洗钱上游犯罪所延伸的洗钱犯罪，也继续维持着一种上升的态势，这里我们可以引用 FATF《1995～1996 年报》（Annual Report：1995～1996）中的一段话来加以印证：

“虽然运用科学的方法来估计洗钱规模不能尽如人意，甚至这仍然是洗钱治理领域存在的一个显著问题，但是，人们普遍认为，每年洗钱规模高达数千亿美元。此外，尽管非毒品收益犯罪日益显著，并在一些国家占主导地位，成为非法财富重要来源，但是，从世界范围看，贩毒仍然是大多数国家非法收益的最大来源。”①

这段话告诉我们一个基本事实，洗钱规模在世界范围内是庞大的，洗钱的种类呈现的是：传统洗钱如毒品等的种类发展与新的种类增长齐头并进。

2. 进展与效率

上述我们说到的问题几乎都是建立在横向比较以及进展与客观现实之间匹配关系基础上的，以下我们需要就这些进展的纵向关系做一个分析。

（1）显著进展

金融情报工作进展最为显著的是可疑交易报告的移交。有关这一点，可以从 2009 年以来，司法实践中对于以洗钱犯罪提起诉讼和逮捕的案件总量迅速增长能够看到。以下我们对此进行一个简要的时间序列比较：提起诉讼案件数，2011 年比 2009 年提高了 1.6 倍，2012 年较 2009 年提高 0.5 倍，批准逮捕案件数，2011 年较 2009 年提高 2.9 倍，2012 年较 2009 年提高 4.4 倍。

从数据直观地看，到 2012 年，我国以洗钱犯罪逮捕和起诉的刑事案件仅仅才达到 10 件。虽然，可能这样的增长速度与我国的洗钱

① FATF. Annual Report：1995～1996［R］. Financial Action Task Force on Money Laundering 1997，Page 9. 作者译.

犯罪现实情况并不匹配，尤其是与我国改革开放后的经济规模增长和对外开放程度这样一个国情基础相比。但是，如果从增长速度，尤其是2009年后的增长速度看，其所反映出来的进展又是惊人的。

（2）显著低效率

有关这一问题，将主要表现在可疑交易报告移送对刑事侦破的贡献情况。追溯发展的历史，这项工作也主要分为两个时期：第一个时期为2004年至2006年，在这个期间，来自于人民银行系统的可疑交易报告分析、甄别和移送，都是分散在各地人民银行分支机构进行；第二个时期是2006年以后，因为这一年依照《公安部、国家外汇管理局外汇领域反洗钱合作规定》和中国人民银行、国家外汇管理局与公安部共同制定了《关于可疑交易线索核查工作的合作规定》，有关可疑交易的前期处置统一由人民银行总行来完成。至此，形成了由人民银行统一组织对重点可疑交易进行反洗钱调查，在可疑交易的线索相对确定后再向公安检察机关移送的工作机制。在这个工作机制形成后，人民银行线索移交与司法机关的洗钱刑治效率之间的关系究竟如何呢，我们这里将自2006年以来的重要数据制作成图4－11。

观察图4－11可知，批准逮捕和提起诉讼的案件总数，与人民银行所属的两个金融情报机构以报案方式向公安部门移交的案件数据之间完全不成比例。如果我们对这一数据对比做简单结论，则很显著的事实是：人民银行的可疑交易报告，以及由这个可疑交易报告经核查后移送公安机关后的效率是非常低的。

当然，这里没有包括以《刑法》第三百一十二条和第四百三十九条起诉的案件，而仅仅是以最典型洗钱犯罪案为对象的司法效率问题。对此我们还可以做更为具体的分析。

2009年，人民银行向刑事侦察机关移交的可疑线索达到654起，其中，由中国反洗钱监测分析中心直接移送的为156起，占比为

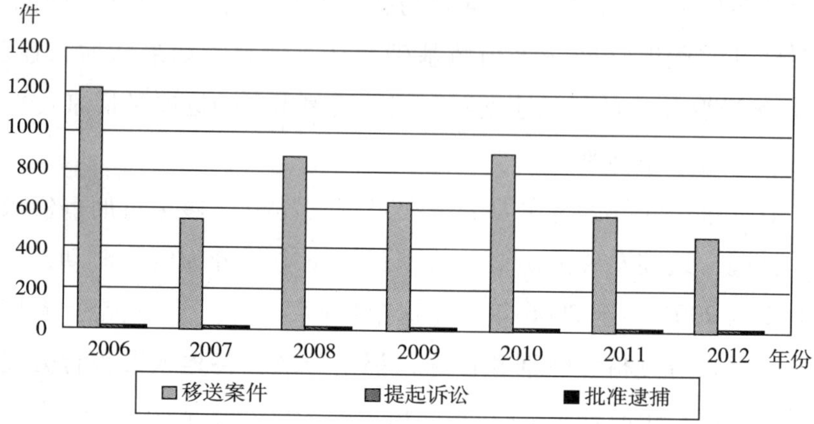

资料来源：《中国反洗钱报告》（2006～2012年）。

图4-11 2006～2012年移送案件及以洗钱罪提起诉讼对比情况

23.8%。而当年以洗钱犯罪逮捕的只有5件，提起诉讼的为2件，占当年可疑交易移交总量的比重分别仅为0.76%和0.3%。

2011年，人民银行向刑事侦察机关移交的可疑线索595起，其中由中国反洗钱监测分析中心向司法和检察机关移送的案件为56起，占比仅为9.4%。当年以洗钱犯罪实施逮捕的案件为12件，提起诉讼的为7件，分别占当年的案件移交总量比仅为2.01%和1.17%。

2012年，全年人民银行针对性发起反洗钱调查的重点线索为490起，向侦察机关移送的线索为490份。在490份移交线索中，直接由中国反洗钱监测分析中心移送的线索为122份，占比为24.9%。当年以洗钱犯罪实施逮捕的有5件，提起诉讼的为8件，分别占当年的案件移交总量比为1.02%和1.63%。

图4-11和针对少数年份所做的具体分析实际上表明，可疑交易报告对洗钱刑治的贡献极其微小，造成这一现状的原因应该是两个方面：首先，司法部门本身对于依据《刑法》第一百九十一条起诉，在司法实践认识水平上，还没有达到应有的水平，相反则更善

于依据与洗钱犯罪相近并且是传统刑法条款中早就存在的条款起诉犯罪。其次，我们的金融情报机构或者说金融情报工作对可疑线索的核查水平有限，使得可疑报告移交对于刑事侦察的贡献有限。

四、关于我国加入埃格蒙特集团

有关我国加入埃格蒙特集团的问题，在2004年我国建立反洗钱监管体系的时候就已经提出来了，中国反洗钱监测分析中心也正是在国家反洗钱工作需要下同步成立起来的。这里最关键的问题是，如果我们要将这一问题放在“努力争取加入埃格蒙特集团”这一层面上来讨论，核心问题之一是：现行的“中国反洗钱监测分析中心”是不是埃格蒙特集团所定义的所谓“国家信息中心”，如果我国不加入埃格蒙特集团，这可以是一个纯粹的国内定义问题，如果加入埃格蒙特集团是我国金融情报工作未来必然选择，这就不可能是一个纯粹的国内定义问题。研读《中国第八次随访报告》相关内容后，可以肯定的是，我国目前的金融情报属于“双轨体制”，而这与埃格蒙特集团关于金融情报机构为国家中心具有唯一性的要求，是有明显差距的。

那么，我国现有的金融情报机构组织体系融入以埃格蒙特集团为代表的国际金融情报网络，其客观必要性如何，体制方面的问题有哪些呢？这既是本书需要在理论上做出回答的问题，同时也是我国洗钱治理体系和制度机制进展与深化不可回避的问题。

（一）《中国反洗钱第一次互评报告》

前述分析已经证明这样一个现实：金融情报工作除了是我们自

身反洗钱治理体系的重要组成部分外，同时也是我国融入国际反洗钱体系的一个不可或缺的部分。

1. 关于《中国反洗钱第一次互评报告》

自2004年以来，针对我国金融情报参与国际金融情报网络，第一次需要做出正面回答的是在2007年向FATF申请正式成员地位时。而我国早期金融情报工作进展的有关内容，也就反映在由FATF秘书处根据FATF专家团队现场访谈报告所修正的《中国反洗钱第一互评报告》。

（1）背景

《中国反洗钱第一次互评报告》（*First Mutual Evaluation Report on Anti-money Laundering And Combating The Financing of Terrorism of People's Republic of China*）是一个国际大型报告，报告篇幅达165页（A4版），这是FATF专家组完成现场访谈程序后向FATF全体会议提交的一个全面反映我国达标评估情况的报告文献。报告共分为七个部分，第一部分为国家概览，主要反映人口、GDP、洗钱及恐怖主义融资、金融体系等一般概况，第二部分为法律环境，接下来的五个部分，主要依据FATF公布的成员政策（Membership Policy）规定，针对《40+9条建议》的内容分类，分别对每条建议条款的执行水平进行评价。

FATF在正式报告的前面撰写了一个前言部分，其标题是“前言——用于中华人民共和国的评价信息和方法（PREFACE - information and methodology used for the evaluation of the People's Republic of China），我们翻译引述其前言第1条，即可大致了解FATF对中国进行第一次互评的背景情况：

“中华人民共和国反洗钱打击恐怖融资机制评估是基于反洗钱金融行动特别工作组2003年版FATF《40条建议》和2001年版反恐融资《9条特别建议》，并运用了2004年制定的《方法论》（该《方法论》于2006年6月更新）；评估建立在中华人民共和国提供的法律、法规和其他资料基础上，并且还包括评估组于2006年11月14日至23日在中国现场访谈及随后的一些信息。现场访谈期间，评估小组会见了中国有关政府官员和相关机构及私营部门的代表。访谈机构名单列于互评报告《附件二》。"①

（2）报告框架

整个报告分为七个大的部分，我们将具体文献框架列举如下：

（A）国情总览

（B）法律体系及相对制度措施（Legal System And Related Institutional Measures）

（C）预防措施—金融制度（Preventive Measures – Financial Institutions）

（D）预防措施—特定非金融企业及专业（Preventive Measures – Designated Non-Financial Businesses And Professions）

（E）法人及其制度和非营利组织（Legal Persons And Arrangements & Non – Profit Organisations）

（F）国家及国际合作（National And Internationalco – Operation）

（G）其他问题（Other Issues）

根据这个互评报告的前言部分的第2条介绍，中国的这一次评估是"FATF与欧亚反恐融资小组的一次联合评估，评估是在来自于FATF和EAG的法律、司法及监管问题专家指导下进行的……"所以，这是一个专业团队指导下的一个依据《40+9条建议》和2004年制定的《评估方法》完成的互评。从报告构成看，除第一部分国情概览和第七部分其他问题外，中间的五个部分，基本是针对

---

① FATF. First Mutual Evaluation Report on Anti – Money Laundering and Combating the Financing of Terrorism of People's Republic of China [R]. Financial Action Task Force on Money Laundering, 2007. Page 4. 作者译.

《40+9条建议》的专题分类来考查我国反洗钱基础建设现状的。

2.《中国反洗钱第一次互评报告》与金融情报机构相关内容

（1）“第26条建议”评估结论

在2003年《40条建议》中，反映FATF关于金融情报工作要求的主要是建议第26条（R.26），对于金融情报机构的专门建议条款，第26条建议的内容我们在本书第二篇中已经做过详细介绍，我们这里不再重复引述。而针对文献中的第26条评估结论介绍如下。

《中国反洗钱第一次互评报告》的第26条建议达标情况自评一共有六个部分，这六个部分的内容分别如下：

- 金融情报机构（Organization of the FIU）
- 接收大额和可疑交易报告（Receiving STRs and LVTs）
- 大额和可疑交易报告分析（Analysis of STRs and LVTs）
- 大额和可疑交易报告分发（Analysis of STRs and LVTs）
- 指引（Guidance）
- 信息获取（Access to information）

对于第一点，报告认定的金融情报机构是CAMLMAC和AMLB，而并没有认定只有前者。对于第二点，认定大额可疑交易报告的接收单位除CAMLMAC外，还有人民银行各级管理机构，并肯定了2005年大额交易报告的搜集已经电子化（《评估报告》第191条）。对于第三点，肯定了CAMLMAC在这个领域的独有作用（《评估报告》第197条），但同时也指出AMLB是另一个在这一领域发挥作用的机构（《评估报告》第201和202条）；对于第四点，认定评估结果与上述相同，即两个机构双轨体制运作。评估的最终结论为基本达标（LC），未能完全达标（C），原因正如我们在分析表4-2时所指出的那样。

（2）第26条建议“解释性说明”评估结论

2003年版《40条建议》有一部分加星号备注的建议条款，指明需与解释性说明结合阅读，而第26条建议正好是要求与注释结合阅读条款之一。这也是《中国反洗钱第一次互评报告》在对主建议条款进行评估的同时，回答解释性说明内容的原因。根据报告文献排序，与上述第26条解释性说明相关的评估内容，集中体现在这个评估报告的第224条，我们就这一条款翻译引述如下：

“中国反洗钱监测分析中心（CAMLMAC）主任已就申请成为埃格蒙特集团成员问题致函埃格蒙特集团主席，至今还未获得批准。然而，有关埃格蒙特集团信息交换指引中的条款，在处理具体事件时，中国人民银行将会加以考虑。中国人民银行就反洗钱和反恐融资合作及情报交流已与俄罗斯达成协议，并与白俄罗斯和马来西亚金融情报机构签署了谅解备忘录。与韩国、格鲁吉亚、印度尼西亚、墨西哥和乌克兰金融情报机构间有关反洗钱和反恐融资合作备忘录，也将由中国反洗钱监测分析中心（代表中国人民银行）正式签约。此外，CAMLMAC与一些国家金融情报机构之间缔结反洗钱和反恐融资金融情报交换与合作谅解备忘录也正在签署过程中。目前，CAMLMAC已与一个国家正式签署了谅解备忘录，其他谅解备忘录的签署正在处理过程中。然而，CAMLMAC还收到了一些来自其他金融情报机构，并不要求信息交换而仅仅与之签署谅解备忘录的请求。”

分析上述这段针对第26条建议解释性说明内容的评估意见，我们基本可以归纳以下两个特点：

① 有限回答了注释中关于加入埃格蒙特集团问题

有关注释中要求成员国金融情报机构加入埃格蒙特集团的评价，即第224条回答了两个方面的问题：一是中国在加入埃格蒙特集团的问题上已经做了相应的努力，即第224条评估意见的第一句话：“中国反洗钱监测分析中心的负责人，已经致函埃格蒙特集团主席”。这就是说，中国的执行建议第26条的态度是没有问题的，剩下的问题只是未得到回应。二是关于重视和遵守埃格蒙特集团所公布的情报交换相关制度规定。其表述是："有关埃格蒙特集团信息交换指引中的条款，在处理具体事件时，中国人民银行将会加以考虑。"

②回答了国际合作相关问题

评估报告第224条实际上是原文引用了中国的自评报告内容回答国际合作的相关问题。但是我们知道，第26条实际上并不在《40条建议》的国际合作分部中，所以，在第224条中关于国际上的双边情报合作协议，并不是埃格蒙特集团的关于国际情报网络概念基础上的情报交换，这就是说，出现了超出于第26条建议范围回答问题的情况，而结合《中国反洗钱报告》分析，所谓与多少国家建立了情报交换谅解备忘录等，反映的是我国反洗钱国际合作问题，而并非反映我国与埃格蒙特集团建立的具有全球意义的国际金融情报合作关系。

这里有两种可能，一种可能是FATF秘书处在修正互评报告时，只是机械地照搬中国的自评内容，另一种可能就是这是FATF秘书处的一个文献失误。我们知道，2003年修订后的《40条建议》，定义金融情报机构成立的第26条，是被置于"反洗钱及打击恐怖融资相关制度措施（Institutional and Other Measures Necessary in Systems for Combating Money Laundering and Terrorist Financing）"之下的，这就是说，后面这一部分的问题回答与第26条建议的主题并不完全匹配。本质上，这一部分内容回答的是1996年版《40条建议》的第32条相关内容要求，因为，在没有考虑埃格蒙特集团金融情报交换机制的1996年金融情报交换是放在第三部分"加强国际合作（Strenthing Internatipal Co－operation）"中："可疑交易相关信息交换（Exchange Information Relating to Suspicius Transacting）"之下的。为了能够更清晰地了解这一条款进展，我们将1996年版第32条翻译引用如下：

“32. 各国应努力推动自发或应邀方式的、与可疑交易相关的国际信息交换，这些可疑交易甚至可能是涉及主管当局间的、个人和公司的。各国应建立严格的保障措施，以确保这种信息交换与国家和国际关于对隐私和数据进行保护相关规定是一致的。”①

这显然就是1996年版《40条建议》中有关金融情报交换的条款，甚至是直指可疑交易报告信息交换的。但是，在当时的认识条件下，这个建议条款被归属在国际合作部分，而且并不是2003年以后FATF所强调的在埃格蒙特集团情报网络化前提下的国际金融情报交换。

但由于第26条并非核心和重要建议条款，所以对于它的评价，并不影响我国成为FATF成员的进程。加之有关加入埃格蒙特集团以及重视埃格蒙特集团公布的情报交换原则等所强调的内容，并不在主条款里，对申请人的约束力会比主文本中的建议条款低一个层次，所以，有关第26条建议的评估，最终在回答上述问题的基础上获得了基本达标（LC）的评估结果。

（二）《中国第八次后续评估报告》

对于中国的国际反洗钱参与进展而言，《中国第八次后续评估报告》是仅次于《中国反洗钱第一次互评报告》的重要文献，因为是这个文献最终决定了中国成为FATF的达标成员。

1. 关于《中国第八次后续评估报告》

2012年，我国最终获得了与常规成员同样的成员国地位，人民银行对此进行了正式公告，人民银行为什么要正式公告这一信息呢，这是因为这个地位的获得表明中国在国际反洗钱机制参与领域，向

① 公安部经济犯罪侦查局（译）．反洗钱金融行动特别工作组（40条建议）［M］．北京：群众出版社，2003，第111页．

前跨出了关键性的一步。

（1）背景

有关《中国第八次后续评估报告》出炉的背景，这里我们不妨引用人民银行总行2012年2月20日在其网站上发布的文献：

“2012年2月16日，金融行动特别工作组（FATF）第二十三届全会表决通过中国反洗钱与反恐怖融资互评估后续报告，高度评价并一致认可中国成为成员以来在反洗钱与反恐怖融资领域作出的不懈努力和取得的长足进展，同意中国结束互评估后续程序。这标志着中国反洗钱与反恐怖融资工作达到了国际通行标准，为我国今后进一步参与国际规则制定，提高国际事务话语权，维护国家利益将产生积极影响。截至目前，在金融行动特别工作组34个成员国家（地区）中，中国是第13个达标的国家（地区），也是第一个达标的发展中国家。”①

归纳上述这段话，对于中国的进展最具有实质性的意义主要在于两个方面：一是不再遵守频度较高的后续评估报告程序（随访报告程序）；二是可以参与到FATF的核心工作中去，尤其是FATF的政策和制度的研究、讨论和制定。而上述这个结果就产生于《中国第八次后续评估报告》所得出的结论。

（2）框架

《中国第八次后续评估报告》于2012年2月17日，也就是FATF全体会议的第二天正式发布，这个报告同样是一个大型报告，主要分为八个部分：

- 导言（Introduction）；
- 2011年6月全体会议通过的主要结论（Main Conclusions A-

---

① 中国人民银行．中国反洗钱与反恐怖融资工作达到国际通行标准［EB/OL］. http：//www. pbc. gov. cn/publish/fanxi－qianju/3298/2012/20120220104531933238357/2012022010453193323 8357_ . html.

dopted by The June 2011 Plenary)；

- 本次会议对于自 2011 年全会以来进展的结论和建议（Main on Collusions And Recommendations to This Plenary on Progress Made Since June 2011)；
- 中国进步概览（Overview of China's Progress)；
- 针对核心建议所采取的措施回顾（Review of the Measures Taken in Relation to the Core Recommendations)；
- 针对重要建议所采取的措施回顾（Review of The Measures Taken in Relation to The Key Recommendations)；
- 针对部分达标和未达标的其他建议条款所采取的措施回顾(Review of The Measures Taken in Relation to Other Recommendations Rated NC or PC)；
- 其他行动回顾（Review of Other Action Taken)。

报告包括 105 个 A4 版面，共计 225 条后续评估意见，同时还用了其中共计一半的篇幅、三个附件引用中国与反洗钱相关的资源文献，如法律、规章等。

本质上，《中国第八次后续评估报告》是针对 2007 年《中国反洗钱第一次互评报告》共 25 条建议执行未达标后中国需要接受 FATF 跟踪监测（遵守增强型后续报告程序和定期后续报告程序）而形成的一个重要的阶段性报告。那么，为什么我们要在这里针对《中国第八次随访报告》，来讨论与我国加入埃格蒙特集团的必要性呢？这与 2012 年《反洗钱国际标准》潜移默化提高对各成员国金融情报工作的要求有关。

2. 《中国第八次后续评估报告》与金融情报机构相关内容

在“第八次随访报告”中，FATF 秘书处用了第 8 部分，即：“其他行动回顾”共计 8 条后续评价，专门针对中国在执行《40 条建议》第 26 条方面的进展和现状进行了评价，而且这三条后续评估意见，总的来说，对中国在金融情报方面的工作是给予肯定的。为了说明这一点我们不妨引用其中第224条如下：

“同时，中国反洗钱监测分析中心（CAMLMAC）有意识地提升了可疑交易报告分析的优先级别。当金融机构依据《大额和可疑交易报告规定》第十四条和十五条，上报大额和可疑交易报告时，中国反洗钱监测分析中心要求这些金融机构须依据‘可疑交易特征’注明所上报的可疑交易报告类别。这样，中国反洗钱监测分析中心可以有意识地将工作重点放在可疑交易报告（中国人民银行48号通告）的分析上，以期更好地将其有限的人力资源配置到最有价值的情报分析上。上述分析还包括在数据库中搜索与异常和大额交易相关的，或可能提供进一步线索的信息。中国当局报告说，这些方法提高了金融情报机构的分析能力，为行政和司法调查提供了支持。”①

《中国第八次随访报告》专门用一个部分来讨论中国在情报机构工作方面所取得的进展，而且是针对一个已经基本达标的建议条款，其寓意是深刻的。

（1）直接肯定

FATF针对“旧26条”或者说“新29条”专门进行讨论，讨论的前面部分是对中国在大额和可疑交易报告工作上所取得的进展表示赞赏，从三条评估意见及其口吻来看，就如我们上述列举的第224条一样，是对中国的金融情报工作表示肯定的。

（2）间接置疑

这里要说的是，虽然FATF给予中国大额可疑交易报告搜集、分析工作以肯定，但是FATF又并没有因为这种进展而表达要将中国在执行第26条建议的标准方面由“基本达标”调整到“完全达标”，

---

① FATF. Mutual Evaluation 8th Follow - up Report Anti - Money Laundering and Combating the Financing of Terrorism China [R]. Financial Action Task Force on Money Laundering, 2012. Page 54 - 55. 作者译.

这就从一个侧面提出了要让中国金融情报工作必须继续改进的现实，大额、可疑交易报告工作并不是一个标准的金融情报机构工作的全部，并且还在后面直接用："中国当局报告说"这样多少表达了一种"未经证实"的表述口吻。之所以在肯定进展的同时又不提升条款执行达标级别，而且完全用"中国当局报告说"的口吻来表达成绩，显然FATF在这一条上还是有所保留的，原因很简单，中国金融情报工作在大额和可疑交易报告工作内容上取得的进展是显著的，但是，体制性的进展是有限的，加上2012年《反洗钱国际标准》在金融情报建议条款上超过常规要求（通过成倍数扩张解释性说明内容来实现），FATF对中国的金融情报工作的评价并没有显著改善。

（三）相关问题

关于我国参与国际金融情报信息交换机制问题的讨论，显然离不开对埃格蒙特集团成员准入政策的讨论。这里我们结合埃格蒙特集团所确定的三大目标，并对照分析申请成为埃格蒙特集团成员的八个步骤及每一步骤相关要求，讨论我国如果要申请成为埃格蒙特集团成员的相关问题。

1. 重要基础

根据对埃格蒙特集团成员政策分类分析，对于申请成为成员的机构来说，存在着两个重要的基础。

（1）授权

目前，我国的金融情报机构（FIU）（即"中国反洗钱监测分析中心"）的授权不是直接的，而是转而由人民银行根据反洗钱法和中央银行法通过行政授权来实现的。很显然，这样的授权在金融信息管理、信息披露方面几乎是没有自决权的。有关这一点其实我们是可以从《中国第一次反洗钱互评报告》中的相关内容所看到的，这可能也是我国在2004年建立金融情报机构后，曾经就关于我国加入埃格蒙特集团问题致函埃格蒙特集团主席，而没收到回复的原因。因为中国反洗钱监测分析中心的现有法律地位所包含的立法授权与《埃格蒙特集团宪章》关于金融情报机构的定义（Ddfinition）相去甚远。

（2）自主性

为了能更深入地说明这一问题，我们可以从埃格蒙特集团的相关资料中引用两段话来加以引证：

第一段话是埃格蒙特集团确定的第5项目标宗旨，即，

“促进实现金融情报机构的管理自主权①”；

第二段话是申请成为埃格蒙特集团成员程序的前言中的一段：

“任何自认为作为中央或国家机构能够在负责接收（如默许或请求）、分析、传输金融信息，以及披露金融信息方面达到埃格蒙特集团标准的金融情报机构（FIU）都有资格申请成为埃格蒙特集团成员②”。

以目前中国反洗钱监测分析中心的组织体系及其功能定位来看，其自主性现状与上述要求相去甚远。

（3）国家信息中心

2012年后，埃格蒙特集团所给出的金融情报机构功能定位本质上已经与FATF的核心制度类似内容相一致。而根据这个定义或定位，金融情报机构必须作为国家的信息中心。正如我们前面所分析那样，虽然《埃格蒙特集团宪章》对金融情报机构以什么样的方式

---

① Egmont Group. ABOUT［EB/OL］. http：//www. egmontgroup. org/about. 作者译.

② Egmont Group. MEMBERSHIP/ Procedure［EB/OL］. http：//www. egmontgroup. org / membership/procedure. 原文为“Any Financial Intelligence Unit（FIU）which considers itself to comply with the criteria of the Egmont Group of being a central, national agency responsible for receiving,（and as permitted, requesting）, analysing and disseminating to the competent authorities, disclosures of financial information, is eligible to apply to become an Egmont member FIU.”作者译.

组建和叫什么名字，并不严格要求，但是要求成为埃格蒙特集团成员的金融情报机构必须是“国家信息中心”，而且这一定义标准与FATF的认识完全得到了统一。从中国的现实情况看，中国反洗钱监测分析中心要真正成为国家信息中心，绝不可以仅仅以大额和可疑交易报告的处置效率来诠释，而是需要在立法授权、机构定位等方面解决基础性障碍问题。

2. 本质性差距

相较埃格蒙特集团的金融情报机构定义而言，目前中国的金融情报体系的显著差距可以归纳如下：

（1）双轨体制

我国的金融情报体系，本质上是一种双轨体制。有关这一点，在FATF发布的《中国第一次反洗钱互评报告》的第187条中就有直接的表述：

“……由于现有体制划分，金融情报机构的职责实际分别由中国人民银行内部的两个相对独立的部门，即反洗钱局（AMLB）和中国反洗钱监测分析中心（CAMLMAC）承担。”①

而人民银行反洗钱局是典型的人民银行内设行政管理部门，是为反洗钱联席会议制度服务的一个常设机构，甚至还兼有人民银行内部保卫职责。这就是说，它虽作为与中国反洗钱监测分析中心共担金融情报工作机构，但主要性质又表现为人民银行内设行政性管理机构，比如，2007年《中国第一次反洗钱互评报告》的第202条关于可疑交易报告分析问题上就是这样表述的：

“事实上，反洗钱局（AMLB）可向区域或地方人民银行分支机构和履行报告义务的银行的总部发出通知。通知会告知谁应该进行

① FATF. First Mutual Evaluation Report on Anti – Money Laundering and Combating the Financing of Terrorism of People's Republic of China［R］. Financial Action Task Force on Money Laundering, 2007, page 46. 作者译.

调查，哪些信息应该被验证，什么样的信息必须向反洗钱局（AMLB）反馈。人民银行分支机构反洗钱工作人员可以调查犯罪嫌疑人的账户和交易信息，以及与交易相关的犯罪嫌疑人其他材料。人民银行分支机构的反洗钱人员上报的信息，最终将汇聚于反洗钱局（AMLB）的案例分析师。"①

报告中的这段话其实指明，无论是可疑交易报告的接收，还是可疑交易报告的分析，反洗钱局都是双轨制金融情报机构的重要部分。与埃格蒙特集团和FATF认同的标准金融情报机构比较，这一差距最终后果是：它从一个重要的方面证明：中国并没有一个统一的和以金融情报功能为基础的国家信息中心。

（2）功能差距

根据图4－9，金融情报机构的功能是由4个维度，即"金融机构"、"执法"、"行政"和"国际"构成，但是，从完整意义上讲，目前中国反洗钱监测分析中心的情报功能定位实际只实现了一个维度，即金融机构信息搜集，而且，在双轨体制下，这一个维度也并不是完整的。正如，我们在《中国反洗钱第一次互评报告》第217条所看到的那样：

"根据中国人民银行和公安部签订的《可疑交易调查协作规定》，中国人民银行（反洗钱监测分析中心和反洗钱局）职员不能自动访问由公安部掌握的任何信息，但可以向其发出要求获得执法信息的请求……"

这样的信息功能定位，无论在实践中是不是仍然可以在另外三个维度上获得处置信息的权力，但是在立法授权上很显然与埃格蒙特集团关于金融情报机构的定义相去甚远。

---

① FATF. First Mutual Evaluation Report on Anti－Money Laundering and Combating the Financing of Terrorism of People's Republic of China［R］. Financial Action Task Force on Money Laundering, 2007, page 48.

3. 情报交换原则回顾及障碍性条款

各成员金融情报机构被要求必须完全按照埃格蒙特集团所确定的信息交换规则进行信息交换，这是埃格蒙特集团的一个根本性界限。在埃格蒙特集团成员利益和义务中，上述这个界限表述是非常清楚的：

“……关键是要促进按照所有成员承诺遵守的‘信息交换原则’进行信息交换和合作”。

这里提到的“信息交换原则”，也可以称作“埃格蒙特集团成员金融情报机构信息交换政策”。如果加以还原，这个于 2001 年 6 月 13 日在荷兰海牙公布的“信息交换原则”的全称命名是：“金融情报机构间为洗钱和恐怖融资需要而确定的信息交换原则”（Principles for Information Exchange Between Financial Intelligence Units for Money Laundering and Terrorism Financing Cases）。埃格蒙特集团内部资料库将其命名为“信息交换五原则”。这个原则文本共设置了五条十三款。那么以我国现有的金融情报机构及其体制，比较这个“五原则”究竟有哪些障碍呢？

（1）“B 条第 6 款”

文本中有关 B 条第 6 款的表述是：

“金融情报机构应采取措施，寻求信息可被其他成员在身份鉴别、国内司法部门执法，或金融监管部门执法和相关监管活动中使用”。

上述这段话告诉我们：信息交换的范围应该是超出狭义金融情报范畴的。这实际就要求一个国家金融情报机构（FIU）具有对金融信息、相关准金融信息乃至与公民身份相关的司法信息进行整合的能力。而中国反洗钱监测分析中心在信息功能定位上只有一个维度，只有这一个维度的分享体制相对完整，其他三个维度是严重缺位的，而且最重要的问题是，要解除这一障碍，需要对中国反洗钱监测分析中心进行重新立法定位，而这在任何一个国家的立法与行政关系处理上都不可能是一蹴而就的。

（2）“B条第7款”

文本有关B条第7款的表述是：

“金融情报机构要在以下方面有所作为，即，促进国家法律标准和私人法律的设计不要出现有碍信息按照本原则在成员之间进行交换”。

这一条对于一国金融情报（FIU）的能力要求比上一条更高。换句话说，也就是一国在制定其法律标准时，需要考虑金融情报机构（FIU）的相关要求，或者说一国的金融情报机构对一国与之相关的立法，要有一定的影响力和说服力。我国唯一对金融情报体系有影响的立法是《反洗钱法》，但是这个法律的立法视角并没有将金融情报机构视为一个独立的立法对象来考虑，而是将其视为反洗钱主导部门整体功能结构中的一个组成部分。这就是说，要实现上述所谓“促进立法国家标准和私人立法（公民立法）不要出现与情报机构参与国际平等信息交换相悖或障碍性内容”，在我国目前立法现状下是基本不可能的。而要改变这种立法现状又将是一个非常复杂的论证过程。

我们对所谓埃格蒙特集团1997年6月24日“目标声明”做进一步研究发现，自1997年6月24日这个《埃格蒙特集团宗旨声明》首发以来，经历了2001年6月13日荷兰的海牙、2001年6月23日澳大利亚的悉尼和2004年6月23日英国的英吉利海峡根西岛（Guernsey）会议三次修订。修订中，其他条款多有改动，而唯独这个《埃格蒙特集团宗旨声明》（现已写进《埃格蒙特集团宪章》）除序言部分以外的第7段（“我们进一步认同通过相应的工作组和其他方式实现以下优先事项”）第二款，即，“更加有力地激励以互惠或相互认同为基础的信息交换”却一直保持着原有的表述。

这一切均表明，埃格蒙特集团内的任何一个成员，无障碍信息交换是首要且基本的要求，而这也就成了埃格蒙特集团所制定的《信息交换原则》的基石。

这对于我们这样一个具有特殊国际原则要求以及特殊国内立法与行政关系构成的国家来说，国际金融情报集团确立的这样一种严格和不可让步的原则，我们是很难适应的，我们甚至可以说，埃格蒙特集团所确定的金融情报交换原则、宗旨声明和情报机构定义，显然已超出于我国现有的国家行政体制和国家政治基本范畴约定。

（四）再论必要性

可以明确地说，自2012年新的《反洗钱国际标准》发布和两大国际组织加强协同以后，有关我国究竟要不要参加埃格蒙特集团，并使中国反洗钱监测分析中心成为这个集团的成员机构，这已成为一个值得深入讨论的问题，甚至将会是我国反洗钱体系不可回避的问题。当然，上述这个判断是建立在以下基本判断之上的，即：国家将继续加大改革开放，包括继续大力发展市场经济和继续推进政治与经济融入国际。在这样一个现实之下，金融情报作为洗钱犯罪治理尤其是预防性治理的最为有效的组成部分，本身是需要得到发展的，这个发展自然也就包括我国参与国际金融情报网的必要性和紧迫性。

1. 紧迫性之一：合作机制无可替代

在整个反洗钱国际合作机制中，情报合作机制的重要意义越来越被国际社会所认识，有关这一点，我们基本可以从两个方面的发展现实看到：一是参与以埃格蒙特集团为核心的国际金融情报交换机制的金融情报机构日益扩大，已基本覆盖全球。正如我们在前面讨论过的那样。以224个国家和独立司法管辖区总数分别分布在五个大洲的政区结构来做对比分析，埃格蒙特集团的成员金融情报机构的总覆盖已达到62%，如果我们将针对洗钱犯罪而产生的金融情报，确定为经济金融范畴来进行分析，则占世界经济发展绝对比重的OECD国家及各大洲（如果不算中国，2010年亚洲占全球经济比重约为9.27%）经济大国的金融情报机构，几乎都已是埃格蒙特集团成员。如果从这一角度看，已成为埃格蒙特成员金融情报机构的国家经济覆盖水平将超过80%（仅OECD国家全球经济占比就高达51%）。

前面的分析已经告诉我们，从政区结构看，在最发达的欧洲，埃格蒙特集团的覆盖率已经超过100%，而相对发达的美洲地区已超过60%，在大洋洲，如果我们将地域面积和人口过小而不足以构成反洗钱金融情报要求的小国家忽略不计，那么，埃格蒙特集团的覆盖率基本接近100%；在亚洲，虽然埃格蒙特集团的覆盖率只有30%多一点，但是，经济上最大的三个国家（中国、日本、印度），已经有两个国家成为埃格蒙特集团成员。如果我们不讨论FATF公布的反洗钱不合作和存在缺陷国家大多在亚洲这一现实，事实上经济规模覆盖率应该远远高于30%，所以，只要我国加入，本质上埃格蒙特集团在亚洲的覆盖率或经济覆盖率会接近100%。

金融情报实际是一个与经济发展和国际交往呈正相关的洗钱犯罪治理指标，对于任何一个国家来说，面对一个组织相对完善、网络覆盖水平已经相当高的国际网络体系，只要其同类管理对于国际组织有着明确的参与依赖和参与必要，剩下的问题就不再是站在这个体系以外，更不可能去要求这个体系改变规则来适应自己，中国目前面临的两难问题就出在如何选择。但是，趋势是客观的，中国要大力发展市场经济，要继续扩大对外开放，洗钱治理的国际参与是一个不可逆的问题，面对一个比单一国家庞大得多的国际网络，我们如果不能参与，则意味着我们必然要为洗钱治理付出远高于其他国家的成本。

2. 紧迫性之二：两大国际组织关联

2012 年，FATF 新的建议标准——《反洗钱国际标准》发布，与此同时我们可以真切感受到的进展是：两大国际组织加强了彼此的协同和关联。

（1）组织机制协同和关联

2013 年，埃格蒙特集团拟定了一项工作计划，即对其自身的重要组织性、宪章性文献进行修订，而从这些修订可以明确地看到，重要文献修订有意识地考虑了与 FATF 相关文献的协调一致性。以《2013 年埃格蒙特集团宪章》为例，在序言的“重要重申”一节中，作了两个基本原则重申：一是埃格蒙特集团于 1995 年公布、2013 年再次修订《金融情报机构情报交换原则》（*the Principles for Information Exchange between Financial Intelligence Units*）；二是 FATF 新近修订公布的《反洗钱国际标准》。这里我们不妨引用宪章中的原文表述如下：

“2012 年，反洗钱金融行动特别工作组修订后的建议，是反洗钱和打击恐怖融资的权威性文献，同样为金融情报机构遵守。”①

两个平行的国际组织之间，一个以另一个的重要文献作为其重要文献前提，这本来就是一件不寻常的事，更何况，文献修订后，埃格蒙特集团还在其修订后的《埃格蒙特集团宪章》文献中，多处将 FATF 新公布的《反洗钱国际标准》第 29 条引以为依据。这隐含了一种组织趋势，两个国际组织互为前提，使得两者在成员政策，也就是成员准入条件方面形成显著的关联和协同，尤其突出的是，埃格蒙特集团的核心文献，反复引用《反洗钱国际标准》第 29 条，即我们说的“新 29 条”，这实际就是两者在反洗钱国际组织逐步强

① Egmont. Egmont Group of Financial Intelligence Units Charter［R］. The Egmont Group of Financial Intelligence Units, 2013. Page 4. 作者译.

化协同的信号。

（2）制度机制关联

有关制度机制的协同与关联，主要反映在 FATF 于 2012 年《反洗钱国际标准》中。在修订后的《反洗钱国际标准》中，FATF 明确了国际反洗钱监管机制与国际金融情报交换机制之间的协同关系。这一内容也同样反映在所谓“新 29 条”中。为了能够明确这种机制之间的协同关系，我们这里不妨再次引述经翻译的《反洗钱国际标准》第 29 条：

“各国应建立金融情报机构（FIU），使之成为接收、分析和分发（a）可疑交易报告及（b）其他与洗钱、上游犯罪和恐怖融资信息的国家中心。为确保金融情报机构正确地履行其职责，应保证其能够从履行报告职责的单位获得更多的信息，包括及时的金融、行政和执法信息。[①]”

上述关于“各国应该建立金融情报机构”的要求是一个可以用相近的名称或内涵来替代的内容，各国可以根据自己的解释来确定自己的达标水平。但是，其中（b）部分就不同了，因为它明显地关联和协同了埃格蒙特集团关于金融情报机构的定义内容。

从 FATF 对成员资格的互评程序标准的调整看，国际和区域反洗钱组织实际已经加强了对成员这一领域进展的审查和审核。根据 FATF 文献，在第三轮全员互评程序规定中，我国虽然在 2012 年已经达到了标准成员（Normal Member）的水平，被解除了遵循定期后续评估程序（定期随访报告程序），但实际上我们国家仍然要承担一个以两年为周期的“进展更新”报告义务，在这一现实情况下，如果我们不能在金融情报的国际参与、国际合作、加入国际交换机制

① FATF. International Standards on Combating Money Laundering and the Financing of Terrorism & Proliferation［R］. Financial Action Task Force on Money Laundering, 2012. Page 24. 作者译.

方面取得进展，一旦 FATF 成员政策和互评标准出现改变，我国完全可能面临后续评估程序“达标水平”重新评价的问题。

根据我们对 2012 年《反洗钱国际标准》所做分析，尤其是对照其在 2003 年版《40 +9 条建议》基础上所做的具体修改分析，我们甚至可以做出预计，那就是：两个最权威反洗钱国际组织的成员政策最终会走向互为前提或最终并轨。如果这一天真的到来，除非我们为保持自己的独立性而退出这些国际组织，否则，将对我国在国际反洗钱参与和合作方面形成严峻考验。

结束语

我们同时以我国金融情报体系、反洗钱组织体系和制度体系与国际进展进行比较后不难发现：我国在金融情报工作进展方面的国际差距要大于整体反洗钱组织体系和制度体系的国际差距。这种情况存在的原因很简单，因为我国金融情报工作进展的国际差距表现，或者说形成这种差距的根本原因，并不属于纯粹技术和操作层面的问题，而是制度性的或者说基础性的问题。而我们要拉近这种差距，显然是需要花大力气的，甚至是需要在一些重大问题上改变认识的，很显然，这也绝不是中国人民银行一家所能解决的。

我们对以埃格蒙特集团为核心的国际金融情报合作机制进展与深化的分析，其结论已经非常清楚，那就是：随着国家反洗钱战略和我国国际参与水平提高，我国加入埃格蒙特集团不仅有必要性和必然性，而且还是不可回避的反洗钱战略效率问题。但是，我国的金融情报体制和信息披露体制与埃格蒙特集团运行机制和制度基础之间，的确存在着非技术层面的悖论，在这样的前提下，基于提出对策的学术研究必然受限，这也成为这一问题讨论的一个学术困境。

为进一步强调我国加入国际金融情报合作体系的重大意义和现实必要性，我们不妨引用2013年6月3日，FATF现任主席弗拉基米尔·涅契耶夫，在南非太阳城第21届埃格蒙特集团年会上所发表的题为："加强反洗钱金融行动特别工作组与埃格蒙特集团间协同（Enhancing the Synergy between the FATF and the Egmont Group）"讲话中的最后一段话，并借此间接地揭示如下意义：作为我们这样一个正在大踏步融入国际社会的政治和经济大国，在洗钱治理已成为社会不可否认的治理现实的背景下，我们应该有能力和勇气以超出常规的战略眼光看待加入国际金融情报网络的迫切性和必要性！

……

"最后，我想强调的是：在反洗钱及打击恐怖融资方面，反洗钱金融行动特别工作组和埃格蒙特集团之间是重要的伙伴关系。我们各自有所不同，但却发挥着互补的作用，并且有着大量属于两个组织共同关心的问题。有关这些，我在讲话中已经做了几个方面的举例。此外我相信，我们可以利用我们各自特定的专业领域来提高两个组织之间的协同效率。我希望这次对话，是我们发现更多合作领域和追寻共同未来的开始。"①

① Egmont. Document/ Enhancing the Synergy between the FATF and the Egmont Group［EB/OL］. http：//www. egmontgroup. org/library/Egmontdocu ments.

参考文献

[1] 李竞雄．反洗钱典型案例评析［M］．北京：中国金融出版社，2008.

[2] 林安民．两岸打击跨境洗钱犯罪之合作困境［J］．上海金融，2014（6）：89－92.

[3] 林安民（著）．我国反洗钱立法演变研究［M］．福建：厦门大学出版社，2010.

[4] 罗本祥．边境地区反洗钱工作思考［J］．西南金融，2008（8）：63－64.

[5] 联合国安全理事会．第 1540（2004）号决议［EB/OL］. http://www. un. org/chinese /aboutun/prinorgs/sc/sres/04/s1540. htm，2004－04－18.

[6] 联合国安全理事会．第 1977（2011）号决议［EB/OL］. http：//www. un. org/chinese/aboutun/prinorgs/sc/sres/2011/s1977. htm，2011－04－20.

[7] 联合国．联合国宪章［EB/OL］. http：//www. un. org/chinese/documents/decl－con/chroncon. htm，1945－06－26.

[8] 联合国．联合国禁止非法贩运麻醉药品和精神药物公约［EB/OL］. http：//www. un. org/chinese/documents/decl－con/chroncon. htm，1988－12－19.

[9] 联合国．联合国打击跨国有组织犯罪公约［EB/OL］. http://www. un. org/chinese/documents/decl－con/chroncon. htm，2000－12－15.

［10］联合国．联合国反腐败公约［EB/OL］．http：//www. un. org/chinese/documents/declcon/chroncon. htm，2003－11－21.

［11］联合国．制止向恐怖主义提供资助的国际公约［EB/OL］. http：//www. un. org/ chinese/documents/decl － con/chroncon. htm，1999－12－09.

［12］郭红玉．反洗钱的经济学思考［J］．中国金融，2003（3）：27－28.

［13］郭建安，王立宪，严兴军．国外反洗钱法律汇编［M］．北京：法律出版社，2004.

［14］公安部经济犯罪侦查局（译）．反洗钱金融行动特别工作组（40 条建议）［M］．北京：群众出版社，2003.

［15］何萍．香港地区反洗钱立法及其运作［J］．中国刑事法杂志，2010（1）96－102.

［16］侯合心，张思．反洗钱监管模式的国际比较与借鉴［J］．财经科学，2011（5）：10－17.

［17］金大卫．我国反洗钱监控机制的完善及创新［J］．经济管理，2010（4）：20－26.

［18］屈文洲，许文彬．反洗钱监管：模式比较及对我国的启示［J］．国际金融研究，2007（7）：72－79.

［19］邱兆祥，朱宝明．反洗钱的外部性与激励机制的建立［J］. 金融理论与实践，2007（1）：4－7.

［20］全国人民代表大会．中华人民共和国刑法、中华人民共和国刑事诉讼法［M］．北京：人民出版社，1979.

［21］全国人民代表大会．中华人民共和国刑法［M］．北京：法律出版社，1997.

［22］师永彦．从 FATF 评估看全球反洗钱制度的现状和存在问题［J］．中国金融，2006（24）：54－55.

［23］邵沙平，李曰龙．国际反洗钱法的新发展与我国反洗钱法治［J］．法学杂志，2007（2）：28－32.

［24］孙婧雯．洗钱风险的构成及其管理框架构建［J］．当代经济科学，2014（4）：117－123.

［25］查宏．英国的《2007 年反洗钱条例》及其实践［J］．上海金融，2008（8）：59－62.

［26］王新．论英国反洗钱立法对我国的借鉴［J］．甘肃政法学院学报，2012（4）：102－107.

［27］王新．追溯美国反洗钱立法之发展［J］．比较法研究，2009（2）：98－109.

［28］王新．司法实践的追问：审视刑罚在遏制洗钱罪中的作用［J］．中国刑事法杂志，2008（5）：42－48.

［29］王新．俄罗斯反洗钱立法对我国的启示［J］．法学杂志，2010（1）：107－110.

［30］唐旭（编）．中国洗钱犯罪案例剖析［M］．北京：群众出版社，2009.

［31］唐旭，师永彦，曹作义．中国反洗钱工作有效性研究［J］．金融研究，2009（8）：1－16.

［32］欧阳卫民（编）．国际反洗钱重要文献选读［M］．北京：中国金融出版社，2005.

［33］吴志明，慧娟．网上支付洗钱：反洗钱领域的新挑战［J］．金融理论与实践，2007（6）：64－66.

［34］谢常红．美英反洗钱立法共性分析及其启示［J］．江西社会科学，2013（11）：143－147.

［35］许桂敏．论俄罗斯洗钱罪立法：变迁与构成［J］．俄罗斯中亚东欧研究，2009（5）：13－18.

［36］徐立，刘慧．我国洗钱犯罪立法之反思［J］．武汉大学学

报（哲学社会科学版），2010（5）：739－743.

［37］俞光远（编）．反洗钱的理论与实践［M］．北京：中国金融出版社，2006.

［38］亚历山大（著）．内幕交易与洗钱：欧盟的法律与实践［M］．北京：法律出版社，2011.

［39］姚兵．我国自洗钱行为不独立成罪的原因分析［J］．河北法学，2012（6）：115－119.

［40］杨胜刚，何靖，曾翼．反洗钱中监管机构和商业银行的博弈与委托代理问题研究［J］．金融研究，2007（1）：71－83.

［41］严立新．中国反洗钱战略（2013～2018）的升级转型及其实施机制的建立［J］．管理世界，2013（9）：1－8.

［42］阮方民．浅论我国反洗钱刑法立法发展及其特点［J］．公法研究，2002（1）：357－368.

［43］中国人民银行办公厅．公安部、中国人民银行关于可疑交易线索核查工作的合作规定［EB/OL］．http：//www. pbc. gov. cn/publish/bangong ting/82/1695/16951/16951_ . html.

［44］中国人民银行反洗钱局．2012 年中国反洗钱报告［M］．北京：中国金融出版社，2013.

［45］中国人民银行反洗钱局．2011 年中国反洗钱报告［M］．北京：中国金融出版社，2012.

［46］中国人民银行反洗钱局．2010 年中国反洗钱报告［M］．北京：中国金融出版社，2011.

［47］中国人民银行反洗钱局．2009 年中国反洗钱报告［M］．北京：中国金融出版社，2010.

［48］中国人民银行反洗钱局．2008 年中国反洗钱报告［M］．北京：中国金融出版社，2009.

［49］中国人民银行反洗钱局．2007 年中国反洗钱报告［M］．

北京：中国金融出版社，2008.

[50] 中国人民银行反洗钱局.2006年中国反洗钱报告[M].北京：中国金融出版社，2007.

[51] 中国人民银行反洗钱局.2005年中国反洗钱报告[M].北京：中国金融出版社，2006.

[52] 中国人民银行反洗钱局.2004年中国反洗钱报告[M].北京：中国金融出版社，2005.

[53] 周光权.刑法历次修正案权威解读[M].北京：中国人民大学出版社，2011.

[54] APG. APG History and Background [EB/OL]. http://www.apgml.org. page.php, 2015-04-01.

[55] APG. APG Strategic Plan 2012-2016 [EB/OL]. http://www.apgml.org/about-us/ documents/ default.aspx. Page6, 2012-08-24.

[56] EAG. About EAG [EB/OL]. http://www.eurasiangroup.org/about_EAG_main, 2015-04-01.

[57] EAG. Background on the EAG [EB/OL]. http://www.fatf-gafi.org/document/.

[58] EAG. Public statement on the results of the XVIII EAG Plenary Meeting [EB/OL]. http://www.eurasiangroup.org/detail/news1/the_18th_eag_plenary_meeting_public_statement/, 2013-05-21.

[59] EAG. Public statement on the results of the II EAG Plenary Meeting [EB/OL]. http://eurasiangroup.org/files/documents/eag/public_statements/02_public_statement_en.pdf, 2005-01-12.

[60] EAG. Public statement on the results of the IX EAG plenary meeting [R]. The Eurasian Group on Combating Money Laundering and Financing of Terrorism, 2008.

[61] Egmont. Document [EB/OL]. http://www.egmontgroup.org/

library/Egmont docu ments. 2015 - 04 - 01.

[62] Egmont. Enhancing the Synergy between the FATF and the Egmont Group [R]. The Egmont Group of Financial Intelligence Units, 2013.

[63] Egmont. List of Members [EB/OL]. http://www.egmontgroup.org/membership/list-of-members. 2015-04-01.

[64] Egmont. Membership/Procedure [EB/OL]. http://www.egmontgroup.org/member-ship/procedure. 2015-04-01.

[65] Egmont. Council Decision of 17 October 2000 Concerning Arrangements for Cooperation between Financial Intelligence Units of the Member States in respect of Exchanging Information [R]. The Egmont Group of Financial Intelligence Units, 2000.

[66] Egmont. Egmont Group Annual Report: 2006 ~ 2007 [R]. The Egmont Group of Financial Intelligence Units, 2008.

[67] Egmont. Egmont Group Annual Report: 2007 ~ 2008 [R]. The Egmont Group of Financial Intelligence Units, 2009.

[68] Egmont. Egmont Group Annual Report: 2008 ~ 2009 [R]. The Egmont Group of Financial Intelligence Units, 2010.

[69] Egmont. Egmont Group Annual Report: 2009 ~ 2010 [R]. The Egmont Group of Financial Intelligence Units, 2011.

[70] Egmont. Egmont Group Annual Report: 2010 ~ 2011 [R]. The Egmont Group of Financial Intelligence Units, 2012.

[71] Egmont. Egmont Group Annual Report: 2011 ~ 2012 [R]. The Egmont Group of Financial Intelligence Units, 2013.

[72] Egmont. Egmont Group Annual Report: 2012 ~ 2013 [R]. The Egmont Group of Financial Intelligence Units, 2014.

[73] Egmont. Egmont Group of Financial Intelligence Units Charter

[R] . The Egmont Group of Financial Intelligence Units, 2013.

[74] Egmont. Egmont Group of Financial Intelligence Unites Principles for Informa - tion Exchange between Financial Intelligence Units [R]. The Egmont Group of Financial Intelligence Units, 2013.

[75] Egmont. Egmont Group of Financial Intelligence Units Operational Guidance for FIU Activities and the Exchange of Information [R] . The Egmont Group of Financial Intelligence Units, 2013.

[76] EU. Direction of the European Parliament and of the Council Amending Council Directive on Prevention of the Use of the Financial System for the Purpose of Money Laundering 2013 [EB/OL] . http://europa. eu/index_ en. htm.

[77] FATF. 20 Years of the FATF Recommendations: 1990 ~ 2010 [R] . Financial Action Task Force on Money Laundering, 2011.

[78] FATF. About Global Money Laundering &Terrorist Financing Threat Assessment [EB/OL] . http://www. fatf - gafi. org/documents/documents/globalmoneylaundering terroristfinancingthreatassessment. html.

[79] FATF. About FATF/History of the FATF [EB/OL] . http://www. fatf - gafi. org.

[80] FATF. Annual Report: 1990 ~ 1991 [R] . Financial Action Task Force on Money Laundering, 1992.

[81] FATF. Annual Report: 1991 ~ 1992 [R] . Financial Action Task Force on Money Laundering, 1993.

[82] FATF. Annual Report: 1992 ~ 1993 [R] . Financial Action Task Force on Money Laundering, 1994.

[83] FATF. Annual Report: 1993 ~ 1994 [R] . Financial Action Task Force on Money Laundering, 1995.

[84] FATF. Annual Report: 1994 ~ 1995 [R] . Financial Action

Task Force on Money Laundering, 1996.

[85] FATF. Annual Report: 1995 ~ 1996 [R] . Financial Action Task Force on Money Laundering, 1997.

[86] FATF. Annual Report: 1996 ~ 1997 [R] . Financial Action Task Force on Money Laundering, 1998.

[87] FATF. Annual Report: 1997 ~ 1998 [R] . Financial Action Task Force on Money Laundering, 1999.

[88] FATF. Annual Report: 1998 ~ 1999 [R] . Financial Action Task Force on Money Laundering, 2000.

[89] FATF. Annual Report: 1999 ~ 2000 [R] . Financial Action Task Force on Money Laundering, 2001.

[90] FATF. Annual Report: 2000 ~ 2001 [R] . Financial Action Task Force on Money Laundering, 2002.

[91] FATF. Annual Report: 2001 ~ 2002 [R] . Financial Action Task Force on Money Laundering, 2003.

[92] FATF. Annual Report: 2002 ~ 2003 [R] . Financial Action Task Force on Money Laundering, 2004.

[93] FATF. Annual Report: 2003 ~ 2004 [R] . Financial Action Task Force on Money Laundering, 2005.

[94] FATF. Annual Report: 2004 ~ 2005 [R] . Financial Action Task Force on Money Laundering, 2006.

[95] FATF. Annual Report: 2005 ~ 2006 [R] . Financial Action Task Force on Money Laundering, 2007.

[96] FATF. Annual Report: 2006 ~ 2007 [R] . Financial Action Task Force on Money Laundering, 2008.

[97] FATF. Annual Report: 2007 ~ 2008 [R] . Financial Action Task Force on Money Laundering, 2009.

[98] FATF. Annual Report: 2008 ~ 2009 [R] . Financial Action Task Force on Money Laundering, 2010.

[99] FATF. Annual Report: 2009 ~ 2010 [R] . Financial Action Task Force on Money Laundering, 2011.

[100] FATF. Annual Report: 2010 ~ 2011 [R] . Financial Action Task Force on Money Laundering, 2012.

[101] FATF. Annual Report: 2011 ~ 2012 [R] . Financial Action Task Force on Money Laundering, 2013.

[102] FATF. Annual Report: 2012 ~ 2013 [R] . Financial Action Task Force on Money Laundering, 2014.

[103] FATF. Complex money laundering techniques a regional view [EB/OL] . www. fatf – gafi. org.

[104] FATF. FATF Policy on Observers. [EB/OL] . http: //www. fatf – gafi. org/pages/ab outus/membersandobservers/fatfpolicyonobservers. html.

[105] FATF. First Mutual Evaluation Report on Anti – Money Laundering and Combating the Financing of Terrorism of People's Republic of China [R] . Financial Action Task Force on Money Laundering, 2007.

[106] FATF. Guidance on the Risk – Based Approach to Combating Money Laundering and Terrorist Financing – High Level Principles and Procedures [R] . Financial Action Task Force on Money Laundering, 2007.

[107] FATF. Global Money Laundering & Terrorist Financing Threat Assessment [R] . Financial Action Task Force on Money Laundering, 2010.

[108] FATF. History of FATF [EB/OL] . http: //www. fatf – gafi. org/pages/aboutus/histo ryofthefatf/.

[109] FATF. International Standards on Combating Money Laundering and the Financing of Terrorism & Proliferation [R]. Financial Action Task Force on Money Laundering, 2012.

[110] FATF. Laundering the Proceeds of Corruption [R]. Financial Action Task Force on Money Laundering, 2011.

[111] FATF. Methodology for Assessing Compliance with the FATF 40 Recommendations and the FATF 9 Special Recommendations [R]. Financial Action Task Force on Money Laundering, 2013.

[112] FATF. Money Laundering & Terrorist Financing Risk Assessment Strategies [R]. Financial Action Task Force on Money Laundering, 2010.

[113] FATF. Mutual Evaluation 8th Follow – up Report Anti – Money Laundering and Combating the Financing of Terrorism China [R]. Financial Action Task Force on Money Laundering, 2012.

[114] FATF. Outcomes of the Plenary Meeting of the FATF, Rome [EB/OL]. http://www.fatf – gafi. org/documents/documents/outcomes of the plenary meeting of the fatfrome20 – 22june2012. html.

[115] FATF. Report on Money Laundering Typologies: 1999 ~ 2000 [R]. Financial Action Task Force on Money Laundering, 2001.

[116] FATF. Report on Money Laundering Typologies: 2000 ~ 2001 [R]. Financial Action Task Force on Money Laundering, 2002.

[117] FATF. Summary of the First Mutual Evaluation Report on Anti – Money Laundering and Combating the Financing of Terrorism: People's Republic of China [R]. Financial Action Task Force on Money Laundering, 2007.

[118] FATF. The Forty Recommendations of the Financial Action Task Force on Money Laundering: 1990 [R]. Financial Action Task

Force on Money Laundering, 1990.

[119] FATF. The Forty Recommendations of the Financial Action Task Force on Money Laundering: 2003 [R]. Financial Action Task Force on Money Laundering, 2003.

[120] FATF. The FATF Recommendations – International Standards on Combating Money Laundering and the Financing of Terrorism & Proliferation [R]. Financial Action Task Force on Money Laundering, 2012 – 02.

[121] FATF. The FATF Recommendations – 2012 [R]. Financial Action Task Force on Money Laundering, 2012.

[122] United Kingdom Government. Proceeds of Crime Act 1988 [EB/OL]. http://www.legislation.gov.uk/, 1988.

[123] United Kingdom Government. Proceeds of Crime Act 2002 [EB/OL]. http://www.legislation.gov.uk/, 2002.

[124] United Kingdom Government. Money Laundering Regulation 1993 [EB/OL]. https://www.gov.uk/business – tax/money – laundering – regulations, 1993.

[125] United Kingdom Government. Money Laundering Regulation 2001 [EB/OL]. http://www.gov.uk/business – tax/money – laundering – regulations, 2001.

[126] United Kingdom Government. Money Laundering Regulation 2007 [EB/OL]. http://www.gov.uk/business – tax/money – laundering – regulations, 2007.

后　记

（一）

《国际国内洗钱刑事定罪立法与监管比较研究》一书幸获正式出版。在立题开展研究之初，我对国际和国内、立法与监管同时展开研究可能面临的困难是缺乏充分估计的，直至研究大纲确定并着手文献资料搜集、阅读和分析后，对于困难才有了切身体会。将研究过程中的困境归纳并集中起来主要有两个方面：一是可为研究提供支撑的国内官方权威性文献明显匮乏，尤其是可供分析和研究的权威统计类资料文献少之又少且没有连贯性；二是自 20 世纪 90 年代以来，国际反洗钱机构发布了大量反映国际反洗钱组织和制度机制进展的权威性文献，但在国内，完整的翻译文本竟然寥若晨星！

拙著虽然即将正式出版，但是，作为从事这一问题研究的学者，内心深切之憾却是始终存在的：

首先，拙著对反洗钱问题研究所求证的一些理论观点，因无法系统进行理论发展历史纵比，可能存在着学术上的“弱科学性”。

其次，由于受自身学术能力限制，对一些问题的揭示和对现实问题所做的理论归纳可能存在不准确，甚至某一个专业方面的研究水平，比如，反洗钱监管法解析、刑事定罪立法细节和要点解读，以及对国际反洗钱权威文献的翻译和理解等，自己与国内有所建树的学者比较，都是难以望其项背的。

基于上述遗憾，除了向读者表示歉意外，我这里还想表达一点我内心的真实想法，那就是：希望通过提出一个全面和综合的、国际和国内的反洗钱理论和实践问题研究框架，达到以一砖之掷，引玉于反洗钱管理部门和学术同行，倡导全社会充分认识如下现实：我们在充分享有发展商品经济之繁荣的同时，也需要深刻思考如洗钱犯罪这样一种与商品经济繁荣共生，并可能从一个完全负面的方向对国家金融体系和国民生活产生深刻影响的全新社会治理问题。如果能实现这一研究目标，本人愿意接受国内同领域研究学者的任何公正、客观的批评，这不是作为学者刻意的谦恭，而是学术追求真理所应该持有的卑微姿态。

（二）

对于拙著的正式出版，除对中国金融出版社所给予的重视，以及出版社戴硕主任和肖炜编辑付出的辛劳表示感谢外，还要特别提出如下致谢：

首先，要感谢已故的中国人民银行总行反洗钱局原局长唐旭。本人的反洗钱研究始于 2005 年，而之所以对这一课题产生兴趣并持续至今，完全得益于唐旭的学术提示和帮助，甚至我的第一个反洗钱研究大纲都是在唐旭悉心修改下形成的，唐旭虽然英年早逝，但他给予我的帮助和支持，是我应该永远铭记的。

其次，要感谢云南财经大学金融学院副院长黄儒靖教授和北京大学国家发展研究院博士后科研流动站、中国工商银行总行博士后科研工作站冯乾博士。前者在这一问题研究期间给了我无私的帮助，并在整个过程中展示了一个学者超常的认真和精细；后者为文稿的校对和规范，以及正式提交出版社通过出版审核付出了艰辛。

最后，要感谢我的博士研究生导师，中国人民银行总行原副行长、中国证券监督管理委员会首任主席刘鸿儒教授。刘老师虽然已八旬高龄，但为了给予我鼓励和支持，仍然以其不减的学术敏锐，站在一个相当的学术高度为本书写了一个足以让读者全面理解拙著的序言。

侯合心

二零一五年九月于云南·昆明